Timm Lampert

Klassische Logik

Einführung mit interaktiven Übungen

ontos
verlag

Frankfurt ▪ London

Inhaltsverzeichnis

Vorwort		*5*
A	*Einführung*	*9*
1	*Klassische Logik*	*11*
1	Logik	11
2	Klassische Logik	18
3	Argumentrekonstruktion	30
B	*Aussagenlogik*	*37*
2	*Wahrheitswerttabellen*	*39*
1	Definition von J	39
2	Interpretation von J	45
3	Wahrheitswerttabellen	51
3	*Aussagenlogische Formalisierung*	*65*
1	Schematisierung	65
2	Standardisierung	74
3	Argumentrekonstruktion	85
4	*Aussagenlogischer Kalkül*	*97*
1	Ableitungen	97
2	Kalkülregeln	101
3	Ableitungsstrategien	124
5	*Aussagenlogische Schlussregeln*	*131*
1	Logische Gesetze	131

	2	Schlussregeln	135
	3	Argumentrekonstruktion	147
6		***Korrektheit und Vollständigkeit***	***149***
	1	Korrektheit	149
	2	Vollständigkeit	164
	3	Kriterien logischer Beweise	183

C *Quantorenlogik* *189*

7		***Einführung in die Quantorenlogik***	***191***
	1	Erweiterung der Aussagenlogik	191
	2	Syllogismen	192
	3	Quantorenlogische Analyse	198
8		***Q-Interpretationen***	***215***
	1	Q-Formeln	215
	2	Q-Modelle	218
	3	Unentscheidbarkeit	229
9		***Quantorenlogische Formalisierung***	***237***
	1	Schematisierung	237
	2	Standardisierung	244
	3	Argumentrekonstruktion	267
10		***Quantorenlogischer Kalkül***	***275***
	1	Kalkülregeln	275
	2	Ableitungsstrategien	292
	3	Logische Gesetze und Schlussregeln	295
	4	Argumentrekonstruktion	303
11		***Identität***	***305***
	1	Erweiterung der Quantorenlogik	305
	2	Q_I-Formeln	306
	3	Q_I-Interpretationen	308
	4	GLK_{Q+I}	311
	5	Q_I-Formalisierung	316
	6	Ausblick: Probleme der Identität	330

12	Unentscheidbarkeit der Quantorenlogik	333
1	Churchs indirekter Unentscheidbarkeitsbeweis	333
2	Hilberts direkter Unentscheidbarkeitsbeweis	336
3	Wittgensteins Kritik der Metasprache	358

Nachwort   *367*

Literaturverzeichnis   *369*

D   Anhang   *373*

Liste der wichtigsten aussagenlogischen Schlussregeln   *375*

Liste der gültigen Syllogismen   *381*

Liste der wichtigsten quantorenlogischen Schlussregeln   *385*

Verzeichnis der Abkürzungen und Symbole   *393*

Index   *396*

VORWORT

INTERNETBEGLEITUNG

Dieses Buch bildet die Textgrundlage für einen internetbegleiteten Einführungskurs in die klassische Logik. Dieser Kurs wurde im Rahmen des Schweizer Förderprogrammes *Virtueller Campus Schweiz*, im Projekt VILOLA („virtuell logic laboratory") konzipiert.[1]

Der Kurs ist in 12 Lektionen eingeteilt, die den Stoff der Aussagen- und erweiterten Quantorenlogik beinhalten. Zu jeder Lektion finden sich im Internet zahlreiche *interaktive Übungen*, durch die der Stoff der einzelnen Lektionen sich angeeignet und angewendet werden kann. Die Einstiegsseite für die Kursmaterialien findet sich unter folgendem link:

- Http://www.philoscience.unibe.ch/logik.html

Um die Übungen zu absolvieren, muss man sich unter seinem Namen anmelden. Auf einer Indexseite zu den Übungen werden dann die erreichten Prozentpunkte sowie die Mindestanforderungen der einzelnen Übungen aufgeführt, so dass man jederzeit eine Übersicht über den eigenen Leistungsstand erhält. Die Übungen sind so konzipiert, dass die klausurrelevanten Übungsaufgaben durch Generieren immer neuer Aufgabenstellungen so oft geübt werden können, bis man sie beherrscht. In diesem Buch wird im Anschluss an die Abschnitte, die Voraussetzung für die jeweiligen Übungen sind, mit „ÜBUNG:" und dem folgenden Namen der Übung auf die jeweiligen Übungseinheiten verwiesen. Um diese Übungen zu absolvieren, muss man die jeweilige Übung im Internet aktivieren.

Der Kurs ist konzipiert als ein einsemestriger Logikkurs für Studierende der Philosophie und der Wissenschaftstheorie und Wissenschaftsgeschichte, in dem wöchentlich die Textgrundlage einer Lektion sowie die dazugehörigen Übungen besprochen werden. Hierbei wird von einem durchschnittlichen Arbeitsaufwand von 10 Wochenstunden ausgegangen. Der Kurs kann aber auch anhand dieses Buches sowie der interaktiven Übungseinheiten im *Selbststudium* studiert werden.

Am Ende der 6. und der 12. LEKTION findet jeweils eine automatisch ausgewertete *Klausur* statt, deren Bestehen Bedingung für die erfolgreiche Teilnahme an dem Kurs ist. In Form von automatisierten *Probeklausuren* kann man sich auf die Klausuren vorbereiten, und den Leistungsstand prüfen.

---

[1] Nähere Informationen hierüber finden sich im Internet unter http://www.virtualcampus.ch und http://www.vilola.unibe.ch.

Zusätzlich zu den interaktiven Übungen und den Probeklausuren werden *tools* zur Prüfung der Wohlgeformtheit von Formeln, des Erstellens von Wahrheitswerttabellen, der Berechnung der Wahrheitswerte von Q-Interpretationen und der Konstruktion von Ableitungsschemata angeboten.

Es ist bei der Auswahl und der Darstellung des Inhaltes dieses Logikkurses darauf geachtet worden, dass die Automatisierung der Übungen und die Ermöglichung eines Selbststudiums nicht zu einer Trivialisierung des Lernstoffes führt. Buch und Übungen sind vielmehr so konzipiert, dass sie einerseits eine Einführung in die Logik bieten, in der durch die Übungen der Erwerb der Grundkenntnisse sowie der wesentlichen Techniken der klassischen Logik (Formalisierungen, Argumentrekonstruktionen, Anwendung von Entscheidungsverfahren, Ableitungen) unterstützt und durch die Klausuren abgefragt wird. Darüber hinaus bietet dieses Buch andererseits Ausführungen, die über eine Einführung in die Logik hinausgehen. Diese betreffen sowohl Fragen der Anwendung der Logik, insbesondere detaillierte Ausführungen zur Formalisierung und Argumentrekonstruktion, als auch Fragen der Metalogik. Hierdurch soll ein vertieftes Verständnis der Grenzen und der Möglichkeiten der klassischen Logik vermittelt werden, und fortgeschrittenen Studierenden oder Studierenden mit einem vermehrten Interesse an der Logik ein angemessenes Lehrangebot gegeben werden. Ausführungen, die deutlich über den klausurrelevanten Stoff hinausgehen, sind als *Zusatzbemerkungen*, *Exkurse* und *Ausblicke* gekennzeichnet. Ausserdem betreffen die LEKTIONEN 6 und 12 unmittelbar vor den Klausuren ausschliesslich Fragen der Metalogik, die in der Ausführlichkeit, in der sie behandelt werden, über eine Einführung in die Logik hinausgehen und nicht in den Klausuren geprüft werden. Studienanfänger haben hier die Möglichkeit, sich vornehmlich auf die Klausur vorzubereiten und den Inhalt von LEKTION 6 und 12 zu übergehen.

LITERATUREMPFEHLUNG

Standardeinführungen in die Logik sind:

- E. J. Lemmon, *Beginning Logic*, 9. Auflage, Indianapolis 1998.
- W. V. O. Quine, *Grundzüge der Logik*, 8. Auflage, Frankfurt 1993.
- H. D. Ebbinghaus, J. Flum, W. Thomas, *Einführung in die mathematische Logik*, 3. Auflage, Mannheim 1992.

Lemmons Buch bietet die klassische Einführung in den in LEKTION 4 und 10 dargestellten Logikkalkül. Quines Buch stellt einen eher philosophischen Zugang zur Logik dar und enthält viele Hinweise zur Formalisierung. Demgegenüber bietet das Buch von Ebbinghaus, Flum und Thomas eine mathematische Einführung in die Logik, in der Definitionen technischer gefasst sind, und einige metamathematische Lehrsätze besprochen werden. Die in diesem Buch gegebene Einführung versucht, die verschiedenen Schwerpunkte dieser drei Bücher zu vereinbaren. Eine Hilfe dabei war mir das Skript zum Logikkurs von Ali Behboud:

- Ali Behboud, *Einführung in die Logik*, Studien aus dem Philosophischen Seminar 28, Hamburg 1994.[2]

Ali Behboud sei Dank dafür, dass er mir sein Skript zur Verfügung gestellt hat, und meine Fragen stets kenntnisreich beantwortete.

Auf weitere Bücher zum Zweck der Vertiefung einzelner Themen wird an den entsprechenden Stellen im Text hingewiesen.

Danksagungen

Daniel Engler hat die tools, die Übungsaufgaben und die Klausuren programmiert, und die technische Betreuung des Kurses übernommen. Ihm sei Dank für die gute Zusammenarbeit. Michael Baumgartner, Theo Burri, Yvonne Lampert und Stefan Peer haben den Text Korrektur gelesen. Sie haben durch ihre Sorgfalt und kritischen Einwände zu einigen Verbesserungen beigetragen. Auch den TeilnehmerInnen am Logikkurs im Sommersemester 2002 an der Universität Bern sei Dank für Korrekturhinweise im Text und den Übungen. Marco Manni, Stefan Peer und Theo Burri danke ich für die Auseinandersetzung mit und kundige Kritik an früheren Versionen von LEKTION 12. Michael Baumgartner sei gedankt für gemeinsame Diskussionen über die Grundlagen der Logik, die die LEKTIONEN 6, 11 und 12 betrafen.

Zur überarbeiteten 2. Auflage

Neben kleineren Korrekturen und Ergänzungen wurde insbesondere das 12. Kapitel grundlegend überarbeitet.

---

[2] Eine stark überarbeitete Fassung dieses Skriptes soll demnächst in der Wissenschaftlichen Buchgesellschaft Darmstadt erscheinen.

Teil A

Einführung

LEKTION 1

KLASSISCHE LOGIK

Gegenstand des Einführungskurses in die Logik ist die *erweiterte Quantorenlogik 1. Stufe*. Diese wird hier als *klassische Logik* bezeichnet. Hiermit ist keine Stilbezeichnung oder ein Epochenbegriff gemeint, sondern ein Logiksystem, das sich durch seine formale Sprache und bestimmte Beweisverfahren auszeichnet, und Grundlage, Ausgangspunkt oder Gegenstand der Kritik der modernen Logiksysteme bildet.

Ziel dieser ersten Lektion ist es, die *klassische Logik* zu kennzeichnen und von anderen Teilgebieten der Logik abzugrenzen, sowie sie in den weiteren Zusammenhang der Rekonstruktion wissenschaftlicher Argumente zu stellen. In den fortlaufenden Lektionen werden dann die formale Sprache der klassischen Logik sowie die in ihr verwendeten Beweisverfahren dargestellt. Die in dieser Lektion verwendeten Begriffe werden dadurch konkretisiert. Es empfiehlt sich, die erste Lektion am Ende des Kurses zu rekapitulieren, um ein besseres Verständnis der erworbenen Kenntnisse zu gewinnen.

Dieser Logikkurs ist konzipiert für alle Studierenden, die einen *Einführungskurs Logik* im Rahmen eines Philosophiestudiums oder im Rahmen eines Studiums der Wissenschaftstheorie und Wissenschaftsgeschichte besuchen. Einige sind bisweilen irritiert, warum sie genötigt werden, sich mit Formalismen und mathematischen Beweismethoden auseinanderzusetzen. Andere haben das Gefühl, im Logikkurs unumstössliche Ergebnisse präsentiert zu bekommen und unhinterfragbare Techniken zu erwerben, denen gegenüber philosophische Probleme unauflösbar oder hinfällig erscheinen. Beiden Haltungen soll hier vorgebeugt werden, indem die klassische Logik in einen grösseren Zusammenhang eingeordnet wird. Wenn hierbei einiges programmatisch formuliert ist, dann erfüllt dies den Zweck, die Auseinandersetzung mit der Logik nicht als notwendiges Übel oder als vergnüglichen Selbstzweck anzusehen, sondern als einen Einstieg in ein Gebiet wohldefinierter Fragen, Probleme und Methoden, deren Kenntnis wesentlich für die Philosophie und Wissenschaftstheorie ist.

1 LOGIK

Wissenschaftliche *Aussagen* werden vornehmlich mittels der Umgangssprache formuliert. Die Logik stellt Mittel bereit, um diese Aussagen unter philosophischen und wissenschaftstheoretischen Gesichtspunkten zu analysieren. In dem folgenden Text[1] formuliert Isaac Newton mittels der englischen Sprache Aussagen, die ein Experiment beschreiben bzw. Schlussfolgerungen aus diesem ziehen:

> (1) The gradual removal of these suspitions, at length led me to the *Experimentum Crucis*, which was this: (2) I took two boards, and placed one of them close behind the Prisme at the window, so that the light might pass through a small hole, made in it for the purpose, and fall on the other board, which I placed at about 12 feet distance, having first made a small hole in it also, for some of that incident light pass through. (3) Then I placed another Prisme behind this second board, so that the light, trajected through both the boards, might pass through it also, and be again refracted before it arrived at the wall. (4) This done, I took the first Prisme in my hand, and turned it to and fro slowly about its Axis, so much as to make the several parts of the Image, cast on the second board, successivly pass through the hole in it, that I might observe to what places on the wall the second Prisme would refract them. (5) And I saw by the variation of those places, that the light, tending to that end of the Image, towards which the refraction of the first Prisme was made, did in the second Prisme suffer a Refraction considerably greater then the light tending to the other end. (6a) And so the true cause of the length of that Image was detected to be no other, then that Light consists of Rays differently refrangible, (6b) which, without any respect to a difference in their incidence, were, according to their degrees of refrangibility, transmitted towards divers parts of the wall.

Die Sätze (2) - (5) treffen Aussagen, die einen Experimentaufbau (2,3), eine experimentelle Tätigkeit (4) und eine experimentelle Beobachtung (5) beschreiben; Satz (6) formuliert die experimentelle Schlussfolgerung in Form einer Aussage.

Auch Bilder, Modelle, Gleichungen oder Computersimulationen können Aussagen treffen. Die Abbildung von Newtons *Experimentum Crucis* kann z.B. an die Stelle seiner Experimentbeschreibung (Sätze (2) bis (5)) treten (vgl. Abbildung 1.1).

Im Folgenden wird vornehmlich auf die *umgangssprachliche Formulierung* wissenschaftlicher Aussagen Bezug genommen.

Die Logik beschäftigt sich nicht mit der Frage, ob Aussagen, die möglicherweise wahr sind, *tatsächlich* wahr sind, oder, ob sie für wahr zu halten oder akzeptabel sind, da sie stimmig, zweckmässig oder einfach sind. Sie bemisst nicht *inhaltliche Eigenschaften* von Aussagen bzw. Typen oder *inhaltliche Relationen* zwischen Aussagen oder Typen, sondern die *formalen Eigenschaften* von Aussagen oder Typen

---

[1] Aus: Newton (1672), S. 3079. Den einzelnen Sätzen sind Nummerierungen hinzugefügt worden, um auf sie referieren zu können.

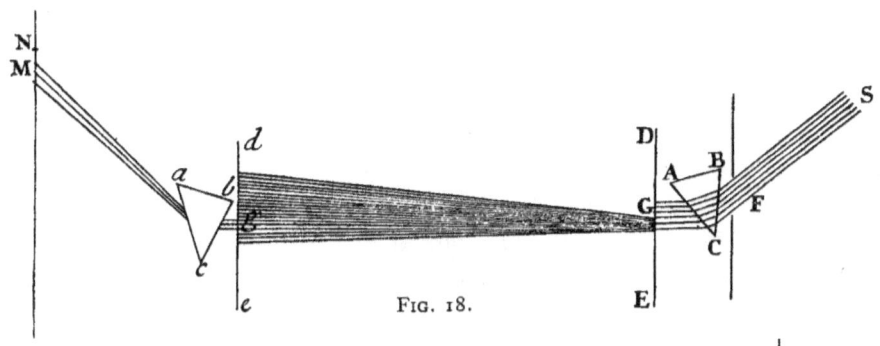

Abbildung 1.1: Newtons Experimentum Crucis, aus: Newton (1952), S. 47

bzw. *formale Relationen* zwischen Aussagen oder Typen.² Während Untersuchungsgegenstand einer *empirischen Wissenschaft* z.B. – wie im Falle des angegebenen Zitats von Newton – die Frage ist, ob Sonnenlicht tatsächlich heterogen ist, ist Untersuchungsgegenstand der *Logik* z.B. die Frage, unter welchen Bedingungen – ganz unabhängig vom spezifischen Inhalt von Aussagen – eine Aussage aus anderen Aussagen folgt. Die Logik lässt sich dann *anwenden* auf die Frage, ob z.B. die von Newton gezogene Schlussfolgerung, dass das Sonnenlicht heterogen ist, aus den Aussagen seiner Experimentbeschreibung – gegebenenfalls unter Voraussetzung bestimmter Interpretationsannahmen – folgt, oder ob hierfür zusätzliche Annahmen nötig sind.³ Der *empirische Wissenschaftler* fragt, ob das Experiment adäquat beschrieben und durchgeführt wurde, und ob etwaige theoretische Annahmen, die Newtons Schlussfolgerung zugrunde liegen, zutreffend oder akzeptabel sind. Der *Logiker* fragt ganz generell, unter welchen Voraussetzungen Schlussfolgerungen gezogen werden können; der *Philosoph und Wissenschaftstheoretiker* wendet die

---

²Unter die hier gemeinten Typen fallen Individuen (Gegenstände), Eigenschaften, Relationen, Klassen, Komplexe, Zahlen oder Ereignistypen. Typen unterscheiden sich von Aussagen dadurch, dass man von ihnen nicht sagen kann, dass sie zutreffen bzw. nicht zutreffen. Bei der Formulierung wissenschaftlicher Aussagen wird auf Typen Bezug genommen, aber der sprachliche Ausdruck, der auf Typen Bezug nimmt, formuliert keine wissenschaftliche Aussage. Die Bezugnahme auf Typen erfolgt hier nur, um die Untersuchung formaler Eigenschaften und Relationen nicht von vorneherein zu sehr einzugrenzen.

³Newtons eigener Anspruch ist es, seine Schlussfolgerungen aus Experimenten ohne Voraussetzung von *Hypothesen* zu ziehen. Um diesen viel diskutierten methodologischen Anspruch zu bemessen, muss man erläutern, was Newton unter Hypothesen versteht, unter Anwendung logischer Mittel Newtons experimentellen Beweise rekonstruieren, und überprüfen, ob in den Beweisen Hypothesen im Sinne Newtons vorausgesetzt sind.

Logik an, um spezifische wissenschaftliche Argumente auf ihre Schlüssigkeit zu überprüfen.

Die Logik und ihre Anwendung sind aber nicht eingeschränkt auf die Untersuchung der *Schlüssigkeit von Argumenten* – dies ist nur ein Beispiel der Untersuchung einer bestimmten formalen Relation. Beispiele formaler Eigenschaften sind die *logische Wahrheit* und die *logische Falschheit*: Der Satz „Es regnet oder es regnet nicht" formuliert eine Aussage, die logisch wahr ist, d.i. eine Aussage, die wahr ist, *was immer auch der Fall sein mag*. Der Satz „Es regnet und es regnet nicht" formuliert eine logisch falsche Aussage, d.h. eine Aussage, die falsch ist, *was immer auch der Fall sein mag*. Die Logik untersucht, wodurch sich logisch wahre und logisch falsche Aussagen identifizieren lassen, und wie sich beweisen lässt, dass Aussagen logisch wahr bzw. logisch falsch sind.

Andere typische Beispiele formaler Eigenschaften oder Relationen fallen in das Gebiet der Mathematik: Dass eine Zahl ein Nachfolger einer anderen ist, ist ebenso eine Aussage über eine formale Relation, wie die, dass ein arithmetischer Ausdruck mit einem anderen identisch ist. *Formale Eigenschaften und Relationen* seien hier dadurch von inhaltlichen Eigenschaften und Relationen unterschieden, dass für den Nachweis ihres Bestehens und Nichtbestehens *logische oder mathematische Beweisverfahren* definiert werden können. Die Anwendung einer logischen Notation – d.i. eines festgelegten Systems an Regeln zur Manipulation der Formeln einer Formelsprache – und nicht experimentelle Ergebnisse, empirische Messungen, oder die Übereinstimmung mit Naturgesetzten, wissenschaftlichen Hypothesen oder Modellen entscheidet, ob eine bestimmte formale Eigenschaft oder Relation besteht oder nicht besteht. Auf eine weitergehende Erläuterung formaler Eigenschaften und Relationen unabhängig von logischen (oder mathematischen) Beweisverfahren muss hier verzichtet werden (vgl. Abschnitt 2, S. 18ff.).

Um formale Eigenschaften von Aussagen bzw. Typen und formale Relationen zwischen Aussagen bzw. Typen zu untersuchen, wird in der Logik erstens eine *formale Sprache* eingeführt, die nur noch formale Eigenschaften bzw. Relationen zum Ausdruck bringt, und zweitens werden *Verfahren* definiert, mittels derer *entschieden* werden kann, ob die Ausdrücke der formalen Sprache – *Formeln* genannt – eine fragliche formale Eigenschaft besitzen bzw. ob zwischen diesen eine fragliche formale Beziehung besteht oder nicht. Will man untersuchen, ob Aussagen oder Typen bestimmte formale Eigenschaften besitzen bzw. zwischen ihnen bestimmte formale Relationen bestehen, ist in der *Formalisierung* dem umgangssprachlichen Ausdruck eine Formel der formalisierten Sprache zuzuordnen, und anschliessend in der *logischen Beweisführung* das definierte Entscheidungsverfahren auf den formalisierten Ausdruck anzuwenden. Durch die logische Beweisführung wird

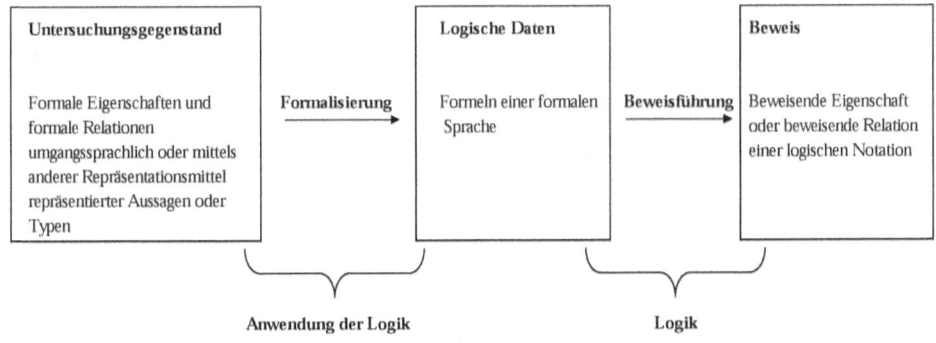

Abbildung 1.2: Schema zur Aufgabe der Logik

das Bestehen der zu untersuchenden formalen Eigenschaft bzw. der formalen Relation anhand einer Eigenschaft bzw. einer Relation einer zum Zwecke der Beweisführung entwickelten *logischen Notation* entschieden. Die *Formalisierung* gehört nicht zur Logik, sondern zur *Anwendung der Logik*, während die *logische Beweisführung* Gegenstand der Logik ist (vgl. Abbildung 1.2).

Während in der empirischen Wissenschaft das Bestehen einer inhaltlichen Eigenschaft (z.B. Raumtemperatur) durch eine empirische Messung überprüft werden kann, durch die die zu untersuchende Eigenschaft (Raumtemperatur) anhand eines empirischen Datums (Ausdehnung der Quecksilbersäule) mittels einer numerischen Skala (Skala des Thermometers) bestimmt wird, wird in der Logik das Bestehen einer formalen Eigenschaft (z.B. logische Wahrheit) oder formalen Beziehung (z.B. logische Schlüssigkeit) durch einen *logischen Beweis* überprüft, durch den die fragliche Eigenschaft einer Aussage anhand einer der Aussage zugeordneten logischen Formel (Ausdruck einer formalisierten Sprache) mittels einer logischen Notation (z.B. Wahrheitswerttabellen, Ableitungen) überprüft wird.

> **Erläuterung 1.1**
> Unter der *Formalisierung* versteht man die Zuordnung einer Formel einer formalen Sprache zu umgangssprachlich oder andersartig repräsentierten Aussagen oder Typen.

In der formalen Sprache werden nur Ausdrücke verwendet, die für die Bestimmung fraglicher formaler Eigenschaften und Relationen nötig sind.

> **Erläuterung 1.2**
> Unter einer *logischen Beweisführung* versteht man die Zuordnung eines logischen Beweises zu einer Formel einer formalen Sprache.

Im logischen Beweis wird das Bestehen oder Nichtbestehen fraglicher formaler Eigenschaften und Relationen anhand äusserer Eigenschaften oder Relationen unter Anwendung einer logischen Notation entschieden. Eine *logische Notation* besteht aus einem System festgelegter Regeln zur Manipulation von Zeichen zum Zwecke des Erzeugens von Ausdrücken, anhand von deren Eigenschaften bzw. Relationen entschieden werden kann, ob eine fragliche formale Eigenschaft oder Relation besteht oder nicht besteht.

> **Erläuterung 1.3**
> Die *Logik* ist eine Disziplin, in der formale Sprachen sowie Beweisverfahren formaler Eigenschaften und Relationen definiert werden.

Ein wichtiger *Zweck der Formalisierung* besteht darin, ein besseres Verständnis umgangssprachlich oder andersartig repräsentierter Aussagen zu ermöglichen, indem man ihren missverständlichen Ausdruck, dessen Form die formalen Eigenschaften der Aussagen bzw. Typen und die formalen Beziehungen zwischen ihnen nicht eindeutig und nur unvollständig wiedergibt, einem unmissverständlichen, eindeutigen und vollständigen formalen Ausdruck zuordnet. Eine formale Sprache kann hierdurch als Mittel der Interpretation eingesetzt werden, deren Funktion es ist, zu einem besseren Textverständnis zu verhelfen, indem man einen missverständlichen, mehrdeutigen und nicht vollständig expliziten durch einen unmissverständlichen, eindeutigen, vollständig expliziten Ausdruck ersetzt. Ein einfaches Beispiel: Mit welchen der folgenden Ausdrücke behauptet ein Autor dasselbe und mit welchen etwas Unterschiedliches: „Nicht alle Metalle leiten gut", „Einige Metalle leiten nicht gut", „Einiges, was nicht gut leitet, ist ein Metall", „Nicht alles, was ein Metall ist, leitet gut", „Nicht alles ist ein Metall und leitet gut", „Einiges ist ein Metall, aber leitet nicht gut", „Wenn etwas ein Metall ist, dann ist es kein guter Leiter"?[4] Die jeweilige Zuordnung zu den entsprechenden logischen Formeln und die Berücksichtigung der formalen Beziehungen dieser Formeln zueinander kann diese Frage auf eine eindeutige Weise beantworten. Die jeweilige Formalisierung mag von strittigen Interpretationsannahmen abhängen,

---

[4] Zur Beantwortung dieser Frage siehe Übung *Äquivalente Formalisierungen* zu LEKTION 10.

aber in jedem Fall bringt die gegebene Antwort unter Bezugnahme auf eine Formalisierung die gewählte Interpretation unmissverständlich zum Ausdruck.

Ein wichtiger *Zweck der logischen Beweisführung* besteht darin, das Urteil über das Bestehen oder Nichtbestehen formaler Eigenschaften und Relationen nicht von logischen Intuitionen, sondern von exakten logischen Beweisen abhängig zu machen. Eine bekannte Paradoxie des Zenon, von der Aristoteles berichtet[5], lautet: „Das Langsamste wird im Lauf niemals vom Schnellsten eingeholt werden; erst einmal muss doch das Verfolgende dahin kommen, von wo aus das Fliehende losgezogen war, mit der Folge, dass das Langsamste immer ein bisschen Vorsprung haben muss." Die These, für die argumentiert wird, erscheint paradox: Denn dass das Langsamste niemals vom Schnellsten eingeholt wird, widerspricht der Erfahrung. Andererseits ist die Prämisse, durch die die These gestützt wird, kaum zu bestreiten: Ein Verfolger muss den Punkt, von dem der Verfolgte gestartet ist, erreichen, bevor er den Verfolgten überholt. Was ist verkehrt an dem Argument, wenn denn etwas verkehrt ist? Handelt es sich um einen Fehlschluss, oder liegt der Fehler nicht in der Schlussfolgerung, sondern in den Annahmen, oder darin, dass die Argumentation unterschiedliche Interpretationen und damit unterschiedliche Formalisierungen zulässt, deren mangelnde Unterscheidung das Paradox bedingen? Um bei dem Verständnis und der Beurteilung der Schlüssigkeit des Argumentes nicht in widersprüchlichen Intuitionen gefangen zu bleiben, bedarf es der Mittel der logischen bzw. mathematischen Formalisierung und Beweisführung.

Die genannten Zwecke der Formalisierung und der logischen Beweisführung sind wichtige, aber keine immanenten Zwecke der Logik, sondern nur Möglichkeiten, die Logik für andere Zwecke zu gebrauchen. Der der Logik *immanente Zweck* ist demgegenüber ein grundlagentheoretischer: Die Logik ermöglicht es, die Ausdrucksmöglichkeiten formalisierbarer Aussagensysteme bzw. Systeme von Typen vollständig zu erfassen und die Möglichkeiten und Grenzen der Beweisführung innerhalb dieser zu bestimmen. Eine wichtige grundlagentheoretische Frage ist z.B. die, ob sich für jede beliebige Aussage, die in der formalen Sprache der Logik von Russells und Whiteheads *Principia Mathematica* formalisierbar ist, beweisen lässt, ob diese die formale Eigenschaft der Allgemeingültigkeit besitzt oder nicht. Die Formulierung dieser Frage setzt die Definition einer bestimmten formalen Sprache und Möglichkeiten der Beweisführung innerhalb dieser voraus. Die Logik bietet die Voraussetzung, um Fragen der Möglichkeiten und Grenzen der wissenschaftlichen Theoriebildung auf eine exakte Weise zu behandeln.

Auf Grund der genannten externen sowie internen Zwecke der Logik bildet diese ein unverzichtbares Werkzeug für die philosophische Analyse wissenschaft-

---

[5] Aristoteles (1988), S. 93 (*Physik* Buch VI, Kapitel 9).

licher Texte und andersartiger, in der Wissenschaft verwendeter Ausdrucksformen sowie der Bestimmung der Möglichkeiten und Grenzen wissenschaftlicher Beweisführungen. Beispielsweise sind typische wissenschaftstheoretische Fragen, welche Beweismittel Euklid in seinen geometrischen Beweisführungen verwendet, oder welche Beweismittel Newton seinen sogenannten „experimentellen Beweisen" zugrunde legt. Um diese Fragen beantworten zu können, bedarf es der formalen Rekonstruktion ihrer Beweisführungen.

2 KLASSISCHE LOGIK

Im vorangegangenen Abschnitt ist auf eine Erläuterung der Begriffe ‚Aussage', ‚formale Eigenschaft / formale Relation', ‚formale Sprache' und ‚logischer Beweis' verzichtet worden.[6] Die allgemeine Definition dieser Begriffe wirft mehr philosophische Fragen auf, als sich im Rahmen einer Einführung in die *klassische Logik* beantworten lassen. Andererseits sollte nicht implizit das Verständnis der klassischen Logik bei der Erläuterung dieser Begriffe vorausgesetzt werden. So ist es z.B. keineswegs trivial, *Aussagen* von vornherein dadurch zu kennzeichnen, dass sie dasjenige sind, was wahr oder falsch ist. Denn hierdurch hat man sich entweder auf die philosophisch nicht unumstrittene Position festgelegt, dass z.B. Naturgesetze oder mathematische Gleichungen sinnvollerweise als wahr oder falsch zu bezeichnen sind (was z.B. der sog. konventionalistische Standpunkt ablehnt), oder darauf, dass gesetzesartige oder mathematische Aussagen nur unter dem Vorbehalt einer realistischen (und damit nicht konventionalistischen) Interpretation den Mitteln der Logik zugänglich sind. Ebensowenig ist es unumstritten, ob die Relation der Verursachung eine *formale Relation* ist, deren Beweisführung unter gegebenen Annahmen nach dem oben dargelegten Verständnis mit den Mitteln der Logik untersucht werden kann. Schliesslich gibt es eine Fülle unterschiedlicher Sprachen, die als „*formale Sprachen*" bezeichnet werden. Beispielsweise auch eine Sprache, in der Beziehungen zwischen Aussagen mit sogenannten epistemischen Operatoren wie „A weiss, dass ...", „A glaubt, dass ..." einer formalen Behandlung unterzogen werden. Die entsprechende Logik bezeichnet man als epistemische Logik. Ebenso gibt es eine Sprache, in der Beziehungen zwischen Aussagen mit sogenannten modalen Operation wie „Es ist möglich, dass ...", „Es ist notwendig, dass ..." einer formalen Behandlung unterzogen werden. Die entsprechende Logik bezeichnet man als Modallogik. Diese Sprachen erweitern die formale Sprache der klassischen Logik um weitere konstante Ausdrücke für die jeweiligen Operationen. Eine formale Sprache zeichnet die Verwendung von

---

[6] Auf Typen wird im Weiteren nicht mehr Bezug genommen, da Typen für die Kennzeichnung der klassischen Logik irrelevant sind.

Zeichen (sogenannten „Variablen") aus, die *keine* konstante Bedeutung haben. Hier stellt sich die strittige Frage, welche Ausdrücke alle noch sinnvollerweise als „logische Konstanten" aufzufassen sind, die neben Variablen Bestandteile formaler Sprache sind, und ab wann eine Kunstsprache nicht mehr eine formale Sprache im Sinne der Logik zu nennen ist. Schliesslich ist auch das Verständnis dessen, was ein *logischer Beweis* ist, nicht unumstritten: Gibt es z.B. innerhalb der Logik sogenannte „inhaltliche Beweise", in denen auf die Bedeutung umgangssprachlicher Ausdrücke Bezug genommen wird?

Während von einem philosophischen Standpunkt aus beurteilt eine Explikation dessen, was unter Aussagen, formalen Eigenschaften bzw. Relationen, formalen Sprachen und logischen Beweisen zu verstehen ist, nicht ohne weitere Erörterungen gegeben werden kann, können diese Begriffe im Rahmen der klassischen Logik weitgehend unumstritten präzisiert werden. Im Folgenden soll die klassische Logik durch den präzisen Sinn, den diese Begriffe innerhalb der klassischennn Logik erhalten, gekennzeichnet und von anderen Teilgebieten der Logik abgegrenzt werden.

Aussagen im Sinne der klassischen Logik sind „Träger der Wahrheit und der Falschheit", d.h. dasjenige, dem sinnvollerweise zugeschrieben werden kann, wahr bzw. falsch zu sein. Durch diese Voraussetzung unterscheidet sich die klassische Logik von der *dialogischen Logik*, die nicht die Wahrheit oder Falschheit, sondern nur die Begründbarkeit der Aussagen voraussetzt, und Schlussregeln für den Gewinn argumentativer Dialoge definiert.

Welchen ontologischen Status Aussagen als „Träger der Wahrheit und der Falschheit" haben und durch welches Kriterium Aussagen zu identifizieren bzw. zu unterscheiden sind, sind philosophische Fragen, die für das philosophische Verständnis der Logik sowie deren Anwendung relevant sind; ihre Beantwortung fällt allerdings nicht in das Gebiet der Logik. Wesentlich für die Logik dagegen ist es, dass im Rahmen der klassischen Logik Aussagen wahr bzw. falsch, aber nichts Drittes sind. Hierin unterscheidet sie sich von sogenannten *mehrwertigen Logiken*. Die Voraussetzung, dass die Aussagen, deren formale Eigenschaften und Relationen im Rahmen der klassischen Logik untersucht werden, nur wahr oder falsch, aber weder Beides noch etwas Drittes sind, nennt man das *Bivalenzprinzip* bzw. das *Zweiwertigkeitsprinzip*.

Dieses Prinzip ist nicht trivial. Man kann nicht als selbstverständlich voraussetzen, dass nichts, was sinnvollerweise als wahr oder falsch bezeichnet werden kann, unter Umständen weder das Eine noch das Andere ist: So ist z.B. fraglich, ob die sogenannte „Goldbachsche Vermutung", die besagt, dass jede ganze Zahl, die grösser als 2 ist, die Summe zweier Primzahlen ist, entweder wahr oder falsch, aber nichts Drittes ist. Dies ist eine Aussage über unendlich viele Werte, in diesem Fall die natürlichen Zahlen. Hier gibt es zwei Interpretationsmöglichkeiten: Die eine versteht Aussagen über unendlich viele Werte ganz analog zu Aussagen über endlich viele Zahlen (z.B. den ganzen Zahlen zwischen 2 und 1000), nur dass der Bereich, auf den Bezug genommen wird, ins Unendliche ausgedehnt wird. Nach dieser Auffassung erfüllt eine Aussage, die über alle Werte eines unendlichen Wertebereiches etwas aussagt, das Bivalenzprinzip: Die Aussage ist wahr, wenn sie auf alle Werte zutrifft, und falsch, wenn es mindestens ein Wert gibt, auf den sie nicht zutrifft. Dies gilt ganz unabhängig davon, ob ein Beweis angegeben werden kann, der das Eine oder das Andere beweist. Diese naheliegende und natürliche Interpretation, die sogenannte *extensionale* Auffassung des Unendlichen – auch „aktuale" Auffassung genannt –, hat zu Problemen in der Mathematik, insbesondere zur Formulierung von Antinomien[7], geführt. Um diese zu vermeiden, hat man von Aussagen über das Unendliche gefordert, die Bezugnahme auf unendlich viele Werte, ohne die Möglichkeit, diese nach einem angebbaren Verfahren (z.B. nach einer mathematischen Funktion) konstruieren zu können, auszuschliessen. Nach dieser sogenannten *intensionalen* Auffassung des Unendlichen – auch *potentielle* Auffassung genannt – , ist die Goldbachsche Vermutung wahr, wenn eine allgemeine Funktion angegeben werden kann, durch die sämtliche ganzen Zahlen grösser 2 als Summe zweier Primzahlen berechnet werden können, und sie ist falsch, wenn eine ganze Zahl grösser 2 angegeben werden kann, die nicht die Summe zweier Primzahlen ist. Beides ist allerdings beim gegenwärtigen Stand der Mathematik nicht der Fall. Und solange dies so ist, kann nach der intensionalen Auffassung des Unendlichen nicht ausgeschlossen werden, dass die Goldbachsche Vermutung keinen definitiven Wahrheitswert hat. Die Vermeidung von Antinomien in der Mathematik durch eine intensionale Auffassung des Unendlichen war ein wesentliches Motiv der Entwicklung *konstruktiver Logiken*[8], die das Bivalenzprinzip und die aus ihnen folgenden logischen Schlussregeln nicht voraussetzen. Der Vorteil der Vermeidung von Antinomien wurde hierbei um den Preis erkauft,

---

[7]Antinomien sind Widersprüche, die sich aus der Konfrontation von Annahmen ergeben, die man für gültig erachtet. Ein Beispiel: Die Elemente der Reihe 2,4,6,8, ... lassen sich den natürlichen Zahlen 1,2,3,4, ... eineindeutig zuordnen (Annahme 1a). Zwei Mengen, deren Elemente sich eineindeutig zuordnen lassen, enthalten gleich viele Elemente (Annahme 1b). Die beiden Reihen enthalten folglich gleich viele Elemente (Konklusion 1). Andererseits: Die Reihe 2,4,6,8, ... übergeht alle ungeraden, natürlichen Zahlen (Annahme 2). Diese Reihe enthält also weniger Elemente als die Reihe der natürlichen Zahlen (Konklusion 2). Konklusion 1 und Konklusion 2 bilden einen Widerspruch, die Annahmen 1a, 1b und 2 sind aber *prima facie* gültig.

[8]Andere, verwandte Bezeichnungen sind die der *intuitionistischen*, der *effektiven* und der *operativen Logik*. Auch die *dialogische Logik* setzt nicht das Bivalenzprinzip voraus, und kann zu den *konstruktiven Logiken* gezählt werden.

Beweise, die gemäss der klassischen Mathematik gültig sind und einen wichtigen Teil der Mathematik bilden, in Frage stellen zu müssen, und nach alternativen, konstruktiven Beweisen zu suchen.

Man kann auch bezüglich bestimmter Aussagen der Quantenphysik das Bivalenzprinzip in Frage stellen: Ist daran festzuhalten, dass die Aussage, ein Photon habe den oberen Spalt bei einem Doppelspaltexperiment passiert, entweder wahr oder falsch, aber nichts Drittes ist, angesichts der Tatsache, dass man die Wege der Photone im Experiment nicht eindeutig bestimmen kann, sondern nur die Verteilung der Photonen hinter dem Doppelspalt? Diese und andere Besonderheiten quantenphysikalischer Aussagen haben zur Entwicklung einer *Quantenlogik* geführt. Andere Aussagen, für die das Bivalenzprinzip fraglich ist, sind vage Aussagen, z.B. die Aussage, dass ein Fleck an der Wand rötlich erscheint, oder dass er kreisförmig ist. Ist für alle möglichen Farbtöne und für alle möglichen geometrischen Formen des Fleckes eindeutig festgelegt, ob sie noch unter den gemeinten Farbton bzw. die gemeinte geometrische Form fallen bzw. nicht fallen; oder gibt es hier typischerweise einen Bereich, in dem nicht klar bestimmt ist, ob die Aussagen wahr oder falsch sind? Auch Aussagen über Wahrscheinlichkeiten geben Anlass zum Zweifel an der allgemeinen Gültigkeit des Bivalenzprinzips: Die Aussage, dass Flugzeuge nicht abstürzen, muss man nicht einfachhin als falsch bezeichnen, sondern man kann sie auch bis zu einem gewissen Grade als wahr bezeichnen. Dementsprechend gibt es eine *Wahrscheinlichkeitslogik*, die die Werte ‚wahr' und ‚falsch' durch Wahrscheinlichkeitswerte zwischen 0 und 1 ersetzt. Die *fuzzy logic* schliesslich lässt neben „vollständig wahr" und „vollständig falsch" noch weitere Werte zu, die nicht unbedingt auf einer Skala zwischen 0 und 1 liegen müssen. Auch Sätze wie „Sherlock Holmes ist König von England" oder „Der gegenwärtige König von Frankreich ist kahlköpfig" haben Anlass zum Zweifel an der allgemeinen Gültigkeit des Bivalenzprinzips gegeben: Da „Sherlock Holmes" sowie „der gegenwärtige König von Frankreich" keine existierenden Gegenstände benennen, meint man, sie seien nicht wie etwa die Aussage, dass Helmut Kohl König von England ist, einfachhin falsch.[9]

Alle die genannten Einwände gegen das Bivalenzprinzip bestreiten nur die Anwendbarkeit dieses Prinzips auf beliebige Aussagen, aber keineswegs seine Gültigkeit unter gewissen Einschränkungen. Entsprechend wird die klassische Logik auch nicht einfachhin abgelehnt, sondern ihr Anwendungsbereich eingeschränkt

---

[9] Die sogenannte *free logic* ist eine Logik, die anders als die klassische Logik nicht voraussetzt, dass Gegenstände existieren, und die Formalisierungen leerer Bezeichnungen ohne Anwendung weiterer Analyseverfahren zulässt. Aber nur eine bestimmte Form der *free logic*, die sogenannte *neuter free logic*, interpretiert Aussagen mit leeren Bezeichnungen so, dass diese weder wahr noch falsch sind. Nur diese Form der *free logic* setzt nicht das Bivalenzprinzip voraus.

und ihre Regeln zum Zwecke einer erweiterten Anwendung variiert. Inwieweit dies tatsächlich nötig ist und zu erwünschten Resultaten führt, ist kontrovers.

Gewöhnlich wird das, was man als *klassische Logik* bezeichnet, durch das Bivalenzprinzip von anderen Logiken, insbesondere konstruktiven Logiken, unterschieden. Es gibt allerdings noch andere Prinzipien, die der klassischen Logik zugrunde liegen, und durch die sie hier von anderen Logiken unterschieden werden soll.

Neben dem Bivalenzprinzip setzt die klassische Logik das *Prinzip der logischen Unabhängigkeit* elementarer Aussagen voraus. Elementare Aussagen sind Teilaussagen komplexerer Aussagen, die für sich wahr oder falsch sein können und die nicht weiter in Teilaussagen analysiert werden.[10] Der Satz „Newton drehte das erste Prisma und er sah einen blauen Fleck an der Wand" formuliert z.B. eine Aussage, die man in zwei Teilaussagen zerlegen kann: 1) dass Newton das erste Prisma drehte, 2) dass er einen blauen Fleck an der Wand sah. Das Prinzip der logischen Unabhängigkeit der Elementaraussagen besagt, dass aus der Wahrheit oder Falschheit einer Elementaraussage nicht auf die Wahrheit oder Falschheit einer anderen Elementaraussage geschlossen werden kann. Die beiden genannten Teilaussagen sind logisch voneinander unabhängig, da 1) und 2) wahr, 1) wahr und 2) falsch, 1) falsch und 2) wahr sowie 1) und 2) falsch sein können. Die *logische* Unabhängigkeit der Teilaussagen ist dabei zu unterscheiden von einer etwaigen *kausalen* Abhängigkeit. Das Drehen des ersten Prismas ist zwar unter bestimmten Umständen kausal relevant für das Sehen des blauen Fleckes an der Wand, aber es ist immer noch möglich, das Prisma zu drehen, und keinen blauen Fleck an der Wand zu sehen (sondern einen roten, oder gar keinen); ebenso ist es möglich, einen blauen Fleck an der Wand zu sehen, ohne das Prisma zu drehen (z.B. durch Einschalten eines blauen Filters).

Auch das Prinzip der logischen Unabhängigkeit ist nicht trivial. Die Wahrheit der Aussage, dass es zu einer bestimmten Zeit in einem bestimmten Raum 20 Grad Celsius warm ist, schliesst die Wahrheit der Aussage, dass es zu derselben Zeit an demselben Ort 19 Grad Celsius ist, aus. Denn *allein* aus der Wahrheit der einen Aussage folgt die Falschheit der anderen. Es kann sich demzufolge nicht um logisch voneinander unabhängige Elementaraussagen handeln. Ebenso schliesst die Wahrheit der Aussage, dass der mittlere Brechungswinkel des roten Lichtes in Newtons Experiment 35 Grad beträgt, die Wahrheit der Aussage, dass dieser 45 Grad beträgt, aus. Es besteht kein unumstrittenes Analyseverfahren, durch das die

---

[10]Zum Problem der Identifikation solcher Teilaussagen siehe LEKTION 3, S. 80. Es wird hier nicht vorausgesetzt, dass es ein eindeutiges Analyseverfahren gibt, das komplexe Aussagen in Elementaraussagen analysiert.

Wahrheit oder Falschheit von Aussagen mit Gradangaben auf die Wahrheit oder Falschheit logisch voneinander unabhängiger Elementaraussagen zurückgeführt werden kann. Schliesst man ein solches Verfahren aus, stellt sich die Aufgabe, eine Logik zu entwickeln, in der Aussagen über Gradangaben formalisiert und als Elementaraussagen behandelt werden, und Beweisverfahren für das Bestehen bzw. Nichtbestehen formale Eigenschaften dieser Aussagen bzw. formaler Beziehungen zwischen ihnen zu entwickeln, ohne das Prinzip der logischen Unabhängigkeit vorauszusetzen.

Als ein weiteres Prinzip setzt die klassische Logik das *Extensionalitätsprinzip* voraus. Dies besagt, dass die Wahrheit oder Falscheit einer Aussage eine Funktion der Wahrheit oder Falscheit der in ihr enthaltenen Teilaussagen ist. Die Wahrheit bzw. Falschheit der mit dem Satz formulierten Aussage „Es regnet und die Strasse wird nass" hängt demnach allein von der Wahrheit bzw. Falscheit der Teilaussage, dass es regnet, und der Wahrheit bzw. Falschheit der Teilaussage, dass die Strasse nass wird, ab. Aus der Wahrheit bzw. Falschheit der Teilaussagen folgt die Wahrheit oder Falschheit der komplexen Aussage.

Auch das Extensionalitätsprinzip ist nicht trivial, und es gibt eine Fülle von sogenannten *intensionalen Logiksystemen*, die es nicht voraussetzen. Die Aussage, dass Ödipus seine Mutter liebte, und die Aussage, dass Ödipus Iokaste liebte, sind z.B. beide wahr, da Ödipus' Mutter identisch mit Iokaste ist. Die Aussage, dass Ödipus *weiss*, dass er seine Mutter liebe, ist hingegen falsch, während die Aussage, dass Ödipus *weiss*, dass er Iokaste liebte, wahr ist. Diese beiden Aussagen enthalten als Teilaussagen jeweils Aussagen, die auf Grund desselben Umstandes wahr sind, und sie ergänzen die Teilaussagen jeweils auf dieselbe Weise durch den Zusatz „Ödipus weiss, dass", dennoch ist die eine resultierende Aussage falsch und die andere wahr. Folglich können die resultierenden Aussagen nicht allein von der Wahrheit oder Falscheit der in ihnen enthaltenen Teilaussagen abhängen. Geht man davon aus, dass gleichwohl derartige Aussagen mittels einer Logik, die das Extensionalitätsprinzip voraussetzt, zu formalisieren sind, dann muss man voraussetzen, dass es ein Analyseverfahren gibt, durch das die Wahrheit oder Falschheit von Aussagen der Form „A weiss, dass p" auf die Wahrheit und Falschheit elementarer Aussagen $q, r \ldots$ zurückgeführt wird. Demgegenüber unterstellt die sogenannte *epistemische Logik* kein derartiges Analyseverfahren, und setzt nicht das Extensionalitätsprinzip voraus: Sie versucht, derartigen Aussagen und ihren formalen Beziehungen untereinander durch Erweiterung der formalen Sprache der klassischen Logik um sogenannte epistemische Operatoren und Einführung weiterer Schlussregeln, die für die Formeln dieser Sprache gelten, gerecht zu werden. Andere intensionale Logiksysteme sind die *Modallogik*, die *deontische Logik* und die *temporale Logik*. Die *Modallogik* berücksichtigt Aussagen mit sogenannten Modaloperatoren wie „es ist notwendig, dass" und „es ist möglich, dass". Die Aussagen, dass die Anzahl der Weltwunder 7 ist, ist wahr, ebenso ist die Aussage wahr, dass $7 = 7$. Die Aussage, dass es notwendig ist, dass die Anzahl der Weltwunder 7 ist, ist hingegen falsch; während die Aussage, dass es notwendig ist, dass $7 = 7$ ist, wahr ist. Die *deontische Logik*, auch *normative Logik* genannt, berücksichtigt auch sogenannte deontische Operatoren, wie „es ist geboten, dass", „es ist verboten, dass", „es ist erlaubt, dass". Die *temporale Logik* schliesslich berücksichtigt Operatoren wie „es *war* der Fall, dass", „es *wird* der Fall sein, dass". Auch die sogenannte *Logik des ‚Entailment'*, die *Relevanzlogik* und die *Logik der strikten Implikation* gehören zu den intensionalen Logiken. Auf sie wird weiter unten eingegangen (siehe S. 32).

Die drei genannten Prinzipien – das Bivalenzprinzip, das Prinzip der logischen Unabhängigkeit und das Extensionalitätsprinzip – werden auch „semantische Prinzipien" genannt. Ihre Voraussetzung und die mit ihnen aufgeworfenen Fragen betreffen die *Anwendbarkeit* der klassischen Logik: Welche Aussagen und Aussagensysteme meint man mit ihr formalisieren zu können? Die Beantwortung dieser Frage fällt nicht in das Gebiet der *formalen Logik*, sondern in das der Philosophie. Aus diesem Grunde werden die genannten alternativen Logiken auch *philosophische Logiken* genannt. Die Anwendung der klassischen Logik zum Zwecke der Formalisierung umgangssprachlicher Aussagen wird in den LEKTIONEN 3, 9 und 11 thematisiert.

Vom philosophischen Standpunkt aus ist man an der Frage der Leistungsfähigkeit eines logischen Systems zum Zwecke der Formalisierung von Aussagensystemen interessiert. In dieser Hinsicht bemisst man die Formalisierung an dem Kriterium der *Reichhaltigkeit*, d.i. dem Mass der mit einer bestimmten formalen Sprache formalisierbaren Aussagen. Das Urteil hierüber ist, wie an den Beispielen deutlich wurde, stark von vorausgesetzten Analyseverfahren für Aussagen abhängig. Es kann von der extremen, von Ludwig Wittgenstein im *Tractatus Logico-Philosophicus* eingenommenen Position, nach der sämtliche Aussagen unter Voraussetzung bestimmter Analyseverfahren mittels der klassischen Logik formalisierbar sind, bis hin zur anderen extremen Position, nach der die klassische Logik für die Zwecke der Formalisierung wissenschaftlicher Aussagen praktisch bedeutungslos ist, reichen. In jedem Fall ist die klassische Logik der Ausgangspunkt für die Fragen der Anwendung logischer Mittel zum Zwecke der Formalisierung und Rekonstruktion wissenschaftlicher Beweise.

> **Erläuterung 1.4**
> Die drei semantischen Prinzipien der klassischen Aussagenlogik sind das *Bivalenzprinzip*, das *Prinzip der logischen Unabhängigkeit* und das *Extensionalitätsprinzip*.
>
> - Das *Bivalenzprinzip* besagt, dass Aussagen entweder wahr oder falsch und nicht beides sind.
>
> - Das *Prinzip der logischen Unabhängigkeit* besagt, dass von der Wahrheit oder Falschheit einer Elementaraussage nicht auf die Wahrheit oder Falschheit einer anderen Elementaraussage geschlossen werden kann.
>
> - Das *Extensionalitätsprinzip* besagt, dass die Wahrheit oder Falschheit der Aussagen von nichts anderem als der Wahrheit oder Falschheit der in ihnen enthaltenen Teilaussagen abhängt.

Nur formale Eigenschaften und Relationen von Aussagensystemen, die diesen Prinzipien gehorchen, können mittels der klassischen Logik untersucht werden.

Unter den genannten Voraussetzungen lassen sich die Aussagen, deren formale Eigenschaften und Relationen in der klassischen Logik untersucht werden können, als *bivalente* Aussagen – Aussagen, die dadurch gekennzeichnet sind, entweder wahr oder falsch, aber nicht beides und nichts Drittes zu sein –, deren Wahrheit und Falschheit ausschliesslich von der Wahrheit oder Falschheit *logisch voneinander unabhängiger Elementaraussagen* abhängt, charakterisieren. Und die zu untersuchenden formalen Eigenschaften und Relationen lassen sich einschränken auf *wahrheitsfunktionale* Eigenschaften und Relationen. Wahrheitsfunktionale Eigenschaften von Aussagen bzw. wahrheitsfunktionale Relationen zwischen Aussagen ergeben sich auf Grund der Abhängigkeit der Wahrheit oder Falschheit der Aussagen von der Wahrheit oder Falschheit der Elementaraussagen. Hier nehmen die Eigenschaft der *logischen Wahrheit* und der *logischen Falschheit*, sowie die Relation der *logischen Folgerung* eine vorrangige Stellung ein: *Logisch wahr* ist eine Aussage genau dann, wenn sie für alle möglichen Fälle der Wahrheit und Falschheit der Elementaraussagen wahr ist; *logisch falsch* ist sie genau dann, wenn sie für alle möglichen Fälle der Wahrheit und Falschheit der Elementaraussagen falsch ist. Eine Aussage B folgt logisch aus einer anderen A genau dann, wenn es unmöglich ist, dass A wahr und B falsch ist. Diese vorläufigen Definitionen, die noch von den Modalausdrücken „möglich" bzw. „unmöglich" Gebrauch machen, können im Rahmen der Ausführungen zur klassischen Logik durch andere Definitionen ersetzt werden, die zugleich als Kriterien dienen können, um festzustellen, ob eine Aussage logisch wahr oder falsch ist bzw. ob eine Aussage aus einer anderen folgt.

> **Erläuterung 1.5**
> Die durch die klassische Logik formalisierbaren *Aussagen* sind *bivalent* und Wahrheitsfunktionen *logisch voneinander unabhängiger* Elementaraussagen.

> **Erläuterung 1.6**
> Die durch die klassische Logik zu untersuchenden *formalen Eigenschaften* und *formalen Relationen* sind *wahrheitsfunktionale* Eigenschaften und Relationen. Unter diesen nehmen die *logische Wahrheit*, die *logische Falschheit* und die *logische Folgerung* eine vorrangige Stellung ein.

Die formale Sprache und die Beweisverfahren der klassischen Logik lassen sich demgegenüber ganz unabhängig von der Bezugnahme auf die Wahrheit und Falschheit von Aussagen definieren. Im Unterschied zur *Semantik* der klassischen Logik und den ihr zugrundeliegenden Prinzipien, betreffen die formale Sprache und die Beweisverfahren der klassischen Logik ihre *Syntax*.

> **Erläuterung 1.7**
> Unter *Semantik* versteht man allgemein die Lehre von der *Bedeutung* der Zeichen. Unter der *Semantik der klassischen Logik* ist die Lehre von der *Interpretation* der formalen Sprache der klassischen Logik zu verstehen.

> **Erläuterung 1.8**
> Unter *Syntax* versteht man allgemein die Lehre von der korrekten Bildung und Umformung von Zeichen. Unter der *Syntax der klassischen Logik* ist die Lehre der Bildung und Umformung der *Formeln* der formalen Sprache der klassischen Logik zu verstehen.

Die formale Sprache der klassischen Logik ist die Sprache der Quantorenlogik mit Identität. Diese beinhaltet als einen Teil die Sprache der Quantorenlogik, die wiederum als einen Teil die Sprache der Aussagenlogik umfasst. Diese formalen Sprachen werden in LEKTION 2, 8 und 11 definiert.

Die Beweise der klassischen Logik bestehen in *Ableitungen*. Dies sind endliche Folgen von Formeln, die nach festgelegten Regeln gebildet werden.

Zusatzbemerkung 1.1: Die Regeln, nach denen Ableitungen herzustellen sind, bilden eine logische Notation. Die Eigenschaft einer Ableitung, die die formale Relation der logischen Folgerung beweist, besteht darin, dass die abzuleitende Formel in der letzten Zeile der Ableitung steht, deren Annahmenliste allein die Zeilennummern der Formeln enthält, aus denen die Formel folgt. Die Beweisführung der logischen Folgerung einer Formel aus anderen besteht in der Zuordnung dieser Formel zu einer Ableitung mit dieser Eigenschaft.

Andere Beweisverfahren, die zumeist in Abhängigkeit zur Semantik der klassischen Logik verstanden werden, sind Berechnungen der Wahrheitswerte von sogenannten „Interpretationen" der Formeln. Ein Beispiel hierfür sind die *Wahrheitswerttabellen* in der Aussagenlogik.

Zusatzbemerkung 1.2: Die beweisende Eigenschaft der *Allgemeingültigkeit*[11] einer aussagenlogischen Formel besteht bei den Wahrheitswerttabellen darin, dass in der Spalte des sogenannten Hauptjunktors immer „W" steht; die beweisende Eigenschaft der *Unerfüllbarkeit* einer aussagenlogischen Formel besteht bei den Wahrheitswerttabellen darin, dass in der Spalte des Hauptjunktors immer „F" steht.

Diese Beweisverfahren der Konstruktion von Ableitungen und Wahrheitswerttabellen und allgemein der Berechnung von Interpretationen sowie ihr Verhältnis zueinander werden in den LEKTIONEN 2, 4-6, 8 und 10-11 dargestellt.

Zusatzbemerkung 1.3: Mittels Ableitungen lässt sich beweisen, dass eine Formel aus anderen Formeln folgt; es lässt sich allerdings nicht in jedem Fall beweisen, dass sie aus anderen Formeln nicht folgt. Mittels Wahrheitswerttabellen lässt sich zwar jede beliebige wahrheitsfunktionale Eigenschaft oder Relation – aber nur innerhalb der Aussagenlogik – beweisen. Ein analoges Verfahren für die Berechnung der Wahrheitswerte von Interpretationen *beliebiger* Formeln der Quantorenlogik gibt es nicht, vielmehr bleiben derartige Verfahren auf bestimmte Formelklassen beschränkt.

Durch die formale Sprache und durch ihre Schlussregeln ist die klassische Logik eindeutig zu kennzeichnen und von allen anderen Logiken abzugrenzen. Sie unterscheidet sich hierdurch nicht nur von den genannten Logiken, sondern auch von der *mehrstufigen Quantorenlogik* sowie der *Klassenlogik*, die für die Formalisierung

---

[11] Zur Definition der Allgemeingültigkeit siehe *Lektion 2*, S. 55.

von Aussagen über Eigenschaften, Relationen oder Klassen die formale Sprache der Quantorenlogik der 1. Stufe erweitern.

> **Erläuterung 1.9**
> Die formale Sprache der klassischen Logik ist die Sprache der *Quantorenlogik erster Stufe mit Identität*. Die Beweisverfahren bestehen vornehmlich in *Ableitungen*, für die bestimmte Ableitungsregeln gelten, sowie in Berechnungen der Wahrheitswerte von *Interpretationen*, z.B. den Wahrheitswerttabellen.
> Durch ihre *formale Sprache* sowie ihre *Schlussregeln* ist die klassische Logik gegenüber allen anderen Logiken eindeutig zu kennzeichnen.

Während sich hinsichtlich der Formalisierung die Frage stellt, welcher Umfang an Aussagen mittels einer formalen Sprache formalisierbar ist, stellt sich hinsichtlich der Beweisverfahren für die Formeln einer formalen Sprache die Frage, ob die Beweisverfahren für jede beliebige Formel der formalen Sprache entscheiden können, ob die zu untersuchenden formalen Eigenschaften und Relationen bestehen oder nicht bestehen. Für die klassische Logik stellt sich die Frage, ob die wahrheitsfunktionalen Eigenschaften jeder beliebigen Formel der formalen Sprache der erweiterten Quantorenlogik mittels der für sie entwickelten Beweisverfahren bestimmt werden können. Beweisverfahren, die sowohl leisten zu entscheiden, ob eine fragliche Eigenschaft besteht, als auch zu entscheiden, ob sie *nicht* besteht, nennt man auch *Entscheidungsverfahren*. Während die Formalisierung an dem Kriterium der Reichhaltigkeit gemessen werden kann, können die Beweisverfahren eines Logiksystems anhand des Kriteriums der *Entscheidbarkeit* gemessen werden. Meistens wird hinsichtlich der klassischen Logik dieses Kriterium auf die Frage bezogen, ob für jede beliebige Formel entschieden werden kann, ob sie die (formale) Eigenschaft der *Allgemeingültigkeit* besitzt. Nennt man die klassische Logik unentscheidbar, dann ist damit gemeint, dass es kein Verfahren gibt und darüber hinaus aus prinzipiellen Gründen auch kein Verfahren entwickelt werden kann, das für jede beliebige Formel der Sprache der erweiterten Quantorenlogik Q_{+I} entscheiden kann, ob diese allgemeingültig ist oder nicht. Eine fundamentale Aussage der sogenannten *Metalogik*, die die Beweisverfahren der Logik mit mathematischen Methoden untersucht, besagt, dass die klassische Logik – genauer: die Eigenschaft der Allgemeingültigkeit von Formeln der quantorenlogischen Sprache Q – unentscheidbar ist. Was für die klassische Logik gilt, gilt auch für jedes reichhaltigere System. Demnach sind den Möglichkeiten des

Beweisens formaler Eigenschaften und Relationen unabhängig von Anwendungsfragen der Logik immanente Grenzen gesetzt. Demgegenüber lässt sich zeigen, dass die Allgemeingültigkeit und darüber hinaus jede beliebige Wahrheitsfunktion der Formeln der formalen Sprache der Aussagenlogik J, die eine Teilsprache der quantorenlogischen Sprache Q ist, entscheidbar ist. Diese und weitere Ergebnisse der Metalogik werden im Zusammenhang mit der Erläuterung der Beweisverfahren in den LEKTIONEN 6, 8 und 12 thematisiert.

> **Erläuterung 1.10**
> Die Formalisierung wird gemessen am Kriterium der *Reichhaltigkeit*, die Beweisverfahren am Kriterium der *Entscheidbarkeit*.
> Die *Reichhaltigkeit* bemisst den Umfang an Aussagen, die eine formale Sprache zu formalisieren erlaubt.
> Die *Entscheidbarkeit* bemisst, ob das Bestehen *und* Nichtbestehen einer formalen Eigenschaft (insbesondere die der Allgemeingültigkeit) von beliebigen Formeln bzw. einer formalen Relation zwischen beliebigen Formeln bewiesen werden kann.

Die allgemeine Aufgabe der Logik lässt sich unter Voraussetzung der vorangegangenen Ausführungen wie folgt formulieren:

> AUFGABE DER LOGIK:
> Definiere eine *formale Sprache*, die es erlaubt, unter Voraussetzung definierter Analyseverfahren *sämtliche* wissenschaftlichen Aussagen zu formalisieren. Definiere ferner *Entscheidungsverfahren*, mit denen sich für *sämtliche* formale Eigenschaften und Relationen feststellen lässt, ob diese für beliebige Aussagen (oder Typen) bestehen oder nicht.

Diese Aufgabe ist bislang nicht erfüllt: Erstens gibt es keinen umfassenden Kanon an klar definierten Analyseverfahren und kein Entscheidungsverfahren für Formeln der Quantorenlogik sowie alle reichhaltigeren formalen Sprachen; zweitens gibt es prinzipielle Bedenken, sowohl was die Möglichkeit eindeutiger Definitionen von Analyseverfahren als auch die Möglichkeit der Definition eines Entscheidungsverfahrens für die Formeln der Quantorenlogik (und anderer Logiken) betrifft. Aus diesem Grunde gibt man sich meistens damit zufrieden, diese Aufgabe nur für Teilgebiete und unter einschränkenden Bedingungen zu erfüllen.

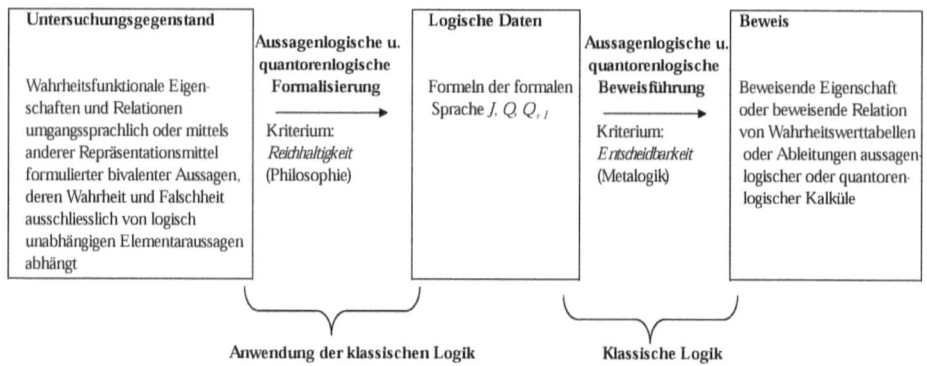

Abbildung 1.3: Schema zur Aufgabe der klassischen Logik

Die klassische Logik lässt sich als ein Teilgebiet der Logik charakterisieren, das die Aufgaben der Logik für eine bestimmte Art von Aussagen und für eine bestimmte Art formaler Eigenschaften und Relationen mit den sie kennzeichnenden Mitteln (formale Sprache und Beweisverfahren) zu erfüllen versucht. Inwieweit sie damit die gestellte Aufgabe der Logik erfüllt, bemisst sich anhand des Kriteriums der Reichhaltigkeit für die Formalisierung und anhand des Kriteriums der Entscheidbarkeit für die Beweisverfahren. Ersteres hängt zusammen mit Fragen der Analyse von Aussagen und fällt in das Gebiet der Philosophie, Letzteres setzt die Verwendung mathematischer Methoden voraus und fällt in das Gebiet der Metalogik (vgl. Abbildung 1.3).

3 Argumentrekonstruktion

Eine wichtige Anwendung findet die Logik bei der Bewertung der logischen Schlüssigkeit von *Argumenten*. Ein Argument besteht aus *Prämissen* (im Grenzfall aus nur einer Prämisse) und einer *Konklusion*. In einem logisch schlüssigen Argument folgt die Konklusion aus den Prämissen. In einem unschlüssigen Argument ist dies nicht der Fall. Ob eine Konklusion aus Prämissen folgt, bestimmt sich relativ zu *Schlussregeln*, die in der Logik für die Formalisierungen der Prämissen und Konklusionen definiert werden. In der Wissenschaft werden typischerweise Argumente produziert, in denen *Thesen* dadurch begründet werden, dass sie als Konklusionen aus Annahmen als den Prämissen gefolgert werden. Die Prämissen können begründet oder unbegründet, wahr oder falsch, mehr oder weniger überzeugend sein: Die Logik untersucht allein, ob aus gegebenen Prämissen die aus ihnen gezogenen Konklusionen im Sinne der Logik gefolgert werden können. Sie beurteilt nicht den Wert von Argumenten, sondern nur ihre *logische Schlüssigkeit*.

Um dies tun zu können, müssen die Argumente *rekonstruiert* werden. Unter einer *Argumentrekonstruktion* versteht man die *Formalisierung* eines gegebenen Argumentes in zwei Schritten: Die umgangssprachlich oder mittels anderer Repräsentationsmittel formulierten Argumente müssen erstens *standardisiert*, und zweitens *schematisiert* werden. Unter der *Standardisierung* versteht man die Zuordnung einer standardisierten, umgangssprachlichen Form zu einem umgangssprachlich oder mit andersartigen Repräsentationsmitteln formulierten Argument. Unter der *Schematisierung* versteht man die Zuordnung einer logischen Formel zu einem standardisierten Ausdruck. Anhand des Resultats der Schematisierung – der logischen Formel – kann dann mittels logischer Beweisverfahren die logische Schlüssigkeit des Argumentes überprüft werden. Im Unterschied zur Schematisierung verwendet die Standardisierung umgangssprachliche Ausdrücke, deren Bedeutung als bekannt vorausgesetzt wird. Im Unterschied zu *umgangssprachlichen Formulierungen* eines Argumentes, in denen dasselbe Argument auf viele unterschiedliche Weisen zum Ausdruck gebracht werden kann und dieselben Ausdrücke in unterschiedlichen argumentativen Zusammenhängen unterschiedliche Bedeutung haben können, wird die *standardisierte Form* nach einem einheitlichen Schema und unter Gebrauch eines festen, begrenzten Vokabulars gebildet.

Erläuterung 1.11

Unter der *Standardisierung* versteht man die Zuordnung einer standardisierten umgangssprachlichen Form zu einem umgangssprachlich oder andersartig formulierten Argument. In der standardisierten Form werden die Argumente unter Verwendung eines festen, begrenzten Vokabulars auf ein einheitliches Schema gebracht. Die standardisierte Form eines Arguments wird in der *Schematisierung* einer Formel einer formalen Sprache zugeordnet.

Erläuterung 1.12

Unter einer *Argumentrekonstruktion* versteht man die Standardisierung und Schematisierung eines umgangssprachlich oder mit andersartigen Repräsentationsmitteln formulierten Arguments.

Die Argumentrekonstruktion ermöglicht die Prüfung der logischen Schlüssigkeit des Argumentes.

Die Mittel der klassischen Logik erlauben die Rekonstruktion einer bestimmten Art von Argumenten sowie die Prüfung ihrer logischen Schlüssigkeit relativ zu den Schlussregeln der klassischen Logik. Die Prämissen und die Konklusion dieser Argumente sind bivalente Aussagen, die Wahrheitsfunktionen logisch unabhängiger Elementaraussagen sind. Schlüssig im Sinne der klassischen Logik werden Argumente genannt, wenn die Schlussregeln der klassischen Logik es erlauben, aus dem formalisierten Ausdruck der Prämissen zu dem der Konklusion überzugehen. Dies ist gleichbedeutend damit, dass die Konklusion aus den Prämissen folgt, d.h. es ist unmöglich (ausgeschlossen) im Sinne der klassischen Logik, dass die Prämissen wahr, und die Konklusion falsch ist.

Dieser Begriff der logischen Schlüssigkeit ist nicht trivial, und führt sogar zu Konsequenzen, die als „paradox" bezeichnet werden. Man spricht in diesem Zusammenhang vom „Paradox der formalen Implikation".[12] Denn nach dem Begriff der logischen Schlüssigkeit im Sinne der klassischen Logik ist ein Argument auch dann schlüssig, wenn die Prämissen logisch falsch sind: „Es regnet und es regnet nicht, also: Mama backt heute Berner Rösti" ist demnach Ausdruck eines schlüssigen Arguments. Dies erscheint in gewisser Hinsicht paradox, da bei der Bewertung von Argumenten intuitiv vorausgesetzt wird, dass die Prämissen in irgendeinem Sinn *relevant* für die Konklusion sein müssen. Eben dies ist nicht gegebenen, wenn die Prämissen logisch falsch sind. Eine Logik, die diesem Aspekt von Argumenten gerecht werden will, ist die *Relevanzlogik*. Im Unterschied zur klassischen Logik erlauben ihre Schlussregeln u.a. nicht den Übergang von logisch falschen Prämissen zu beliebigen Konklusionen. Eine weitere Konsequenz des Begriffes der logischen Schlüssigkeit der klassischen Logik, die denselben Punkt der Irrelevanz der Prämissen für die Konklusionen betrifft, besteht darin, dass die Prämissen eines schlüssigen Argumentes um beliebige weitere Prämissen ergänzt werden können, ohne dass dies die Schlüssigkeit des Arguments berührt: „Es regnet und es regnet nicht und Mama backt heute nicht Berner Rösti, also: Mama backt heute Berner Rösti" ist ein schlüssiges Argument im Sinne der klassischen Logik. Das logische Gesetz, das erlaubt, beliebige Prämissen zu einem schlüssigen Argument hinzuzufügen, nennt man das Gesetz der Monotonie. Eine Logik, in der dieses Gesetz keine ableitbare Schlussregel bildet, nennt man *nicht-monotone Logik*.

Ein mit dem Paradox der formalen Implikation eng zusammenhängendes Paradox ist das „Paradox der materialen Implikation".[13] Gemäss der klassischen

---

[12] Siehe zum Begriff der formalen Implikation LEKTION 3, S. 90.
[13] Siehe zum Begriff der materialen Implikation, LEKTION 3, S. 90.

Logik ist die im folgenden Wenn/Dann Satz ausgedrückte Aussage[14] „Wenn Bern die Hauptstadt der USA ist, dann ist meine Grossmutter Weltmeisterin im Dreiradfahren" unter der Voraussetzung, dass man sie keiner weiteren Analyse unterzieht, wahr, da der Wenn-Teil der Aussage falsch ist. Aber auch hier gibt es zwischen dem Wenn-Teil und dem Dann-Teil keinen relevanten Zusammenhang. Eine Logik, die die Falschheit des Wenn-Teiles nicht als hinreichende Bedingung der Wahrheit einer Wenn/Dann Aussage erachtet, und einen stärkeren Zusammenhang zwischen dem Wenn-Teil einer Aussage und ihrem Dann-Teil verlangt, ist die sogenannte *Logik der strikten Implikation*. *Relevanzlogik* bzw. *nicht-monotone Logik* und die *Logik der strikten Implikation* werden auch zusammengefasst unter dem Titel der *Logik des ‚Entailment'*.

Inwieweit derartige alternative Logiken nötig sind, hängt ab von der Formalisierung und den hierbei verwendeten Analyseverfahren umgangssprachlicher Aussagen, in denen offensichtlich relevante Zusammenhänge behauptet werden. Ein typischer Fall sind Kausalzusammenhänge: „Wenn der Blitz einschlägt, dann wird es brennen". Unterstellt man keine weiteren Analyseverfahren, dann ist die mit diesem Satz gemachte Aussage von derselben Form wie die des Satzes „Wenn Bern die Hauptstadt der USA ist, dann ist meine Grossmutter Weltmeisterin im Dreiradfahren". Relativ zu dieser Formalisierung, die von keinen weiteren Analyseverfahren Gebrauch macht, werden die Sätze derselben Formel der klassischen Logik zugeordnet, und man ist offensichtlich nicht in der Lage Wenn/Dann Aussagen mit relevanten Zusammenhängen von solchen ohne relevante Zusammenhänge formal zu unterscheiden. Macht man hingegen von weiteren Analyseverfahren Gebrauch, die davon ausgehen, dass der Satz „Wenn der Blitz einschlägt, dann wird es brennen" im Unterschied zu „Wenn Bern die Hauptstadt der USA ist, dann ist meine Grossmutter Weltmeisterin im Dreiradfahren" eine Kausalaussage ausdrückt, deren Formalisierung von Mitteln einer Analyse von Kausalaussagen Gebrauch macht, und geht man weiterhin davon aus, dass diese Analyse mit den Mitteln der formalen Sprache der klassischen Logik zu leisten ist, dann lassen sich unter dieser Voraussetzung den beiden Sätzen ganz unterschiedliche Formeln zuordnen. Es ist hier nicht der Platz, diese Fragen zu erörtern, sondern nur auf die Abhängigkeit der Beurteilung alternativer Logiken von Analyseverfahren für Aussagen aufmerksam zu machen. Eine Einführung in die Analyse von

---

[14] Genaugenommen ist in diesem Zusammenhang von der Subjunktion bzw. Implikation und der Definition des Junktors „→" auszugehen. Da an dieser Stelle jedoch nicht die Definition der formalen Sprache der Aussagenlogik vorausgesetzt werden soll, muss die weniger scharfe Charakterisierung durch Bezugnahme auf Wenn/Dann Aussagen im Text vorgezogen werden.

Kausalaussagen sowie ihrer formalen Behandlung gibt der VILOLA-Grundkurs KAUSALES SCHLIESSEN.[15]

Unabhängig von den genannten Paradoxen gibt es eine Fülle von Argumenten, die man nicht von vorneherein als unschlüssig bezeichnen muss, obwohl sie nicht die Bedingung erfüllen, dass es ausgeschlossen ist, dass die Prämissen wahr und die Konklusion falsch ist: „Hans' Streptokokkeninfektion wird mit Penicillin behandelt. Die Behandlung einer Streptokokkeninfektion führt mit hoher Wahrscheinlichkeit zur Genesung. Also folgt mit hoher Wahrscheinlichkeit: Hans wird wieder gesund." Diese Schlussfolgerung schliesst nicht den möglichen (wenn auch unwahrscheinlichen) Fall aus, dass Hans trotz der Penicillinbehandlung nicht gesund wird. Die Schlüssigkeit ist in diesem Fall keine *deduktive*, sondern nur eine *induktive*, und das entsprechende Argument kein *deduktives Argument*, sondern ein *induktives Argument*. Die Logik, die sich mit den Regeln des *induktiven Schliessens* befasst, nennt man die *induktive Logik*. Die klassische Logik hingegen findet nur Anwendung auf *deduktive Argumente* und die von ihr untersuchte Schlüssigkeit ist die *deduktive Schlüssigkeit*.

Erläuterung 1.13

Die klassische Logik ist ein Mittel, die *logische Schlüssigkeit* von Argumenten zu prüfen. Die Prämissen und Konklusionen der von ihr untersuchten Argumente sind bivalente Aussagen, die Wahrheitsfunktionen logisch unabhängiger Elementaraussagen sind.

Die von ihr untersuchte logische Schlüssigkeit ist die *deduktive Schlüssigkeit*, nach der es logisch ausgeschlossen ist, dass die Prämissen wahr und die Konklusion falsch ist. Dieser Begriff beinhaltet nicht, dass die Prämissen und die Konklusion in irgendeinem relevanten Zusammenhang stehen.

Machen Sie im Anschluss an die Lektüre die Übung zur ersten Lektion, um Ihr Verständnis zu prüfen und anzuwenden:[16]

ÜBUNG: KLASSISCHE LOGIK

---

[15] Siehe unter http://www.philoscience.unibe.ch/kausalitaet.html.
[16] Der Zugang zu den interaktiven Übungseinheiten wird im VORWORT auf S. 5 erläutert.

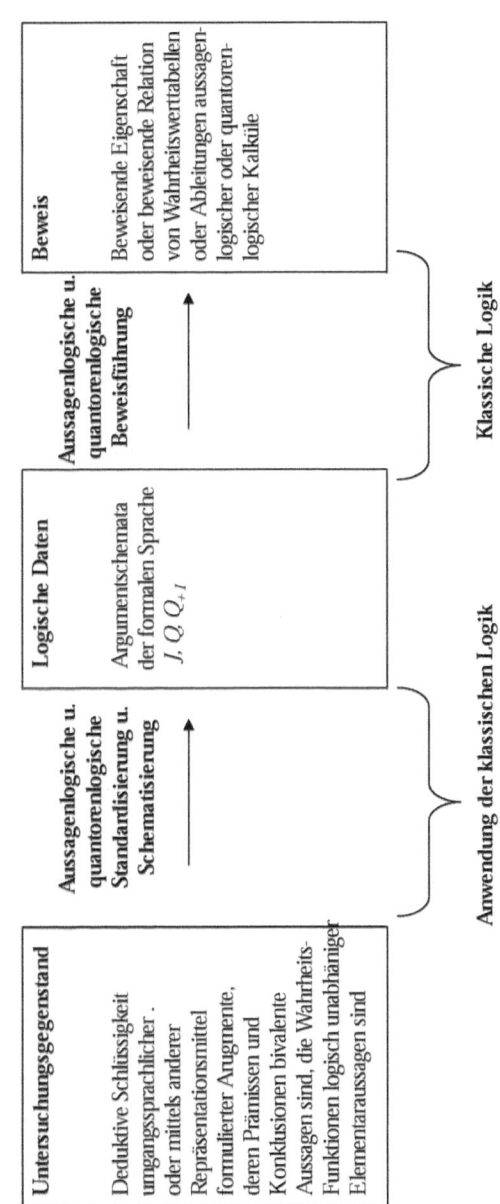

Abbildung 1.4: Schema zur Aufgabe der Argumentrekonstruktion

Teil B

Aussagenlogik

LEKTION 2

WAHRHEITSWERTTABELLEN

LEKTIONEN 2 bis 6 behandeln die *klassische Aussagenlogik*, auch *klassische Junktorenlogik* genannt. Sie bildet einen *Teil* der klassischen Logik. In dieser zweiten Lektion wird die *formale Sprache* der Aussagenlogik definiert und ihre *Interpretation* erläutert. Auf dieser Basis können dann die *Wahrheitswerttabellen* als ein *Entscheidungsverfahren* für wahrheitsfunktionale Eigenschaften und Relationen innerhalb der klassischen Aussagenlogik eingeführt werden.

1 Definition von J

Für die Definition einer formalen Sprache muss erstens ein *Alphabet* und zweitens die Zusammensetzung *wohlgeformter Formeln* aus diesem Alphabet definiert werden. Dies soll im Folgenden für die formale Sprache der Aussagenlogik (J) geschehen.

1.1 Definition des Alphabets von J

Die Definition des Alphabets von J definiert, aus welchen Zeichen die (wohlgeformten) Formeln von J zusammengesetzt werden.

Erläuterung 2.1

Das *Alphabet* von J besteht auf folgenden Zeichen:

SATZBUCHSTABEN: 'P', 'Q', 'R', 'S', 'T', 'U', 'P_1', 'P_2', 'P_3', ...;

LOGISCHE ZEICHEN: '$\neg$', '$\&$', '$\vee$', '$\rightarrow$', '$\leftrightarrow$';

HILFSZEICHEN: '(', ')'.

Diese Definition ist eine *ostensive* Definition: Sie definiert die Zeichen des Alphabets von J nicht dadurch, dass sie diese beschreibt, sondern dadurch, dass diese genannt (zitiert) werden. Man beachte, dass die Zeichen des Alphabets von J zwischen einfachen Anführungsstrichen stehen.[1] Die Anführungszeichen, das

---

[1] Der Übersicht halber werden zum Zwecke der Anführung von Zeichen der *Objekt*sprache einfache (und nicht zweifache), englische (und nicht deutsche) Anführungszeichen verwendet. Demgegenüber werden bei der Anführung von Ausdrücken der Umgangssprache zweifache, deut-

Komma, das Semikolon, der Punkt und die drei Pünktchen sind ebenso wie die in der Definition verwendeten deutschen Wörter nicht Teil des Alphabets von J, sondern nur Teil der Sprache, mittels derer das Alphabet von J definiert wird. Die Sprache, mittels derer eine formale Sprache definiert wird und Aussagen über diese formuliert werden, nennt man *Metasprache*, während die formale Sprache, die das Objekt der Untersuchung bildet, *Objektsprache* genannt wird. Metasprache und Objektsprache sind stets zu unterscheiden.

Die drei Pünktchen in der Angabe der Satzbuchstaben bedeuten, dass alle weiteren Satzbuchstaben durch Anwendung der Regel zu bilden sind, nach der der Index von 'P' jeweils um 1 zu erhöhen ist.[2] Durch diesen Teil der Definition besitzt das Alphabet von J unendlich viele Zeichen.[3]

Die Definition enthält willkürliche Elemente, und die Lehrbücher der klassischen Logik variieren in der jeweils verwendeten formalen Sprache der Aussagenlogik in einigen, unwesentlichen Punkten. Es ist willkürlich, welche Zeichen und – innerhalb gewisser Grenzen – wieviele Zeichen man wählt: Als Satzbuchstaben werden nicht immer grosse, sondern auch kleine Buchstaben verwendet. Die Verwendung von Indices hat den theoretischen Zweck, die Sprache J nicht auf die Verwendung einer bestimmten Anzahl an Satzbuchstaben festzulegen. Man kann ebenso gut Striche wie Zahlen zur Indizierung verwenden. Strenggenommen ist die Verwendung nicht-indizierter Satzbuchstaben überflüssig. Sie ist allerdings üblich und praktisch. Auch bei der Verwendung der logischen Zeichen gibt es unterschiedliche Standards:

	Alternativen
'¬'	'-', '∼',
'&'	'∧', '·'
'∨'	'v'
'→'	'⊃', '->'
'↔'	'≡', '<->'

Anstelle des Zeichens '¬' wird auch ein über die Satzbuchstaben geschriebener Balken '¯' verwendet (also statt '¬P' schreibt man '$\bar{P}$'), und anstelle der

---

sche Anführungszeichen verwendet. Des Weiteren werden zur Anführung von *Begriffen* einfache, deutsche Anführungszeichen verwendet.

[2]Man könnte auf die drei Pünktchen in der Definition verzichten, indem man die Satzbuchstaben wie die wohlgeformten Formeln induktiv definiert. Da dies umständlicher ist, wird hierauf verzichtet.

[3]Genaugenommen handelt es sich um *abzählbar* unendlich viele Zeichen. Eine Menge ist *abzählbar* genau dann, wenn sie auf die Menge der natürlichen Zahlen abgebildet werden kann.

Verknüpfung zweier Satzbuchstaben durch das Zeichen '&' werden auch die Satzbuchstaben schlicht direkt hintereinander geschrieben (also statt '$P \& Q$' schreibt man 'PQ').

Auch die Anzahl der verwendeten logischen Zeichen ist nicht festgelegt, was darin begründet liegt, dass man einige durch andere definieren kann (vgl. LEKTION 5, S. 145). Strenggenommen würde die Verwendung nur eines logischen Zeichens – des sogenannten „Shefferstriches" (siehe S. 48) – ausreichen, um eine formale Sprache der klassischen Aussagenlogik zu definieren, die mit der hier definierten hinsichtlich ihrer Semantik und Syntax gleichwertig ist. Dies wäre aber unpraktisch. Die hier gewählte Form ist gängig. Oft verzichtet man auf das logische Zeichen '$\leftrightarrow$'; es wäre aber auch möglich, weitere logische Zeichen einzuführen. Die logischen Zeichen der Aussagenlogik bzw. Junktorenlogik nennt man auch *Junktoren*. Bei den Hilfszeichen werden des öfteren andere Klammertypen verwendet (z.B. '{', '}', '[', ']'). Dies dient der Übersichtlichkeit bei mehrfachen Klammersetzungen in Formeln. Des Weiteren werden noch zusätzliche Hilfszeichen (',', '. . .') eingeführt, um Argumentschemata zu kennzeichnen (s. hierzu LEKTION 3, Abschnitt 3, S. 87).

1.2 DEFINITION DER WOHLGEFORMTEN FORMELN VON J

Die Definition der wohlgeformten Formeln von J legt fest, welche Zeichenketten[4] zur Sprache J gehören.

Die folgende Definition ist zwar durch den Gebrauch der Umgangssprache als Metasprache etwas umständlich, verzichtet dafür aber auf die Einführung weiterer Hilfsmittel, deren Verwendung Probleme aufwirft.

---

[4] Eine Zeichenkette in dem hier gemeinten Sinn kann auch aus nur einem Buchstaben bestehen.

> **Erläuterung 2.2**
> Die Menge der wohlgeformten Formeln (kurz: *wff*) von J ist definiert durch folgende Regeln:
>
> 1. Jeder Satzbuchstabe ist eine *wff*.
> 2. Jede *wff*, der das logische Zeichen '¬' vorangeht, ist eine *wff*.
> 3. Jede *wff*, gefolgt von '&', gefolgt von einer *wff*, das Ganze umklammert, ist eine *wff*.
> 4. Jede *wff*, gefolgt von '∨', gefolgt von einer *wff*, das Ganze umklammert, ist eine *wff*.
> 5. Jede *wff*, gefolgt von '→', gefolgt von einer *wff*, das Ganze umklammert, ist eine *wff*.
> 6. Jede *wff*, gefolgt von '↔', gefolgt von einer *wff*, das Ganze umklammert, ist eine *wff*.
> 7. *wff* sind nur lineare Zeichenketten, die in einer endlichen Anzahl an Schritten mittels der 1. – 6. Regel gebildet werden können.

Diese Definition ist eine *induktive* (oder auch: *rekursive*) Definition. Induktive Definitionen ermöglichen die schrittweise Konstruktion der definierten Elemente ausgehend von gewissen Anfangselementen. Sie bestehen aus einer *Anfangsklausel* (1. Regel), den *Induktionsklauseln* (2. bis 6. Regel) und der *Abschlussklausel* (7. Regel). Die *Anfangsklausel* gibt die Anfangselemente an, von der die Konstruktion einer *wff* ausgeht. Die *Induktionsklauseln* erlauben es, weitere Elemente aus bereits gegebenen zu bilden. Die *Abschlussklausel* legt fest, dass ausschliesslich solche Elemente zur definierten Menge gehören, die gemäss der Anfangs- und Induktionsklausel gebildet sind.

Mittels induktiver Definitionen können *unendliche Mengen* (in unserem Fall die Menge aller *wff* von J) definiert werden, ohne Pünktchen oder ähnliche Hilfsmittel zu verwenden. Durch die Abschlussklausel wird allerdings die Konstruktion *unendlich langer Zeichenketten*, die man durch eine nicht endende Anwendung der Induktionsklauseln gewinnt, ausgeschlossen. Eine unendliche Aneinanderreihung unterschiedlicher Satzbuchstaben (z.B. 'P_1', 'P_2', 'P_3' etc.) durch das logische Zeichen '∨' ist demnach keine *wff*. Liesse man derartige unendliche Formeln zu, dann würde die klassische Aussagenlogik nicht mehr die Eigenschaften besitzen, die sie hat. Die klassische Aussagenlogik wäre z.B. nicht mehr entscheidbar, da nicht mittels endlicher Schritte festgestellt werden könnte, ob eine beliebige, aus dem Alphabet von J zusammengesetzte Zeichenkette eine wohlgeformte Formel ist.

Zusatzbemerkung 2.1: Die Wahrheitswerttabellenmethode wäre auch nicht mehr ein vollständiges Entscheidungsverfahren. Eine unendliche Disjunktion ist nicht allgemeingültig, da der Hauptjunktor relativ zur Belegung aller Satzbuchstaben mit dem Wahrheitswert F auch mit dem Wert F belegt wird. Dies wäre aber nicht in endlichen Schritten zu beweisen, da man nie zur Berechnung des Wertes des Hauptjunktors gelangt, und die Belegungen des Hauptjunktors nicht aus denen einer endlichen Formel gefolgert werden können.

Gemäss der Definition des Alphabets und der Definition der wohlgeformten Formeln von J besteht die Menge aller wohlgeformten Formeln aus unendlich vielen Formeln einer endlichen Länge. Es gibt keine längste Formel, da sich immer eine Formel konstruieren lässt, die länger ist, aber es gibt auch keine Formel, die unendlich lang ist. Dasselbe gilt für die natürlichen Zahlen, die sich ebenso induktiv definieren lassen: Es gibt keine grösste natürliche Zahl, aber es gibt auch keine unendliche, natürliche Zahl (Entsprechendes gilt für die Zahlzeichen).

Gemäss den gegebenen Definitionen ist für jede beliebige Zeichenkette in endlichen Schritten zu begründen, ob es sich um eine wohlgeformte Formel handelt oder nicht. Hierfür ist jeweils zu prüfen, ob sich die Zeichenkette mittels der Regeln 1. - 7. konstruieren lässt.

BEISPIEL 1: '$(P \lor (Q \ \& \ \neg R))$' ist eine *wff*, denn:

1. Nach *Regel 1* sind 'P', 'Q', 'R' *wff*.

2. Nach 1. und *Regel 2* ist '$\neg R$' eine *wff*.

3. Nach 1.,2. und *Regel 3* ist '$(Q \ \& \ \neg R)$' eine *wff*.

4. Nach 1.,3 und *Regel 4* ist '$(P \lor (Q \ \& \ \neg R))$' eine *wff*.

BEISPIEL 2: '$(P \lor \&)$' ist demgegenüber keine *wff*, denn:

1. Nach *Regel 1* ist 'P' ist eine *wff*.

2. '$(P \lor \&)$' ist keine *wff*, da nach *Regel 4* '$\lor$' von einer *wff* gefolgt werden muss, '$\&$' ist aber keine *wff*.

3. Da *Regel 4* die einzige Regel ist, die die regelgerechte Verwendung von '∨' regelt, ist nach 2. und *Regel 7* '$(P \vee \&)$' keine *wff*.

Auch '$(P \vee \begin{pmatrix} (\\ Q \\ \& Q \end{pmatrix}))$' ist keine *wff*, da es sich nicht um eine *lineare* Zeichenkette handelt. Ebenso wenig ist 'A' eine *wff*, da es sich nicht um einen Satzbuchstaben handelt. '(P)' und '$(\neg P)$' sind keine wohlgeformten Formeln, da Klammern erst durch die *Regeln 3 - 6* bei der Verwendung dyadischer Junktoren[5] eingeführt werden.

Auch '$P \& Q$' ist keine *wff*, da die 3. Regel eine Aussenklammer fordert. Da Klammersetzungen aber für die eindeutige Interpretation der Formeln nicht immer nötig sind, und bei komplizierteren Formeln unübersichtlich wirken, werden *Klammerregeln* zum Zwecke einfacherer Schreibweisen der *wff* eingeführt:

Erläuterung 2.3

Um den Gebrauch von Klammern einzuschränken, sei festgelegt:

1. Aussenklammern können eliminiert werden.

2. '∨' und '&' binden stärker als '→' und '↔'.

3. Sind keine Klammern gesetzt und die Bindung gleich stark, dann ist dies gleichbedeutend mit einer Verklammerung der Formeln von links nach rechts.

Gemäss der *1. Klammerregel* ist '$P \& Q$' gleichbedeutend mit '$(P \& Q)$'; gemäss der *2. Klammerregel* ist '$(P \vee Q \rightarrow R)$' gleichbedeutend mit '$((P \vee Q) \rightarrow R)$'; gemäss der *3. Klammerregel* ist '$(P \& Q \& R)$' gleichbedeutend mit '$((P \& Q) \& R)$'. Gemäss aller drei *Klammerregeln* ist '$P \& Q \vee R \rightarrow S$' gleichbedeutend mit '$(((P \& Q) \vee R) \rightarrow S)$'.

Unter die *wohlgeformten Formeln* von J sollen im Weiteren auch die Formeln fallen, die durch Anwendung der *Klammerregeln* aus den *wff* im oben definierten Sinne gewonnen werden. Anstatt *wohlgeformter Formeln* von J soll in der Folge auch kurz von den *Formeln* von J gesprochen werden.

---

[5] *Dyadische* Junktoren sind Junktoren, die zwei Argumente haben, also '&', '∨', '→', '↔', aber nicht '¬'.

Übung: Wohlgeformte Formeln von J

2 Interpretation von J

Die Definition der formalen Sprache J gibt den Zeichen und Formeln noch keine Bedeutung. Sie gehört zur *Syntax* der Aussagenlogik, in der festgelegt wird, wie Formeln einer formalen Sprache zu bilden und umzuformen sind. Im Folgenden soll die *Semantik* der Aussagenlogik entwickelt werden, bevor in LEKTION 4 mit den Ableitungsregeln wieder zur *Syntax* übergegangen wird.

Die *Semantik* der Aussagenlogik interpretiert die J-Formeln als Wahrheitsfunktionen logisch unabhängiger Elementarsätze.

Den *Satzbuchstaben* wird keine feste Bedeutung gegeben. Sie haben die Funktion von Platzhaltern (Variablen) für *Sätze*.[6] Unter einem Satz wird hier der *Ausdruck einer Aussage* verstanden, wobei Aussagen im Sinne der „Träger der Wahrheit und Falschheit" (vgl. LEKTION 1, Abschnitt 2, S. 19) verstanden werden. Dabei seien die Identitätskriterien für Sätze durch die der Aussagen bestimmt: Zwei Ausdrücke *derselben* Aussage sind auch *derselbe* Satz; ein und derselbe Ausdruck *unterschiedlicher* Aussagen sind *unterschiedliche* Sätze. Sätze in diesem Sinne sind nicht mit Sätzen im grammatikalischen Sinn zu verwechseln: „Regnet es?" ist im grammatikalischen Sinn ein Fragesatz, aber kein Satz im Sinne der Logik, da keine Aussage getroffen wird. „Es regnet heute", gesprochen am 26.3.2002 und „Es regnet am 26.3.2002" sind grammatikalisch gesehen zwei unterschiedliche Sätze, aber *derselbe Satz* im hier gemeinten logischen Sinn. Der Ausdruck „Ich stehe jetzt hier", gesprochen von Hans Meyer am 3.4.2000 in Bern, und der identische Ausdruck „Ich stehe jetzt hier", gesprochen von Irene Leuenberger am 7.2.1904 in Toronto, sind grammatikalisch gesehen identische Sätze, aber sie treffen unterschiedliche Aussagen und sind aus diesem Grunde *unterschiedliche* Sätze im logischen Sinn.

Es wird nicht vorausgesetzt, dass Sätze in der Umgangssprache formuliert werden. Auch Bilder, Modelle, künstliche Symbolsprachen können als Ausdrücke verstanden werden, die Aussagen treffen. Es wird auch nicht vorausgesetzt, dass die hier gemeinten Sätze als konkrete Sätze irgendeiner bestehenden Sprache gegeben sein müssen – es kann sich um Sätze einer künstlichen, fiktiven Sprache handeln, deren Eigenschaften beschrieben werden können, ohne dass konkrete Sätze von ihr gebildet oder gebraucht werden. Es sei des Weiteren betont, dass

---

[6] Die Satzbuchstaben werden hier nicht als Platzhalter für *Aussagen* aufgefasst, da es diesen nach dem hier vorausgesetzten Verständnis nicht wesentlich ist, eine Zeichengestalt zu besitzen. Was aber keine Zeichengestalt besitzt, kann auch nicht an die Stelle eines Satzbuchstabens treten. Nur die sprachlichen Stellvertreter der Aussagen – die Sätze – können dies.

die spezifische Art der Zeichengestalt für die Identifikation von Sätzen nach dem hier zugrundegelegten Verständnis bedeutungslos ist: „Es regnet" und „It is raining" sind zwar zwei Ausdrücke einer unterschiedlichen Gestalt, aber derselbe Satz, da dieselbe Aussage getroffen wird. Die Ausdrücke „Es regnet heute", gesprochen am 26.3.2002 und „Es regnet heute", gesprochen am 6.3.2002, haben zwar dieselbe Zeichengestalt, aber sie formulieren unterschiedliche Sätze, da die getroffenen Aussagen unterschiedlich sind. Nicht eine spezifische Zeichengestalt, sondern überhaupt eine Zeichengestalt zu haben, ist Sätzen in dem hier gemeinten logischen Sinn wesentlich. Sätze unterscheiden sich von Aussagen nur dadurch, dass es ihnen wesentlich ist, auch eine Zeichengestalt zu haben.

Im Unterschied zu den Satzbuchstaben, die keine feste Bedeutung haben, wird den Sätzen, für die die Satzbuchstaben Platzhalter sind, eine feste Bedeutung gegeben: Ihnen werden *Wahrheitswerte* zugeordnet.[7] Und zwar werden ihnen *genau* zwei Wahrheitswerte zugeordnet: der Wahrheitswert *W* und der Wahrheitswert *F*. Dass einem Satz diese und nur diese Wahrheitswerte *zugeordnet* werden, besagt, dass er einen dieser und nur dieser beiden Wahrheitswerte *hat*. *Hat* ein Satz den Wahrheitswert *W*, dann bedeutet dies, dass er *wahr* ist; hat er den Wahrheitswert *F*, dann bedeutet dies, dass er *falsch* ist. Dass ein *Satz* wahr ist, bedeutet, dass die von ihm ausgedrückte Aussage wahr ist; dass ein *Satz* falsch ist, bedeutet, dass die von ihm ausgedrückte Aussage falsch ist.

Genauerhin sind die Satzbuchstaben Platzhalter für *bivalente, logisch voneinander unabhängige Elementarsätze*. Dass ein Satz *bivalent* ist, besagt, dass er entweder wahr oder falsch, aber weder beides, noch etwas Drittes ist. Dass Satzbuchstaben für *Elementarsätze* stehen, besagt, dass die Sätze, die an ihre Stelle treten können, nicht weiter zerlegt werden in Teilsätze, die Teilaussagen treffen.[8] Dass diese Elementarsätze *logisch voneinander unabhängig* sind, besagt, dass aus der Wahrheit oder Falschheit eines Elementarsatzes, der an die Stelle eines Satzbuchstabens treten kann, nichts über die Wahrheit oder Falschheit eines anderen Elementarsatzes, der an die Stelle eines anderen Satzbuchstabens treten kann, folgt. Hat ein Elementarsatz den Wahrheitswert *W*, dann kann ein anderer immer noch sowohl den Wahrheitswert *W* als auch *F* haben. Dass Satzbuchstaben Platzhalter für bivalente, logisch voneinander unabhängige Elementarsätze sind, kommt dadurch

---

[7] Es sei betont, dass Wahrheitswerte Sätzen und nicht den Satzbuchstaben zugeordnet werden. Satzbuchstaben werden als Variablen interpretiert, und diese sind nur Platzhalter (Leerstellen, Schemata), von denen nicht sinnvollerweise gesagt werden kann, dass sie wahr oder falsch sein können. Dies trifft nur auf die Instanzen zu, die an ihre Stelle treten können.

[8] Es wird hier nicht behauptet, dass die Sätze nicht weiter in Teilsätze zerlegt werden *können* – der Begriff des Elementarsatzes wird hier relativ zu einer vorgenommen Analyse, die unter Umständen weiter zu führen ist, verstanden. Vgl. hierzu die Ausführungen in LEKTION 3, S. 82.

zum Ausdruck, dass ihren Instanzen unabhängig von anderen Satzbuchstaben die Wahrheitswerte W oder F und nur diese zugeordnet werden.

Die Interpretation der J-Sprache setzt nicht voraus, dass Elementarsätze tatsächlich gegeben sind, z.B. als umgangssprachlich formulierte Sätze. Sie bezieht sich nicht auf eine bestimmte, gegebene Sprache, sondern auf eine fiktive Sprache, die besonderen, einfachen Gesetzen gehorcht. Diese Sprache kann als ein Modell gegebener Sprachen bzw. von Teilen gegebener Sprachen verstanden werden.

Werden in einer J-Formel *unterschiedliche* Satzbuchstaben verwendet, dann sind diese Platzhalter für *unterschiedliche* Elementarsätze. In '$P \,\&\, Q$' stehen die beiden Satzbuchstaben 'P' und 'Q' demnach zwar jeweils für keine bestimmten Sätze, da sie Variablen (Platzhalter) sind, die keine konstante Bedeutung haben, aber die Verwendung unterschiedlicher Satzbuchstaben bedeutet, dass an die jeweiligen Stellen unterschiedliche Sätze treten. Wird demgegenüber in einer J-Formel ein Satzbuchstabe mehrmals verwendet (z.B. '$P \,\&\, P$'), dann ist damit zwar nicht festgelegt, welcher Satz an die jeweilige Stelle tritt, aber es ist damit festgelegt, dass es *derselbe* ist.

> **Erläuterung 2.4**
> *Satzbuchstaben* werden interpretiert als Variablen bivalenter, logisch voneinander unabhängiger Elementarsätze.

Diese Interpretation der Satzbuchstaben der Sprache J beruht auf dem *Bivalenzprinzip* und auf dem *Prinzip der logischen Unabhängigkeit*.

Die *logischen Hilfszeichen* von J – die Junktoren – werden als Zeichen von *Wahrheitsfunktionen* interpretiert. Wahrheitsfunktionen ordnen Wahrheitswerten eindeutig Wahrheitswerte zu: Argumente und Werte der Funktionen sind Wahrheitswerte. Nach dieser Interpretation können die Bedeutungen der einzelnen Junktoren vollständig durch bestimmte Zuordnungen von Wahrheitswerten zu Wahrheitswerten definiert werden. Diese Definitionen können in Tafeln ausgedrückt werden, in denen in den linken Spalten vor dem Doppelstrich die Argumente stehen, und in der Spalte unter dem jeweiligen Junktor hinter dem Doppelstrich die den Argumenten der jeweiligen Zeile zugeordneten Werte. Der Junktor '$\neg$' (lies: „nicht") ist eine einstellige Wahrheitsfunktion: Er ordnet *einem* Wahrheitswert den jeweils anderen zu. Alle anderen Junktoren – '$\&$' („und"), '$\vee$' („oder"), '$\rightarrow$' („wenn / dann"), '$\leftrightarrow$' („genau dann, wenn") – sind zweistellig: Sie ordnen jeweils einem *Paar* von Wahrheitswerten einen Wahrheitswert zu. Die Paare sind *geordnete* Paare: Es macht einen Unterschied, ob dem Paar (W,F) oder dem Paar

(F,W) ein bestimmter Wahrheitswert zugeordnet wird (vgl. die Definition von '$\rightarrow$'). Für die Definition der Junktoren sind alle möglichen Kombinationen von Wahrheitswerten zu berücksichtigen:

	¬
W	F
F	W

		∨			&			$\rightarrow$			$\leftrightarrow$
W	W	W	W	W	W	W	W	W	W	W	W
W	F	W	W	F	F	W	F	F	W	F	F
F	W	W	F	W	F	F	W	W	F	W	F
F	F	F	F	F	F	F	F	W	F	F	W

Es gibt genau 16 unterschiedliche, zweistellige Wahrheitsfunktionen. 4 von diesen ist in der Sprache J ein Junktor zugeordnet. Man kann auch den weiteren Wahrheitsfunktionen Junktoren zuordnen. Dies ist jedoch nicht nötig, da man alle weiteren Junktoren durch die genannten definieren kann (zur Definition von Junktoren siehe LEKTION 5, S. 145). Im Prinzip ist nur ein einziger Junktor nötig, der sogenannte „Shefferstrich":[9]

W	W	F
W	F	F
F	W	F
F	F	W

---

[9]Dem Shefferstrich wird auch folgende Bedeutung gegeben:

W	W	F
W	F	W
F	W	W
F	F	W

Diese Doppeldeutigkeit geht auf Sheffer selbst zurück, der für beide Bedeutungen zeigte, dass alle anderen Verwendungen der Junktoren auf sie zurückgeführt werden können.

Seien A, B Metavariablen für *wff*, dann lassen sich die Vorkommnisse der Junktoren '¬', '&', '∨', '→', '↔' in den *wff* jeweils durch die folgenden, entsprechenden *wff*, die nur den Shefferstrich enthalten, ersetzen:[10]

$\neg A$: $A \mid A$.
$A \,\&\, B$: $(A \mid A) \mid (B \mid B)$.
$A \vee B$: $(A \mid B) \mid (A \mid B)$.
$A \rightarrow B$: $((A \mid A) \mid B) \mid ((A \mid B) \mid B)$.
$A \leftrightarrow B$: $((A \mid A) \mid B) \mid (A \mid (B \mid B))$.

Sei z.B. die Formel '$\neg(P \,\&\, Q)$' gegeben, dann ist in einem ersten Schritt '$P \,\&\, Q$' durch '$(P \mid P) \mid (Q \mid Q)$' zu ersetzen, so dass man '$\neg((P \mid P) \mid (Q \mid Q))$' erhält. In einem zweiten Schritt ist diese Formel dann durch '$((P \mid P) \mid (Q \mid Q)) \mid ((P \mid P) \mid (Q \mid Q))$' zu ersetzen, so dass man als Resultat eine Formel erhält, die nur noch den Shefferstrich enthält.

Würde man nur den Shefferstrich als Junktor verwenden, hätte man eine einfachere formale Sprache, durch die dieselben Wahrheitsfunktionen ausgedrückt werden könnten wie durch die Sprache J. Man müsste aber in den Formeln der Sprache J jeweils an die Stelle der in J verwendeten Junktoren ihre Definitionen durch den Shefferstrich ersetzen, was zu komplizierteren Formeln führt. Die Verwendung von fünf Junktoren in der Sprache J ist ein Kompromiss zwischen den Zielen, weder die formale Sprache noch ihre Formeln zu komplex zu gestalten.

Erläuterung 2.5

Die *Junktoren* werden interpretiert als Zeichen für ein- bzw. zweistellige Wahrheitsfunktionen.

In den Formeln der Sprache J stehen die Junktoren zwischen Satzbuchstaben. Nach der gegebenen Interpretation der Satzbuchstaben sind es nicht diese, die Wahrheitswerte haben, sondern die an ihre Stelle tretenden Sätze. Durch die Junktoren werden gemäss der Interpretation von J in den Formeln von J den Wahrheitswerten von Sätzen, die an die Stelle der Satzbuchstaben treten können, wiederum Wahrheitswerte zugeordnet. Die resultierenden Wahrheitswerte können erneut Argumente einer weiteren Wahrheitsfunktion sein. Werden z.B. drei unterschiedliche Satzbuchstaben durch zwei zweistellige Junktoren miteinander

---

[10] Dass die jeweiligen Ausdrücke gleichbedeutend sind, kann man sich im Anschluss an Abschnitt 2.3 jeweils anhand einer Wahrheitswerttabelle deutlich machen: Die resultierenden Wahrheitswerte der Hauptjunktoren der *wff*, in denen man A durch 'P' und B durch 'Q' ersetzt, sind jeweils dieselben.

verknüpft, dann sind zunächst die Paare von Wahrheitswerten zweier unterschiedlicher Sätze, die an die Stelle der Satzbuchstaben treten können, die Argumente einer durch einen Junktor bezeichneten zweistelligen Wahrheitsfunktion. Die durch diese erhaltenen Resultate bilden wiederum mit den Wahrheitswerten des dritten Satzbuchstabens die Argumente einer weiteren, durch einen zweiten Junktor bezeichneten zweistelligen Wahrheitsfunktion.

Um festzulegen, *welche* Wahrheitswerte jeweils die Argumente einer durch einen Junktor bezeichneten Wahrheitsfunktion sind, werden die *Klammern* verwendet. Sie haben keine eigenständige Bedeutung; sie sind sogenannte *synkategorematische Zeichen*, die nichts bezeichnen, sondern nur in Verbindung mit anderen Zeichen deren Bedeutung bestimmen. In der Formel '$P \vee (Q \& R)$' legen die Klammern fest, dass zunächst die durch das Zeichen '$\&$' bezeichnete Wahrheitsfunktion auf die Wahrheitswerte der Sätze, die an die Stelle der Satzbuchstaben 'Q' und 'R' treten, anzuwenden ist, und dann die so erhaltenen Resultate mit den Wahrheitswerten des Satzes, der an die Stelle des Satzbuchstabens 'P' tritt, die Argumente der durch '$\vee$' bezeichneten Wahrheitsfunktion sind. Ohne die Verwendung der Klammern wäre die Bedeutung der Formel eine andere, denn '$P \vee Q \& R$' wäre auf Grund der 3. Klammerregel („Bei gleich starker Bindung sind die Formeln von links nach rechts zu verklammern") gleichbedeutend mit '$(P \vee Q) \& R$'.

> **Erläuterung 2.6**
> Die *Klammern* werden als synkategorematische Zeichen interpretiert, die bestimmen, welche Wahrheitswerte die Argumente der durch die Junktoren bezeichneten Wahrheitsfunktionen sind.

Auf Grund der Verwendung von Klammern sowie der Klammerregeln ist der Bezug der Junktoren eindeutig festgelegt. Die Anwendungen der Junktoren in einer Formel stehen in einer Hierarchie: Auf der untersten Ebene werden die durch sie bezeichneten Wahrheitsfunktionen auf die Wahrheitswerte von Satzbuchstaben angewendet, auf der nächst höheren Stufe treten die Werte dieser Wahrheitsfunktionen wiederum als Argumente von Wahrheitsfunktionen auf usw. bis zur Spitze der Hierarchie, die die resultierenden Wahrheitswerte der gesamten Formel enthält. Den entsprechenden Junktor an der Spitze der Hierarchie nennt man den *Hauptjunktor*. Die Werte der durch ihn bezeichneten Wahrheitsfunktion sind die resultierenden Werte der gesamten Formel.

In den Formeln der Sprache J kommen nur Junktoren vor, die Wahrheitsfunktionen bezeichnen. Die resultierenden Wahrheitswerte der Formeln hängen gemäss den gegebenen Interpretation der Sprache J von nichts anderem ab als den *Wahrheitswerten* der Sätze, die an die Stelle der Satzbuchstaben treten können. Ersetzt man einen Satz durch einen anderen mit demselben Wahrheitswert, dann erhält man auch dasselbe Resultat – der unterschiedliche *Inhalt* der Sätze ist nicht von Bedeutung. Hierdurch unterscheiden sich die Junktoren der Sprache *J* von Junktoren formaler Sprachen intensionaler Logiken: Wird einem etwaigen Junktor '□' die Interpretation eines Modaloperators gegeben, und eine entsprechende Formel '□ P' als „Es ist notwendig, dass P" interpretiert, dann erhält die gesamte Formel einen unterschiedlichen Wahrheitswert, wenn man einmal für 'P' die gleichermassen wahren Sätze '7 = 7' und '7 ist die Anzahl der Weltwunder' einsetzt. Um diesen Unterschied zu bezeichnen nennt man die Junktoren der Sprache *J* auch *wahrheitsfunktionale* oder *extensionale* Junktoren im Unterschied zu den *intensionalen* Junktoren, die nicht Wahrheitsfunktionen bezeichnen.

Die Interpretation der Junktoren der Sprache *J* als *wahrheitsfunktionale* bzw. *extensionale* Junktoren beruht auf dem *Extensionalitätsprinzip*.

ÜBUNG: INTERPRETATION VON *J*

3 WAHRHEITSWERTTABELLEN

Im Folgenden wird zunächst die Konstruktion von Wahrheitswerttabellen und ihr gewöhnliches Verständnis dargestellt. Im Anschluss daran wird in einem *Exkurs* eine alternative Deutung der Wahrheitswerttabellen als logische Beweise, die nicht auf der Interpretation der Sprache *J* beruhen, skizziert.

In Wahrheitswerttabellen werden *aussagenlogische Formeln* mit *Belegungen* von Satzbuchstaben und Junktoren kombiniert. Gewöhnlich wird unter einer *Belegung* die Zuordnung genau eines *Wahrheitswertes* (W oder F) zu Satzbuchstaben bzw. Junktoren verstanden.[11]

> **Erläuterung 2.7**
> Eine *Belegung* ist eine eindeutige Zuordnung genau eines *Wahrheitswertes* (W oder F) zu einzelnen Satzbuchstaben oder Junktoren.

Die Belegungen haben den Zweck, wahrheitsfunktionale Eigenschaften und Beziehungen von Formeln in Abhängigkeit zu der Verteilung der Wahrheitswerte

---

[11] Wenn hier wie im Folgenden kurz gesagt wird, dass *Satzbuchstaben* Wahrheitswerte zugeordnet werden, so ist dies als eine verkürzte Redeweise dafür zu verstehen, dass ihren *Instanzen* – den Elementarsätzen – Wahrheitswerte zugeordnet werden.

von Elementarsätzen zu berechnen. Dies wird durch Wahrheitswerttabellen dargestellt.

In diesen werden die Belegungen der Satzbuchstaben mit den Berechnungen der Wahrheitswerte von aussagenlogischen Formeln kombiniert. In einer vollständigen Wahrheitswerttabelle werden sämtliche möglichen 2^n Belegungen der Satzbuchstaben berücksichtigt. Die Satzbuchstaben einer Formel werden alphabetisch angeordnet und in eine oberste Zeile geschrieben. Jedem Satzbuchstaben wird eine Spalte für die Bezeichnung seiner Belegungen zugeordnet. Für die Bezeichnung der Wahrheitswerte werden die Buchstaben 'W' und 'F' verwendet.[12] Auf Grund des Prinzips der logischen Unabhängigkeit gibt es 2^n kombinatorisch mögliche Belegungen für n Satzbuchstaben. Diese Belegungen werden in 2^n Zeilen dargestellt, wobei in einer Spalte durch 'W' bzw. 'F' die jeweilige Belegung eines Satzbuchstabens bezeichnet wird. Sie werden so angeordnet, dass die Bezugnahme auf den Wahrheitswert W Vorrang hat.

BEISPIEL:

P	Q
W	W
W	F
F	W
F	F

Die Belegungen der Satzbuchstaben bilden den linken Teil der Wahrheitswerttabellen. In deren rechten Teil wird in die oberste Zeile die aussagenlogische Formel geschrieben und allen Junktoren Spalten zugeordnet. In diese Spalten werden die jeweiligen Bezeichnungen der Junktorenbelegungen eingetragen. Die Auswertung der Wahrheitswerttabellen folgt unter Anwendung der Junktorendefinitionen und Berücksichtigung der Klammern und Klammerregeln, so dass man mit dem letzten Schritt bei der Berechnung der Werte des Hauptjunktors endet.

BEISPIEL: Die Wahrheitswerttabelle für die Formel '$Q \mathbin{\&} \neg P$' lautet:

---

[12]Die Wahl der Zeichen ist willkürlich. Man hätte ebenso gut zwei andere wählen können. Anstelle von 'W' und 'F' werden auch 'T' und 'F', '0' und '1', '$\top$' und '$\bot$' verwendet.

P	Q	Q	$\&$	$\neg$	P
W	W		**F**	F	
W	F		**F**	F	
F	W		**W**	W	
F	F		**F**	W	

Die dem Hauptjunktor zugeordneten Wahrheitswerte, die die resultierenden Wahrheitswerte der Formel darstellen, sind hier durch Fettdruck hervorgehoben.

Gemäss der gewöhnlichen Deutung ist diese Wahrheitswerttabelle wie folgt zu paraphrasieren:

1. Werden in der Formel '$Q \,\&\, \neg P$' die Satzbuchstaben 'P' und 'Q' durch wahre Elementarsätze ersetzt, dann ergibt sich insgesamt ein falscher Satz.

2. Wird in der Formel '$Q \,\&\, \neg P$' der Satzbuchstabe 'P' durch einen wahren, und der Satzbuchstabe 'Q' durch einen falschen Elementarsatz ersetzt, dann ergibt sich insgesamt ein falscher Satz.

3. Wird in der Formel '$Q \,\&\, \neg P$' der Satzbuchstabe 'P' durch einen falschen und der Satzbuchstabe 'Q' durch einen wahren Elementarsatz ersetzt, dann ergibt sich insgesamt ein wahrer Satz.

4. Werden in der Formel '$Q \,\&\, \neg P$' die Satzbuchstaben 'P' und 'Q' durch falsche Sätze ersetzt, dann ergibt sich insgesamt ein falscher Satz.

Nach dem gewöhnlichen Verständnis sind Wahrheitswerttabellen ein systematischer Ausdruck der Wahrheitsbedingungen von komplexen Sätzen einer bestimmten aussagenlogischen Form. Mittels Wahrheitswerttabellen wird demnach eine *Wahrheitswertanalyse* durchgeführt. Handelt es sich um eine vollständige Wahrheitswerttabelle, die alle 2^n Belegungen der Satzbuchstaben berücksichtigt, spricht man von einer *vollständigen Wahrheitswertanalyse*. Dieses Verständnis beruht auf der semantischen Interpretation der *J*-Formeln.

Die Wahrheit oder Falschheit komplexer, aussagenlogischer Sätze hängt von der Wahrheit oder Falschheit der Elementarsätze, aus denen sie zusammengesetzt sind, sowie den Junktoren ab. Mittels der Wahrheitswerttabellen lässt sich die Frage beantworten, unter welchen Bedingungen Sätze, die sich mittels aussagenlogischer Formeln formalisieren lassen, wahr und unter welchen Bedingungen sie falsch sind. Die Bedingungen der *Wahrheit* werden durch die Zeilen expliziert, in denen ein 'W' unter dem Hauptjunktor steht, die Bedingungen der Falschheit werden durch die Zeilen expliziert, in denen ein 'F' unter dem Hauptjunktor steht.

Unter den Wahrheitsbedingungen gibt es zwei Sonderfälle: Den Fall, in dem ein Satz einer bestimmten Form unter allen Bedingungen *wahr*, und den Fall, in dem er unter allen Bedingungen *falsch* ist. Im ersten Fall nennt man den Satz *tautologisch*, im zweiten *kontradiktorisch*. Dass ein Satz „unter allen Bedingungen" wahr bzw. falsch ist, heisst im Rahmen der klassischen Logik, dass er für alle 2^n möglichen Kombinationen der Wahrheit oder Falschheit seiner Elementarsätze wahr bzw. falsch ist.[13]

> **Erläuterung 2.8**
> Ein mittels der klassischen Logik formalisierbarer *Satz* ist *tautologisch* gdw$_{Def.}$ er für alle 2^n möglichen Kombinationen der Wahrheit oder Falschheit der in ihm enthaltenen Elementarsätze wahr ist.

Zusatzbemerkung 2.2: Diese Erläuterung hat die Form einer *Definition*. Der zu definierende Ausdruck (*Definiendum*) steht links von „gdw$_{Def.}$", der definierende Ausdruck (*Definiens*) steht rechts von „gdw$_{Def.}$". „gdw" ist Abkürzung für „genau dann wenn". Der Index „$_{Def.}$" ist hinzugefügt, um deutlich zu machen, dass es sich um einen *definitorischen* Zusammenhang handelt. Die Definition ist so zu verstehen, dass, was immer unter das *Definiens* fällt, auch unter das *Definiendum* fällt und umgekehrt. Dieser Zusammenhang kommt durch „gdw" zum Ausdruck. Man sagt auch, dass das Definiens *notwendige* und *hinreichende* Bedingung für das Definiendum ist. Das Definiens ist *hinreichend* für das Definiendum, da gilt: Wenn etwas unter das Definiens fällt, dann auch unter das Definiendum. Das Definiens ist *notwendig* für das Definiendum, da gilt: Wenn etwas unter das Definiendum fällt, dann auch unter das Definiens. Dass es sich hierbei nicht um einen zufälligen oder bloss faktischen Zusammenhang handelt, wird durch den Index „$_{Def.}$" kenntlich gemacht. Dieser schliesst aus, dass es – anders als etwa bei den Ausdrücken „Lebewesen mit Niere" und „Lebewesen mit Herz" – möglich bzw. sinnvoll ist, zu behaupten, dass etwas unter den Ausdruck fällt, der links von „gdw$_{Def.}$" steht, aber nicht unter den, der rechts von „gdw$_{Def.}$" steht. Auf Grund dieses Zusatzes ist es nicht adäquat, Definitionen als *materiale* Äquivalenzen, d.i. als Aussagen der Form '$P \leftrightarrow Q$', zu interpretieren.

---

[13]Die in einem *Satz* enthaltenen Elementarsätze sind die logisch voneinander unabhängigen Sätze, von deren Wahrheit und Falschheit die Wahrheit oder Falschheit des Satzes abhängt. Diese müssen im Satz nicht explizit genannt sein. Erst die vollständige Analyse der Wahrheitsbedingungen eines Satzes macht die Elementarsätze explizit. Ein Satz kann eine Wahrheitsfunktion unendlich vieler Elementarsätze sein ($n = \infty$). Der Satz „Alle natürlichen Zahlen sind durch 1 teilbar" lässt sich z.B. als eine Wahrheitsfunktion unendlich vieler Sätze der Formen „x ist eine natürliche Zahl" und „x ist durch 1 teilbar" analysieren. Die beiden folgenden *Erläuterungen* sind damit nicht auf die Aussagenlogik beschränkt.

> **Erläuterung 2.9**
> Ein mittels der klassischen Logik formalisierbarer *Satz* ist *kontradiktorisch* gdw$_{Def.}$ er für alle 2^n möglichen Kombinationen der Wahrheit oder Falschheit der in ihm enthaltenen Elementarsätze falsch ist.

Tautologische Sätze werden auch *Tautologien* genannt, kontradiktorische *Kontradiktionen*. Derartige Sätze sind aus *logischen* Gründen wahr oder falsch, da ihre Wahrheit bzw. Falschheit unabhängig davon ist, ob die in ihnen enthaltenen Elementarsätze wahr oder falsch sind.

Tautologisch bzw. kontradiktorisch zu sein, wird hier definiert als *wahrheitsfunktionale* Eigenschaft von *Sätzen*. Diese lassen sich mittels der Wahrheitswerttabellen ermitteln. Sie sind formale Eigenschaften, da ihr Bestehen bzw. Nicht-Bestehen anhand der Belegungen von J-Formeln entschieden werden kann, denn Tautologien und Kontradiktionen korrespondieren *allgemeingültige* bzw. *unerfüllbare* Formeln.

> **Erläuterung 2.10**
> Eine J-*Formel* ist *allgemeingültig* gdw$_{Def.}$ sie für alle 2^n Belegungen der Satzbuchstaben dem Wahrheitswert W zugeordnet ist.

> **Erläuterung 2.11**
> Eine J-*Formel* ist *unerfüllbar* gdw$_{Def.}$ sie für alle 2^n Belegungen der Satzbuchstaben dem Wahrheitswert F zugeordnet ist.

Die Eigenschaften der *Allgemeingültigkeit* sowie der *Unerfüllbarkeit* von Formeln sind formale Eigenschaften, deren Bestehen bzw. Nicht-Bestehen anhand der Wahrheitswerttabellen entschieden werden kann. Die Eigenschaften von Sätzen, *tautologisch* bzw. *kontradiktorisch* zu sein, können auf die *Allgemeingültigkeit* bzw. *Unerfüllbarkeit* von Formeln zurückgeführt werden.

> **Erläuterung 2.12**
> Ein mittels einer J-Formel formalisierbarer Satz ist *tautologisch* gdw$_{Def.}$ die ihm zugeordnete J-Formel *allgemeingültig* ist.

> **Erläuterung 2.13**
> Ein mittels einer J-Formel formalisierbarer Satz ist *kontradiktorisch* gdw$_{Def.}$ die ihm zugeordnete J-Formel *unerfüllbar* ist.

Gegeben sei ein Satz und seine Formalisierung:[14]

SATZ: 'Es regnet oder es regnet nicht.'

FORMALISIERUNG: '$P \vee \neg P$'.

Um einen Satz als *Tautologie* zu identifizieren, muss entschieden werden, ob die ihm zugeordnete J-Formel *allgemeingültig* ist. Dazu berechnet man die Belegungen des Hauptjunktors Diese Berechnung kann in Form einer Wahrheitswerttabelle ausgedrückt werden:

P	P	$\vee$	$\neg$	P
W		**W**	F	
F		**W**	W	

Da der Hauptjunktor nur mit dem Wahrheitswert W belegt ist, ist die J-Formel gemäss der Definition der Allgemeingültigkeit *allgemeingültig*, und folglich der Satz, deren Formalisierung die J-Formel ist, *tautologisch*.

Ob eine J-Formel allgemeingültig oder unerfüllbar ist, lässt sich stets in endlich vielen Schritten berechnen. Denn jede J-Formel hat gemäss der Definition der Wohlgeformtheit aussagenlogischer Formeln nur eine endliche Länge. Damit hat sie nur eine endliche Anzahl von Satzbuchstaben, die mit einer endlichen Anzahl an Junktoren verknüpft sind. Damit ist jede vollständige Wahrheitswertanalyse endlich, denn diese enthält $2^n \cdot n + 2^n \cdot m$ Belegungen für n Satzbuchstaben und m Junktoren. Da n und m endliche Zahlen sind, ist auch die Anzahl der $2^n \cdot n + 2^n \cdot m$ Belegungen endlich.

Kann in endlichen Schritten nach einem vorgegebenen Verfahren (Algorithmus) berechnet werden, ob jede beliebige Formel einer Formelmenge $\mathcal{F}$ eine bestimmte (formale) Eigenschaft φ hat oder nicht hat, dann sagt man, dass die Eigenschaft φ der Formelmenge $\mathcal{F}$ *entscheidbar* ist.

---

[14] Zur aussagenlogischen Formalisierung siehe LEKTION 3.

Zusatzbemerkung 2.3: Der Begriff der Entscheidbarkeit wird durch die *mathematische Rekursionstheorie* weiter präzisiert. Nach der sogenannten *Church-These* ist eine Eigenschaft φ einer Formelmenge $\mathcal{F}$ entscheidbar genau dann, wenn für die Arithmetisierung der Formeln aus $\mathcal{F}$ eine *rekursive zahlentheoretische Funktion* angegeben werden kann, die für jeden arithmetischen Ausdruck den Wert 0 berechnet, wenn die ihm zugeordnete Formel die Eigenschaft φ hat, und den Wert 1, wenn sie ihn nicht hat. Unter einer Arithmetisierung (auch „Gödelisierung" genannt) versteht man die injektive Abbildung von Formeln einer Formelmenge auf natürliche Zahlen. Eine Abbildung einer Menge M auf die Menge N ist injektiv, wenn alle Elemente der Menge M eineindeutig auf Elemente der Menge N, aber nicht unbedingt alle Elemente von N auf Elemente von M abgebildet werden.[15] Eine Arithmetisierung der Formelmenge J ordnet jeder J-Formel eine ganz bestimmte natürliche Zahl zu, und für jede natürliche Zahl bestimmt sie, ob sie einer bestimmten J-Formel zugeordnet ist oder nicht.

Es lässt sich beweisen, dass die Aussagenlogik – genauer: die Eigenschaften der Allgemeingültigkeit und Unerfüllbarkeit der J-Formeln – entscheidbar im Sinne der *Church-These* ist.

Erläuterung 2.14
Die Allgemeingültigkeit (Unerfüllbarkeit) der J-Formeln ist entscheidbar.

Übung: Wahrheitswerttabellen

3.1 Exkurs: Wahrheitswerttabellen und logischer Beweis

Nach dem gewöhnlichen Verständnis der Wahrheitswerttabellen sind diese *Ausdruck* einer vollständigen Wahrheitswertanalyse. Die Buchstaben 'W' und 'F' werden als Zeichen verstanden, die Wahrheitswerte bezeichnen. Ziel ist die Berechnung der Belegungen des Hauptjunktors, d.i. der diesem zugeordneten *Wahrheitswerte*. Die Wahrheitswerttabelle drückt die einzelnen Rechenschritte in den jeweiligen Spalten aus, die Buchstaben in der Spalte unter dem Hauptjunktor bringen das Ergebnis der Berechnung zum Ausdruck. Nach diesem Verständnis geben die Wahrheitswerttabellen systematisch alle möglichen *Interpretationen* der J-Formel wieder. Entsprechend zählt man die Konstruktion von Wahrheitswerttabellen zur *Semantik* der Aussagenlogik, und die Klassifikation der J-Formeln in allgemeingültige oder unerfüllbare bezeichnet man als „semantische Klassifikation".

Einen Beweis der Allgemeingültigkeit bzw. Unerfüllbarkeit mittels einer Wahrheitswerttabelle bezeichnet man als einen *semantischen* (oder auch „inhaltlichen") *Beweis*. Der Beweis ist die Wahrheitswerttabelle, d.i. der *Ausdruck* der Ergebnisse der Berechnung der Wahrheitswerte. Während für die Berechnung der Wahr-

---

[15]Zur Church-These, Gödelisierung und Entscheidbarkeit siehe auch die Ausführungen in LEKTION 12, Abschnitt 2.

heitswerte und die Entscheidung, ob die entsprechende Formel allgemeingültig ist oder nicht, der äussere Ausdruck der Berechnung unwesentlich ist[16], ist der äussere Ausdruck für einen *Beweis* nicht unwesentlich, da ein Beweis *kontrollierbar* sein muss. Diese Bedingung ist nur gewährleistet, wenn man sich beim Beweis auf *äussere Kriterien* beruft. Dass eine J-Formel allgemeingültig ist, wird dadurch bewiesen, dass in einer regelgerechten Konstruktion der Wahrheitswerttabelle in der Spalte unter dem Hauptjunktor nur das Zeichen 'W' vorkommt. Dass die Konstruktion der Wahrheitswerttabelle regelgerecht ist, kann kontrolliert werden, indem man alle einzelnen 'W' und 'F' Eintragungen kontrolliert. Der Beweis ist ungültig, wenn diese Eintragungen einen Fehler aufweisen. Ein Fehler liegt vor, wenn an einer Stelle das Zeichen 'W' (bzw. 'F') steht, obwohl die korrekte Belegung gemäss den Belegungsregeln dem entsprechenden Satzbuchstaben bzw. Junktor den Wahrheitswert F (bzw. W) zuordnet. Es spielt für den Beweis keine Rolle, ob man im Kopf den korrekten Wert berechnet hat, aber beim Eintragen des Zeichens dieses Wertes nicht der Regel folgt, den Wahrheitswert W (bzw. F) durch 'W' (bzw. durch 'F') zu bezeichnen, oder, ob der Fehler Ausdruck eines Berechnungsfehlers ist. Die Gültigkeit des Beweises hängt nach diesem Verständnis nicht nur von der korrekten Berechnung der Wahrheitswerte, sondern auch von ihrer korrekten Bezeichnung ab.

Formale Eigenschaften wie die Allgemeingültigkeit oder Unerfüllbarkeit von Formeln werden auch in semantischen Beweisen durch Eigenschaften von Zeichen bewiesen. Aber hierbei wird vorausgesetzt, dass diese Zeichen eine bestimmte *Bedeutung* haben. Im Falle der Wahrheitswerttabellen wird vorausgesetzt, dass das Zeichen 'W' den Wahrheitswert W, und das Zeichen 'F' den Wahrheitswert F bedeutet. Nur auf Grund dieser Voraussetzung kann die Allgemeingültigkeit bzw. Unerfüllbarkeit von Formeln dadurch bewiesen werden, dass unter dem Hauptjunktor in der Wahrheitswerttabelle nur das Zeichen 'W' (bzw. 'F') steht. Durch das Vorkommen von Zeichen, die eine bestimmte Bedeutung haben, unterscheiden sich *semantische Beweise* von sogenannten *syntaktischen* (oder auch „formalen") *Beweisen*. Syntaktische Beweise nehmen ausschliesslich auf Regeln Bezug, die festlegen, wie man von bestimmten Zeichenketten zu anderen Zeichenketten übergehen kann. Die in LEKTION 4 eingeführten *aussagenlogischen Ableitungen* sind ein Beispiel syntaktischer Beweise. Die Metalogik behandelt das Verhältnis semantischer und syntaktischer Beweise; entsprechend beziehen sich die metalogischen Erörterungen der Aussagenlogik auf das Verhältnis aussagenlogischer Ableitungen und Wahrheitswerttabellen.

---

[16] Die Berechnung kann „im Kopf" geschehen oder durch eine Maschine geleistet werden.

Auch wenn im Hinblick auf die Wahrheitswerttabellen die semantischen Voraussetzungen, dass das Zeichen 'W' den Wahrheitswert W und das Zeichen 'F' den Wahrheitswert F bedeutet, unproblematisch erscheinen, so ist doch das blosse Voraussetzen inhaltlicher Bedeutungen von Zeichen innerhalb der Logik problematisch. Erklärtermassen soll in der Logik von der Bedeutung von Zeichen abgesehen werden, und die Gültigkeit der Beweise nicht davon abhängen, dass die in diesen Beweisen verwendeten Zeichen eine bestimmte Bedeutung haben, denn die Zuordnung von Zeichen zu ihren Bedeutungen kann innerhalb der Logik nicht kontrolliert werden. Wenn jemand etwa unter dem Hauptjunktor korrekterweise das Zeichen 'W' einträgt, aber dieses Zeichen hier dem Wahrheitswert F zuordnet, dann kann der Eintrag in der Wahrheitswerttabelle nicht korrigiert werden, und doch wird er korrekterweise nicht meinen können, die Allgemeingültigkeit der Formel bewiesen zu haben, denn nach seiner Interpretation können nicht sämtliche Zeichen unter dem Junktor den Wahrheitswert W bezeichnen.

Im engeren Sinn werden semantische Beweise auf Grund ihrer Bezugnahme auf die Bedeutungen von Zeichen nicht als *logische* Beweise bezeichnet. Idealerweise verzichten logische Beweise auf jegliche inhaltliche Voraussetzung – und sei es nur die Voraussetzung, dass das Zeichen 'W' den Wahrheitswert W bedeutet. In diesem engen Sinn ist eine Logik nicht allein durch die Verwendung von Variablen an Stelle von Konstanten (Zeichen mit einer festen Bedeutung) als *formale Logik* gekennzeichnet, sondern erst durch den Verzicht auf Verwendung bedeutungsvoller Zeichen in ihren Beweisen. Die Bezugnahme auf Interpretationen logischer Formeln gehört nach diesem Verständnis erst zur Anwendung der Logik. Sie macht die Relevanz der Logik für die Untersuchung formaler Eigenschaften und Relationen nicht-formaler Sprachen deutlich, aber sie ist keine Voraussetzung der in der Logik entwickelten Beweisverfahren.

Es ist möglich, die Wahrheitswerttabellen als Beweise formaler Eigenschaften zu deuten, ohne semantische Voraussetzungen zu machen. Diese Deutung ist nicht gewöhnlich, aber bedeutsam. Sie ist nicht gewöhnlich, da sie von einer anderen Definition der Belegungen und der Allgemeingültigkeit sowie Unerfüllbarkeit ausgeht, und da man für gewöhnlich formale Beweise in der Aussagenlogik auf die Ableitungen beschränkt. Sie ist bedeutsam, da sie zeigt, dass es zu den Beweisen im Sinne von Ableitungen alternative formale Beweise gibt.

Nach dem gewöhnlichen Verständnis formaler Beweise geht man davon aus, dass die Beweise *innerhalb ein und derselben Formelsprache* geführt werden: Ausgehend von bestimmten Anfangsformeln wird regelgeleitet zu bestimmten Endformeln übergegangen, die Elemente derselben Formelmenge sind wie alle vorangegangenen Glieder in der Kette der Beweisführung. Nach diesem Verständnis sind

Wahrheitswerttabellen keine formalen Beweise, da die J-Formeln, deren formale Eigenschaften in Frage stehen, nicht in andere J-Formeln umgeformt werden.

Die Grundidee der im folgenden skizzierten Deutung besteht darin, formale Eigenschaften und Relationen ausschliesslich über äussere Merkmale formaler Beweise zu definieren, und auch Transformationen von Zeichenketten eines Zeichensystems in Zeichenketten eines *anderen* Zeichensystems, die nach eindeutigen Zuordnungsregeln vorgenommen werden, als *formale* Beweise zu verstehen. Die Allgemeingültigkeit und Unerfüllbarkeit der J-Formeln ist demnach nicht über eine Belegung von *Wahrheitswerten* zu definieren, und die Wahrheitswerttabellen werden nicht als Ausdruck einer Wahrheitswertanalyse gedeutet, sondern als Zuordnungen aussagenlogischer Formeln (= Zeichenketten eines Systems) zu Kombinationen der Buchstaben 'W' und 'F' (= Zeichenketten eines anderen Systems). Hierfür ist die Definition der *Belegungen* zu variieren. Es sei von „*Belegungen**" gesprochen, um sie von dem klassischen Verständnis zu unterscheiden.

Erläuterung 2.15
Eine *Belegung** ist eine eindeutige Zuordnung genau eines Buchstabens 'W' bzw. 'F' zu einzelnen Satzbuchstaben oder Junktoren.

Diese beiden Buchstaben 'W' und 'F' werden nicht als Zeichen einer Metasprache verstanden, deren Bedeutungen bekannt sind, sondern als die einzigen Zeichen eines zum Zwecke der aussagenlogischen Beweisführung konstruierten Zeichensystems. Die Ausdrücke dieses Zeichensystems sind Tabellen, deren Zeilen und Spalten aus Einträgen dieser beiden Zeichen bestehen. Die Regeln der Bildung dieser Tabellen werden definiert in Abhängigkeit zu gegebenen Formeln der Sprache J. Im Unterschied zu den Formeln der Sprache J ist die Wohlgeformtheit dieser Tabellen allein in Abhängigkeit zu einer Formel der Sprache J definiert.

Die Buchstaben 'W' und 'F' stehen in den Wahrheitswerttabellen ebenso wenig wie die aussagenlogischen Formeln in Anführungszeichen, da auf sie ebenso wenig wie auf die aussagenlogischen Formeln innerhalb einer metasprachlichen Ausführung Bezug genommen wird. Die Wahrheitswerttabelle ist vielmehr Ausdruck der Zuordnung von objektsprachlichen Ausdrücken zueinander. Sie ist ein Beweis, der keine metasprachlichen Elemente enthält.

Um deutlich zu machen, dass es sich bei den Wahrtabellen um die Zuordnung einer aussagenlogischen Formel zu einer Anordnung von 'W/F'-Buchstaben handelt, seien die Belegungen der Satzbuchstaben nicht im linken Teil der Wahrheitswerttabellen notiert, sondern direkt unter die Satzbuchstaben der aussagenlogischen Formel. Auch diese Konstruktion der Wahrheitswerttabellen ist gängig.

Für die Belegungen der Junktoren ist von der semantischen Interpretation der Tabellen, durch die die Junktoren definiert werden, abzusehen. Die Tabellen sind vielmehr als Regeln der Zuordnung von Junktorenbelegungen im hier gemeinten Sinn zu deuten.

BEISPIEL:

		&
W	W	W
W	F	F
F	W	F
F	F	F

Nach der gewöhnlichen Lesart dieser Tabelle als *Definition* des Junktors '&' besagt dies: Der Junktor '&' bezeichnet eine zweistellige *Wahrheitsfunktion*: Dem *Wahrheitswert*paar (W,W) ordnet diese Funktion den *Wahrheitswert* W zu, den *Wahrheitswert*paaren (W,F), (F,W), (F,F) ordnet sie den *Wahrheitswert* F zu. Nach der Lesart als Ausdruck einer Zuordnungsregel einer Junktorenbelegung* besagt dies demgegenüber: Kommt in einer J-Formel der Junktor '&' vor, dann ist dem *Buchstaben*paar '(W,W)' der *Buchstabe* 'W', den *Buchstaben*paaren '(W,F)', '(F,W)', '(F,F)' der *Buchstabe* 'F' in der Wahrheitswerttabelle zuzuordnen.

Auf welche Buchstabenpaare diese Zuordnungsregeln anzuwenden sind, wird durch die Klammern bzw. die Klammerregeln der J-Formeln festgelegt. Die Klammern sind dementsprechend nicht als Zeichen zu interpretieren, die die *Interpretation* der J-Formeln bestimmen, sondern als Zeichen, die die *Belegungen** der Junktoren bestimmen.

Die vollständige Wahrheitswerttabelle für die Formel '$Q \& \neg P$' lautet:

Q	&	¬	P
W	**F**	F	W
F	**F**	F	W
W	**W**	W	F
F	**F**	W	F

Diese Wahrheitswerttabelle unterscheidet sich nicht wesentlich von der oben (S. 52) angegeben Wahrheitswerttabelle für dieselbe Formel. Das Wegfallen des linken Teiles ist nur ein unwesentlicher Unterschied, und man kann diese Art der Wahrheitswerttabellenkonstruktion ebenso zur klassischen Logik zählen. Nicht die Konstruktionen der Tabellen, sondern ihre Deutungen unterscheiden sich.

Gemäss der hier gegebenen Deutung der Wahrheitswerttabellen ist die Wahrheitswerttabelle der Formel '$Q \& \neg P$' wie folgt zu paraphrasieren:

1. Werden in der Formel '$Q \& \neg P$' die Satzbuchstaben 'P' und 'Q' mit 'W' belegt, dann wird der Hauptjunktor mit 'F' belegt.

2. Wird in der Formel '$Q \& \neg P$' der Satzbuchstabe 'P' mit 'W' und der Satzbuchstabe 'Q' mit 'F' belegt, dann wird der Hauptjunktor mit 'F' belegt.

3. Wird in der Formel '$Q \& \neg P$' der Satzbuchstabe 'P' mit 'F' und der Satzbuchstabe 'Q' mit 'W' belegt, dann wird der Hauptjunktor mit 'W' belegt.

4. Werden in der Formel '$Q \& \neg P$' die Satzbuchstaben 'P' und 'Q' mit 'F' belegt, dann wird der Hauptjunktor mit 'F' belegt.

Nach diesem Verständis sind Wahrheitswerttabellen Ausdruck der Zuordnung von J-Formeln zu Tabellen, die die Buchstaben 'W' und 'F' systematisch anordnen. Auf die semantische Deutung der Formeln wird hierbei nicht rekurriert. Dieses Verständnis beruht auf der Deutung der Wahrheitswerttabellen als logische Beweise, in denen Zeichen nach bestimmten Regeln transformiert werden zu dem Zweck, einen Ausdruck zu erhalten, durch dessen Eigenschaften formale Eigenschaften oder Relationen von logischen Formeln ohne weitere semantische Voraussetzungen identifiziert werden können. Um dies zu erreichen, sind die Erläuterungen der *Allgemeingültigkeit* und *Unerfüllbarkeit* (*Erläuterung 2.10* und *Erläuterung 2.11*) zu reformulieren:

Erläuterung 2.16
Eine J-Formel ist *allgemeingültig** gdw$_{Def.}$ für alle 2^n Belegungen* der Satzbuchstaben in einer regelgerecht konstruierten Wahrheitswerttabelle in der Spalte des Hauptjunktors der Buchstabe 'W' stehen würde.

Erläuterung 2.17
Eine J-Formel ist *unerfüllbar** gdw$_{Def.}$ für alle 2^n Belegungen* der Satzbuchstaben in einer regelgerecht konstruierten Wahrheitswerttabelle in der Spalte des Hauptjunktors der Buchstaben 'F' stehen würde.

Der Konjunktiv ist hier gewählt, um die Allgemeingültigkeit bzw. Unerfüllbarkeit einer J-Formel nicht von einer tatsächlichen Konstruktion einer Wahrheitswerttabelle abhängig zu machen. Eine J-Formel, für die keine Wahrheitswerttabelle konstruiert wird, kann demnach gleichwohl allgemeingültig sein, solange sich eine entsprechende Wahrheitswerttabelle konstruieren liesse.

Erläuterung 2.12 und *Erläuterung 2.13* erlauben, *Tautologien* und *Kontradiktionen* durch die *Allgemeingültigkeit* bzw. *Unerfüllbarkeit* ihrer Formalisierung zu bestimmen. Diese Erläuterungen können auf die reformulierten Erläuterungen der *Allgemeingültigkeit** und *Unerfüllbarkeit** übertragen werden, so dass auch ohne Voraussetzung einer semantischen Interpretation für die Deutung der Wahrheitswerttabellen die wahrheitsfunktionalen Eigenschaften von Sätzen bestimmt werden können. Auch hinsichtlich der *Entscheidbarkeit* ändert sich in Bezug auf die reformulierten Begriffe nichts.

Nach dem skizzierten Verständnis werden durch die Zuordnung einer aussagenlogischen Formel zu ihren Belegungen* das Bestehen und Nichtbestehen *formaler Eigenschaften* der aussagenlogischen Formeln durch *äussere Eigenschaften* der Wahrheitswerttabelle ohne Bezugnahme auf weitere semantische Voraussetzungen entschieden. Die *Beweisführung* besteht in dieser regelgeleiteten Zuordnung. Die Regeln dieser Beweisführung sind die Regeln der Konstruktion der Wahrheitswerttabellen. Diese Regeln sind ein Beispiel einer *logischen Notation*, deren Zweck es ist, formale Eigenschaften und Relationen zu beweisen. Das Ergebnis der Anwendung dieser Regeln ist ein *Beweis*. Wahrheitswerttabellen sind nach diesem Verständnis *logische Beweise* formaler Eigenschaften und Relationen von J-Formeln, in denen Zeichenketten eines Zeichensystems – die J-Formeln – Zeichenketten eines *anderen* Zeichensystems – den 'W/F'-Tabellen – zugeordnet werden. Diese Zuordnung geschieht, um die fraglichen formalen Eigenschaften und Relationen durch äussere Eigenschaften einer Anordnung von Zeichen identifizieren zu können. Dies ist bei den J-Formeln ohne ihre Zuordnung zu Zeichenketten eines anderen Zeichensystems nicht möglich, da die allgemeingültigen J-Formeln ebenso wenig wie die unerfüllbaren Formeln gemeinsame äussere Eigenschaften besitzen. Sinn und Zweck der *Definition* eines logischen Beweises in diesem Sinne ist die Zuordnung einer Formelsprache zu einem Zeichensystem, dessen äusseren Merkmale im Unterschied zur Formelsprache formale Eigenschaften und Relationen widerspiegeln (vgl. zu diesem Beweisverständnis die Ausführungen in LEKTION 6, Abschnitt 3).

LEKTION 3

AUSSAGENLOGISCHE FORMALISIERUNG

Thema von LEKTION 3 ist die *aussagenlogische Formalisierung*, d.i. die Zuordnung von J-Formeln zu umgangssprachlich formulierten Aussagen.[1]

Die *Formalisierung* teilt sich in zwei Schritte auf: In die *Schematisierung* und in die *Standardisierung*. Unter der *Schematisierung* ist die Zuordnung einer logischen Formel zu einem standardisierten Text zu verstehen. Unter der *Standardisierung* versteht man die Zuordnung eines standardisierten Textes zu einem umgangssprachlichen Text. Eine wichtige Anwendung findet die Formalisierung bei der Rekonstruktion wissenschaftlicher Argumente. Auf die *aussagenlogische Argumentrekonstruktion* wird am Ende dieser Lektion eingegangen.

1 SCHEMATISIERUNG

Die *aussagenlogische Schematisierung* ordnet J-Formeln einem standardisierten Text zu. Ein standardisierter Text sei „S-Text" genannt; die „S-Texte", denen J-Formeln zugeordnet werden können, seien „SJ-Texte" genannt. Demnach beschäftigt sich die aussagenlogische Schematisierung mit der Zuordnung von J-Formeln zu SJ-Texten. SJ-Texte sind Texte, die aus umgangssprachlichen Ausdrücken sowie aus Abkürzungen umgangssprachlicher Ausdrücke bestehen. Im Folgenden sei von der deutschen Sprache als Umgangssprache ausgegangen.

> **Erläuterung 3.1**
> Ein *SJ-Text* ist eine *Abkürzung* eines *elementaren Aussagesatzes* oder eine *gegliederte Verknüpfung* von Abkürzungen elementarer Aussagesätze mittels einer der folgenden fünf *Bindewörter*: „nicht ... "; „ ... und ... "; „ ... oder ... "; „wenn ... dann ... "; „ ... gdw ... ".

An die Stelle der drei Pünktchen können jeweils *SJ-Texte* eingesetzt werden.

Die *Abkürzungen* sind nicht wie in der formalen Sprache J Platzhalter (Variablen) für Elementarsätze, sondern Kurzformen für elementare Aussagesätze. Sie haben einen bestimmten Inhalt, der wahr oder falsch sein kann. Die Abkürzungen können aus einfachen Buchstaben („a", „b", „c", ...) oder Ausdrücken,

---

[1] Auf die Repräsentation von Aussagen mittels anderer Darstellungsmittel wird hier nicht weiter eingegangen.

die aus umgangssprachlichen Worten oder bekannten Hilfszeichen (z.B. Klammern, Gleichheitszeichen, Bindestrich) zusammengesetzt sind, bestehen. Die Verwendung von Buchstaben hat den Vorteil, kurz und einfach zu sein; mit Hilfe komplexerer Ausdrücke, die Worte und Zeichen bekannter Bedeutung enthalten, kann dagegen der Inhalt des abgekürzten elementaren Aussagesatzes angedeutet werden, z.B.: „Abstammung(Mensch,Tier)" für „Der Mensch stammt vom Tier ab". Die Abkürzungen schliessen nicht mit einem Punkt ab, und sie dürfen nicht eine der fünf genannten Bindewörter oder äquivalente Ausdrücke enthalten.

Elementare Aussagesätze werden hier als Sätze der deutschen Umgangssprache verstanden und allein durch grammatikalische Kriterien gekennzeichnet. Sie sind nicht mit den *Elementarsätzen*, auf die in der Interpretation der Sprache *J* Bezug genommen wird, zu verwechseln: Diese müssen nicht Sätze einer bestimmten Umgangssprache sein, und sie sind nicht durch grammatikalische Kriterien definiert. Des Weiteren sei betont, dass der Inhalt elementarer Aussagesätze durchaus weiter analysiert werden kann: Ein elementarer Aussage*satz* muss keine elementare *Aussage* treffen. Während elementare Aussagesätze anhand von grammatikalischen Kriterien identifiziert werden, beruht die Identifikation elementarer Aussagen auf der Analyse des Aussageinhaltes (siehe hierzu die Ausführungen unten auf S. 80).

Elementare Aussagesätze sind *Subjekt/Prädikatsätze* im grammatikalischen Sinn. Das *Subjekt* ist der Gegenstand eines Aussagesatzes, über den etwas ausgesagt wird. Das *Prädikat* ist der Satzteil, der die Aussage über das Subjekt trifft. Im Deutschen können die *Subjekte* auf unterschiedliche Weise bezeichnet werden, z.B. durch Substantive, Pronomen, Substantivgruppen oder Subjektsätze. Das *Prädikat* wird mittels Verben formuliert. In Aussagesätzen ist die Form des Verbs der *Indikativ*, und das Verb, mittels dessen das Prädikat formuliert wird, steht anders als bei Entscheidungsfragen oder Aufforderungssätzen nicht an erster Stelle, und es folgt auch nicht, wie bei Ergänzungsfragen, direkt auf ein Fragewort. Das Prädikat kann durch *Objekte* (Genitiv-, Dativ-, Akkusativergänzungen, präpositionale Ergänzungen, adverbiale Ergänzungen), *Adverbien* oder *Attribute* ergänzt werden. Die Bildung von Objekten wird im Unterschied zu der von Adverbien und Attributen von vielen Verben für die grammatikalisch korrekte Satzbildung gefordert. Adverbien beziehen sich auf das Verb und kennzeichnen das Prädikat näher, Attribute beziehen sich auf das Subjekt oder Ergänzungen des Prädikates und kennzeichnen diese näher. Objekte, Adverbien oder Attribute können im Hauptsatz stehen, oder durch Nebensätze gebildet werden. Ein elementarer Aussagesatz kann demzufolge ein Hauptsatz ohne Nebensatz oder ein aus Haupt- und Nebensatz zusammengesetzter Satz sein. Ein elementarer Aussagesatz kann aber nicht – wie ein Satz im grammatikalischen Sinn – aus zwei oder mehr Hauptsätzen bestehen, da diese jeweils ihrerseits elementare Aussagesätze bilden.

> **Erläuterung 3.2**
> Ein *elementarer Aussagesatz* ist ein Subjekt/Prädikatsatz, in dem die Form des Verbs der Indikativ ist und das Verb nicht an erster Stelle steht oder direkt auf ein Fragewort folgt.
> Das *Subjekt* bezeichnet den *Gegenstand der Aussage*; das *Verb* die *Aussage*, die über diesen Gegenstand gemacht wird.

Folgende Sätze sind Beispiele für elementare Aussagesätze:

— Der Mensch stammt vom Affen ab.
— Chlor ist ein Gas.
— Ich weiss, dass ich nichts weiss.
— Faraday begann mit seinem Experiment, nachdem er sich vergewissert hatte, dass kein grösserer Magnet im Umfeld einen Einfluss auf die Apparatur ausüben konnte.
— Als der erste Sonnenstrahl ins Zimmer fiel, drehte Newton am Prisma.
— Niemand kann genau berechnen, wie das Klima sich in den kommenden Jahrzehnten verändern wird.
— Wer in jungen Jahren keinen neuen mathematischen Beweis führt, wird es nie mehr tun.
— Lavoisier, ein Könner der Mathematik, strebte eine physikalische Theorie an, deren Sätze aus rein mathematischen Gesetzen folgen.

Folgende Ausdrücke sind keine Beispiele für elementare Aussagesätze:

1. Ach ja.
2. Gut.
3. Guten Abend allerseits.
4. Fünfundzwanzig.
5. Hat Kopernikus das Kopernikanische Weltbild als erster entworfen?
6. Tue, was Du nicht lassen kannst!
7. Wer hat den Sauerstoff entdeckt?

8. Es wäre denkbar, dass schon die Ägypter den Satz des Pythogaras formuliert hätten.
9. Er möge tun, was er nicht lassen kann.
10. Vor Gebrauch schütteln!
11. Hooke akzeptierte Newtons experimentelle Schlussfolgerung, aber er widersprach Newtons Anspruch, einen unumstösslichen Satz, und keine Hypothese gefolgert zu haben.
12. Euklids *Elemente* sind ein Paradigma für ein wissenschaftliches Werk, besonders auf Grund seiner deduktiven Gestalt ist dieses Werk vorbildlich.

1.-4. sind nicht aus Subjekt und Prädikat zusammengesetzt. 5. ist eine Entscheidungsfrage, die mit einem Verb beginnt. 6. ist eine Aufforderung, die mit einem Verb beginnt. 7. ist eine Ergänzungsfrage, in der das Verb direkt auf ein Fragewort folgt. In 8.-10. ist das Verb nicht im Indikativ formuliert; 11.-12. bestehen jeweils aus zwei Hauptsätzen: Sie formulieren nicht *einen* elementaren, sondern einen komplexen Aussagesatz, der aus mehreren elementaren Aussagesätzen besteht.

Verknüpft werden die Abkürzungen der elementaren Aussagesätze durch die genannten fünf *Bindewörter*. Diese sind Ausdrücke, durch die in der Umgangssprache wahrheitsfunktionale Beziehungen zwischen umgangssprachlich formulierten Aussagesätzen ausgedrückt werden können. Sie lassen sich eineindeutig den aussagenlogischen Junktoren zuordnen:

Bezeichnung	U-sprachl. Ausdruck	J-Symbol	Junktorname
Negator	nicht ...	$\neg$	„non"
Konjunktor	... und ...	$\&$	„et"
Disjunktor	... oder ...	$\vee$	„vel"
Subjunktor	wenn ... dann ...	$\rightarrow$	„Pfeil"
Äquivalentor	... gdw ...	$\leftrightarrow$	„Doppelpfeil"

Die entsprechenden komplexen Aussagen nennt man „Negation", „Konjunktion", „Disjunktion" (oder auch „Adjunktion"), „Subjunktion" (auch „Implikation") und „Bikonditional" (oder auch „Äquivalenz").

Einerseits können *dieselben* umgangssprachlichen Ausdrücke in der Umgangssprache auch verwendet werden, um *Anderes* als wahrheitsfunktionale Beziehungen zum Ausdruck zu bringen; andererseits können in der Umgangssprache auch *andere* Ausdrücke als die fünf genannten verwendet werden, um *dieselben* wahrheitsfunktionalen Beziehungen zum Ausdruck wiederzugeben. In SJ-Texten kommen demgegenüber nur die genannten Bindewörter und diese nur als Ausdruck bestimmter wahrheitsfunktionaler Beziehungen *zwischen* elementaren Aussagesätzen vor.

Beispiele der Verwendung von „nicht", „und", „wenn ... dann" zu einem *anderen Zwecke* als der Verknüpfung elementarer Aussagesätze sind:

- *Nicht* wahr, Du bist der gleichen Überzeugung?
- 2 *und* 2 ist 4.
- Wittgenstein *und* Hitler trafen sich in Berlin.
- *Wenn* Heisenberg nicht gelebt hätte, *dann* hätte ein anderer die Unschärferelation formuliert.

Die wahrheitsfunktionalen Verwendungen der Bindewörter lassen sich dadurch identifizieren, dass sie sich äquivalent umformulieren lassen in Ausdrücke der Form „Es ist nicht der Fall, dass ... " bzw. „Es ist der Fall, dass ... und / oder es ist der Fall, dass ... ", „Wenn es der Fall ist, dass ... , dann ist es der Fall, dass ... ", „Es ist der Fall, dass ... genau dann, wenn es der Fall ist, dass ... ". Dieses Kriterium erfüllen die genannten Sätze nicht.

Das Bindewort „oder" wird in umgangssprachlichen Texten mehrdeutig verwendet – derselbe Ausdruck ist in diesem Fall Ausdruck unterschiedlicher wahrheitsfunktionaler Verknüpfungen: „Gödel war ein grosser Denker *oder* Wittgenstein war ein grosser Denker" kann *dreierlei* bedeuten:

1. Einer von beiden oder auch beide waren grosse Denker.
2. Einer von beiden, aber nicht beide waren grosse Denker.
3. Einer von beiden oder auch keiner war ein grosser Denker.

Die Bedeutung von „oder" innerhalb von SJ-Texten ist auf die erste Bedeutung, das sogenannte „einschliessende Oder" beschränkt. Dieser Bedeutung entspricht der logische Junktor '∨'.

Beispiele *alternativer* umgangssprachlicher Formulierungen für die genannten wahrheitsfunktionalen Verknüpfungen sind:

Wittgenstein war ein *un*glücklicher Mensch.

Nicht: Wittgenstein war ein glücklicher Mensch.

Sowohl Priestley *als auch* Lavoisier können für sich beanspruchen, den Sauerstoff entdeckt zu haben.	Priestley kann für sich beanspruchen, den Sauerstoff entdeckt zu haben, *und* Lavoisier kann für sich beanspruchen, den Sauerstoff entdeckt zu haben.
Die menschlichen Variationen sind durch das Gesetz der Korrelation, durch das der ererbten Wirkungen des Gebrauchs und Nichtgebrauchs, durch das der Selektion beherrscht.	Die menschlichen Variationen werden durch das Gesetz der Korrelation beherrscht, *und* die menschlichen Variationen werden durch das Gesetz der ererbten Wirkungen des Gebrauchs und Nichtgebrauchs beherrscht, *und* die menschlichen Variationen werden durch das Gesetz der Selektion beherrscht.
Falls die Weltbevölkerung weiter wächst, ist mit einer allgemeinen Verbesserung der Lebensbedingungen nicht zu rechnen.	*Wenn* die Weltbevölkerung weiter wächst, *dann* ist mit einer allgemeinen Verbesserung der Lebensbedingungen nicht zu rechnen.

Oft bezeichnen die umgangssprachlichen Bindewörter nicht nur wahrheitsfunktionale Beziehungen, sondern haben darüber hinaus noch weitere Konnotationen:

1. Gödel veröffentlichte seinen Unvollständigkeitsbeweis, *und* das Hilbert-Programm galt als gescheitert.

2. Die grössten griechischen Denker waren Philosophen, die grössten deutschen Denker *dagegen* waren keine Philosophen.

3. *Wenn* der Feldherr das Signal gibt, *dann* greifen seine Soldaten an.

4. *Wenn* die Bombe gezündet wird, *dann* explodiert das Gebäude.

In 1. wird durch „und" zusätzlich ein *zeitliches Nacheinander* zum Ausdruck gebracht. 2. lässt sich auch als eine „Und"-Verknüpfung umformulieren, akzentuiert aber zusätzlich noch den *Gegensatz* zwischen den griechischen und den deutschen Denkern. In 3. und 4. wird mit dem „Wenn/dann"-Bezug zusätzlich ein *zeitliches Nacheinander* sowie ein *relevanter Zusammenhang* zwischen dem Geben des Signals und dem Angriff der Soldaten bzw. zwischen dem Zünden der Bombe und dem

Einstürzen des Hauses zum Ausdruck gebracht.[2] Da in den SJ-Texten die Wörter „nicht ... ", „... und ... ", „... oder ... ", „wenn ... dann ... " und „ ... gdw ... " nur als eindeutige Ausdrücke wahrheitsfunktionaler Beziehungen zwischen Abkürzungen elementarer Ausssagen verwendet werden, und da in den SJ-Texten nur diese Ausdrücke auf wahrheitsfunktionale Beziehungen Bezug nehmen, ist ihr Gebrauch *standardisiert* (genormt).

Die Verknüpfung von Abkürzungen elementarer Aussagesätze mittels der genannten fünf Bindewörter in SJ-Texten ist keine beliebige, sondern eine *gegliederte*. Die Gliederung bringt zum Ausdruck, auf welche Textteile sich die 4 Ausdrücke „ ... und ... ", „... oder ... ", „wenn ... dann ... " und „ ... gdw ... " beziehen. Zum Zwecke der Gliederung soll hier nicht auf Klammern zurückgegriffen werden, um deren Verwendung der formalen Sprache J vorzubehalten. Stattdessen seien in einfacheren Fällen die Trennungszeichen „," und „;" verwendet. Zu beachten ist, dass anders als in der deutschen Zeichensetzung die Bindewörter „wenn ... dann ... " und „ ... gdw ... " in den SJ-Texten keine Interpunktion verlangen. Des Weiteren sei hervorgehoben, dass das Bindewort „wenn ... dann ... " eine Gliederung vorgibt, indem es den Teil zwischen dem „wenn" und dem „dann" zusammenfasst. Bei geschachtelten „wenn ... dann ... " Konstruktionen sind die SJ-Textteile von innen nach aussen zusammenzufassen.

Ein Komma fasst die durch das Komma getrennten Teile bis zum jeweils vorangehenden bzw. nachfolgenden Komma zusammen. Gibt es kein vorangehendes bzw. nachfolgendes Komma, dann wird der gesamte Teil bis zum Textanfang bzw. Textende zusammengefasst. Eine Ausnahme bilden Kommata innerhalb einer „wenn ... dann" Konstruktion: Diese trennen nur die Teile innerhalb dieser Konstruktion. Gleiches gilt für das Semikolon. Kommata und Semikola seien immer hinter die Abkürzungen elementarer Aussagesätze (nicht hinter Bindewörter) gesetzt. Des Weiteren seien folgende Regeln vorausgesetzt:

1. „ ... oder ... ", „ ... und ... " bindet stärker als „wenn ... dann ... ", „ ... gdw ... ".

2. Werden keine Trennungszeichen verwendet, dann sind im Zweifelsfall die Textteile von vorne nach hinten zusammenzufassen.

---

[2]Zum Problem, relevante Zusammenhänge durch wahrheitsfunktionale Zusammenhänge wiederzugeben, vgl. den Hinweis auf das sogenannte „Paradox der materialen Implikation" in LEKTION 1, S. 32.

3. Es seien nur dann Trennungszeichen verwendet, wenn dies nötig ist, um den gemeinten Sinn adäquat zum Ausdruck zu bringen.

Unter Voraussetzung dieser Regeln sowie derjenigen, die aussagelogischen Junktoren den Bindewörtern der SJ-Texte zuordnet, lassen sich J-Formeln *eindeutig* aus SJ-Texten nach folgender *Schematisierungsregel* gewinnen:

Schematisierungsregel:

1. Ersetze identische Abkürzungen elementarer Aussagesätze in den SJ-Texten durch identische Satzbuchstaben der Sprache J; und ersetze unterschiedliche Abkürzungen elementarer Aussagesätze in den SJ-Texte durch unterschiedliche Satzbuchstaben der Sprache J!

2. Ersetze die Bindewörter der SJ-Texte durch die entsprechenden logischen Junktoren!

3. Umklammere die Teile der J-Formeln, die zusammengefassten Teilen der SJ-Texte entsprechen[a], es sei denn es handelt sich lediglich um einen einzelnen Satzbuchstaben oder um einen Satzbuchstaben samt Negator(en)!

---

[a]Hierbei ist die öffnende Klammer gemäss *Erläuterung 2.2* stets vor die Satzbuchstaben (und nicht vor den Junktor) zu setzen.

Durch Regel 1 wird von dem spezifischen *Inhalt* der elementaren Aussagen abgesehen und nur noch die aussagenlogische *Form*, die durch Anwendung von Regel 2 und 3 gekennzeichnet wird, dargestellt.

BEISPIEL:

SJ-**Text:**	Wenn a,	und	b	und	c	dann	d
J-**Formel:**	$(P$	$\&$	$(Q$	$\&$	$R))$	$\rightarrow$	S

LEGENDE:

a = Die Menschen unterscheiden sich voneinander.
b = Die Entstehung der menschlichen Unterschiede unterliegt denselben Gesetzen wie die Entstehung der Unterschiede der Tiere.
c = Die Selektion der menschlichen Unterschiede unterliegt denselben Gesetzen wie die Entstehung der Unterschiede der Tiere.
d = Der Mensch stammt vom Tier ab.

Durch eine andere Legende erhielte der SJ-Text einen anderen Sinn, aber die Form und die zugeordnete J-Formel blieben dieselbe.

Um die Gliederung komplexerer wahrheitsfunktionaler Beziehungen zum Ausdruck zu bringen, ist auf *Zerlegungsbäume* anstelle der Trennungszeichen zurückzugreifen. In Zerlegungsbäumen werden die wahrheitsfunktionalen Zusammenhänge durch die hierarchische Anordnung der Bindewörter ausgedrückt. Auch die Zerlegungsbäume sind SJ-Texte. Um sie von SJ-Texten, die Trennungszeichen zum Zwecke der Gliederung verwenden, zu unterscheiden, seien sie auch *SJ-Strukturen* genannt. Abbildung 3.1 stellt die SJ-Struktur des genannten Beispiels dar.

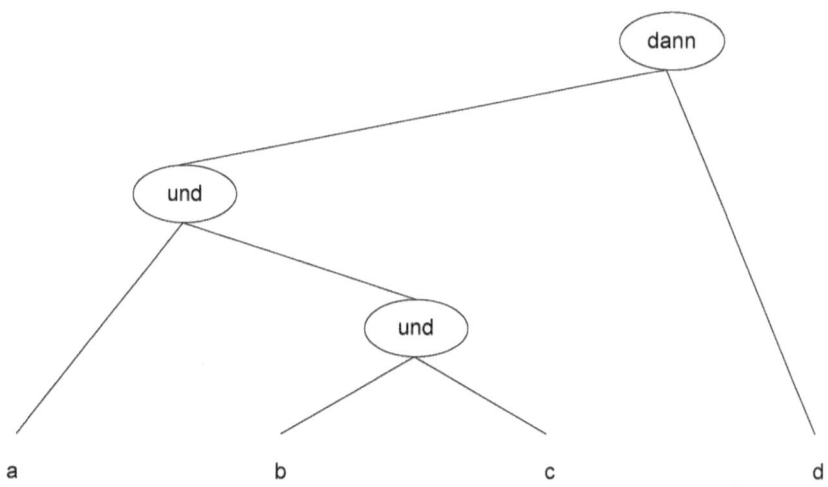

Abbildung 3.1: Beispiel einer SJ-Struktur

In der untersten Reihe werden die Abkürzungen der elementaren Aussagesätze in der Reihenfolge ihres Vorkommens im SJ-Text geschrieben. Darüber werden die Bindewörter den jeweiligen Textteilen hierarchisch zugeordnet.

> **Erläuterung 3.3**
> In SJ-Texten werden die *Trennungszeichen* „," und „;" oder *Zerlegungsbäume* zum Zwecke der Gliederung verwendet.
> Werden Zerlegungsbäume verwendet, seien die entsprechenden SJ-Texte auch SJ-*Strukturen* genannt.

Die SJ-Texte sind strukturierte, standardisierte umgangssprachliche Paraphrasen wahrheitsfunktional verknüpfter elementarer Aussagen, die sich eindeutig J-Formeln zuordnen lassen.

ÜBUNG: ELEMENTARE AUSSAGESÄTZE

ÜBUNG: WAHRHEITSFUNKTIONALE BEZIEHUNGEN

2 STANDARDISIERUNG

In der aussagenlogischen *Standardisierung* werden gegebene umgangssprachliche Texte (kurz: *U-Texte*) SJ-Texten zugeordnet. Hierfür müssen erstens die *elementaren Aussagen* und zweitens deren *wahrheitsfunktionalen Beziehungen* identifiziert werden.

Im Unterschied zur Schematisierung gibt es für die Standardisierung keine eindeutigen Zuordnungsregeln, vielmehr ist jede Standardisierung Ausdruck der *Interpretation* eines Textes. Es kann aus diesem Grund im Folgenden nur auf einige, wichtige Aufgaben und Probleme der Standardisierung hingewiesen, aber keine eindeutigen Zuordnungsregeln von SJ-Texten zu U-Texten angegeben werden. Die Standardisierung unterliegt keiner logischen Kontrolle. Durch die Logik können nur die Zielvorgaben der aussagenlogischen Standardisierung – die SJ-Texte – sowie die weitere logische Behandlung der SJ-Texte (Schematisierung und Prüfen der formalen Eigenschaften) definiert werden. Hierdurch wird die Interpretation der Texte nicht ersetzt, aber es werden dem Interpreten Mittel an die Hand gegeben, Interpretationsfragen unter logischen Gesichtspunkten exakt zu stellen und zu beantworten.

Es ist unmöglich, Zuordnungsregeln für die Standardisierung zu definieren, weil die *grammatikalische Form* der U-Texte nicht ihre *logische Form* zum Ausdruck bringt. Die *Kunst der Formalisierung* besteht darin, die logischen Mängel der äusseren Form der U-Texte durch eine äussere Form zu ersetzen, die der logischen Form der im U-Text getroffenen Aussagen entspricht.

Es gibt keine notwendigen und hinreichenden grammatikalischen Kriterien für:

1. Die Identifikation von Textteilen, die *Aussagen* treffen.

2. Die Identifikation der *gemeinten* Aussagen.

3. Die Identifikation *identischer* und *unterschiedlicher* Aussagen.

4. Die Identifikation von Texteilen, die *elementare* Aussagen treffen.

5. Die Identifikation der *wahrheitsfunktionalen Beziehungen.*

Diese Punkte sollen im Folgenden anhand von Beispielen illustriert werden, die allesamt einem Text von Darwin entnommen sind, in dem Darwin seinen „Beweis für die Abstammung des Menschen von einer niederen Form" skizziert (siehe Abbildung 3.2). Die Bezugnahme auf diesen Text zeigt die Mannigfaltigkeit an Fragen, die sich bei der Standardisierung eines wissenschaftlichen Textes stellen.

2.1 Identifikation von Aussagen

Die grammatikalische Form von Aussagesätzen ist kein *notwendiges* Kriterium für die Formulierung von Aussagen. Wenn Darwin etwa fragt: „Beeinträchtigen die menschlichen Rassen oder Arten [...] einander, ersetzt eine die andere, so dass schliesslich ein Erlöschen stattfindet?", um dann zu bemerken, „dass [...] diese Fragen [...] bejahend beantwortet werden müssen", so ist dies gleichbedeutend mit dem Aussagesatz „Die menschlichen Rassen oder Arten beeinträchtigen einander; eine ersetzt die andere, so dass schliesslich ein Erlöschen stattfindet." Eine Frage zu bejahen ist gleichbedeutend damit, eine Aussage zu treffen. Grammatikalisch besteht hier ein Unterschied, der logisch bedeutungslos ist.

Ob die grammatikalische Form eines Aussagesatzes schon ein *hinreichendes* Kriterium dafür ist, dass eine *wahrheitsfähige* Aussage getroffen wird, ist fraglich: Die Sätze „2 und 2 gibt 4" oder „Die Winkelsumme eines Dreiecks beträgt 180°" sind grammatikalisch gesehen Aussagesätze, aber es ist strittig, ob es sinnvoll ist, die mit ihnen getroffenen Aussagen als *wahr* oder *falsch* zu bezeichnen. Ein Konventionalist deutet derartige Aussagesätze im Unterschied zum Realisten als zweckmässige Festlegungen über die Verwendung bestimmter Ausdrücke. Ihnen zu widersprechen, heisst nach dieser Deutung nicht zu bestreiten, dass sie wahr sind, sondern sie durch andere, zweckmässigere Festlegungen zu ersetzen. Auch

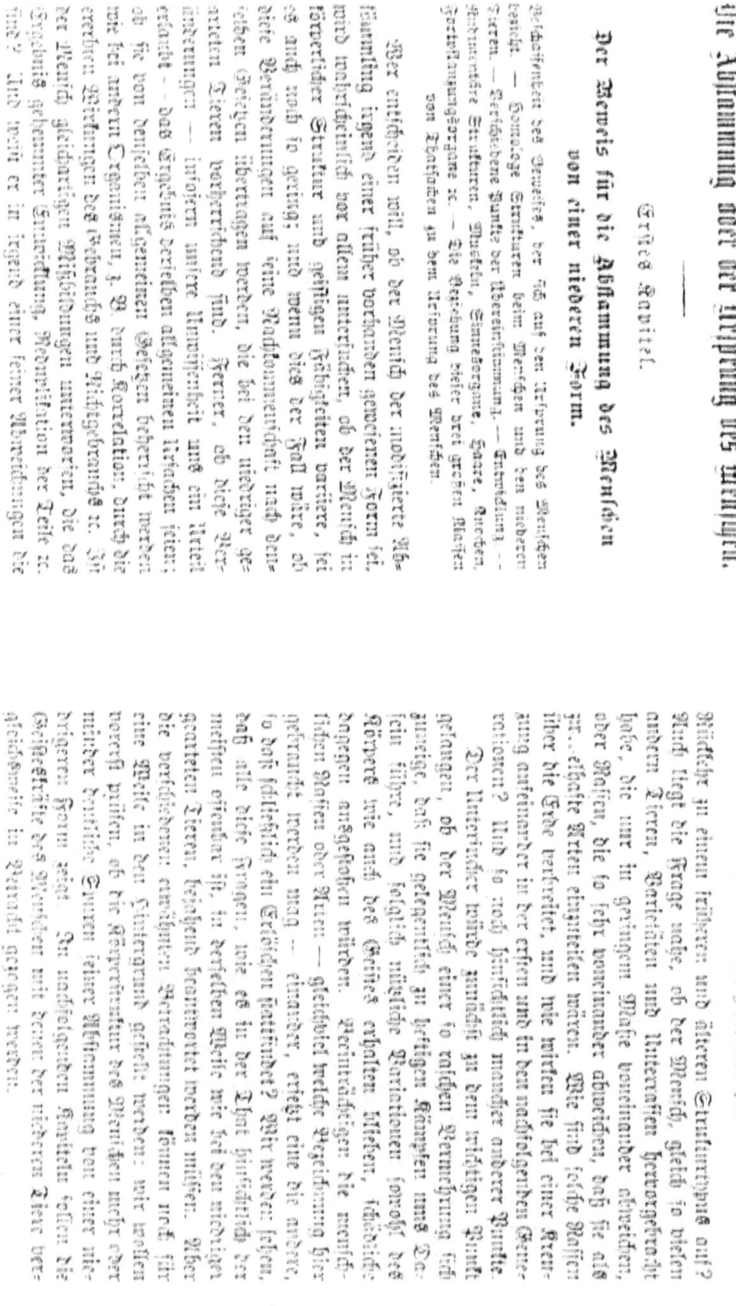

Erster Teil.

Die Abstammung oder der Ursprung des Menschen.

Erstes Kapitel.

Der Beweis für die Abstammung des Menschen von einer niederen Form.

Beschaffenheit des Beweises, der sich auf den Ursprung des Menschen bezieht. — Homologe Strukturen beim Menschen und den niederen Tieren. — Verschiedene Punkte der Übereinstimmung. — Entwicklung. — Rudimentäre Strukturen, Muskeln, Sinnesorgane, Haare, Knochen, Fortpflanzungsorgane ꝛc. — Die Beziehung dieser drei großen Klassen von Thatsachen zu dem Ursprung des Menschen.

Wer entscheiden will, ob der Mensch der modifizierte Abkömmling irgend einer früher vorhanden gewesenen Form sei, wird wahrscheinlich vor allem untersuchen, ob der Mensch in körperlicher Struktur und geistigen Fähigkeiten variiere, sei es auch noch so gering; und wenn dies der Fall wäre, ob diese Veränderungen auf seine Nachkommenschaft nach denselben Gesetzen übertragen werden, die bei den niedriger gearteten Tieren vorherrschend sind. Ferner, ob diese Veränderungen — insofern unsere Unwissenheit uns ein Urteil erlaubt — das Ergebnis derselben allgemeinen Ursachen seien; ob sie von denselben allgemeinen Gesetzen beherrscht werden wie bei andern Organismen, z. B. durch Korrelation, durch die ererbten Wirkungen des Gebrauchs und Nichtgebrauchs ꝛc. Ist der Mensch gleichartigen Mißbildungen unterworfen, die das Ergebnis gehemmter Entwicklung, Reduplikation der Teile ꝛc. sind? Und weist er in irgend einer seiner Abweichungen die

10 Die Abstammung des Menschen.

Rückkehr zu einem früheren und älteren Strukturtypus auf? Auch liegt die Frage nahe, ob der Mensch, gleich so vielen andern Tieren, Varietäten und Unterrassen hervorgebracht habe, die nur in geringem Maße voneinander abweichen, oder Rassen, die so sehr voneinander abweichen, daß sie als zweifelhafte Arten einzuteilen wären. Wie sind solche Rassen über die Erde verbreitet, und wie wirken sie bei einer Kreuzung aufeinander in der ersten und in den nachfolgenden Generationen? Und so noch hinsichtlich mancher anderer Punkte.

Der Untersucher würde zunächst zu dem wichtigen Punkt gelangen, ob der Mensch einer so raschen Vermehrung sich zuneige, daß sie gelegentlich zu heftigen Kämpfen ums Dasein führe, und folglich nützliche Variationen sowohl des Körpers wie auch des Geistes erhalten blieben, schädliche dagegen ausgestoßen würden. Beeinträchtigen die menschlichen Rassen oder Arten — gleichviel welche Bezeichnung hier gebraucht werden mag — einander, ersetzt eine die andere, so daß schließlich ein Erlöschen stattfindet? Wir werden sehen, daß alle diese Fragen, wie es in der That hinsichtlich der meisten offenbar ist, in derselben Weise wie bei den niedriger gearteten Tieren, bejahend beantwortet werden müssen. Aber die verschiedenen erwähnten Betrachtungen können noch für eine Weile in den Hintergrund gestellt werden: wir wollen vorerst prüfen, ob die Körperstruktur des Menschen mehr oder minder deutliche Spuren seiner Abstammung von einer niedrigeren Form zeigt. In nachfolgenden Kapiteln sollen die Geisteskräfte des Menschen mit denen der niederen Tiere vergleichsweise in Betracht gezogen werden.

Abbildung 3.2: Beweis für die Abstammung des Menschen von einer niederen Form, aus: Darwin (1866), S. 9f.

Sätze über fiktive Gegenstände wie „Odysseus wurde von den Sirenen gelockt", „Zeus wohnt im Olymp" oder „Einhörner sind grösser als Elefanten" sind grammatikalisch gesehen Aussagesätze, aber man muss sie aus diesem Grund noch nicht als wahrheitsfähige Aussagen verstehen.

In jedem Fall gilt aber, dass alle *wahrheitsfähigen* Aussagen in Form von Aussagesätzen formuliert werden *können*. Hiervon wird in der Standardisierung Gebrauch gemacht, indem gefordert wird, dass alle Aussagen gleichartig in Form von Aussagesätzen zu formulieren sind. Dementsprechend sind in der Standardisierung *grammatikalisch unterschiedliche* Formulierungen, die dieselbe Aussage treffen, demselben *Aussagesatz* zuzuordnen. Folglich ist in der Standardisierung des Darwintextes dem Fragesatz ein Aussagesatz zuzuordnen.

2.2 Identifikation der gemeinten Aussagen

Oft treffen Sätze wörtlich genommen andere Aussagen als gemeint sind. Wenn Darwin seinen Beweis für die Abstammung des Menschen vom Tier mit der Formulierung einleitet „Wer entscheiden will, ob der Mensch der Abkömmling einer früher vorhanden gewesenen Form sei, wird […] untersuchen, ob […]", dann trifft er wörtlich genommen eine Aussage über denjenigen, der prüft, ob der Mensch vom Tier abstammt. Wenn man jedoch berücksichtigt, dass Darwin abschliessend feststellt, dass alle die zu untersuchenden Fragen bejahend zu beantworten sind, und diesem ganzen Abschnitt die Überschrift „Der Beweis für die Abstammung des Menschen von einer niederen Form" verleiht, dann rechtfertigt dies die Interpretation, dass es sich bei jener einleitenden Formulierung nur um eine rhetorische Einbettung handelt, die Darwins Beweis in ein objektives Licht rücken soll, und Darwin tatsächlich *meint*, dass der Mensch vom Tier (bzw. einer niederen Form) abstammt. Relativ zu dieser Interpretation ist dem zitierten Text in der Standardisierung ein Aussagesatz zuzuordnen, der aussagt, dass der Mensch vom Tier abstammt. Die rhetorische Wirkung der Formulierung Darwins geht hierdurch verloren. Die aussagenlogische Standardisierung identifiziert allein *Aussageinhalte*.

Erläuterung 3.4
Die Standardisierung kann nicht eindeutig auf Grund äusserer Merkmale der U-Texte vorgenommen werden. Sie ist Ausdruck der Interpretation eines U-Textes, und berücksichtigt allein Aussageinhalte.

2.3 Identifikation unterschiedlicher und identischer Aussagen

Eine Hauptaufgabe bei der Standardisierung besteht darin, *mehrdeutige* U-Texte *eindeutigen* SJ-Texten[3] zuzuordnen. Es gibt unterschiedliche Arten mehrdeutiger Formulierungen:

Mehrdeutigkeit	Beschreibung	U-Sätze	SJ-Sätze
Indexikalische M.	M. durch Verwendung von Pronomina („er", „sie", „es") und Indikatoren („dies", „heute")	Der Mensch ist Missbildungen unterworfen, und *er* weist in seiner Abweichung die Rückkehr zu einem früheren Strukturtypus auf.	Der Mensch ist Missbildungen unterworfen und *der Mensch* weist in seiner Abweichung die Rückkehr zu einem früheren Strukturtypus auf
Ellipsen	M. durch unvollständige Formulierungen	Der Mensch ist gleichartigen Missbildungen unterworfen.	Der Mensch ist gleichartigen Missbildungen *wie die Tiere* unterworfen
Lexikalische M.	M. durch Verwendung derselben Ausdrücke mit unterschiedlicher Bedeutung	*Der Mensch* ist der Abkömmling einer früher vorhandenen *Form*. *Der Mensch* ist gut in *Form*.	*Die menschliche Gattung* ist Abkömmling *niederer Tiere* *Hans* ist *fit*

---

[3]In der folgenden Tabelle werden nicht SJ-Texte, sondern SJ-Sätze, die im Unterschied zu SJ-Texten keine Abkürzungen verwenden, berücksichtigt.

Mehr- deutigkeit	Beschreibung	U-Sätze	SJ-Sätze
Struk- turelle M.	M. durch uneindeutige Zuordnung der Ausdrücke	*Zufällige* Mutation *und* Selektion haben den Menschen zu dem gemacht, was er ist.	Zufällige Mutation *hat den Menschen zu dem gemacht was er ist* und Selektion *hat den Menschen zu dem gemacht was er ist*

Die Bedeutung von Pronomina und Indikatoren, die zu *indexikalischen Mehrdeutigkeiten* führen, hängt vom Kontext ab. Demgegenüber sind in den standardisierten Texten Ausdrücke zu wählen, deren Bedeutung *kontextinvariant* ist. Hierbei ist vorauszusetzen, dass in den standardisierten Texten derselbe Ausdruck stets dasselbe bedeutet. Auf Grund ihrer kontextinvarianten und eindeutigen umgangssprachlichen Formulierungen handelt es sich bei den SJ-Sätzen um *standardisierte* (genormte) Ausdrücke. Man macht von den Mitteln der Umgangssprache Gebrauch, aber grenzt Quellen von Mehrdeutigkeiten aus.

Jede Auflösung von Mehrdeutigkeiten in der standardisierten Form ist Ausdruck der Interpretation dessen, was im U-Text gemeint ist. Eine angemessene Interpretation ist nur unter Einbezug des unmittelbaren textlichen sowie oft auch nur unter Hinzunahme des weiteren theoretischen und historischen Kontextes zu geben. Das zweite Beispiel ist ebenso gut dahingehend zu interpretieren, dass der Mensch gleichartigen Missbildungen wie die *höheren Säugetiere* unterworfen ist; im dritten Beispiel wird „der Mensch" im ersten Satz als Bezeichnung der Gattung und im zweiten als Bezeichnung eines bestimmten Individuums interpretiert: für die jeweiligen Sätze sind Kontexte denkbar, die eine umgekehrte Deutung nahelegen[4]; im vierten Beispiel wäre der Ausdruck „zufällig" ebenso gut auch auf „Selektion" zu beziehen.[5]

Auch die Verwendung *unterschiedlicher* Ausdrücke mit derselben Bedeutung (= *Synonyme*) ist in der Formulierung der SJ-Sätze auszuschliessen, z.B.: „Der

---

[4] Z.B. „Hans benimmt sich wie ein Primat. Der Mensch ist der Abkömmling einer früher vorhandenen Form. Er wird sich nie wie ein kultivierter Mensch verhalten." Und: „Im Amazonasgebiet sinkt die Artenvielfalt von Jahr zu Jahr dramatisch. Der Mensch (hingegen) ist gut in Form. Er holzt nach wie vor in grossem Ausmass die Wälder am Amazonas ab."

[5] Der entsprechende SJ-Satz lautet: „Zufällige Mutation hat den Menschen zu dem gemacht was er ist und *zufällige* Selektion hat den Menschen zu dem gemacht was er ist".

Mensch ist der Abkömmling einer *früher vorhandenen Form*" und „Der Mensch ist der Abkömmling des *Tiers*". Unter der Voraussetzung, dass Darwin die Ausdrücke „früher vorhandene Form" und „Tier" im Text synonym verwendet, ist den beiden U-Sätzen *derselbe S J*-Satz zuzuordnen.

Durch die Auflösung von Mehrdeutigkeiten und Synonymen werden *identische* Aussagen durch *identische* Sätze und *unterschiedliche* Aussagen durch *unterschiedliche* Sätze ausgedrückt. *Stilistische* Varianten und gegebenenfalls unterschiedliche *Konnotationen* der Ausdrücke des U-Textes gehen hierbei verloren.

Erläuterung 3.5

In der Standardisierung sind mehrdeutige und synonyme Ausdrücke durch eine eineindeutige Ausdrucksweise zu ersetzen, in der dieselbe Aussage durch denselben Aussagesatz, und unterschiedliche Aussagen durch unterschiedliche Aussagesätze ausgedrückt werden.

2.4 Identifikation elementarer Aussagen

Auch für die Identifikation *elementarer* Aussagen gibt es keine eindeutigen, äusseren Kriterien in den U-Texten. Dies zeigen bereits einfache Beispiele: „Die menschlichen Variationen werden durch Korrelation, durch die ererbten Wirkungen des Gebrauchs und Nichtgebrauchs usw. beherrscht". Dies ist nur *ein* Satz, in dem nur *ein* Verb vorkommt, aber es werden mindestens *drei* Aussagen getroffen. Im U-Text werden durch die Aufzählung die einzelnen Aussagen nur *unvollständig* formuliert, so dass ihnen nicht einzelne Aussagesätze entsprechen.

Aber selbst wenn man die U-Texte vervollständigt, ist die so gewonnene Unterscheidung einzelner Aussage*sätze* noch kein Kriterium dafür, dass man bei Ausdrücken elementarer *Aussagen* angelangt ist. Denn der ausgedrückte Inhalt eines Aussagesatzes kann unter Umständen immer noch in weitere Teilaussagen analysiert werden. Hier eröffnet sich das ganze, weite Feld einer *logisch-philosophischen Analyse* von Aussagen. Darwin etwa spricht in seinem Text von *Gesetzen* der Entstehung von Variationen. Die logisch-philosophische Analyse fragt: Was ist die logische Form dieser Gesetze? Äusserlich betrachtet trifft er nur *eine* Aussage: „Die menschlichen Variationen unterliegen denselben Gesetzen wie die Variationen der Tiere". Aber aus einer derartigen Aussage können nach einem gängigen Verständnis eine Reihe, ja sogar unendlich viele einzelne Aussagen folgen. Ein Satz, der oberflächlich betrachtet nur eine einzelne Aussage zu treffen scheint, kann unter Umständen in eine grosse oder gar unendliche Anzahl einzelner, elementare Aussagen treffende Sätze zerlegt werden.

Die Berücksichtigung der Analyse von Aussageinhalten ist für eine adäquate aussagenlogische Formalisierung notwendig. Darwin trifft in seinem Text z.B. die allgemeine Aussage, dass die menschlichen Variationen von denselben Gesetzen wie die Variationen der Tiere beherrscht sind; und im einzelnen unterscheidet er diese Aussage auf Grund seiner Unterscheidung von Gesetzen der *Entstehung* und Gesetzen der *Selektion* für Variationen in zwei Aussagen: Die Aussage, dass die menschlichen Variationen von denselben Entstehungsgesetzen wie die Variationen der Tiere beherrscht sind, und die Aussage, dass die menschlichen Variationen von denselben Selektionsgesetzen wie die Variationen der Tiere beherrscht sind. Auch diese Gesetze unterteilt er wiederum in spezifischere Gesetze. Es wäre inadäquat, die Aussagen spezifischeren Inhalts wie die Aussagen allgemeineren Inhalts in einer aussagenlogischen Standardisierung unterschiedlichen elementaren Aussagesätzen zuzuordnen, und deren wahrheitsfunktionale Beziehungen zu bestimmen. Denn die Aussage, dass die menschlichen Variationen von denselben Gesetzen beherrscht sind wie die Variationen der Tiere, *besagt* nach der hier vorausgesetzten Interpretation *dasselbe* wie die komplexe Aussage, dass die menschlichen Variationen von denselben *Entstehungs*gesetzen wie die Variationen der Tiere beherrscht sind, und dass die menschlichen Variationen von denselben *Selektions*gesetzen wie die Variationen der Tiere beherrscht sind. Die allgemeinere Aussage und die spezifischeren Aussagen sind demzufolge nicht logisch voneinander unabhängig. Man muss sich bei der aussagenlogischen Formalisierung entscheiden, inwieweit man Aussagen in Teilaussagen formalisiert.

Die Entscheidung hierüber hängt von Interpretationsabsichten ab. Man muss nicht fordern, dass in jedem Fall die genauste Analyse die angemessene ist. Man muss sogar eine *unendlich* komplexe Analyse im Rahmen der *aussagen*logischen Formalisierung ausschliessen, da unendliche Zeichenketten keine wohlgeformten aussagenlogischen Formeln sind. Man braucht auch nicht vorauszusetzen, dass es in jedem Fall eine eindeutige Analyse der Aussagen gibt. Man muss z.B. nicht unterstellen, dass Darwin eine genaue Vorstellung der Unterteilung der Entstehungsgesetze der Variationen hatte: Eine genaue Analyse mag hier noch ausstehen; in jedem Fall geht er für seinen Beweis davon aus, dass die menschlichen Variationen allen diesen Gesetzen gleichermassen unterliegen wie die Variationen der Tiere. Auch wenn diese Voraussetzung durch genauere Analysen in Frage gestellt werden könnte, würde dadurch nicht die *Adäquatheit* der logischen Rekonstruktion von Darwins Beweis berührt, sondern nur die *Gültigkeit* des von Darwin gegebenen Beweises.

Die aussagenlogische Formalisierung setzt nur voraus, dass die Einsetzungsinstanzen der Satzbuchstaben einer *J*-Formel logisch voneinander unabhängig sind. Durch die Zuordnung einer J-Formel zu einem SJ-Text kann man sich bei der Interpretation einer J-Formel auf die in dem SJ-Text abgekürzten elementaren Aussagesätze beschränken. *Nur die hier genannten* elementaren Aussagesätze müssen logisch voneinander unabhängig sein. Diese Aussagesätze können in einem *relativen* Sinn elementar genannt werden, insofern sie *innerhalb* des SJ-Textes nicht weiter analysiert werden. Die aussagenlogische Formalisierung setzt kein *absolutes* Verständnis der Analyse voraus, nach der sich alle Aussagen als Wahrheitsfunktionen einer eindeutigen, vorab bestimmbaren Klasse von logisch voneinander unabhängigen Elementaraussagen analysieren lassen, sondern nur ein *relatives* Verständnis der Analyse, nach der kein in einem SJ-Text abgekürzter elementarer Aussagesatz eine Teilaussage eines anderen elementaren Aussagesatzes desselben SJ-Textes ausdrückt. Nach diesem Verständnis ist die logische Unabhängigkeit der abgekürzten elementaren Aussagesätze in einem SJ-Text ein hinreichendes Kriterium, um sie innerhalb dieses Kontextes als Elementarsätze im Sinne der Aussagenlogik aufzufassen.

> **Erläuterung 3.6**
> Die aussagenlogische Formalisierung eines U-Textes setzt nicht eine unveränderliche Menge logisch voneinander unabhängiger Elementarsätze voraus. Sie setzt nur voraus, dass die Menge der in den SJ-Texten abgekürzten elementaren Aussage*sätze* logisch voneinander unabhängig sind.

Die Anwendbarkeit einer Logik setzt die Beantwortung von Fragen der logisch-philosophischen Analyse voraus. Der Satz „Hier ist es jetzt rot" kann relativ zu einer Analysekonzeption ein Beispiel eines Satzes sein, der eine elementare Aussage im Sinne der Aussagenlogik trifft; relativ zu einer anderen Analysekonzeption kann er Beispiel eines Satzes sein, der zwar eine elementare Aussage, aber nicht im Sinne der Aussagenlogik trifft, da diese Aussage als eine graduelle Aussage gedeutet wird, die nicht dem Prinzip der logischen Unabhängigkeit gehorcht.[6] Schliesslich lässt sich dafür argumentieren, dass auch der Inhalt jenes Satzes weiter zu analysieren ist in einzelne, unter Umständen gar unendlich viele Aussagen über Farbtoneinheiten.[7] Alle diese Analysekonzeptionen sind vertreten worden.

---

[6]Man geht hierbei davon aus, dass die Bedeutung von Zeit/Ort- und Farbangaben durch Koordinaten von Skalensystemen zu bestimmen ist.

[7]Man geht hierbei in Rückgriff auf eine physikalische oder physiologische Farbenlehre davon aus, dass die Bedeutung eines Farbwortes zu bestimmen ist mittels einer Beschreibung einer Zusammensetzung der Farbe durch eine Anzahl von Einheiten einfacher Farben, aus denen die einzelnen Farbempfindungen zusammengesetzt sind.

Von der jeweiligen Analysekonzeption hängt ab, ob man meint, Farbaussagen (allgemeiner: Beschreibungen visueller Eindrücke) mit den Mitteln der klassischen Logik formalisieren zu können, und wenn ja, wie die entsprechenden Formalisierungen durchzuführen sind.

2.5 Identifikation wahrheitsfunktionaler Beziehungen

Auch für die Identifikation der wahrheitsfunktionalen Beziehungen gibt es keine eindeutigen und hinreichenden äusseren Kriterien in den U-Texten. Dies wurde bereits bei der Erläuterung der in den SJ-Texten verwendeten Bindewörter „nicht ...", „... und ...", „... oder ...", „wenn ... dann ...", „... gdw ..." ausgeführt: In den U-Texten sind diese nicht auf ihre wahrheitsfunktionale Bedeutung eingeschränkt, und diese wahrheitsfunktionalen Bedeutungen können in den U-Texten auch durch andere Ausdrücke wiedergegeben werden. Die Identifikation der einzelnen Aussagen sowie ihrer wahrheitsfunktionalen Beziehungen sind gleichermassen Ausdruck der Interpretation eines U-Textes.

Nicht alle umgangssprachlichen Texte können einer *aussagenlogischen* Standardisierung unterworfen werden, und in den Texten, die einer *aussagenlogischen* Standardisierung zugänglich sind, können hierdurch noch nicht zwangsläufig alle formalen Eigenschaften und Beziehungen adäquat identifiziert werden. Es lassen sich drei Fälle unterscheiden:

1. Die aussagenlogische Standardisierung und Formalisierung eines Textes ist möglich und erfasst die formalen Eigenschaften und Relationen vollständig.
2. Die aussagenlogische Standardisierung und Formalisierung eines Textes ist möglich, erfasst die formalen Eigenschaften und Relationen aber nicht vollständig.
3. Eine aussagenlogische Standardisierung und Formalisierung eines Textes ist nicht möglich.

Ein Beispiel für 3. sind Texte, in denen keine Aussagen getroffen werden, z.B. folgendes Frühstücksgespräch: „ 'Bitte reiche mir die Butter! Danke. Was gedenkst Du heute zu tun?' 'Frag nicht so blöd!' "

Beispiele für 2. sind solche Texte, die eine Erweiterung der klassischen Aussagenlogik erzwingen. „Wenn alle Mäuse blaue Augen haben, dann hat die Maus Hansi blaue Augen" ist unter Voraussetzung der folgenden aussagenlogischen Standardisierung und Schematisierung keine Tautologie:

U-Text:	Wenn alle Mäuse blaue Augen haben,	dann	hat die Maus Hansi blaue Augen
SJ-Text:	Wenn a	dann	b
J-Formel:	P	$\rightarrow$	Q

Dass der U-Text keine Tautologie ist, ergibt sich daraus, dass die entsprechende J-Formel nicht allgemeingültig ist:

P	Q	P	$\rightarrow$	Q
W	W		**W**	
W	F		**F**	
F	W		**W**	
F	F		**W**	

Man würde allerdings sagen, dass der Satz „Wenn alle Mäuse blaue Augen haben, dann hat die Maus Hansi blaue Augen" in *jedem* Fall wahr ist, und man würde dieses Urteil auf die *Form* der Aussage, und nicht auf den spezifischen Inhalt der in ihr enthaltenen Begriffe ('Maus' und 'blaue Augen') stützen. Denn, wenn man an Stelle dieser Begriffe andere Begriffe wählt (z.B. statt 'Maus' 'Mensch', oder statt 'Maus' 'Zahl' und statt 'blaue Augen' 'Nachfolger'), dann bliebe der Satz immer noch in jedem Fall wahr. Dies lässt sich durch eine entsprechende logische Formalisierung und Beweisführung auch mit logischen Mitteln zeigen. Allerdings reichen die aussagenlogischen Mittel hierzu nicht aus. Der Satz lässt sich zwar einem SJ-Text zuordnen und aussagenlogisch behandeln, aber dies ist nicht hinreichend, um seine wahrheitsfunktionalen Eigenschaften adäquat zu bestimmen. Erst mit den Mittel der *Quantorenlogik* können die wahrheitsfunktionalen Eigenschaften und Relationen von Sätzen der genannten Art adäquat bestimmt werden (vgl. hierzu LEKTION 7, Abschnitt 1).

Andere Beispiele für 2. sind Texte, deren Aussagen das Bivalenzprinzip, das Prinzip der logischen Unabhängigkeit oder das Extensionalitätsprinzip nicht erfüllen. Dies ist bereits in LEKTION 1 erläutert worden.

Unter 2. oder 3. fallen nicht Sätze, die zwar unter allen möglichen Umständen wahr oder falsch sind, aber nicht auf Grund ihrer *Form*, sondern auf Grund ihres spezifischen Inhaltes, z.B. „Schimmel sind weiss": Ersetzt man hier den Ausdruck „Schimmel" durch „Pferde" oder „weiss" durch „grün", dann bleibt der Satz nicht unter allen Umständen wahr. Derartige Sätze sind nicht aus *formalen*, sondern aus *inhaltlichen* Gründen unter allen möglichen Umständen wahr.

ÜBUNG: IDENTIFIKATION VON AUSSAGEN

ÜBUNG: MEHRDEUTIGKEITEN

3 Argumentrekonstruktion

Umgangssprachliche Texte können Aussagen treffen, ohne zu argumentieren: Newtons *Beschreibung* seines Experimentum Crucis[8] trifft Aussagen über den experimentellen Aufbau, die experimentelle Handlung und die experimentellen Ergebnisse; erst durch die *experimentelle Schlussfolgerung* werden die in Newtons Experimentbeschreibung gemachten Aussagen zu *Prämissen* eines Argumentes und Newtons Text zu einem argumentativen Text.

> **Erläuterung 3.7**
> Argumente sind eine bestimmte Art komplexer Aussagen, die sich durch die in ihnen getroffene Unterscheidung von *Prämissen* und *Konklusion* auszeichnen. Die Konklusion ist die Aussage, die aus den Aussagen, die als Prämissen dienen, gefolgert wird.

Für die Rekonstruktion aussagenlogischer Argumente stellt sich zusätzlich zu aussagenlogischer *Schematisierung* und *Standardisierung* die Aufgabe der Identifikation der Prämissen und der Konklusion.

Auch für diese Identifikation gibt es keine hinreichenden und keine notwendigen Kriterien in den umgangssprachlichen Texten. Einige umgangssprachliche Ausdrücke wie „also", „deshalb", „demzufolge", „daraus folgt", „mithin", „daher" sind zwar Indikatoren für den Übergang von Prämissen zur Konklusion, aber sie können auch zu anderen Zwecken verwendet werden, etwa als Füllwörter oder, um den Schein einer argumentativen Schlussfolgerung zu erwecken. Schliesslich können auch Argumente vorliegen, ohne dass dies durch Indikatoren angezeigt wird. Darwins „Beweis für die Abstammung des Menschen von einer niederen Form" nennt Prämissen für die Schlussfolgerung, dass der Mensch vom Tier abstammt. Aber Darwin macht diese Aussage in seinem Text nirgendwo explizit, und er kennzeichnet sie auch nicht als Konklusion. Nur der Überschrift, sowie seiner Zustimmung zu all den Annahmen, die er als Voraussetzung des Beweises für die Abstammung des Menschen vom Tier nennt, lässt sich entnehmen, dass dies die These ist, für die er argumentiert.

In der Argumentrekonstruktion müssen nicht alle Textinhalte Berücksichtigung finden, sondern nur diejenigen, die Teil der Prämissen oder der Konklusion sind. Auch die Entscheidung darüber, welcher Inhalt die These, für die argumentiert wird, noch stützt, und welcher hierfür unbedeutsam ist, hängt von der Interpretation des Textes ab. Typischerweise sind Wiederholungen, stilistische

---
[8] Siehe LEKTION 1, S. 12.

Varianten, Textelemente mit rhetorischer Funktion, Aussagen, deren Wahrheit die Konklusion nicht begründen, unbedeutsam und im Rahmen der Argumentrekonstruktion zu übergehen. Wenn Darwin der Aussage, dass der Mensch in körperlichen und geistigen Fähigkeiten variiere, hinzufügt „sei es auch noch so gering", so kann man dies als einen redundanten Zusatz übergehen, da auch geringe Variationen Variationen sind. Oder wenn er der Aussage, dass die menschlichen Veränderungen Ergebnis derselben allgemeinen Ursachen sind wie die Variationen bei den Tieren, beifügt „insofern unsere Unwissenheit uns ein Urteil erlaubt", dann kann dieser Zusatz im Rahmen der Argumentrekonstruktion unberücksichtigt bleiben, da die Wahrheit oder Falschheit der Konklusion nur vom Wahrheitswert der Prämissen, und nicht von dem Grad des Wissens um die Wahrheit oder Falschheit der Prämissen abhängt. Ebenso bedeutungslos ist die Bemerkung, dass es sich bei der Selektion um einen „wichtigen Punkt" handle. Derlei Betonungen haben eine rhetorische, aber keine argumentative Funktion. Um eine prägnante Argumentrekonstruktion zu erhalten, ist es auch oft zweckmässig, bei der Formulierung der standardisierten Aussagesätze schärfere Formulierungen zu wählen als der Autor des rekonstruierten Textes. Darwin z.B. verwendet nicht explizit den Terminus „Selektionsgesetze", aber seine Verwendung bringt in der von Darwin an anderer Stelle auch explizit formulierten Gegenüberstellung zu den „Entstehungsgesetzen" für Variationen genau die beiden Arten von Gesetzen zum Ausdruck, auf die er in seiner Argumentation zurückgreift.

Erläuterung 3.8
Die Standardisierung eines umgangssprachlich formulierten Argumentes sollte die für das Argument relevanten Inhalte und nur diese prägnant und verständlich ausdrücken.

Die aussagenlogische Formalisierung findet insbesondere Anwendung zum Zwecke der Formalisierung von Argumenten und der Prüfung ihrer Schlüssigkeit. Hierfür sind die formale Sprache J und entsprechend die Ausdrucksmittel der SJ-Texte zu erweitern.

Aussagenlogische Standardisierungen umgangssprachlich formulierter Argumente seien SJA-Texte genannt. Diese unterscheiden sich von den SJ-Texten durch die Verwendung des Ausdruckes „also". Dieser umgangssprachliche Ausdruck wird zusätzlich zu den in den SJ-Texten verwendeten fünf Bindewörtern in den SJA-Texten gebraucht, um die Prämissen von der Konklusion zu unterscheiden. Und zwar werden die Prämissen immer vor dem Ausdruck „also" aufgezählt, und die Konklusion nach dem Ausdruck „also", unabhängig davon, ob dies der Reihenfolge der entsprechenden Aussagen im U-Text entspricht oder nicht. Des Weiteren wird in den SJA-Texten als zusätzliches Gliederungszeichen der Punkt „." verwendet, um einzelne Prämissen voneinander zu trennen.

Für die Formalisierung von SJA-Texten sei die formale Sprache J um das Zeichen '$\therefore$' ergänzt, das dem Separator „also" der SJA-Texte zugeordnet wird, sowie um das Komma ',', das dem Punkt als Trennungszeichen der Prämissen in den SJA-Texten zugeordnet ist. Die den SJA-Texten zugeordneten formalen Ausdrücke seien *J-Argumentschemata* genannt. Die durch ',' getrennten J-Formeln vor '$\therefore$' seien „*Pr-Formeln*" genannt, die Formel hinter '$\therefore$' sei „*K-Formel*" des J-Argumentschemas genannt.

Jedes Argumentsschema hat mindestens eine Pr-Formel und *genau* eine K-Formel. Eine Pr-Formel kann mit der K-Formel identisch sein. Pr-Formeln und K-Formel können beliebige J-Formeln sein. Sie können folglich auch aus mehreren Satzbuchstaben und beliebigen Junktoren zusammengesetzt sein. Es gibt keine formalen Kriterien, anhand derer Pr-Formeln und K-Formeln eindeutig identifiziert werden könnten. Diese Identifikation ist vielmehr Ausdruck der Interpretation eines argumentativen U-Textes.

BEISPIEL 1:

SJA-**Text:**	a	.	b	und	c	also	d
J-**Arg.schema:**	P	,	Q	&	R	$\therefore$	S

BEISPIEL 2:

SJA-**Text:**	a	also	a
J-**Arg.schema:**	P	$\therefore$	P

BEISPIEL 3:

SJA-**Text:**	nicht a	.	b	oder	c	also	a	gdw	c
J-**Arg.schema:**	$\neg P$	,	Q	$\vee$	R	$\therefore$	P	$\leftrightarrow$	R

BEISPIEL 4:

SJA-**Text:**	wenn wenn a dann b dann c, oder wenn e dann f also a oder e
J-**Arg.sch.:**	$((P_1 \rightarrow P_2) \rightarrow P_3) \vee (P_4 \rightarrow P_5) \therefore P_1 \vee P_4$

Die Argumentschemata sind zum Zwecke der aussagenlogischen Formalisierung von Argumenten definiert. Sie sind selbst nicht J-Formeln. Ihre induktive Definition setzt die J-Formeln voraus:

> **Erläuterung 3.9**
> Die Menge der *Argumentschemata* von J ist definiert durch folgende Regeln:
>
> 1. Jede *wff* von J, gefolgt von '∴', gefolgt von einer *wff* von J, ist ein Argumentschema von J.
>
> 2. Jede *wff* von J, gefolgt von ',', gefolgt von einem Argumentschema, ist ein Argumentschema von J.
>
> 3. Nur solche Zeichenketten sind Argumentschemata von J, die mittels einer endlichen Anzahl an Schritten gemäss den Regeln 1. und 2. gebildet werden können.

BEISPIEL:

'P , Q & R ∴ S' ist ein J-Argumentschema, denn:

1. 'Q & R' ist eine *wff*, 'S' ist eine *wff*, also ist nach *Regel 1* 'Q & R ∴ S' ein Argumentschema.

2. 'P' ist eine *wff*, also ist nach 1. und *Regel 2* 'P , Q & R ∴ S' ein Argumentschema.

Bislang ist beschrieben, wie Argumentschemata korrekt zu bilden sind. Damit ist noch nichts über ihre *Interpretation* gesagt. Da gegenüber der Sprache J in den Argumentschemata zusätzliche Zeichen verwendet werden, sind auch zusätzliche Festlegungen ihrer Interpretation zu treffen. Diese Interpretation geht von folgendem intuitivem Verständnis der Folgerungsbeziehung zwischen Prämissen und der Konklusion in einem Argument aus:[9]

INTUITIVER FOLGERUNGSBEGRIFF: Wenn man behauptet, dass eine Aussage aus Prämissen *folgt*, dann behauptet man, dass ausgeschlossen ist, dass alle Prämissen wahr, und die Konklusion falsch ist.

---

[9] Zur Kritik dieses Begriffes der Folgerung und des auf ihm basierenden Begriffes der logischen Schlüssigkeit siehe den Hinweis auf das sogenannte „Paradox der formalen Implikation" in LEKTION 1, S. 32.

Dieses intuitive Verständnis wird im Rahmen der Aussagenlogik durch Rückgriff auf die Interpretation der J-Formeln präzisiert, indem die Folgerungsbeziehung allein auf die aussagenlogische Form der Aussagen zurückgeführt wird. Hierfür werden erstens Argumentschemata bestimmten J-Formeln (den zugehörigen Konditionalen) zugeordnet, und zweitens wird die Beziehung der logischen Folgerung zwischen den Prämissen und der Konklusion durch die Allgemeingültigkeit des zugehörigen Konditionals definiert. Die den Argumentschemata zugeordneten J-Formeln sind *Konditionale*. *Konditionale* nennt man J-Formeln, deren Hauptjunktor '$\rightarrow$' ist.

> **Erläuterung 3.10**
> Das einem Argumentschema *zugehörige Konditional* ist die J-Formel, die man aus dem Argumentschema erhält, indem man '. . .' durch '$\rightarrow$' und ',' durch '&' ersetzt, und die Pr-Formeln und die K-Formel einklammert, sofern sie mindestens zwei Satzbuchstaben enthalten.

BEISPIEL:

J-Arg.schema: $\quad P \rightarrow Q \quad , \quad P \vee R \quad , \quad \neg R \quad \therefore \quad Q \rightarrow R$

Zug. Kond.: $\quad (P \rightarrow Q) \quad \& \quad (P \vee R) \quad \& \quad \neg R \quad \rightarrow \quad (Q \rightarrow R)$

Der Subjunktor '$\rightarrow$', der '. . .' ersetzt, ist der Hauptjunktor des zugehörigen Konditionals, die Konjunktoren '&', die das Komma ersetzen, sind von links nach nach rechts stufenweise diesem Hauptjunktor untergeordnet.

In Rückgriff auf die Definition des zugehörigen Konditionals lassen sich Argumentschemata als Metaaussagen interpretieren, die behaupten, dass das ihnen zugehörige Konditional allgemeingültig ist.

> **Erläuterung 3.11**
> J-Argumentschemata werden interpretiert als *Metaaussagen*, die aussagen, dass das zugehörige Konditional allgemeingültig ist.

Es seien $Pr_1, \ldots Pr_n$[10] Metavariablen für Pr-Formeln, und K Metavariable für K-Formeln, dann lässt sich kurz sagen:

---

[10] n ist Variable für eine beliebige natürliche Zahl. Ist $n = 1$, dann hat das Argumentschema nur eine Pr-Formel.

> **Erläuterung 3.12**
> „$Pr_1, \ldots, Pr_n \therefore K$" = „$Pr_1 \& \ldots \& Pr_n \to K$ ist allgemeingültig".

Das Gleichheitszeichen in dieser Erläuterung besagt, dass die Ausdrücke links und rechts des Gleichheitszeichens austauschbar sind.

Die mit dem Argumentschema getroffene Metaaussage kann *korrekt* sein oder nicht.

> **Erläuterung 3.13**
> J-Argumentschemata sind *korrekt* gdw$_{Def.}$ das zugehörige Konditional allgemeingültig ist.

Ist ein J-Argumentschema korrekt, dann drückt man dies durch Ersetzen von '$\therefore$' durch '$\models_J$' aus:

> **Erläuterung 3.14**
> „$Pr_1, \ldots, Pr_n \therefore K$ ist korrekt" = „$Pr_1, \ldots, Pr_n \models_J K$".

Der Index in '$\models_J$' bringt zum Ausdruck, dass die Korrektheit der Argumentschemata relativ zur Interpretation der formalen Sprache J bemessen wird.

Allgemeingültige Konditionale nennt man auch *formale Implikationen*; im Unterschied hierzu heissen Konditionale, die nicht allgemeingültig sind *materiale Implikationen*. Die zu korrekten Argumentschemata gehörigen Konditionale sind demzufolge *formale Implikationen*.

In Rückgriff auf die Korrektheit von Argumentschemata lässt sich die *formale Schlüssigkeit* der umgangssprachlichen *Argumente* definieren:

> **Erläuterung 3.15**
> Ein Argument ist *formal schlüssig* gdw$_{Def.}$ das ihm durch die Formalisierung zugeordnete Argumentschema *korrekt* ist.

Die Korrektheit der J-Argumentschemata und die formale Schlüssigkeit der Argumente lässt sich mittels Wahrheitswertanalyse entscheiden. Es handelt sich jeweils um formale Eigenschaften.

Um die Korrektheit der J-Argumentschemata zu prüfen, muss man nicht jedesmal eine *vollständige* Wahrheitswertanalyse durchführen. Man kann sich vielmehr eines einfacheren Verfahrens bedienen, indem man gezielt nach einer *widerlegenden Belegung* sucht.

Erläuterung 3.16
Eine *widerlegende Belegung* ist eine Belegung, in der die K-Formeln den Wert F und sämtliche Pr-Formeln den Wert W haben.

Um zu untersuchen, ob es eine widerlegende Belegung gibt, kann man sich auf die systematische Suche einer Belegung der Satzbuchstaben beschränken, durch die den K-Formeln der Wert F und allen Pr-Formeln der Wert W, und denselben Satzbuchstaben des Argumentschemas dieselben Wahrheitswerte zugeordnet werden.

Dies sei anhand der Argumentschemata aus den oben genannten BEISPIELEN 2-4 exemplarisch vorgeführt:

P	∴	P
F! (2)		F(1)

In einem ersten Schritt belegt man die K-Formel mit F. Dies erzwingt in einem zweiten Schritt auch die Pr-Formel mit F zu belegen, da es sich um denselben Satzbuchstaben handelt. Folglich gibt es keine Möglichkeit, eine widerlegende Belegung anzugeben. Ergo gilt: $P \models_J P$. Die erzwungenen Wahrheitswerte, die – wie im genannten Beispiel – eine widerlegende Belegung ausschließen oder – wie im folgenden Beispiel – darstellen, werden in den hier angeführten Beispielen durch Fettdruck und Ausrufezeichen hervorgehoben.[11]

¬	P,	Q	∨	R	∴	P	↔	R
W!(4)	F (3)	W/F	**W**! (4)	W(3)		F(2)	**F**!(1)	W (2)

---
[11] Die Zahlen und der Fettdruck dienen in diesen Beispielen der Illustration der Argumentation. Oft gibt es alternative widerlegende Belegungen, und dementsprechend unterschiedliche Möglichkeiten, sich widerlegende Belegungen zu erschliessen. In den ÜBUNGEN müssen sie nur *eine* mögliche widerlegende Belegung angeben, und nicht den Weg, nach dem sie sich diese erschlossen haben, darstellen. Dementsprechend sind in den ÜBUNGEN keine Zahlen, kein Fettdruck und auch keine alternativen Wahrheitswerte (W/F) zu verwenden.

Im ersten Schritt wird der Hauptjunktor der K-Formel mit dem Wert F belegt. Dies erzwingt, dass die Satzbuchstaben 'P' und 'R' mit unterschiedlichen Werten belegt werden. Wählt man für 'R' den Wert W, dann muss man für 'P' den Wert F wählen. Dieselben Satzbuchstaben in den Pr-Formeln sind entsprechend zu belegen. Hieraus folgt, dass auch die beiden Pr-Formeln mit dem Wert W zu belegen sind. Die Belegung von 'Q' ist dabei irrelevant, da in jedem Fall die zweite Pr-Formel mit dem Wert W zu belegen ist. Die gefundene widerlegende Belegung wird durch Fettdruck und Ausrufezeichen hervorgehoben. Es gilt: $P, Q \vee R \not\models_J P \leftrightarrow R$.

$$((P_1 \to P_2) \to P_3) \vee (P_4 \to P_5) \therefore P_1 \vee P_4$$

F (3) W (4) W/F W/F W/F **W**! (5) F (3) W (4) W/F   F (2) **F**! (1) F (2)

Im ersten Schritt wird der Hauptjunktor der K-Formel mit dem Wert F belegt. Dies erzwingt, 'P_1' und 'P_4' auch mit F zu belegen (Schritte 2 und 3). Wenn 'P_4' dem Wert F zugeordnet ist, dann erhält '$P_4 \to P_5$' den Wert W – ganz gleich, ob 'P_5' mit W oder F belegt wird. Hieraus folgt, dass der Hauptjunktor der Pr-Formel auch den Wert W erhält, so dass man eine widerlegende Belegung gefunden hat. Ergo: $((P_1 \to P_2) \to P_3) \vee (P_4 \to P_5) \not\models_J P_1 \vee P_4$.

Ergibt die Prüfung eines Argumentschemas, dass das formalisierte Argument formal schlüssig ist, bedeutet dies nicht, dass die Wahrheit der Konklusion bewiesen ist. Es bedeutet nur, dass die Konklusion wahr ist, *wenn die Prämissen wahr sind*. Ob ein Argument gut ist, hängt nicht nur von seiner Schlüssigkeit ab, sondern auch davon, wie gut seine Prämissen gerechtfertigt sind.

Andererseits folgt daraus, dass ein Argumentschema nicht schlüssig ist, nicht, dass die These, für die der Autor des U-Textes argumentiert, haltlos ist. Die Unschlüssigkeit des formalisierten Argumentes ist zunächst nur ein Hinweis dafür, dass entweder die verwendeten logischen Mittel nicht ausreichen, um die Schlüssigkeit des Argumentes zu identifizieren (siehe das BEISPIEL auf S. 83), oder die Konklusion noch auf weiteren *impliziten Prämissen* beruht. Implizite Prämissen sind solche Prämissen, die im U-Text nicht ausgedrückt werden. Meistens lässt sich durch Berücksichtigung weiterer Texte oder des theoretischen und historischen Hintergrundes begründen, dass ein Autor entsprechende implizite Annahmen voraussetzt. Für eine *vollständige Argumentrekonstruktion* sind derartige Prämissen mit zu berücksichtigen.

Eine einfache Rekonstruktion von Darwins Beweis der Abstammung des Menschen vom Tier ist die oben im BEISPIEL 1 genannte:

SJA-Text:	a . b und c also d
J-Arg.schema:	$P, Q \ \& \ R \ \therefore \ S$

LEGENDE:

a = Die Menschen unterscheiden sich voneinander.

b = Die Entstehung der menschlichen Unterschiede unterliegt denselben Gesetzen wie die Entstehung der Unterschiede der Tiere.

c = Die Selektion der menschlichen Unterschiede unterliegt denselben Gesetzen wie die Selektion der Unterschiede der Tiere.

d = Der Mensch stammt vom Tier ab.

Diese Rekonstruktion berücksichtigt Darwins Unterscheidung zweier Arten von Gesetzen[12], aber sie sieht von Darwins weiterer Spezifizierung dieser Gesetze ab. Eine detaillierte aussagenlogische Argumentrekonstruktion würde die zweite Prämisse von Darwins Argument („a und b") durch spezifischere Prämissen ersetzen, in denen auf die spezifischen Gesetze der Korrelation, auf die Gesetze der ererbten Wirkungen des Gebrauchs und Nichtgebrauchs etc. Bezug genommen wird. Um die Wahrheit der zweiten Prämisse zu überprüfen, müsste man feststellen, ob die menschlichen Variationen denselben spezifischen Gesetzen unterliegen wie die Variationen der Tiere. Sieht man hiervon bei der Interpretation ab, dann bleibt immer noch die Frage, inwieweit die genannten Prämissen Darwins These von der Abstammung des Menschen vom Tier stützen können. Offensichtlich ist das von ihm formulierte Argument – zumindest gemäss der oben angegebenen Standardisierung – im aussagenlogischen Sinne nicht schlüssig, denn das entsprechende Argumentschema ist nicht korrekt:

$$P, \quad Q \quad \& \quad R \quad \therefore \quad S$$
W! (2) W (3) **W**! (2) W (3)   **F**! (1)

Eine *vollständige* Argumentrekonstruktion muss noch auf zusätzliche Prämissen rekurrieren, die Darwin nicht in seinem Text formuliert. Eine Möglichkeit, die

---

[12]Sie bringt ihre Zusammengehörigkeit durch die Zusammenfassung von „a" und „b" in eine Prämisse „a und b" zum Ausdruck. Dies ist im Prinzip willkürlich, da man ebenso gut als *SJA*-Text „a,b,c also d" hätte wählen können. Das zu dem entsprechenden Argumentschema zugehörige Konditional wäre dasselbe wie das zu dem im Beispiel aufgeführten Argumentschema. Dementsprechend bleibt die formale Schlüssigkeit des Argumentes hiervon unberührt.

logisch gesehen immer besteht, ist das zugehörige Konditional einfach als Prämisse hinzuzunehmen:

SJA-**Text:**   a . b und c . wenn a, und b und c dann d also d
J-Arg.sch.: P , Q & R , P & $(Q$ & $R)$ → S ∴ S

$$\frac{P, \quad Q \quad \& \quad R, \quad P \quad \& \quad (Q \quad \& \quad R) \quad \rightarrow \quad S \quad \therefore \quad S}{W(2) \quad W(3) \quad W(2) \quad W(3) \quad W(3) \quad W(5) \quad W(4) \quad W(5) \quad W(4) \quad \mathbf{F}(6)! \quad F(2) \qquad F(1)}$$

Interpretatorisch gesehen ist diese Lösung allerdings unbefriedigend. Denn die entscheidende Frage, wie dieses Konditional zu rechtfertigen ist, bleibt dadurch unbeantwortet. Die Mittel der Aussagenlogik können diese Frage als eine massgebliche Frage für das Verständnis von Darwins Beweis der Abstammung des Menschen vom Tier identifizieren, aber nur Mittel der Interpretation, die sich auf Informationen stützen, die Darwins Text nicht unmittelbar zu entnehmen sind, können die Frage beantworten.

Zusatzbemerkung 3.1: Eine mögliche Interpretation der Argumentation Darwins versteht diese als eine Argumentation für eine *Kausalhypothese*, die implizit von *methodologischen Regeln kausaler Erklärungen* Gebrauch macht: In Frage steht die *Kausalhypothese*, dass die Entstehung des Menschen eine Wirkung der Veränderung von Tieren ist. Diese Kausalhypothese wird begründet, indem eine *kausale Erklärung* der Entstehung des Menschen gegeben wird. Eine kausale Erklärung, so sei hier vorausgesetzt, hat die Form eines sogenannten „diagnostischen Kausalschlusses", in dem von der Wirkung auf die Ursache geschlossen wird: Gegeben die Entstehung des Menschen (= Wirkung) (*Prämisse 1*), gegeben allgemeine Kausalgesetze für die Entstehung höherer Arten aus niederen Arten, nach denen es für die Entstehung höherer Arten *keine alternative Ursache* neben der Entstehung aus niederen Arten gibt (*Prämisse 2*), gegeben die von Darwin gemachte Zusatzannahme, dass der Mensch eine höhere Art ist als das Tier (*Prämisse 3*), dann folgt logisch (genaugenommen: quantorenlogisch), dass der Mensch vom Tier abstammt. Entscheidend für die Argumentation ist es, die menschliche Entwicklung unter *dieselben* Entwicklungsgesetze zu subsumieren wie die der Tiere und generell für die Entwicklung höherer Arten Alternativursachen, die sich von der Entwicklung aus niederern Arten unterscheiden, auszuschliessen (*Prämisse 2*). Diese massgebliche und umstrittene Annahme macht Darwin erklärtermassen, ohne sie experimentell, d.i. z.B. durch Züchtung eines Menschen aus einer niederen Art, bestätigen zu können. Um sie gleichwohl zu rechtfertigen, kann Darwin auf eine methodologische Regel für das Aufstellen von kausalen Erklärungen zurückgreifen: *Wenn möglich, gleichartige Wirkungen durch gleichartige Ursachen zu erklären*.[13] Durch diese Regel

---

[13] Es handelt sich hierbei um Newtons *2. Regel der Naturforschung*, vgl. Newton (1999), S. 380. Man beachte, dass sich nach dieser Interpretation Darwins Erklärung nicht auf das von ihm kritisierte

werden kausale Erklärungen, die sich nicht direkt empirisch testen lassen, auf gleichartige kausale Erklärungen mit empirischer Basis zurückgeführt; im Falle von Darwin die Entstehung der Arten auf Zuchtexperimente, wie sie Darwin gleich im 1. Kapitel seines Hauptwerkes *On the Origin of Species* untersucht.[14] Um in einem Gebiet wie der Evolutionstheorie, in der die meisten Fragen offensichtlich nicht experimentell entschieden werden können, überhaupt Kausalhypothesen empirisch zu begründen und kausale Erklärungen zu geben, ist der Rückgriff auf eine derartige Regel unumgänglich.[15]

Diese Interpretation zeigt, dass für die Rekonstruktion wissenschaftlicher Beweise, die typischerweise in den experimentellen und historischen Wissenschaften geführt werden, die Mittel der Aussagenlogik nicht hinreichend sind, sondern erweiterte logische Mittel wie z.B. die der Quantorenlogik nötig sind, und Fragen der Formalisierung von Kausalgesetzen, Kausalhypothesen, kausalen Erklärungen sowie Fragen des Schliessens auf Kausalgesetze beantwortet werden müssen. Die klassische Logik ist eine notwendige, aber keine hinreichende Bedingung dafür, diese zentralen wissenschaftstheoretischen Fragen formal behandeln zu können.

ÜBUNG: AUFGABEN DER ARGUMENTREKONSTRUKTION

ÜBUNG: WOHLGEFORMTE ARGUMENTSCHEMATA

ÜBUNG: ARGUMENTREKONSTRUKTION

„Ausschliessungsprinzip" (principle of exclusion) stützt, durch das Hypothesen durch Falsifikation aller Alternativhypothesen begründet werden. Darwin geht nach diesem Verständnis induktiv und nicht deduktiv vor (gegen Mill (1872), S. 328, vgl. eingehend Hull (1995), S. 87 - 95 und Kitcher (1993), S. 271).

[14]Vgl. z.B. Darwin (1996), Kapitel 1, vgl. seine einleitenden Worte hierzu S. 26f.

[15]Vgl. z.B. Darwin (1996), S. 668f.

LEKTION 4

AUSSAGENLOGISCHER KALKÜL

In dieser Lektion wird ein *Kalkül für aussagenlogische Argumentschemata* definiert. Ein Kalkül ist eine Menge von Regeln für zulässige Umformungen von Formeln. Die Definition und die Anwendung der Kalkülregeln fällt in den Bereich der *Syntax*, die allein die Bildung und Umformungen von Formeln betrifft, ohne auf Bedeutungen der Formeln Bezug zu nehmen. Der in dieser Lektion vorgestellte Kalkül ist der sogenannte *Kalkül des natürlichen Schliessens* von G. Gentzen (1935), der von E.J. Lemmon in seinem klassischem Logikbuch *Beginning Logic* dargestellt wird.[1] Dieser Kalkül wird im Folgenden als „GLK_J" (Kurzform für „Gentzen-Lemmon-Kalkül der Aussagenlogik") bezeichnet. Der GLK_J erlaubt es, unter Verwendung einer begrenzten Zahl an Kalkülregeln die K-Formel eines *jeden* schlüssigen aussagenlogischen Argumentschemas aus den Pr-Formeln abzuleiten. Es gibt andere aussagenlogische Kalküle, die dasselbe leisten – der GLK_J ist ein gängiger Kalkül, der sowohl in Einführungsbüchern zur Logik als auch in begleitenden Übungsprogrammen häufig zu Grunde gelegt wird. Er enthält zwar mehr Regeln als nötig, vereinfacht dadurch aber zugleich die Konstruktion geeigneter Ableitungen.

Während diese 4. LEKTION nur die *Kalkülregeln* behandelt, werden in der folgenden 5. LEKTION die wichtigsten *Schlussregeln*, die sich aus den Regeln des GLK_J ableiten lassen, vorgestellt und die Anwendung von Schlussregeln für die Argumentrekonstruktion thematisiert. In LEKTION 6 wird dann auf *metalogische* Fragen der Beziehung zwischen Ableitungen und Wahrheitswerttabellen, bzw. Syntax und Semantik der Aussagenlogik eingegangen.

1 ABLEITUNGEN

In einer Ableitung einer K-Formel werden die Pr-Formeln unter Anwendung von Ableitungsregeln solange umgeformt bis man in einem letzten Schritt zur K-Formel gelangt.

---

[1] Die Kalkülregeln und die Tabellennotation für die Ableitungen sind Lemmons Buch entnommen. Bei der Definition der Regeln ist Ali Behbouds Darstellung des GLK_J in seiner *Einführung in die Logik* zugrundegelegt worden.

> Eine *Ableitung einer K-Formel aus Pr-Formeln* ist eine Kette von Formeln, deren Anfangsglieder die Pr-Formeln sind, deren Endglied die K-Formel ist und deren sämtliche Übergänge gemäss Ableitungsregeln vorgenommen werden.

Die logischen Ableitungen werden in Form von Tabellen dargestellt. Jede Zeile der Tabelle ist eine Ableitung der in ihr enthaltenen Formel. Die Formeln, aus denen sie abgeleitet wird, werden *Annahmen* genannt. Die K-Formel ist aus den Pr-Formeln abgeleitet, wenn nur diese die Annahmen der Ableitung der K-Formel sind. Um alle Ableitungsschritte übersichtlich darzustellen, und die jeweilige Anwendung der Regeln kontrollieren zu können, werden die Tabellen, die die Ableitungen darstellen, in vier Spalten unterteilt:

Annahme	Nr.	Formel	Regel

BEISPIEL:

Annahme	Nr.	Formel	Regel
1,2	(4)	Q	1,3 MPP

PARAPHRASE:

„Aus den Formeln, die in den *Zeilen 1 und 2* stehen, ist die Formel 'Q' in *Zeile 4* ableitbar. Die Ableitung erfolgt auf Grund der Regel MPP, angewendet auf die Formeln, die in Zeile 1 und 3 stehen."

In der ersten Spalte steht die sogenannte *Annahmenliste*. Diese enthält die Zeilennummern der Formeln, die als Annahmen für die Ableitung der Formel der jeweiligen Zeile benötigt werden. Die zweite Spalte enthält die *Zeilennummer* der Zeile.[2] Die Zeilennummer wird eingeklammert. Sie identifiziert die Zeile, so dass in weiteren Zeilen eindeutig auf sie Bezug genommen werden kann. In der dritten Spalte wird die *abgeleitete Formel* notiert. Die vierte Spalte setzt sich zusammen

---

[2] Es ist in Anlehnung an Lemmon üblich, die Zeilennummer nicht in der ersten, sondern in der zweiten Spalte zu notieren. Dieser Gepflogenheit wird hier entsprochen, obwohl es übersichtlicher wäre, die Zeilen in der ersten Spalte durchzunummerieren, und in der letzten Spalte die Zeilennummern der Annahmen zu notieren.

aus der *Bezeichnung der Regel*, die für die Ableitung verwendet wurde, sowie einer Liste, die die Zeilennummern enthält, in der die Formeln stehen, auf die die Regel angewendet wird (*Oberformelliste*). Diese Liste wird vor die Bezeichnung der Regel geschrieben.

Die Annahmenliste und die Oberformelliste müssen nicht identisch sein, da eine Formel unter Zuhilfenahme von *Zwischenkonklusionen* abgeleitet werden kann:

Annahme	Nr.	Formel	Regel
1	(1)	P	AE
2	(2)	$P \to Q$	AE
1,2	(3)	Q	2,1 MPP
1,2	(4)	$\neg\neg Q$	3 DNE

In der vierten Zeile wird die Regel DNE („doppelte Negator-Einführung") angewendet auf die Formel von Zeile 3. Aber die Annahmen, auf denen diese Ableitung beruht, sind die Formeln aus Zeile 1 und 2. Die Formel in Zeile 3 bildet eine Zwischenkonklusion, die ihrerseits auf den Formeln aus Zeile 1 und 2 als Annahmen beruht. Für die Ableitungen von K-Formeln mittels der Kalkülregeln ist meistens die Bildung von Zwischenkonklusionen nötig, um zur Ableitung der K-Formel zu gelangen, die allein auf den Pr-Formeln als Annahmen beruht.

Des Weiteren ist es oftmals nötig, zusätzlich zu den Pr-Formeln Annahmen einzuführen. Die Zeilennummern dieser Annahmen können im weiteren Verlauf der Ableitung durch Anwendung von Kalkülregeln, welche die Beseitigung von Annahmen erlauben, aus der Annahmenliste gestrichen werden. Die Zeilennummern in den Annahmenlisten der Ableitung, die auf derartige „Zwischen-Annahmen" Bezug nehmen, seien durch ein Sternchen gekennzeichnet. Sie werden gewöhnlich als „*Hilfsannahmen*" bezeichnet. Die Verwendung von Hilfsannahmen ist charakteristisch für indirekte Beweisgänge, in denen etwas hypothetisch angenommen wird, um Folgerungen zu ziehen, die schliesslich nicht mehr die hypothetische Annahme voraussetzen. Ein typischer derartiger Beweisgang hat die Form einer *reductio ad absurdum*, in der etwas hypothetisch angenommen wird, um hieraus einen Widerspruch abzuleiten, so dass das Gegenteil der hypothetischen Annahme gefolgert werden kann, z.B.:

Annahme	Nr.	Formel	Regel
1	(1)	$P \rightarrow Q$	AE
2	(2)	$\neg Q$	AE
3*	(3)	P	AE
1,3*	(4)	Q	1,3 MPP
1,2,3*	(5)	$Q \,\&\, \neg Q$	4,2 &E
1,2	(6)	$\neg P$	3,5 RAA

Zeile 3 enthält die Hilfsannahme P. In Zeile 5 wird unter Voraussetzung dieser Annahme ein Widerspurch abgeleitet. In Zeile 6 wird unter Anwendung der Regel RAA („reductio ad absurdum") auf die Negation der Hilfsannahme geschlossen. Die Regel erlaubt, die Referenz auf diese Annahme in der Annahmenliste zu streichen.

Die Ableitungen dürfen zwar Gebrauch machen von Hilfsannahmen, für den Beweis der Ableitbarkeit einer K-Formel aus den Pr-Formeln eines korrekten Argumentschemas ist allerdings stets darauf zu achten, dass diese Hilfsannahmen wieder eliminiert sind, so dass die Annahmenliste der K-Formeln nur auf Pr-Formeln verweist.

> **Erläuterung 4.1**
> Eine K-Formel ist aus den Pr-Formeln eines Argumentschemas ableitbar gdw$_{Def.}$ die K-Formel in der letzten Zeile einer regelgerechten Ableitung steht, deren Annahmenliste nur auf Pr-Formeln verweist.

Ist die K-Formel eines Argumentschemas aus seinen Pr-Formeln ableitbar, dann drückt man dies durch Ersetzen von '. ˙ .' durch '$\vdash_J$' aus:

> **Erläuterung 4.2**
> „K ist aus $Pr_1 \ldots Pr_n$ ableitbar" = „$Pr_1 \ldots Pr_n \vdash_J K$".

In LEKTION 6 wird gezeigt, dass für alle *korrekten Argumentschemata* und nur diese gilt, dass ihre K-Formeln aus den Pr-Formeln *ableitbar* sind. Man kann demnach die Schlüssigkeit von Argumenten sowohl durch Wahrheitswertanalyse des zugehörigen Konditionals als auch durch Ableitung der K-Formeln aus den Pr-Formeln beweisen.

Der Bezugnahme auf *Annahmen*, und die damit verbundene Möglichkeit der Bildung von *Zwischenkonklusionen* sowie der Einführung und Beseitung von Hilfsannahmen verdankt der GLK_J seine Charakterisierung als Kalkül des *natürlichen* Schliessens im Unterschied zu anderen, insbesondere mathematischen Kalkülen, die Regeln für die Umformung von Formeln definieren, ohne hierbei auf Annahmen in einem Beweisgang zu rekurrieren. Die Charakterisierung des GLK_J als Kalkül des *natürlichen* Schliessens bedeutet hingegen nicht, dass die Ableitungen, die unter Anwendung der Regeln des GLK_J gegeben werden können, in jedem einzelnen Fall einer natürlichen bzw. gewöhnlichen Strategie des Argumentierens entsprechen. Die Ableitungen sind vielmehr auf Grund der erstrebten Beschränkung auf wenige Regeln, durch die sämtliche K-Formeln korrekter Argumentschemata aus den Pr-Formeln abgeleitet werden können, in den meisten Fällen umständlich. In LEKTION 5 wird gezeigt, wie durch Hinzufügung weiterer Schlussregeln, die Länge der Ableitungen in der Aussagenlogik auf ein Minimum reduziert werden kann. Nicht die jeweiligen Ableitungen sind „natürlich", sondern nur die generelle Strategie, aus Annahmen, gegebenfalls auch unter Hinzufügung von Hilfsannahmen und der Herleitung von Zwischenkonklusionen, fragliche Folgerungen abzuleiten.

Es wird im Folgenden bewusst darauf verzichtet, die einzelnen Kalkülregeln durch inhaltliche Überlegungen intuitiv verständlich zu machen. Der GLK_J wird zunächst als blosses Regelsystem für die Umformung von J-Formeln verstanden. Erst in LEKTION 6 wird gezeigt, dass diese Regeln das Kriterium erfüllen, dass alle und nur die K-Formeln aus den Pr-Formeln korrekter Argumentschemata ableitbar sind. Sie leisten demzufolge für den Beweis der logischen Schlüssigkeit von Argumenten (und auch darüber hinaus für den Beweis der Allgemeingültigkeit von J-Formeln) dasselbe wie die Wahrheitswertanalyse. In LEKTION 6 wird im Rahmen des Beweises der Korrektheit der einzelnen Kalkülregeln eine den jeweiligen Kalkülregeln entsprechende Wahrheitswertanalyse gegeben. Für das Verständnis der einzelnen Kalkülregeln führe der Leser sich diese Wahrheitswertanalysen vor Augen, wie dies in *Zusatzbemerkung 6.1* ausgeführt wird.

2 KALKÜLREGELN

Die Regeln des GLK_J bestehen aus einer Regel, die erlaubt, beliebige Formeln einzuführen, sowie Regeln zur Einführung und Beseitigung der vier Junktoren '¬', '&', '∨' und '→'.[3]

---

[3] Der Junktor '↔' wird normalerweise durch eine Definition eingeführt oder beseitigt. Diese wird nicht zu den Kalkülregeln gezählt. Anstelle dieser Definition lässt sich allerdings auch für

Im Folgenden werden die einzelnen Regeln dargestellt. Hierbei werden die Buchstaben '*A*', '*B*', '*C*' als *Metavariablen* für Formeln der Sprache J verwendet. Der Gebrauch *unterschiedlicher* Variablen bedeutet, dass die jeweiligen Einsetzungsinstanzen unterschiedlich sein *können*; er bedeutet nicht, dass die jeweiligen Einsetzungsinstanzen unterschiedlich sein *müssen*. Die einzelnen Regeln werden umgangssprachlich sowie mit Hilfe eines Ableitungsschemas erläutert.

2.1 ANNAHMEN-EINFÜHRUNG (AE)

Die *Annahmen-Einführung* ist die *Startregel*, durch die Ableitungen begonnen werden. Sie erlaubt es, beliebige Formeln in einer Zeile einzuführen:

> AE: Eine beliebige Formel A von J darf in einer beliebigen Zeile k als *Annahme* eingeführt werden. Die Annahmenliste enthält die und nur die Zeilennummer der Zeile, in der die Annahme eingeführt wird ($= k$).

Annahme	Nr.	Formel	Regel
k	(k)	A	AE

Diese Regel gilt für *beliebige* J-Formeln. Es wird weder vorausgesetzt, dass die Formeln besondere formale Eigenschaften (z.B. Allgemeingültigkeit) besitzen, noch dass wahre Sätze an ihre Stelle treten, noch dass sie eine bestimmte Struktur besitzen müssen (z.B. keine Junktoren enthalten dürfen).

Der Name der *Annahmen-Einführung* beruht darauf, dass sich Annahmen dadurch kennzeichnen lassen, dass sie die Formeln einer Ableitung sind, deren Annahmenliste identisch ist mit der Zeilennummer.

Gemäss AE ist jede Formel eine Ableitung aus sich selbst. Eine einmalige Anwendung von AE ist demnach schon eine korrekte Ableitung. So kann etwa die K-Formel 'P' des Argumentschemas '$P\ .\ \therefore\ P$' aus der Pr-Formel 'P' dieses Argumentschemas durch einmalige Anwendung von AE abgeleitet werden:

---

den Junktor '$\leftrightarrow$' eine Einführungs- und Beseitigungsregel definieren, und diese mit zu dem Kalkül rechnen. Siehe hierzu die Ausführungen in Abschnitt 2.11.

$$P \therefore P$$

Annahme	Nr.	Formel	Regel
1	(1)	P	AE

PARAPHRASE:

„Aus der Formel, die in Zeile 1 steht, ist die Formel 'P' in Zeile 1 ableitbar. Die Ableitung erfolgt auf Grund der Regel AE."

Es gilt: $P \vdash_J P$

Allgemein gilt, dass sich durch einmalige Anwendung von AE jede K-Formel eines Argumentschemas der Form $A \therefore A$ ableiten lässt.

Die *Annahmen-Einführung* ist die einzige Startregel zur Eröffnung von Ableitungen. Alle restlichen Regeln werden auf bereits abgeleitete Formeln angewendet.

2.2 MODUS PONENDO PONENS (MPP)

Die Regel MPP erlaubt, den Junktor '$\rightarrow$' in einer Formel zu beseitigen. Aus diesem Grund wird sie auch als „$\rightarrow$B" („Pfeil-Beseitigung"[4]) bezeichnet. Da es jedoch mit MTT noch eine zweite Pfeilbeseitigungsregel gibt, wird hier, Lemmon folgend, die Bezeichnung „MPP" vorgezogen. Sie lautet[5]:

---

[4]Man beachte, dass hier deutsche Regelbezeichnungen verwendet werden: „B" steht für „Beseitigung", „E" für Einführung. In englischen Regelbezeichnungen steht demgegenüber „E" für „elimination" (= „Beseitigung"), und „I" für „introduction" (= „Einführung").

[5]In einer Formel, die '$\rightarrow$' als Hauptjunktor enthält, wird „Antezedenz" der Teil genannt, der links des Hauptjunktors '$\rightarrow$' steht, und „Konsequenz" der Teil, der rechts des Hauptjunktors '$\rightarrow$' steht.

MPP: Enthält eine Ableitung sowohl eine Formel mit '→' als Hauptjunktor als auch das Antezedenz dieser Formel, dann darf ihr Konsequenz in eine *neue* Zeile aufgenommen werden. Die Annahmenliste der neuen Zeile wird zusammengesetzt aus den Annahmenlisten der beiden Oberformeln.

Annahme	Nr.	Formel	Regel
α	(k)	A	
		$\vdots$	
β	(l)	$A \to B$	
		$\vdots$	
α, β	(m)	B	l,k MPP

Die Reihenfolge des Vorkommens der Oberformeln ist beliebig.[6] Aber in der Oberformel*liste* ist stets die Zeilennummer des Konditionals vor der Zeilennummer des Antezedenz zu erwähnen. α und β sind Metavariablen für Annahmenlisten. In den Annahmenlisten werden die Zeilennummern ihrer Grösse nach geordnet, beginnend mit der kleinsten.

BEISPIELE:

$$P, P \to Q \therefore Q$$

Annahme	Nr.	Formel	Regel
1	(1)	P	AE
2	(2)	$P \to Q$	AE
1,2	(3)	Q	2,1 MPP

Es gilt: $P, P \to Q \vdash_J Q$

---

[6]Die schematische Darstellung der Regel ist also nicht so misszuverstehen, dass das Antezedenz vor dem Konditional vorkommen müsse. Analoges bezüglich der Reihenfolge des Vorkommens der Oberformeln gilt auch für die weiteren Kalkülregeln. Nur, wo auf Oberformeln Bezug genommen wird, deren Annahmenlisten wesentlich auf vorangehende Oberformeln Bezug nehmen (K, ∨B, RAA), ist die Reihenfolge dieser Oberformeln nicht beliebig.

$P \to (Q \to R), P \to Q, P \therefore R$

Annahme	Nr.	Formel	Regel
1	(1)	$P \to (Q \to R)$	AE
2	(2)	$P \to Q$	AE
3	(3)	P	AE
1,3	(4)	$Q \to R$	1,3 MPP
2,3	(5)	Q	2,3 MPP
1,2,3	(6)	R	4,5 MPP

Es gilt: $P \to (Q \to R), P \to Q, P \vdash_J R$

Zu beachten ist:

> **Erläuterung 4.3**
> In den Ableitungen dürfen implizit Klammern gemäss den Klammerregeln gesetzt oder eliminiert werden.

So enthält z.B. Zeile 4 der Ableitung das Konsequenz der Formel aus Zeile 1, aber ohne die Klammern, die hier als Aussenklammern wegfallen. Andererseits kann es nötig sein, weggelassene Aussenklammern bei einem Ableitungsschritt wieder zu berücksichtigen, etwa wenn man auf die Negation einer komplexen Formel schliesst (siehe hierzu die Anwendung von RAA, S. 128).

Wichtig ist des Weiteren:

> **Erläuterung 4.4**
> Alle Junktoren-Regeln beziehen sich jeweils nur auf ein Vorkommnis eines Junktors als *Hauptjunktor* einer Formel!

Folgendes ist demnach *keine korrekte Ableitung*:

Annahme	Nr.	Formel	Regel
1	(1)	Q	AE
2	(2)	$P \to (Q \to R)$	AE
1,2	(3)	R	2,1 „MPP"??

2.3 MODUS TOLLENDO TOLLENS (MTT)

Neben MPP gibt es noch eine weitere Kalkülregel, die es gestattet, den Junktor '$\rightarrow$' in einer Formel zu beseitigen und eine Ableitung bezüglich eines Teiles der Formel zu treffen. Während MPP erlaubt, das *Konsequenz* eines Konditionals herauszutrennen, falls das Antezedenz gegeben ist, ermöglicht die Regel MTT die Ableitung der Negation des *Antezedenz* eines Konditionals:

> MTT: Enthält eine Ableitung sowohl eine Formel mit '$\rightarrow$' als Hauptjunktor als auch die Negation des Konsequenz, dann darf die *Negation* des Antezedenz in eine neue Zeile aufgenommen werden. Die Annahmenliste der neuen Zeile wird zusammengesetzt aus den Annahmenlisten der beiden Oberformeln.
>
> | Annahme | Nr. | Formel | Regel |
> |---|---|---|---|
> | α | (k) | $\neg B$ | |
> | | $\vdots$ | | |
> | β | (l) | $A \rightarrow B$ | |
> | | $\vdots$ | | |
> | α, β | (m) | $\neg A$ | l,k MTT |

BEISPIELE:

$$\neg Q, P \rightarrow Q \therefore \neg P$$

Annahme	Nr.	Formel	Regel
1	(1)	$\neg Q$	AE
2	(2)	$P \rightarrow Q$	AE
1,2	(3)	$\neg P$	2,1 MTT

Es gilt: $\neg Q, P \rightarrow Q \vdash_J \neg P$

$$P \to (Q \to R), P, \neg R \therefore \neg Q$$

Annahme	Nr.	Formel	Regel
1	(1)	$P \to (Q \to R)$	AE
2	(2)	P	AE
3	(3)	$\neg R$	AE
1,2	(4)	$Q \to R$	1,2 MPP
1,2,3	(5)	$\neg Q$	4,3 MTT

Es gilt: $P \to (Q \to R), P, \neg R \vdash_J \neg Q$

2.4 KONDITIONALISIERUNG (K)

Die Regel der Konditionalisierung ist die Regel zur *Einführung* des Junktors '$\to$', auch mit „$\to$E" bezeichnet. Sie erlaubt es, aus Oberformeln ein Konditional abzuleiten. Im Unterschied zu AE, MPP und MTT ist sie eine Regel, die Annahmenlisten verkürzt:

K: Ist A eine der *Annahmen*, von denen die Ableitung von B abhängt, so darf das Konditional mit A als Antezedenz und B als Konsequenz in eine neue Zeile aufgenommen werden. Die neue Annahmenliste ergibt sich aus der Annahmenliste von B durch Streichung der Zeilennummer der Annahme A.

Annahme	Nr.	Formel	Regel
k^*	(k)	A	AE
	⋮		
α, k^*	(l)	B	
	⋮		
α	(m)	$A \to B$	k,l K

Das Sternchen hinter der Zeilennummer der Formel A kennzeichnet diese als Hilfsannahme für die Ableitung der Formel in Zeile m, in deren Annahmenliste nicht mehr auf die Formel A Bezug genommen wird.[7] In der Oberformelliste bei

---

[7] Bildet die Anwendung von K nur einen Zwischenschritt in einer längeren Ableitung, dann kann es sein, dass eine Formel für die Ableitung eines Konditionals zwar nur als Hilfsannahme

der Regelanwendung von K ist stets die Zeilennummer, in der das Antezedenz durch AE eingeführt wird, zuerst zu nennen. A und B können identisch sein: In diesem Fall sind auch k und l identisch (siehe unten die Ableitung des Theorems '$P \to P$', S. 109).

BEISPIELE:

$$P \to Q \therefore \neg Q \to \neg P$$

Annahme	Nr.	Formel	Regel
1	(1)	$P \to Q$	AE
2*	(2)	$\neg Q$	AE
1,2*	(3)	$\neg P$	1,2 MTT
1	(4)	$\neg Q \to \neg P$	2,3 K

Es gilt: $P \to Q \vdash_J \neg Q \to \neg P$

$$P \to (Q \to R) \therefore Q \to (P \to R)$$

Annahme	Nr.	Formel	Regel
1	(1)	$P \to (Q \to R)$	AE
2*	(2)	Q	AE
3*	(3)	P	AE
1,3*	(4)	$Q \to R$	1,3 MPP
1,2*,3*	(5)	R	4,2 MPP
1,2*	(6)	$P \to R$	3,5 K
1	(7)	$Q \to (P \to R)$	2,6 K

Es gilt: $P \to (Q \to R) \vdash_J Q \to (P \to R)$

Durch Regeln, die – wie die Regel K – es erlauben, die Annahmenlisten zu verkürzen, ermöglicht der GLK$_J$ nicht nur, K-Formeln von *korrekten Argumentschemata* aus Pr-Formeln, sondern auch *allgemeingültige Formeln* aus Hilfsannahmen abzuleiten. Dies ist genau dann der Fall, wenn die Annahmenliste der Formel in der letzten Zeile leer ist. Der einfachste Fall einer derartigen Ableitung ist:

---

gebraucht wird, aber für die Ableitung der Formel in der letzten Zeile der Ableitung als Annahme eingeht. In diesem Fall ist die Einführung der Formel durch AE nicht mit einem Sternchen zu kennzeichnen. Diese Kennzeichnung bezieht sich immer auf die Voraussetzung einer Formel für die Ableitung der Formel in der letzten Zeile. Dies gilt auch für die beiden anderen Kalkülregeln (VB und RAA), die es erlauben, Annahmenlisten zu verkürzen.

$$P \to P$$

Annahme	Nr.	Formel	Regel
1*	(1)	P	AE
	(2)	$P \to P$	1,1 K

Es gilt: $\vdash_J P \to P$

In dieser Ableitung ist A gleich B: 'P' ist die Annahme, von der die Ableitung von 'P' abhängt. k ist in diesem Fall gleich l, so dass die Verkürzung der Annahmenliste zu einer leeren Annahmenliste führt.

Formeln, die mit leerer Annahmenliste ableitbar sind, nennt man Theoreme.

> **Erläuterung 4.5**
> Eine Formel ist ein *Theorem* gdw$_{Def.}$ sie mit *leerer Annahmenliste* ableitbar ist.

Ist eine Formel A in dem aussagenlogischen GLK$_J$ als Theorem ableitbar, dann drückt man dies durch Voranstellen von '$\vdash_J$' vor die Formel aus:

> **Erläuterung 4.6**
> „A ist ein Theorem des GLK$_J$" = „$\vdash_J A$"

Auf die Ableitung weiterer Theoreme wird in LEKTION 5 eingegangen. In LEKTION 6 wird gezeigt, dass alle allgemeingültigen Formeln und nur diese auch als Theoreme im GLK$_J$ ableitbar sind.

Die genannten Regeln reichen schon aus, um ÜBUNG: GLK-ABLEITUNGEN MIT MPP, MTT, K zu lösen.

2.5 KONJUNKTOR-EINFÜHRUNGSREGEL (&E)

Die Regel für die Konjunktor-Einführung lautet:

&E: Enthält eine Ableitung sowohl die Formel A als auch die Formel B, dann darf die Konjunktion der beiden Formeln in eine neue Zeile aufgenommen werden. Die Annahmenliste der neuen Zeile wird zusammengesetzt aus den Annahmenlisten der beiden Oberformeln.

Ann.	Nr.	Formel	Regel
α	(k)	A	
	$\vdots$		
β	(l)	B	
	$\vdots$		
α, β	(m)	$A \& B$	k,l &E

oder

Ann.	Nr.	Formel	Regel
α	(k)	A	
	$\vdots$		
β	(l)	B	
	$\vdots$		
α, β	(m)	$B \& A$	l,k &E

In der Oberformelliste ist stets die Zeilennummer der Formel zuerst zu nennen, die in der Konjunktion zuerst genannt wird.

BEISPIELE:

$$P, Q \therefore P \& Q$$

Annahme	Nr.	Formel	Regel
1	(1)	P	AE
2	(2)	Q	AE
1,2	(3)	$P \& Q$	1,2 &E

Es gilt: $P, Q \vdash_J P \& Q$

$$P \to Q, P \to R \therefore P \to (R \,\&\, Q)$$

Annahme	Nr.	Formel	Regel
1	(1)	$P \to Q$	AE
2	(2)	$P \to R$	AE
3*	(3)	P	AE
1,3*	(4)	Q	1,3 MPP
2,3*	(5)	R	2,3 MPP
1,2,3*	(6)	$R \,\&\, Q$	5,4 &E
1,2	(7)	$P \to (R \,\&\, Q)$	3,6 K

Es gilt: $P \to Q, P \to R \vdash_J P \to (R \,\&\, Q)$

2.6 Konjunktor-Beseitigungsregel (&B)

&B: Enthält eine Ableitung eine Konjunktion der Formeln A und B, dann darf eine der beiden Konjunktionsglieder (A oder B) in eine neue Zeile aufgenommen werden. Die neue Annahmenliste ist eine Kopie der Annahmenliste der Oberformeln.

Ann.	Nr.	Formel	Regel
α	(k)	$A \,\&\, B$	
	$\vdots$		
α	(l)	A	k &B

oder

Ann.	Nr.	Formel	Regel
α	(k)	$A \,\&\, B$	
	$\vdots$		
α	(l)	B	k &B

Beispiele:

$$P \,\&\, Q \therefore P$$

Annahme	Nr.	Formel	Regel
1	(1)	$P \,\&\, Q$	AE
1	(2)	P	1 &B

Es gilt: $P \,\&\, Q \vdash_J P$

$P \& Q \therefore Q \& P$

Annahme	Nr.	Formel	Regel
1	(1)	$P \& Q$	AE
1	(2)	P	1 &B
1	(3)	Q	1 &B
1	(4)	$Q \& P$	3,2 &E

Es gilt: $P \& Q \vdash_J Q \& P$

2.7 Disjunktor-Einführungsregel (∨E)

∨E: Enthält eine Ableitung die Formel A, dann darf die Disjunktion von A mit einer beliebigen Formel B in eine neue Zeile aufgenommen werden. Die neue Annahmenliste ist eine Kopie der Annahmenlisten der Oberformeln.

Ann.	Nr.	Formel	Regel
α	(k)	A	
	$\vdots$		
α	(l)	$A \vee B$	k ∨E

oder

Ann.	Nr.	Formel	Regel
α	(k)	A	
	$\vdots$		
α	(l)	$B \vee A$	k ∨E

∨E erlaubt es, eine beliebige Formel, die noch nicht in der Ableitung aufgetaucht sein muss, in einem Disjunkt aufzunehmen.

Beispiele:

$P \therefore P \vee Q$

Annahme	Nr.	Formel	Regel
1	(1)	P	AE
1	(2)	$P \vee Q$	1 ∨E

Es gilt: $P \vdash_J P \vee Q$

$$P \vee Q \rightarrow R \therefore P \rightarrow R$$

Annahme	Nr.	Formel	Regel
1	(1)	$P \vee Q \rightarrow R$	AE
2*	(2)	P	AE
2*	(3)	$P \vee Q$	2 VE
1,2*	(4)	R	1,3 MPP
1	(5)	$P \rightarrow R$	2,4 K

Es gilt: $P \vee Q \rightarrow R \vdash_J P \rightarrow R$

2.8 Disjunktor-Beseitigungsregel (∨B)

Im Unterschied zu den Regeln der Beseitigung des Konjunktors, kann der Disjunktor einer Disjunktion nicht einfach beseitigt werden. Die Regel für die Beseitigung des Disjunktors ist umständlicher:

> ∨B: Enthält eine Ableitung eine Disjunktion der Formeln A und B, und wurde eine beliebige Formel C einerseits (u.a.) aus der *Annahme* A, andererseits (u.a.) aus der *Annahme* B abgeleitet, dann darf C in eine neue Zeile der Ableitung aufgenommen werden. Die neue Annahmenliste setzt sich zusammen aus der Annahmenliste der Disjunktion von A und B und der Annahmenliste der Ableitung von C aus A, vermindert um die Zeilennummer von A, und der Annahmenliste der Ableitung von C aus B, vermindert um die Zeilennummer von B.

Das zugehörige Ableitungsschema befindet sich auf der nächsten Seite.

Annahme	Nr.	Formel	Regel
α	(k)	$A \vee B$	
		$\vdots$	
l^*	(l)	A	AE
		$\vdots$	
β, l^*	(m)	C	
		$\vdots$	
n^*	(n)	B	AE
		$\vdots$	
γ, n^*	(o)	C	
		$\vdots$	
α, β, γ	(p)	C	$k; l,m; n,o$ ∨B

∨B ist eine weitere Regel, die eine Verkürzung der Annahmenliste erlaubt.

In ∨B wird nicht wie bei den Beseitigungsregeln für '→' und '&' der Junktor samt eines Gliedes beseitigt, so dass man in der Ableitung an das andere Glied (gegebenenfalls, – wie bei MTT – negiert) herankommt. Die „Beseitigung" von '∨' besteht vielmehr nur darin, dass aus einer Disjunktion eine beliebige Formel abgeleitet wird, die keinen Disjunktor enthalten *muss*. Sie *kann* allerdings noch einen Disjunktor als Hauptjunktor enthalten, wie BEISPIEL 4 (siehe S. 116) zeigt.

In der *Oberformelliste* ist stets zuerst die Zeilennummer der Disjunktion aufzuführen, dann – durch Semikolon abgetrennt – die Zeilennummer der Annahme des ersten Disjunktionsgliedes A gefolgt von der Zeilennummer der aus diesem abgeleiteten Formel C, und abschliessend – erneut durch Semikolon abgetrennt – die Zeilennummer der Annahme des zweiten Disjunktionsgliedes B gefolgt von der Zeilennummer der aus diesem abgeleiteten Formel C.

BEISPIEL 1:

$$P \vee Q, P \to R, Q \to R \therefore R$$

Annahme	Nr.	Formel	Regel
1	(1)	$P \vee Q$	AE
2	(2)	$P \to R$	AE
3	(3)	$Q \to R$	AE
4*	(4)	P	AE
2,4*	(5)	R	2,4 MPP
6*	(6)	Q	AE
3,6*	(7)	R	3,6 MPP
1,2,3	(8)	R	1;4,5;6,7 ∨B

Es gilt: $P \vee Q, P \to R, Q \to R \vdash_J R$

Es müssen nicht beide Disjunktionsglieder als (Hilfs)annahmen eingeführt werden, wenn die Zielformel C identisch ist mit einem oder beiden Disjunktionsgliedern.

Im Grenzfall fallen A, B und C zusammen, wie das folgende Beispiel zeigt.

BEISPIEL 2:

$$P \vee P \therefore P$$

Annahme	Nr.	Formel	Regel
1	(1)	$P \vee P$	AE
2*	(2)	P	AE
1	(3)	P	1;2,2;2,2 ∨B

Es gilt: $P \vee P \vdash_J P$

In dieser Ableitung müssen nicht beide Disjunktionsglieder zweimal als Hilfsannahmen eingeführt werden, da sie identisch sind. Ebenso wenig muss die abzuleitende Formel C bei der Ableitung aus den jeweiligen Disjunktionsgliedern in eine weitere Zeile aufgenommen werden, da sie identisch ist mit dem jeweiligen Disjunktionsglied.

BEISPIEL 3:

$$P \vee Q, P \to Q \therefore Q$$

Annahme	Nr.	Formel	Regel
1	(1)	$P \vee Q$	AE
2	(2)	$P \to Q$	AE
3*	(3)	P	AE
2,3*	(4)	Q	2,3 MPP
5*	(5)	Q	AE
1,2	(5)	Q	1;3,4;5,5 ∨B

Es gilt: $P \vee Q, P \to Q \vdash_J Q$

Das zweite Disjunktionsglied Q muss hier als Hilfsannahme eingeführt werden, da Q in Zeile 4 nicht unter Annahme von Q abgeleitet ist, die Regel ∨B aber erfordert, dass die Zielformel sowohl unter Annahme des einen wie auch des anderen Disjunktes abgeleitet wird. In Zeile 5 fällt die Annahme des Disjunktes mit der Ableitung der Zielformel zusammen, da Q sowohl Disjunkt als auch Zielformel ist.

In diesem Beispiel wird der Disjunktor beseitigt, und hierbei wird auch eines der beiden Disjunktionsglieder abgetrennt. Aber dies ist nur dadurch bedingt, dass eines der Disjunktionsglieder zugleich die Zielformel ist.

Ein einfaches Beispiel für die Anwendung von ∨B unter Verwendung zweier Hilfsannahmen, die nicht mit der Zielformel zusammenfallen, ist das folgende:

BEISPIEL 4:

$$P \vee Q \therefore Q \vee P$$

Annahme	Nr.	Formel	Regel
1	(1)	$P \vee Q$	AE
2*	(2)	P	AE
2*	(3)	$Q \vee P$	2 ∨E
4*	(4)	Q	AE
4*	(5)	$Q \vee P$	4 ∨E
1	(6)	$Q \vee P$	1;2,3;4,5 ∨B

Es gilt: $P \vee Q \vdash_J Q \vee P$

Dieses Beispiel zeigt, dass die Anwendung der Beseitigungsregel für den Disjunktor nicht in jedem Falle eine Ableitung einer Formel bewirkt, in der der Disjunktor als Hauptjunktor beseitigt worden ist.

Zu beachten ist, dass die *Annahmenliste* bei der Anwendung von ∨B drei getrennte Bestandteile hat: Erstens die Annahmenliste der Disjunktion; zweitens die Annahmenliste der Ableitung von C aus A, vermindert um die Zeilennummer von A, und drittens die Annahmenliste der Ableitung von C aus B, vermindert um die Zeilennummer von B. Diese drei Bestandteile müssen getrennt voneinander ermittelt werden, und, insoweit sich unterschiedliche Resultate ergeben, alle einzeln in die Annahmenliste aufgenommen werden. Folgende Ableitung ist demzufolge *nicht korrekt*:

$$P \vee Q \therefore P \& Q$$

Annahme	Nr.	Formel	Regel
1	(1)	$P \vee Q$	AE
2*	(2)	P	AE
3*	(3)	Q	AE
2*,3*	(4)	$P \& Q$	2,3 &E
?? 1	(5)	$P \& Q$	1;2,4;3,4 „∨B" ??

Die Annahmenliste ist hier nicht korrekt zusammengesetzt. Die Schwierigkeit besteht darin, dass sich die Annahmenliste der Formel '$P \& Q$' in Zeile 4 aus den Annahmenlisten der beiden als Hilfsannahmen eingeführten Disjunkte zusammensetzt. Korrekterweise darf in der Annahmenliste von Zeile 5 nicht nur auf Zeile 1, sondern muss auch auf Zeilen 2 und 3 referiert werden. Denn als zweiter Bestandteil der Annahmenliste ist die Annahmenliste aus Zeile 4 vermindert um die Zeilennummer 2 zu berücksichtigen, d.i. die Zeilennummer 3. Als dritter Bestandteil ist schliesslich die Annahmenliste aus Zeile 4 vermindert um die Zeilennummer 3 zu berücksichtigen, d.i. die Zeilennummer 2. Die vollständige, sortierte Annahmenliste lautet „1,2,3". Demzufolge rechtfertigt die Ableitung nicht die Schlüssigkeit des unkorrekten Argumentschemas '$P \vee Q \therefore P \& Q$', da in der korrekten Annahmenliste der K-Formel nicht nur auf die Pr-Formel verwiesen wird.

ÜBUNG: GLK-ABLEITUNGEN MIT &E, &B, ∨E, ∨B

2.9 Reductio ad absurdum (RAA)

Die Regel RAA ist die Negator-Einführungsregel, auch „$\neg E$" genannt. Für ihre knappe Formulierung seien Formeln, deren Hauptjunktor '&' ist und in denen das zweite Konjunktionsglied die Negation des ersten ist, als „FK-Formeln"[8] bezeichnet. Beispiele für FK-Formeln sind: '$P \& \neg P$', '$(P \rightarrow Q) \& \neg(P \rightarrow Q)$', '$\neg R \& \neg\neg R$'.

> RAA: Enthält eine Ableitung eine FK-Formel, und hängt diese u.a. von der *Annahme A* ab, dann darf die Negation von *A* in eine neue Zeile aufgenommen werden. Die neue Annahmenliste ist eine Kopie der Annahmenliste der FK-Formel, verkürzt um die Zeilennummer der Annahme *A*.
>
> | **Ann.** | **Nr.** | **Formel** | **Regel** |
> |---|---|---|---|
> | k | (k) | A | AE |
> | | | $\vdots$ | |
> | α, k | (l) | $B \& \neg B$ | |
> | | | $\vdots$ | |
> | α | (m) | $\neg A$ | k, l RAA |

RAA ist die dritte und letzte Kalkülregel, die erlaubt, eine Annahmenliste zu verkürzen.

---

[8] „FK" steht für „formale Kontradiktion". Nach der Definition ist '$\neg P \& P$' keine FK-Formel, da nicht das zweite Konjunktionsglied die Negation des ersten, sondern das erste die Negation des zweiten ist. Diese Einschränkung macht Lemmon. Durch sie kann man in der Schematisierung der Regel auf eine alternative Reihenfolge der Anordnung der Konjunktionsglieder in der FK-Formel verzichten, ist allerdings bei der Anwendung der Regel RAA auf die Ableitung von FK-Formeln im definierten Sinne angewiesen.

BEISPIEL:

$$P \to Q, P \to \neg Q \therefore \neg P$$

Annahme	Nr.	Formel	Regel
1	(1)	$P \to Q$	AE
2	(2)	$P \to \neg Q$	AE
3*	(3)	P	AE
1,3*	(4)	Q	1,3 MPP
2,3*	(5)	$\neg Q$	2,3 MPP
1,2,3*	(6)	$Q \& \neg Q$	4,5 &E
1,2	(7)	$\neg P$	3,6 RAA

Es gilt: $P \to Q, P \to \neg Q \vdash_J \neg P$

Die Regel RAA schreibt nicht vor, *welche* Annahme in einer neuen Zeile negiert aufgenommen wird: Es darf irgendeine Annahme sein, von der die abgeleitete FK-Formel abhängt. Es liesse sich in Zeile 7 ebenso gut auf die Negation von '$P \to Q$' in Zeile 1 schliessen. In diesem Fall hätte man gezeigt, dass die *K*-Formel des Argumentschemas '$P \to \neg Q, P \therefore \neg(P \to Q)$' ableitbar ist, und hierbei '$P \to Q$' als Hilfsannahme verwendet.

Ableitungen, in denen RAA verwendet wird, werden auch „indirekte Beweise" genannt, da durch sie eine Formel bewiesen wird, indem deren Gegenteil angenommen wird. Indirekte Beweise erlauben aber nicht nur den Beweis von negierten Formeln: Unter Hinzunahme der folgenden, letzten Regel des GIK$_J$ können mittels RAA auch nicht-negierte Formeln abgeleitet werden.

2.10 Doppelte Negation (DNE, DNB)

Eine Regel zur einfachen Negator-Beseitigung gibt es nicht. Stattdessen gibt es eine Regel zur Einführung *und* eine zur Beseitigung der *doppelten* Negation:

DNE: Enthält eine Ableitung eine Formel A, dann darf ihre doppelte Negation in eine neue Zeile aufgenommen werden.

DNB: Enthält eine Ableitung die doppelte Negation einer Formel A, dann darf A in eine neue Zeile aufgenommen werden.

Die neue Annahmenliste ist jeweils eine Kopie der Annahmenliste der Oberformel.

Ann.	Nr.	Formel	Regel
α	(k)	A	
		$\vdots$	
α	(l)	$\neg\neg A$	k DNE

bzw.

Ann.	Nr.	Formel	Regel
α	(k)	$\neg\neg A$	
		$\vdots$	
α	(l)	A	k DNB

BEISPIELE:

$$P \therefore \neg\neg P$$

Annahme	Nr.	Formel	Regel
1	(1)	P	AE
1	(2)	$\neg\neg P$	1 DNE

Es gilt: $P \vdash_J \neg\neg P$

Das folgende Beispiel zeigt, wie durch Anwendung von RAA und DNB eine nicht-negierte Formel abgeleitet werden kann:

$$P \& \neg P \therefore Q$$

Annahme	Nr.	Formel	Regel
1	(1)	$P \& \neg P$	AE
2*	(2)	$\neg Q$	AE
1,2*	(3)	$(P \& \neg P) \& \neg Q$	1,2 &E
1,2*	(4)	$P \& \neg P$	3 &B
1	(5)	$\neg\neg Q$	2,4 RAA
1	(6)	Q	5 DNB

Es gilt: $P \& \neg P \vdash_J Q$.

$$P \to \neg Q, Q \therefore \neg P$$

Annahme	Nr.	Formel	Regel
1	(1)	$P \to \neg Q$	AE
2	(2)	Q	AE
2	(3)	$\neg\neg Q$	2 DNE
1,2	(4)	$\neg P$	1,3 MTT

$$P \to \neg Q, Q \vdash_J \neg P$$

Man beachte, dass die Anwendung von MTT die Bildung der Negation des Konsequenz des Konditionals voraussetzt: Aus diesem Grund muss in Zeile 3 der Ableitung erst DNE angewendet werden, bevor MTT verwendet werden kann.

Übung: GLK-Ableitungen mit RAA, DNE, DNB

2.11 Bikonditional ($\leftrightarrow$E, $\leftrightarrow$B)

Für die Ableitung beliebiger Formeln der Sprache J wird zusätzlich zu den genannten zehn Kalkülregeln eine Regel zur Einführung und Beseitigung des Junktors '$\leftrightarrow$' benötigt. Lemmon zählt diese nicht zu den Kalkülregeln, sondern versteht sie als eine Definition, deren Zweck es ist, Formeln abzukürzen. Man könnte ebenso gut auf diese Definition und den Junktor '$\leftrightarrow$' verzichten, ohne dass damit die Aussagekraft der formalen Sprache J eingeschränkt würde und die Vollständigkeit des GLK$_J$ verloren ginge. Lemmon formuliert die Regel für den Junktor '$\leftrightarrow$' folgendermassen:

$$\text{Df. } \leftrightarrow: \quad A \leftrightarrow B = (A \to B) \, \& \, (B \to A)$$

Strenggenommen formuliert diese Definition keine Ableitungsregel: Es wird nicht explizit geregelt, wie von einer Formel einer Zeile zu einer Formel einer anderen Zeile in einer Ableitung übergegangen werden darf.[9] Einen zwingenden Grund, die Regel für '$\leftrightarrow$' im Unterschied zur Regel für die doppelte Negation

---

[9]Daher fährt Lemmon im Anschluss an die Definition der Regel damit fort, sie als Ableitungsregel zu interpretieren: „This definition is to be understood as a very condensed way of saying: given any two sentences A and B, we may replace in a proof the sentence $A \leftrightarrow B$ by the sentence $(A \to B) \, \& \, (B \to A)$, and vice versa." (Lemmon (1998), S. 30) Demgegenüber wird es in der hier gegebenen Darstellung vorgezogen, die Regel für das Bikonditional gleich explizit als eine Ableitungsregel zu definieren, die nicht noch auf eine zusätzliche Interpretation angewiesen ist.

nicht als Kalkülregel, sondern als Definition aufzufassen, gibt es nicht. Anstelle von DNE und DNB hätte man auch die Definition „DF. ¬¬ :   ¬¬$A=A$" einführen können. Aber ebenso gut, wie man für die doppelte Negation eine Einführungs- und eine Beseitigungsregel definiert, kann man dies auch für den Äquivalentor. Die Beschränkung auf Einführungs- und Beseitigungsregeln der vier Junktoren '¬', '&', '∨', '→' ist nicht wesentlich für die Definition eines aussagenlogischen Kalküls, denn man kann sich bei der Definition der formalen Sprache J noch weiter beschränken als auf die vier Junktoren '¬', '&', '∨', '→', ohne dass die Sprache an Aussagekraft verlöre. Man kann auch andere vollständige aussagenlogische Kalküle als den GLKJ definieren, die sich auf weniger Junktoren beziehen. Wenn man Regeln für die Einführung und Beseitigung von *vier* Junktoren definiert, obwohl man im Prinzip auch mit Regeln für weniger Junktoren auskäme, dann kann man dies auch für *fünf* Junktoren tun. Dies ist insbesondere dann sinnvoll, wenn – wie bei Lemmon – DF. ↔ wie die Kalkülregeln in den Ableitungen verwendet wird, um bestimmte Formelübergänge zu ermöglichen. Deshalb wird es im Folgenden vorgezogen, eine Regel für die Einführung und eine für die Beseitigung des Junktors '↔' zu definieren. Der Leser sei darauf hingewiesen, dass diese beiden Regeln zusammengenommen in den Ableitungen dieselbe Funktion haben, wie die Verwendung von DF. ↔ bei Lemmon.

↔E: Enthält eine Ableitung eine Konjunktion, deren erstes Konjunktionsglied das Konditional bildet, in dem A das Antezedenz und B das Konsequenz ist, und deren zweites Konjunktionsglied das Konditional bildet, in dem B das Antezedenz und A das Konsequenz bildet, dann kann in eine neue Zeile das Bikonditional mit A als linkem und B als rechtem Teil aufgenommen werden.

↔B: Enthält eine Ableitung ein Bikonditional mit A als linkem, und B als rechtem Teil, dann kann in eine neue Zeile die Konjunktion aufgenommen werden, deren erstes Konjunktionsglied das Konditional bildet, in dem A das Antezedenz und B das Konsequenz ist, und deren zweites Konjunktionsglied das Konditional bildet, in dem B das Antezedenz und A das Konsequenz bildet.

Die neue Annahmenliste ist jeweils eine Kopie der Annahmenliste der Oberformel.

Ann.	Nr.	Formel	Regel
α	(k)	$(A \to B) \& (B \to A)$	
		$\vdots$	
α	(l)	$A \leftrightarrow B$	$k \leftrightarrow$E

bzw.

Ann.	Nr.	Formel	Regel
α	(k)	$A \leftrightarrow B$	
		$\vdots$	
α	(l)	$(A \to B) \& (B \to A)$	$k \leftrightarrow$B

BEISPIELE:

$$(P \to Q) \& (Q \to P) \therefore P \leftrightarrow Q$$

Annahme	Nr.	Formel	Regel
1	(1)	$(P \to Q) \& (Q \to P)$	AE
1	(2)	$P \leftrightarrow Q$	$1 \leftrightarrow$E

Es gilt: $(P \to Q) \& (Q \to P) \vdash_J P \leftrightarrow Q$

$P \& (P \leftrightarrow Q) \therefore P \& Q$

Annahme	Nr.	Formel	Regel
1	(1)	$P \& (P \leftrightarrow Q)$	AE
1	(2)	$P \leftrightarrow Q$	1 &B
1	(3)	$(P \to Q) \& (Q \to P)$	2 $\leftrightarrow$B
1	(4)	$P \to Q$	3 &B
1	(5)	P	1 &B
1	(6)	Q	4,5 MPP
1	(7)	$P \& Q$	5,6 &E

Es gilt: $P \& (P \leftrightarrow Q) \vdash_J P \& Q$

Man beachte, dass für die Anwendung der Regel $\leftrightarrow$B zunächst &B anzuwenden ist, damit '$\leftrightarrow$' Hauptjunktor wird. Lemmon erlaubt Anwendungen von DF. $\leftrightarrow$, auch wenn der Junktor '$\leftrightarrow$' nicht Hauptjunktor ist.[10] Dies ist möglich, da die Regel im Sinne einer Definition die Austauschbarkeit von Formeln in beliebigen Kontexten erlaubt. Gleiches liesse sich aber auch für die beiden Regeln der doppelten Negation sagen. Will man konsequent verfahren, müsste man entweder für beide Regeln die Beschränkung ihrer Anwendung auf Hauptjunktoren aufgeben oder an dieser allgemeinen Einschränkung festhalten und dabei umständlichere Beweise in Kauf nehmen. Da Einfachheit der Ableitungen kein angestrebtes Kriterium für die Ableitungen unter ausschliesslicher Verwendung der Kalkülregeln ist, und stattdessen hier eine einheitliche und konsequente Definition und Anwendung der Kalkülregeln angestrebt wird, sei auch für DNE, DNB sowie für $\leftrightarrow$E, $\leftrightarrow$B gefordert, dass ihre Anwendung sich auf den Hauptjunktor bezieht.[11]

ÜBUNG: GLK-ABLEITUNGEN MIT $\leftrightarrow$E, $\leftrightarrow$B

3 ABLEITUNGSSTRATEGIEN

Im Unterschied zur Methode der Wahrheitswertanalyse können Ableitungen nur für *korrekte* Argumentschemata gegeben werden. Während der Beweis der Korrektheit eines Argumentschemas mittels Wahrheitswerttabellen nach eindeutigen Regeln erzeugt werden kann, ist das *Konstruieren* einer GLK$_J$-Ableitung für ein gegebenes, korrektes Argumentschema eine Kunst, für die es keine eindeutigen

---

[10] Vgl. das Ableitungsschema derselben Formel in Lemmon (1998), S. 32.

[11] Für Strategien zur Vereinfachung von Ableitungen vgl. LEKTION 5; zu den Kriterien, anhand derer Kalküle zu bemessen sind, vgl. die Ausführungen in LEKTION 6.

Regeln gibt, die automatisch die einfachste GLK_J-Ableitung einer K-Formel aus den Pr-Formeln erzeugen. Nur das *Prüfen* von GLK_J-Ableitungen unterliegt einer einfachen, mechanischen Kontrolle, nicht das *Finden* von GLK_J-Ableitungen. Die Situation ist vergleichbar mit der im Schachspiel: Die Regeln des Spiels können leicht erlernt werden, jeder einzelne Zug kann darauf kontrolliert werden, ob er regelkonform ist, aber viel schwieriger ist es, solche Züge zu wählen, die zum Gewinn des Spiels führen.[12] Es gibt nur *Faustregeln* für die Konstruktion von Ableitungen. Dabei handelt es sich weder um Kalkülregeln, noch um Regeln, deren Anwendung für jedes beliebige Argumentschema zu einer Ableitung führt.

Im Folgenden seien einige einfache Regeln für die Bildung einer Ableitung gegeben, die bei etwas Übung in den meisten einfacheren Fällen zum Erfolg führen:

Faustregeln für die Konstruktion von Ableitungen I:

1. Führe die Pr-*Formeln* mittels AE ein!

2. Entwickle die weitere Konstruktion der Ableitung *von hinten nach vorne*:

    2.1 Identifiziere den Hauptjunktor der K-Formel und überlege, welche Regeln eine Formel mit diesem Hauptjunktor ableiten können!

    2.2 Identifiziere Pr-Formeln, in denen die K-Formel oder Teilformeln der K-Formel enthalten sind, und überlege, mittels welcher Regel diese aus jenen abgeleitet werden können! Formuliere dabei Bedingungen, die für diese Regelanwendungen erfüllt sein müssen!

    2.3 Identifiziere die restlichen Pr-Formeln und versuche, ihnen die Bedingungen für 2.2 zu entnehmen oder aus ihnen abzuleiten!

Hat man sich ein Bild von den abzuleitenden Formeln und ihrem Zusammenhang mit den Pr-Formeln gemacht, dann kann man gezielt nach Anwendungen bestimmter Regeln suchen. Das Bestehen von Einführungs- und Beseitigungsregeln für alle Junktoren im GLK_J erleichtert hierbei das Finden geeigneter Ableitungen:

---

[12] Dieser Vergleich stammt aus Behboud (1994), S. 52.

Faustregeln für die Konstruktion von Ableitungen II:

1. Versuche zunächst, Formeln ohne Einführung von Hilfsannahmen abzuleiten! Bedenke insbesondere Anwendungsmöglichkeiten von MPP, um an das Konsequenz eines Konditionals heranzukommen, und von MTT, um an das Antezedenz eines Konditionals heranzukommen!

2. Ist die abzuleitende Formel ein *Satzbuchstabe* oder eine *Negation*, und kann sie nicht direkt abgeleitet werden, dann führe die Negation der abzuleitenden Formel bzw. in dem Fall, in dem die abzuleitende Formel eine negierte Formel ist, die um ein Negationszeichen verminderte Formel als Hilfsannahme ein, und versuche, hieraus eine FK-Formel abzuleiten, um die abzuleitende Formel mittels RAA und gegebenenfalls DNB abzuleiten!

3. Ist die abzuleitende Formel ein *Konditional*, und kann sie nicht direkt abgeleitet werden, dann versuche, sie mittels K abzuleiten, indem du das Antezedenz als Hilfsannahme einführst, und das Konsequenz aus diesem ableitest!

4. Ist die abzuleitende Formel eine *Konjunktion*, dann versuche, die Konjunktionsglieder separat abzuleiten und &E anzuwenden!

5. Ist die abzuleitende Formel ein *Bikonditional*, dann versuche, die beiden korrespondierenden Konditionale abzuleiten und &E sowie ↔E anzuwenden!

6. Ist die abzuleitende Formel eine *Disjunktion*, dann versuche, eines der Disjunkte abzuleiten und ∨E anzuwenden!

7. Enthält eine Formel eine *Disjunktion*, dann berücksichtige die Möglichkeit der Anwendung von ∨B und verwende als Hilfsannahmen die jeweiligen Disjunkte!

Diese Faustregeln für die Konstruktion von Ableitungen seien an einigen Beispielen demonstriert. Die Erläuterungen der Ableitungsstrategien sind hierbei nicht als automatisierbare Gewinnstrategien misszuverstehen, sondern als Explikation der Überlegungen zu verstehen, die tatsächlich zum Ziel führen, ohne dabei alle möglichen Alternativen zu erwägen und gegebenenfalls auszuschliessen.

BEISPIEL 1:

$$\neg(Q \to R) \to P, Q \to R \to S, \neg P \therefore S$$

ERLÄUTERUNG DER ABLEITUNGSSTRATEGIE: Die Pr-Formeln können mittels AE eingeführt werden (Regel I.1). Die K-Formel ist ein Satzbuchstabe (Regel I.2.1). Dieser kommt nur in der zweiten Pr-Formel als Konsequenz eines Konditionals vor (Regel I.2.2). An das Konsequenz eines Konditionals kommt man mittels MPP heran (Regel II.1). Um MPP anwenden zu können, muss man das Antezedenz ('$Q \to R$') ableiten (Regel I.2.2). Dieses kommt noch in der ersten Pr-Formel vor, allerdings in negierter Form als Antezedenz eines Konditionals (I.2.3). An das Antezedenz eines Konditionals kann man mittels MTT herankommen (Regel II.1). Hierbei erhält man die Negation des Antezedenz, in diesem Fall die doppelte Negation '$\neg\neg(Q \to R)$'; durch DNB erhält man das gewünschte Antezedenz von der zweiten Pr-Formel (Regel I.2.3). Um MTT auf die erste Pr-Formel anwenden zu können, muss man die Negation des Konditionals ableiten können ('$\neg P$') (Regel I.2.3). Dieses ist die dritte Prämisse (Regel I.2.3). In der Ableitung sind die hier entwickelten Ableitungsschritte bis auf die Einführung der Pr-Formeln in umgekehrter Reihenfolge zu notieren:

Annahme	Nr.	Formel	Regel
1	(1)	$\neg(Q \to R) \to P$	AE
2	(2)	$Q \to R \to S$	AE
3	(3)	$\neg P$	AE
1,3	(4)	$\neg\neg(Q \to R)$	1,3 MTT
1,3	(5)	$Q \to R$	4 DNB
1,2,3	(6)	S	2,5 MPP

Es gilt: $\neg(Q \to R) \to P, Q \to R \to S, \neg P \vdash_J S$

BEISPIEL 2:

$$P \to R, Q \to \neg R \therefore \neg(P \& Q)$$

ERLÄUTERUNG DER ABLEITUNGSSTRATEGIE: Die Pr-Formeln können durch AE eingeführt werden (Regel I.1). Der Hauptjunktor der K-Formel ist der

Negator, dieser kann durch RAA eingeführt werden (Regel I.2.1). Die K-Formel ist in keiner Pr-Formel enthalten, nur 'P' und 'Q' als Teilformeln der K-Formeln kommen in der ersten bzw. der zweiten Prämisse vor (Regel I.2.2). Eine direkte Ableitung der K-Formel ist nicht möglich (Regel II.1). Für die Anwendung von RAA ist die K-Formel vermindert um das Negationszeichen (d.i. '$P \& Q$') als Hilfsannahme einzuführen und hieraus ein Widerspruch abzuleiten (Regel II.2). Die beiden Pr-Formeln enthalten zum einen den Satzbuchstaben 'R', zum anderen den Satzbuchstaben '$\neg R$', jeweils als Konsequenz eines Konditionals; man erhält eine FK-Formel, wenn man die Konsequenzen der Konditionale jeweils ableiten kann und dann durch &E die Konjunktion bildet (Regel I.2.3). Um an das Konsequenz heranzukommen, kann man MPP anwenden (Regel II.1). Hierfür ist jeweils das Antezedenz anzunehmen; die jeweiligen Antezendenzbedingungen sind identisch mit den Konjunktionsgliedern der Hilfsannahme: Diese können durch &B separiert werden (Regel I.2.3). Man erhält:

Annahme	Nr.	Formel	Regel
1	(1)	$P \to R$	AE
2	(2)	$Q \to \neg R$	AE
3*	(3)	$P \& Q$	AE
3*	(4)	P	3 &B
1,3*	(5)	R	1,4 MPP
3*	(6)	Q	3 &B
2,3*	(7)	$\neg R$	2,6 MPP
1,2,3*	(8)	$R \& \neg R$	5,7 &E
1,2	(9)	$\neg(P \& Q)$	3,8 RAA

Es gilt: $P \to R, Q \to \neg R \vdash_J \neg(P \& Q)$

BEISPIEL 3:

$$P \leftrightarrow Q, Q \leftrightarrow R \therefore P \leftrightarrow R$$

ERLÄUTERUNG DER ABLEITUNGSSTRATEGIE: Die Pr-Formeln können durch AE eingeführt werden (Regel I.1). Der Hauptjunktor der K-Formel ist ein Bikonditional (Regel I.2.1). Die K-Formel ist durch ↔E abzuleiten, indem man jeweils die Konjunktionsglieder '$P \to R$' und '$R \to P$' ableitet, hieraus durch &E die Konjunktion und aus dieser die K-Formel ableitet (Regel I.2.1). Es müssen demnach für die Ableitung der K-Formel als Zwischenkonklusionen zwei Konditionale abgeleitet werden; insofern dies nicht auf direktem Weg geschehen kann, ist dies mittels Hilfsannahmen und der Regel K möglich (Regel II.3). Die K-Formel kommt nicht als Ganzes in einer Pr-Formel vor, sondern nur die Teile P und R kommen jeweils in einer Pr-Formel vor (Regel I.2.2). Die Pr-Formeln sind Bikonditionale, die durch ↔B in eine Konjunktion von Konditionalen überführt werden können, aus denen wiederum durch &B separate Konditionale ableitbar sind: Eine direkte Möglichkeit, die abzuleitenden Konditionale hieraus abzuleiten, gibt es nicht, aber dies kann jeweils auf indirektem Weg geschehen durch Anwendung von MPP mit den jeweils nötigen Antezedenzbedingungen als Hilfsannahmen und der Regel K, die erlaubt, die Hilfsannahmen aus der Annahmenliste zu streichen (Regel I.2.3 und II.1,3).

Annahme	Nr.	Formel	Regel
1	(1)	$P \leftrightarrow Q$	AE
2	(2)	$Q \leftrightarrow R$	AE
1	(3)	$(P \rightarrow Q) \& (Q \rightarrow P)$	1 ↔B
1	(4)	$P \rightarrow Q$	3 &B
1	(5)	$Q \rightarrow P$	3 &B
2	(6)	$(Q \rightarrow R) \& (R \rightarrow Q)$	2 ↔B
2	(7)	$Q \rightarrow R$	6 &B
2	(8)	$R \rightarrow Q$	6 &B
9*	(9)	P	AE
1,9*	(10)	Q	4,9 MPP
1,2,9*	(11)	R	7,10 MPP
1,2	(12)	$P \rightarrow R$	9,11 K
13*	(13)	R	AE
2,13*	(14)	Q	8,13 MPP
1,2,13*	(15)	P	5,14 MPP
1,2	(16)	$R \rightarrow P$	13,15 K
1,2	(17)	$(P \rightarrow R) \& (R \rightarrow P)$	12,16 &E
1,2	(18)	$P \leftrightarrow R$	17 ↔E

Es gilt: $P \leftrightarrow Q, Q \leftrightarrow R \vdash_J P \leftrightarrow R$

Überlegen Sie, nach welchen Ableitungsstrategien sich die bei der Erläuterung der einzelnen Regeln des GLK_J gegebenen Ableitungen gewinnen lassen.

Sie finden in Lemmons Buch weitere Beispiele, in denen Strategien der Konstruktion von Ableitungen beschrieben werden!

Wie jede Kunst erfordert die Konstruktion von GLK_J-Ableitungen viel Übung!

ÜBUNG: ABLEITUNGSSTRATEGIEN

3.1 BEWEISBAUER UND BEWEISPRÜFER

Sie können beliebige Ableitungen durch *Beweisbauer* bzw. *Beweisprüfer* kontrollieren lassen. *Beweisbauer* erlauben, mit Maus und Tastatur Beweise interaktiv zu konstruieren; bei *Beweisprüfern* wird ein Beweis vollständig mit der Tastatur eingegeben und auf seine Richtigkeit geprüft. Informationen hierzu finden Sie über die Homepage des Logikkurses (siehe S. 5).

LEKTION 5

AUSSAGENLOGISCHE SCHLUSSREGELN

In dieser Lektion werden die wichtigsten aus dem GLK$_J$ ableitbaren aussagenlogischen *Schlussregeln* und *Theoreme* besprochen, die Verwendung dieser Regeln und Theoreme zum Zwecke der *Vereinfachung von Ableitungen* eingeführt und die Verwendung von Ableitungen zum Zwecke der Prüfung der deduktiven Schlüssigkeit von *Argumenten* erläutert.

1 Logische Gesetze

Theoreme sind Formeln, die mit leerer Annahmenliste ableitbar sind. Sie sind mittels der Regeln eines Kalküls ableitbar, ohne hierfür zusätzliche Annahmen vorauszusetzen. Ableitungen von *J*-Formeln mittels des GLK$_J$ müssen allerdings mit der Einführung von Annahmen beginnen, aber bei der Ableitung von Theoremen sind sämtliche durch AE eingeführten Formeln Hilfsannahmen. Deren Zeilennummer kann bei der Ableitung der Theoreme durch Anwendung der Regeln RAA und K[1] wieder aus der Annahmenliste gestrichen werden, so dass man bei einer Ableitung, die mit der Einführung von Hilfsannahmen beginnt, bei Formeln mit leerer Annahmenliste endet.

Ein Theorem wurde bereits bei der Einführung der Regel der Konditionalisierung (K) abgeleitet: '$P \to P$'. Die Ableitung ist:

Annahme	Nr.	Formel	Regel
1*	(1)	P	AE
	(2)	$P \to P$	1,1 K

Auf dieselbe Weise kann man die Formel '$P \vee Q \to P \vee Q$' ableiten:

Annahme	Nr.	Formel	Regel
1*	(1)	$P \vee Q$	AE
	(2)	$P \vee Q \to P \vee Q$	1,1 K

---

[1] Die Regel ∨B, die es ebenfalls erlaubt, Hilfsannahmen wieder fallen zu lassen, kann nicht zu einer leeren Annahmenliste führen, insofern sie zu einer Formel führt, die auf der Annahme einer Disjunktion beruht.

Gleiches gilt für die Theoreme: '$Q \to Q$' oder '$P \& Q \to P \& Q$' etc. Der Beweisgang ist immer derselbe: Aus der Annahme des Antezedenz eines Konditionals, dessen Antezedenz und Konsequenz identisch sind, wird mittels K dieses Konditional als Theorem abgeleitet. Allgemein lässt sich sagen, dass der Beweisgang für alle *Einsetzungsinstanzen der Metavariablen A* in $A \to A$ derselbe ist. Ausdrücke, die anstelle von Satzbuchstaben Metavariablen enthalten, seien „*Metaformeln*" genannt. $A \to A$ ist eine Metaformel. Diese sind auf Grund der Verwendung von Metavariablen keine wohlgeformten J-Formeln. *Einsetzungsinstanzen von Metaformeln* sind die Instanzen, die man erhält, wenn man an die Stelle der Metavariablen wohlgeformte Formeln setzt, und zwar so, dass gleiche Metavariablen durchweg durch gleiche wohlgeformte Formeln ersetzt werden. Demnach sind die Theoreme '$P \to P$', '$Q \to Q$', '$P \& Q \to P \& Q$' alle Einsetzungsinstanzen für $A \to A$. $A \to A$ ist kein Theorem, da es sich auf Grund der Verwendung von Metavariablen nicht um eine wohlgeformte Formel handelt, die in einem Beweis abgeleitet werden könnte. Im Unterschied zu den einzelnen Theoremen kann man die Ausdrücke, für die Theoreme Instanzen sind, „*logische Gesetze*" nennen. Demnach ist $\vdash_J A \to A$ ein logisches Gesetz – das sogenannte „Gesetz der Identität" (GI) –, wobei das vorangestellte '$\vdash_J$' bedeutet, dass die Einsetzungsinstanzen dieses logischen Gesetzes im GLK$_J$ als Theoreme ableitbar sind.

> **Erläuterung 5.1**
> *Logische Gesetze* sind Metaformeln, deren Einsetzungsinstanzen Theoreme sind.

Logische Gesetze können nicht abgeleitet werden, da sie keine J-Formeln sind. Sie werden bewiesen, indem *Instanzen* von ihnen abgeleitet werden. Es gilt:

> **Erläuterung 5.2**
> Kann *eine* Instanz einer Metaformel im GLK$_J$ als Theorem abgeleitet werden, dann können *alle* Instanzen der Metaformel als Theoreme im GLK$_J$ abgeleitet werden.

Begründung: Die Kalkülregeln beziehen sich nur auf Hauptjunktoren und lassen beliebige J-Formeln als Einsetzungsinstanzen der in ihren Definitionen verwendeten Metavariablen zu.

Die Ableitung *eines* Theorems beweist unter Voraussetzung von *Erläuterung 5.2*, dass die entsprechende Metaformel ein logisches Gesetz ist.

Im Folgenden seien einige weitere logische Gesetze bewiesen, indem jeweils eine einfachste Instanz als Theorem abgeleitet wird. Es wird dabei auf den Index 'J' in '$\vdash_J$' verzichtet und kurz '$\vdash$' geschrieben.

Machen Sie sich die jeweiligen Ableitungsstrategien klar!

1.1 GESETZ VOM AUSGESCHLOSSENEN WIDERSPRUCH (GAW)

GAW: $\vdash \neg(A \,\&\, \neg A)$

Theorem: $\vdash \neg(P \,\&\, \neg P)$

Ableitung:

Annahme	Nr.	Formel	Regel
1*	(1)	$P \,\&\, \neg P$	AE
	(2)	$\neg(P \,\&\, \neg P)$	1,1 RAA

1.2 GESETZ VOM AUSGESCHLOSSENEN DRITTEN (= TERTIUM NON DATUR)(GTD)

GTD: $\vdash A \lor \neg A$

Theorem: $\vdash P \lor \neg P$

Ableitung:

Annahme	Nr.	Formel	Regel
1*	(1)	$\neg(P \lor \neg P)$	AE
2*	(2)	P	AE
2*	(3)	$P \lor \neg P$	2 VE
1*,2*	(4)	$(P \lor \neg P) \,\&\, \neg(P \lor \neg P)$	3,1 &E
1*	(5)	$\neg P$	2,4 RAA
1*	(6)	$P \lor \neg P$	5 VE
1*	(7)	$(P \lor \neg P) \,\&\, \neg(P \lor \neg P)$	6,1 &E
	(8)	$\neg\neg(P \lor \neg P)$	1,7 RAA
	(9)	$P \lor \neg P$	8 DNB

1.3 Gesetze der doppelten Negation (GDN)

GDN1: $\vdash A \rightarrow \neg\neg A$

Theorem: $\vdash P \rightarrow \neg\neg P$
Ableitung:

Annahme	Nr.	Formel	Regel
1*	(1)	P	AE
1*	(2)	$\neg\neg P$	1 DNE
	(3)	$P \rightarrow \neg\neg P$	1,2 K

GDN2: $\vdash \neg\neg A \rightarrow A$

Theorem: $\vdash \neg\neg P \rightarrow P$

Ableitung:

Annahme	Nr.	Formel	Regel
1*	(1)	$\neg\neg P$	AE
1*	(2)	P	1 DNB
	(3)	$\neg\neg P \rightarrow P$	1,2 K

1.4 Theoremeinführungsregel (TE)

Um Ableitungen zu verkürzen, kann man von der *Theoremeinführungsregel* TE Gebrauch machen:

> TE: Eine Formel A, die als Theorem im GLK_J ableitbar ist, darf in eine neue Zeile mit leerer Annahmenliste aufgenommen werden.
>
> | Annahme | Nr. | Formel | Regel |
> |---|---|---|---|
> | | (k) | A | TE:T |
>
> „T" steht für die Abkürzung des logischen Gesetzes, dessen Einsetzungsinstanz das Theorem ist.

TE ist keine Kalkülregel, denn man könnte jederzeit die Einführung des Theorems durch seine Ableitung ersetzen. Der Zweck von TE ist es, Ableitungen zu vereinfachen, indem auf die Ableitung eines Theorems *innerhalb* einer anderen Ableitung verzichtet wird.

BEISPIEL:

$$P \to Q, \neg P \to Q \therefore Q$$

Annahme	Nr.	Formel	Regel
1	(1)	$P \to Q$	AE
2	(2)	$\neg P \to Q$	AE
	(3)	$P \vee \neg P$	TE: GTD
4*	(4)	P	AE
1,4*	(5)	Q	1,4 MPP
6*	(6)	$\neg P$	AE
2,6*	(7)	Q	2,6 MPP
1,2	(8)	Q	3;4,5;6,7 ∨B

Ohne Anwendung von TE wäre diese Ableitung acht Schritte länger, denn die Ableitung des Theorems '$P \vee \neg P$' umfasst neun Zeilen (siehe Abschnitt 1.2, S. 133).

2 SCHLUSSREGELN

Ableitbare Argumentschemata seien Argumentschemata genannt, in denen die K-Formel aus den Pr-Formeln und nur diesen ableitbar ist: '$P \& \neg P \therefore Q$' ist z.B. ein im GLK$_J$ ableitbares Argumentschema, denn es gilt: '$P \& \neg P \vdash Q$' (siehe S. 120 in LEKTION 4). *Schlussregeln* sind Metaformeln, die aussagen, dass K-Formeln einer bestimmten Form aus Pr-Formeln einer bestimmten Form ableitbar sind. Haben Schlussregeln die Form $A_1, \ldots A_n \vdash B$, wobei $A_1, \ldots A_n$ Metavariablen für Pr-Formeln sind und B Metavariable für K-Formeln ist, dann sei von „*direkten Schlussregeln*" (auch „Lehrsätze" genannt) die Rede. Z.B. ist $A \& \neg A \vdash B$ eine direkte Schlussregel, die erlaubt, die K-Formel 'Q' des ableitbaren Argumentschemas '$P \& \neg P \therefore Q$' direkt aus der Pr-Formel '$P \& \neg P$' abzuleiten. Es sei hier davon ausgegangen, dass alle direkten Schlussregeln gültige Schlussregeln sind, für die gilt, dass nur die Ableitbarkeit solcher Argumentschemata ausgesagt wird, die auch ableitbar sind. Analog zur Unterscheidung von Theoremen und logischen Gesetzen kann man direkte Schlussregeln und ableitbare Argumentschemata unterscheiden:

Erläuterung 5.3
Direkte Schlussregeln sind Metaformeln, deren Einsetzungsinstanzen Metaaussagen über die Ableitbarkeit ableitbarer Argumentschemata sind.

Indirekte Schlussregeln sind Metaformeln, die aussagen, dass eine K-Formel aus Pr-Formeln ableitbar ist, insofern weitere (dieselben oder andere) K-Formeln aus weiteren (denselben oder anderen) Pr-Formeln ableitbar sind. Z.B. lautet die der Regel der Konditionalisierung entsprechende Schlussregel Γ, $(A, \Gamma \vdash B) \vdash A \rightarrow B$, paraphrasiert: „Eine K-Formel der Form $A \rightarrow B$ ist aus einer Pr-Formelmenge Γ ableitbar, insofern B eine K-Formel ist, die aus der Formelmenge Γ, A ableitbar ist." Indirekte Schlussregeln sind nur dann (gültige) Schlussregeln, wenn mittels ihrer nur ableitbare Argumentschemata abgeleitet werden können.

Erläuterung 5.4
Indirekte Schlussregeln sind Metaformeln, deren Einsetzungsinstanzen Metaaussagen über die Ableitbarkeit ableitbarer Argumentschemata unter Voraussetzung weiterer Ableitungen sind.

Mit den direkten und indirekten Schlussregeln sind die Schlussregeln vollständig erfasst:

Erläuterung 5.5
Schlussregeln sind entweder direkte oder indirekte Schlussregeln.

Allgemein lässt sich sagen:

Erläuterung 5.6
Schlussregeln sind Metaformeln, deren Einsetzungsinstanzen Metaaussagen über die Ableitbarkeit ableitbarer Argumentschemata, gegebenenfalls unter Voraussetzung weiterer Ableitungen, sind.

Sind zwei Argumentschemata ableitbar, in denen die Pr-Formel des einen Argumentschemas die K-Formel des anderen ist, und umgekehrt, dann sind die jeweiligen Formeln auseinander ableitbar. Um dies auszudrücken, verwendet man das Zeichen „$\dashv\vdash$". Es seien mit „PK_1" und „PK_2" zwei Formeln bezeichnet, die füreinander Pr-Formel und K-Formel sind:

> **Erläuterung 5.7**
> „PK_1 und PK_2 sind auseinander ableitbar" = „$PK_1 \dashv\vdash PK_2$".

Metaformeln dieser Form seien „*Umformungsregeln*" genannt.

> **Erläuterung 5.8**
> *Umformungsregeln* sind Metaformeln, deren Einsetzungsinstanzen Metaaussagen über die Ableitbarkeit ableitbarer Argumentschemata sind, in denen die Pr-Formel und die K-Formel auseinander ableitbar sind.

Umformungsregeln sind zusammengesetzt aus zwei Schlussregeln und seien aus diesem Grund unter die Schlussregeln subsumiert.

Es ist ebenso überflüssig, mehrere Einsetzungsinstanzen einer Schlussregel oder einer Umformungsregel abzuleiten, wie es überflüssig ist, mehrere Theoreme desselben logischen Gesetzes abzuleiten, denn es gilt allgemein:

> **Erläuterung 5.9**
> Kann *eine* Instanz einer Metaformel im GLK_J abgeleitet werden, dann können *alle* Instanzen der Metaformel im GLK_J abgeleitet werden.

Die **Begründung** ist dieselbe wie bei der Ableitung von Instanzen logischer Gesetze (*Erläuterung 5.2*): Die Kalkülregeln beziehen sich nur auf Hauptjunktoren, und lassen beliebige J-Formeln als Einsetzungsinstanzen der in ihren Definitionen verwendeten Metavariablen zu. Des Weiteren gilt:[2]

> **Erläuterung 5.10**
> Ist eine K-Formel aus einer Formelmenge Γ ableitbar, dann ist sie auch aus den Formeln ableitbar, aus denen die Formeln der Formelmenge Γ ableitbar sind.

---

[2] Auf *Erläuterung 5.10* wird auf S. 146 im Zusammenhang mit der Schlussregeleinführung sowie auf S. 175 und S. 176 im Rahmen des Vollständigkeitsbeweises des GLK_J zurückgegriffen.

Begründung: Keine Anwendung einer Regel des GLK_J fügt in der Annahmenliste zusätzlich zu den Zeilennummern der Annahmen, auf denen die Formeln beruhen, auf die die Regel angewendet wird, weitere Zeilennummern etwaiger Annahmen hinzu. Die Annahmenlisten werden vielmehr entweder übernommen oder gekürzt. Jede Ableitung ist demnach auf die Annahmen der Formeln zurückzuführen, auf die die jeweilige Kalkülregel angewendet wird. Leitet man Formeln aus *anderen* Formeln ab, anstatt sie durch AE einzuführen, so können demnach auch die aus ihnen abgeleiteten Formeln aus jenen anderen abgeleitet werden.

Ist z.B. 'Q' aus den beiden Formeln 'P' und '$P \rightarrow Q$' ableitbar, dann auch aus 'R', '$R \rightarrow P$', aus denen 'P' ableitbar ist, und '$P \rightarrow Q$'. Beschränkt man sich auf die *Kalkülregeln*, muss man 'Q' aus 'R', '$R \rightarrow P$' und '$P \rightarrow Q$' ableiten, indem man die Zwischenkonklusion 'P' ableitet. Gemäss *Erläuterung 5.10* gibt es jedoch immer eine *Schlussregel*, die erlaubt, direkt von den Annahmen, auf denen die Ableitung der letzten Zeile beruht, zu dieser überzugehen.

Wenn eine K-Formel auf *indirektem* Weg mittels Zwischenkonklusionen *abgeleitet wird*, dann ist sie unter Verwendung der entsprechenden Schlussregel gemäss *Erläuterung 5.10* auch auf *direktem* Weg aus ihren Annahmen *ableitbar*.

Unter Voraussetzung von *Erläuterung 5.9* können Schlussregeln bewiesen werden, indem Instanzen der Pr-Formeln mittels AE eingeführt werden und die jeweilige K-Formel unter Anwendung der Regeln des GLK_J abgeleitet wird. Die Ableitung einer K-Formel aus Pr-Formeln ist demzufolge hinreichend, um die entsprechende Schlussregel zu beweisen; und die Ableitung einer K-Formel aus einer Pr-Formel sowie die Ableitung dieser Pr-Formel aus jener K-Formel ist hinreichend, um die entsprechende Umformungsregel zu beweisen.

Den Regeln des GLK_J entsprechen Schlussregeln.

Erläuterung 5.11

Eine einer Regel des GLK_J *entsprechende Schlussregel* sei die Metaformel genannt, deren Instanzen abgeleitet werden, indem die Pr-Formeln mittels AE eingeführt werden und die K-Formel durch einmalige Anwendung der Kalkülregel im Falle direkter Schlussregeln unmittelbar und im Falle indirekter Schlussregeln unter Voraussetzung weiterer Ableitungen aus den Pr-Formeln abgeleitet wird.

In LEKTION 4 sind im Anschluss an die Erläuterung der jeweiligen Regel des GLK_J einfachste Anwendungsbeispiele der Regeln gegeben worden, in denen neben AE nur noch die Kalkülregel einmal zum Zwecke der Ableitung der K-Formel verwendet wird. Diese Ableitungen leiten Instanzen der diesen Kalkülregeln entsprechenden Schlussregeln ab.

Die den Regeln des GLK_J entsprechenden *direkten* Schlussregeln sind:

AE: $A \vdash A$.

MPP: $A, A \rightarrow B \vdash B$.

MTT: $\neg B, A \rightarrow B \vdash \neg A$.

&E: $A, B \vdash A \& B$ bzw. $A, B \vdash B \& A$.

&B: $A \& B \vdash A$ bzw. $A \& B \vdash B$.

VE: $A \vdash A \vee B$ bzw. $A \vdash B \vee A$.

Die Regeln der doppelten Negation (DNE und DNB) und der Einführung und Beseitigung des Doppelpfeils lassen sich als *Umformungsregeln* zusammenfassen:

DN: $A \dashv\vdash \neg\neg A$.

↔B/E: $(A \rightarrow B) \& (B \rightarrow A) \dashv\vdash A \leftrightarrow B$.

Den drei Regeln K, ∨B und RAA entsprechen *indirekte* Schlussregeln. Bei der Formulierung der ihnen entsprechenden Schlussregeln, seien Γ und Δ als Metavariablen für *Mengen* von J-Formeln verwendet:

K: $\Gamma, (A, \Gamma \vdash B) \vdash A \rightarrow B$.

∨B: $A \vee B, \Gamma, \Delta, (A, \Gamma \vdash C), (B, \Delta \vdash C) \vdash C$.

RAA: $\Gamma, (A, \Gamma \vdash B \& \neg B) \vdash \neg A$.

Neben diesen Regeln gibt es direkte Schlussregeln, die nicht einer Regel des GLK_J entsprechen, da die Ableitung ihrer Instanzen nicht einfachste Anwendungsbeispiele einer Kalkülregel darstellen. Im Folgenden seien einige wichtige, aus dem GLK_J ableitbare Schlussregeln und Umformungsregeln gekennzeichnet, indem jeweils eine *einfachste* Instanz, in der für Metavariablen von J-Formeln (A, B, C) Satzbuchstaben ('P', 'Q', 'R') gewählt werden, unter ausschliesslicher Anwendung der Regeln des GLK_J abgeleitet wird. Machen Sie sich auch hier jeweils die Ableitungsstrategien klar!

2.1 Modus tollendo ponens (MTP)

MTP: $\neg A, A \lor B \vdash B$

Argumentschema: $\neg P, P \lor Q \therefore Q$

Ableitung:

Annahme	Nr.	Formel	Regel
1	(1)	$\neg P$	AE
2	(2)	$P \lor Q$	AE
3*	(3)	P	AE
1,3*	(4)	$P \& \neg P$	3,1 &E
5*	(5)	$\neg Q$	AE
1,3*,5*	(6)	$P \& \neg P \& \neg Q$	4,5 &E
1,3*,5*	(7)	$P \& \neg P$	6 &B
1,3*	(8)	$\neg \neg Q$	5,7 RAA
1,3*	(9)	Q	8 DNB
10*	(10)	Q	AE
1,2	(11)	Q	2;3,9;10,10 ∨B

2.2 Modus ponendo tollens (MPT)

MPT: $A, \neg(A \& B) \vdash \neg B$

Argumentschema: $P, \neg(P \& Q) \therefore \neg Q$

Ableitung:

Annahme	Nr.	Formel	Regel
1	(1)	P	AE
2	(2)	$\neg(P \& Q)$	AE
3*	(3)	Q	AE
1,3*	(4)	$P \& Q$	1,3 &E
1,2,3*	(5)	$P \& Q \& \neg(P \& Q)$	4,2 &E
1,2	(6)	$\neg Q$	3,5 RAA

2.3 Widerspruchsregel (WID)

WID: $A \,\&\, \neg A \vdash B$

Argumentschema: $P \,\&\, \neg P \mathrel{\therefore} Q$

Ableitung:

Annahme	Nr.	Formel	Regel
1	(1)	$P \,\&\, \neg P$	AE
2*	(2)	$\neg Q$	AE
1,2*	(3)	$P \,\&\, \neg P \,\&\, \neg Q$	1,2 &E
1,2*	(4)	$P \,\&\, \neg P$	3 &B
1	(5)	$\neg\neg Q$	2,4 RAA
1	(6)	Q	5 DNB

2.4 Kettenschlussregel (KR)

KR: $A \to B,\, B \to C \vdash A \to C$

Argumentschema: $P \to Q,\, Q \to R \mathrel{\therefore} P \to R$

Ableitung:

Annahme	Nr.	Formel	Regel
1	(1)	$P \to Q$	AE
2	(2)	$Q \to R$	AE
3*	(3)	P	AE
1,3*	(4)	Q	1,3 MPP
1,2,3*	(5)	R	2,4 MPP
1,2	(6)	$P \to R$	3,5 K

2.5 Klassisches Dilemma (KD)

KD: $A \to B,\, \neg A \to B \vdash B$

Argumentschema: $P \to Q,\, \neg P \to Q \mathrel{\therefore} Q$

Ableitung: Siehe S. 135, wo unter Verwendung der Theoremeinführungsregel das Argumentschema abgeleitet wird. Eine alternative Ableitung ohne Verwendung von TE ist:

Annahme	Nr.	Formel	Regel
1	(1)	$P \to Q$	AE
2	(2)	$\neg P \to Q$	AE
3*	(3)	$\neg Q$	AE
1,3*	(4)	$\neg P$	1,3 MTT
2,3*	(5)	$\neg\neg P$	2,3 MTT
2,3*	(6)	P	5 DNB
1,2,3*	(7)	$P \,\&\, \neg P$	6,4 &E
1,2	(8)	$\neg\neg Q$	3,7 RAA
1,2	(9)	Q	8 DNB

2.6 Pfeilelimination (PE&)

PE &: $A \to B \dashv\vdash \neg(A \,\&\, \neg B)$

Argumentschema 1: $P \to Q \therefore \neg(P \,\&\, \neg Q)$

Ableitung:

Annahme	Nr.	Formel	Regel
1	(1)	$P \to Q$	AE
2*	(2)	$P \,\&\, \neg Q$	AE
2*	(3)	P	2 &B
2*	(4)	$\neg Q$	2 &B
1,2*	(5)	Q	1,3 MPP
1,2*	(6)	$Q \,\&\, \neg Q$	5,4 &E
1	(7)	$\neg(P \,\&\, \neg Q)$	2,6 RAA

Argumentschema 2: $\neg(P \& \neg Q) \therefore P \to Q$

Ableitung:

Annahme	Nr.	Formel	Regel
1	(1)	$\neg(P \& \neg Q)$	AE
2*	(2)	P	AE
3*	(3)	$\neg Q$	AE
2*,3*	(4)	$P \& \neg Q$	2,3 &E
1,2*,3*	(5)	$P \& \neg Q \& \neg(P \& \neg Q)$	4,1 &E
1,2*	(6)	$\neg\neg Q$	3,5 RAA
1,2*	(7)	Q	6 DNB
1	(8)	$P \to Q$	2,7 K

Die Umformungsregel PE& zeigt, dass auf den Junktor '$\to$' (und damit auch auf Grund von $\leftrightarrow$B/E auf den Junktor '$\leftrightarrow$') in der formalen Sprache verzichtet werden kann, da er an jeder Stelle durch die beiden Junktoren '$\neg$' und '&' ersetzt werden könnte. Dies setzt den gültigen Satz voraus, dass *Umformungsregeln* wie *Definitionen* verwendet werden können, die es erlauben, einen Ausdruck in all seinen Vorkommnissen durch einen anderen zu ersetzen. Umformungsregeln müssen sich demnach nicht auf den Hauptjunktor einer Formel beziehen.

2.7 ∨-Definition(∨Def)

∨Def: $A \lor B \dashv\vdash \neg(\neg A \& \neg B)$

Argumentschema 1: $P \lor Q \therefore \neg(\neg P \& \neg Q)$

Ableitung:

Annahme	Nr.	Formel	Regel
1	(1)	$P \lor Q$	AE
2*	(2)	$\neg P \mathbin{\&} \neg Q$	AE
3*	(3)	P	AE
2*	(4)	$\neg P$	2 &B
2*,3*	(5)	$P \mathbin{\&} \neg P$	3,4 &E
3*	(6)	$\neg(\neg P \mathbin{\&} \neg Q)$	2,5 RAA
7*	(7)	Q	AE
2*	(8)	$\neg Q$	2 &B
2*,7*	(9)	$Q \mathbin{\&} \neg Q$	7,8 &E
7*	(10)	$\neg(\neg P \mathbin{\&} \neg Q)$	2,9 RAA
1	(11)	$\neg(\neg P \mathbin{\&} \neg Q)$	1;3,6;7,10 ∨B

Argumentschema 2: $\neg(\neg P \mathbin{\&} \neg Q) \therefore P \lor Q$

Ableitung:

Annahme	Nr.	Formel	Regel
1	(1)	$\neg(\neg P \mathbin{\&} \neg Q)$	AE
2*	(2)	$\neg(P \lor Q)$	AE
3*	(3)	P	AE
3*	(4)	$P \lor Q$	3 ∨E
2*,3*	(5)	$(P \lor Q) \mathbin{\&} \neg(P \lor Q)$	4,2 &E
2*	(6)	$\neg P$	3,5 RAA
7*	(7)	Q	AE
7*	(8)	$P \lor Q$	7 ∨E
2*,7*	(9)	$(P \lor Q) \mathbin{\&} \neg(P \lor Q)$	8,2 &E
2*	(10)	$\neg Q$	7,9 RAA
2*	(11)	$\neg P \mathbin{\&} \neg Q$	6,10 &E
1,2*	(12)	$(\neg P \mathbin{\&} \neg Q) \mathbin{\&} \neg(\neg P \mathbin{\&} \neg Q)$	11,1 &E
1	(13)	$\neg\neg(P \lor Q)$	2,12 RAA
1	(14)	$P \lor Q$	13 DNB

Die Umformungsregel ∨Def zeigt, dass auf den Junktor '∨' in der formalen Sprache J verzichtet werden kann, da er an jeder Stelle durch die beiden Junktoren

'¬' und '&' ersetzt werden könnte. ↔B/E, PE& und ∨Def zusammengenommen ermöglichen eine Reduktion der formalen Sprache J, in der nur noch die beiden Junktoren '¬' und '&' vorkommen. Diese beiden Junktoren bilden eine *funktional vollständige* Junktorenmenge.

Auch '¬' und '∨' bilden auf Grund der Regeln ↔B/E, PE∨ ($A \rightarrow B \dashv\vdash \neg A \vee B$) und &Def ($A \& B \dashv\vdash \neg(\neg A \vee \neg B)$) eine funktional vollständige Junktorenmenge.

2.8 Schlussregelliste

Eine Liste der wichtigsten aussagenlogischen Schlussregeln, Umformungsregeln und Gesetze finden Sie im Anhang, S. 375ff.

In Essler (1969) werden die Beweise für die wichtigsten aussagenlogischen Schlussregeln aufgeführt.

2.9 Schlussregeleinführung (SE)

Zum Zwecke der Verkürzung von Ableitungen können neben Theoremen auch Schlussregeln eingeführt werden:

> SE: Es dürfen aus den Regeln des GLK$_J$ ableitbare Schlussregeln in den Ableitungen verwendet werden.

SE ist keine Kalkülregel, denn man könnte jederzeit die Verwendung der Schlussregel durch eine Ableitung unter ausschliesslicher Verwendung der Regeln des Kalküls ersetzen. Der Zweck von SE ist wie der von TE, Ableitungen zu verkürzen, indem auf Ableitungen *innerhalb* einer Ableitung verzichtet werden kann, da die Ableitbarkeit durch eine gegebene Schlussregel gerechtfertigt ist.

BEISPIEL:

$$\neg\neg(P \rightarrow Q) \therefore \neg(P \& \neg Q)$$

Annahme	Nr.	Formel	Regel
1	(1)	$\neg\neg(P \rightarrow Q)$	AE
1	(2)	$P \rightarrow Q$	1 DNB
1	(3)	$\neg(P \& \neg Q)$	SE: 2 PE&

Es gilt: $\neg\neg(P \rightarrow Q) \vdash \neg(P \& \neg Q)$

Insofern eine Schlussregel – wie in dem angeführten Beispiel – nicht dazu verwendet wird, eine K-Formel direkt aus den Pr-Formeln abzuleiten, wird für ihre Anwendung *Erläuterung 5.10* vorausgesetzt, nach der eine K-Formel (im Beispiel: '$\neg(P \,\&\, \neg Q)$'), die aus einer Formelmenge Γ ableitbar ist (im Beispiel: '$P \rightarrow Q$'), auch aus den Annahmen ableitbar ist, aus denen die Formelmenge Γ ableitbar ist (im Beispiel: '$\neg\neg(P \rightarrow Q)$'). In diesem Fall sind Annahmenliste und Oberformelliste nicht identisch: In der Oberformelliste wird auf die Instanzen der Pr-Formeln der Schlussregel Bezug genommen; die Annahmenliste setzt sich aus den Annahmenlisten der Oberformeln zusammen.

Da jede K-Formel eines ableitbaren Argumentschemas aus den Pr-Formeln und nur diesen ableitbar ist, könnte jede Ableitung einer K-Formel aus den Pr-Formeln auf ein Minimum verkürzt und direkt gewonnen werden, insofern man der Einführung weiterer, ableitbarer Schlussregeln keine Grenze setzt.

Erläuterung 5.12

Jede K-Formel eines ableitbaren Argumentschemas $A_1 \ldots A_n \,\therefore\, B$, die nicht durch Anwendung einer Kalkülregel direkt aus den Pr-Formeln abgeleitet werden kann, kann mittels SE direkt aus den mittels AE eingeführten Pr-Formeln abgeleitet werden.

Annahme	Nr.	Formel	Regel
k	(k)	A_1	AE
		$\vdots$	
l	(l)	A_n	AE
$k, \ldots l$	(m)	B	SE: $k, \ldots l$ S

„S" steht für die Abkürzung der verwendeten Schlussregel. Die Oberformelliste der mit „S" bezeichneten Schlussregel sei stets sortiert, beginnend mit der kleinsten Zeilennummer.

Die Verwendung der *aussagenlogischen Schlussregelliste* für das Erstellen von Ableitungen stellt einen praktischen Kompromiss dar, um möglichst kurze Ableitungen unter Verwendung einer begrenzten Zahl von Schlussregeln mit gängigen Bezeichnungen zu erhalten.

Übung: Begriffliche Unterscheidungen

Übung: Identifikation abgeleiteter Schlussregeln

ÜBUNG: ABLEITUNGEN VON THEOREMEN

ÜBUNG: ABLEITUNGEN MIT TE UND SE

3 ARGUMENTREKONSTRUKTION

In LEKTION 6 wird gezeigt, dass alle *ableitbaren* Argumentschemata und nur diese auch *korrekte* Argumentschemata sind. Aus diesem Grund gilt:

> **Erläuterung 5.13**
> Ein Argument ist *formal schlüssig* gdw. in dem ihm zugeordneten Argumentschema die K-Formel aus den Pr-Formeln ableitbar ist.

Demnach kann die formale Schlüssigkeit von Argumenten neben der Wahrheitswertanalyse der zugehörigen Konditionale auch durch die Ableitung der K-Formel aus den Pr-Formeln bewiesen werden. Da es im Rahmen der Rekonstruktion umgangssprachlicher Argumente nur um den Beweis ihrer formalen Schlüssigkeit geht, können durch Verwendung der Theoremeinführungsregel TE und der Schlussregeleinführungsregel SE durch Bezugnahme auf die *aussagenlogische Schlussregelliste* beliebige Schlussregeln verwendet werden, um die Schlüssigkeit auf möglichst direktem Wege zu beweisen.

BEISPIEL:

U-TEXT:

Francis Bacon gibt folgendes Argument für die Entstehung von Ebbe und Flut durch ein Erheben und Senken des Wassers:[3]

> Ebbe und Flut kommt entweder von einem Vordringen und Zurückweichen des Wassers oder von einem Erheben und Senken des Wassers. Hält man sich an die erste Erklärung, so muss mit der Flut an einer Stelle des Meeres gleichzeitig an einer anderen Ebbe sein. Dies ist nicht der Fall. Also kommt Ebbe und Flut von einem Erheben und Senken des Wassers.

---
[3] Bacon (1990), S. 441.

LEGENDE:

a = Ebbe und Flut kommt von einem Vordringen und Zurückweichen des Wassers.
b = Ebbe und Flut kommt von einem Erheben und Senken des Wassers.
c = Mit der Flut an einer Stelle des Meeres ist gleichzeitig an einer anderen Ebbe.

SJ-Text: a oder b. wenn a dann c. nicht c also b
J-Arg.schema: $P \lor Q, \quad P \rightarrow R, \neg R \therefore Q$

ABLEITUNG:

Annahme	Nr.	Formel	Regel
1	(1)	$P \lor Q$	AE
2	(2)	$P \rightarrow R$	AE
3	(3)	$\neg R$	AE
2,3	(4)	$\neg P$	2,3 MTT
1,2,3	(5)	Q	SE: 1,4 MTP

Es gilt: $P \lor Q, Q \rightarrow R, \neg R \vdash P$

Demzufolge ist das Argument von Bacon *formal schlüssig*, insofern die gegebene Formalisierung adäquat ist.

Die Konstruktion von Ableitungen unter Verwendung einer Schlussregelliste hat den praktischen Vorteil, bei Argumentschemata mit mehr als drei Satzbuchstaben den Beweis der formalen Schlüssigkeit des entsprechenden Argumentes mit weniger Aufwand als mittels einer vollständigen Wahrheitswertanalyse führen zu können. Allerdings kann mittels Ableitungen nur bewiesen werden, dass ein Argument (hinsichtlich des ihm zugeordneten Argumentschemas) formal schlüssig ist. Es kann nicht wie im Falle der Wahrheitswertanalyse bewiesen werden, dass es *nicht* schlüssig ist. Ableitungen sind im Unterschied zur Wahrheitswertanalyse kein Entscheidungsverfahren, das das Bestehen und auch Nichtbestehen einer formalen Eigenschaft bemisst, denn Ableitungen kommen nur an ein Ende, wenn die K-Formel auch tatsächlich aus der Pr-Formel ableitbar ist.

ÜBUNG: ARGUMENTREKONSTRUKTION

LEKTION 6

KORREKTHEIT UND VOLLSTÄNDIGKEIT

Diese Lektion handelt von der *Metalogik* der Aussagenlogik. Die Metalogik der Aussagenlogik untersucht das Verhältnis der Wahrheitswerttabellen und der Ableitungen zueinander. Es wird in dieser Lektion bewiesen, dass der GLK_J *korrekt* und *vollständig* ist. Zusammengenommen bedeutet dies, dass ein Argumentschema ableitbar ist gdw. es korrekt ist. Es gibt demzufolge keine Divergenzen zwischen dem semantischen und dem syntaktischen Verfahren bei der Beurteilung von Argumentschemata.

Diese Lektion soll auch dazu dienen, ein grundlegendes Verständnis logischer und metalogischer Beweise und ihrer *Kriterien* zu gewinnen. Dies ist für Fragen der Philosophie der Logik von Bedeutung. Aus diesem Grunde wird von Lemmons Darstellung des Beweises der Korrektheit und Vollständigkeit des GLK_J in einigen Punkten abgewichen und abschließend das logische Beweisverfahren der Wahrheitswerttabellen mit dem der Ableitungen verglichen.

1 Korrektheit

Erläuterung 6.1
Ein aussagenlogischer Kalkül $\mathcal{K}$ ist *korrekt* $gdw_{Def.}$ für eine beliebige Menge Γ von J-Formeln und beliebige J-Formeln B gilt:

Wenn $\Gamma \vdash_\mathcal{K} B$, dann $\Gamma \models_J B$.

Ist die Menge Γ leer, dann handelt es sich um die Ableitung von Theoremen, ist sie nicht leer, dann handelt es sich um die Ableitung von Argumentschemata. Ein aussagenlogischer Kalkül $\mathcal{K}$ ist demnach korrekt gdw. gilt:

- Wenn ein Argumentschema oder Theorem ableitbar ist, dann ist das Argumentschema korrekt bzw. das Theorem allgemeingültig.

1.1 Lemmons Korrektheitsbeweis

Lemmons Korrektheitsbeweis erfüllt zwei Merkmale, die charakteristisch sind für metalogische Beweise:[1]

1. Er ist nicht formal, sondern inhaltlich.

2. Er ist induktiv.

Dafür, dass der Korrektheitsbeweis des GLK_J nicht formal geführt werden kann, spricht, dass man im Falle der Formalisierung seinerseits die Korrektheit des formalen Beweises in Frage stellen kann, usw. ad infinitum: An irgendeiner Stelle muss in metalogischen Beweisen der Übergang von formalen zu inhaltlichen Beweisen stattfinden. Metalogische Beweise bleiben demnach auf umgangssprachliche Argumentationen angewiesen.

Für die induktive Form des Korrektheitsbeweises spricht folgende Überlegung: Da es unendlich viele ableitbare Theoreme und Argumentschemata gibt, kann der Korrektheitsbeweis des GLK_J nicht dadurch geführt werden, dass man für *jedes* ableitbare Theorem und *jedes* ableitbare Argumentschemata einzeln beweist, dass die Theoreme und die den Argumentschemata entsprechenden Konditionale allgemeingültig sind. Man steht also vor dem Problem, eine Aussage über beliebige, unendlich viele Ableitungen beweisen zu wollen, ohne unendlich viele Ableitungen durchführen zu können. In diesen Fällen greift man für gewöhnlich auf *Induktionsbeweise* zurück.

In der Mathematik beweist man per *Induktion*, dass *alle* natürlichen Zahlen eine bestimmte Eigenschaft haben, indem man beweist, dass 1 diese Eigenschaft hat und dass, wenn eine beliebige Zahl diese Eigenschaft hat, auch ihr Nachfolger diese Eigenschaft hat. Analog kann man beweisen, dass durch eine beliebige Ableitung nur korrekte Argumentschemata oder allgemeingültige Theoreme abgeleitet werden, indem man beweist, dass

1. die Anwendung der Startregel AE nur korrekte Argumentschemata liefert;

2. die Anwendung jeder anderen Regel auf korrekte Argumentschemata nur korrekte Argumentschemata oder allgemeingültige Theoreme liefert.

An die Stelle der Zahlen treten im Korrektheitsbeweis des GLK_J Argumentschemata bzw. Theoreme; ihre fragliche Eigenschaft ist in diesem Fall die der Korrektheit. Anstelle des Anfangsgliedes 1 in der Reihe der natürlichen Zahlen

---

[1] Siehe Lemmon (1998) S. 74ff.

hat man das Anfangsglied einer Ableitung: Das Argumentschema, das durch Anwendung der Regel AE, die jede Ableitung mittels der Regeln des GLK$_J$ eröffnet, gewonnen wird. Dass diese Eigenschaft sich auf alle weiteren Glieder in der Beweiskette überträgt, wird bewiesen, indem gezeigt wird, dass alle Anwendungen der weiteren Regeln auf korrekte Argumentschemata stets wieder zu korrekten Argumentschemata führen.

Lemmons „Beweise" der Korrektheit der einzelnen Schlussregeln seien am Beispiel der Startregel AE und der Regel MPP vorgeführt. Lemmons „Beweis" der Korrektheit von AE lautet:[2]

> *Proof of (α).* Any sequent derivable by the rule of assumptions alone is tautologous. For such a sequent must be of the form $A \vdash A$, which is obviously tautologous.

Strenggenommen ist diese Argumentation zirkulär: Der erste Satz enthält die zu beweisende Annahme, dass jede Ableitung mittels AE „tautologisch" ist. Lemmon verwendet „sequent" anstelle von „Argumentschema" und „tautologisch" anstelle des hier verwendeten Ausdruckes „allgemeingültig". Zu beweisen ist, dass AE korrekt ist, und dies bedeutet gemäss *Erläuterung 6.1*, dass jedes durch AE ableitbare Argumentschema allgemeingültig bzw. tautologisch ist. Der zweite Satz enthält als einzigen Unterschied die Zitierung der Regel AE in Form der Schlussregel $A \vdash A$. Zu begründen ist, warum ableitbare Argumentschemata dieser Form allgemeingültig bzw. tautologisch sind. Lemmon gibt aber keinen Grund an, wenn er sagt, $A \vdash A$ sei „obviously tautologous". Strenggenommen ist sogar falsch, dass $A \vdash A$ tautologisch bzw. allgemeingültig ist, denn nicht die Schlussregeln, sondern nur die zugehörigen Konditionale ihrer Instanzen sind tautologisch bzw. allgemeingültig.

Problematisch an Lemmons Korrektheitsbeweis ist allerdings nicht in erster Linie, dass er zirkulär ist: Man könnte Lemmons Verweis darauf, dass $A \vdash A$ „obviously" tautologisch sei, wohlwollend so interpretieren, dass dies deshalb „offensichtlich" der Fall sei, da die entsprechende Wahrheitswerttabelle der zugehörigen Konditionale der Instanzen der Schlussregeln unter dem Hauptjunktor nur den Wert 'W' enthält. Problematisch an Lemmons Argumentation ist, dass sie durch die mangelnde Bezugnahme auf eine Wahrheitswerttabelle den Beweisgrund für die Korrektheit der Regel AE nicht explizit macht. In der von Lemmon gegebenen Darstellungsform gewinnt man den Eindruck, der metalogische Beweis diene nur dazu, die *Überzeugung* zu vermitteln, dass die Kalkülregeln korrekt seien. Wo es keines weiteren Aufwandes bedarf, um zu einer derartigen Überzeugung zu

---
[2]Lemmon (1998), S. 78.

gelangen, verzichtet Lemmon auf eine Beweisführung. Die Auffassung, Beweise seien das, was auf methodische Weise eine Überzeugung vermittle, ist jedoch für logische Beweise inadäquat: Die *Gültigkeit* eines Beweises in der Logik ist unabhängig von dem Grad der Überzeugung, den man durch den Beweis von dem zu Beweisenden erlangen kann. Von der Gültigkeit vieler Theoreme ist man z.B. überzeugt, ganz unabhängig von ihrer Ableitung, und keine Ableitung kann den Grad der Überzeugung erhöhen. Andere verwickelte Beweise führen nicht unbedingt zu einer Überzeugung, aber sie sind ganz unabhängig davon gültig und beweisen das zu Beweisende in einem strengen Sinn. Meint man, Beweise in der Logik bzw. Metalogik seien lediglich Mittel zur Erreichung subjektiver Evidenz des zu Beweisenden, dann gibt man den Anspruch zwingender, objektiver Beweisführungen in der Logik auf, denn aus der subjektiven Evidenz folgt nicht die Gültigkeit des zu Beweisenden. Problematisch an Lemmons Darstellung des Korrektheitsbeweises der Regel AE ist das Verständnis metalogischer Beweise, das er hierdurch nahelegt, und nicht der tatsächliche Mangel einer Explikation eines Beweises.

Dass die Problematik von Lemmons Korrektheitsbeweis nicht bloss darin liegt, Wahrheitswerttabellen nicht als Beweisgründe der Korrektheit einzelner Schlussregeln anzuführen, zeigen seine Korrektheitsbeweise anderer Schlussregeln. Im Unterschied zum Korrektheitsbeweis der Startregel AE, argumentiert er für die Korrektheit der anderen Schlussregeln des GLK_J stets unter der induktiven Voraussetzung, dass korrekte Argumentschemata abgeleitet sind, und zeigt, dass die Anwendung der jeweiligen Schlussregel auch wieder nur zu korrekten Argumentschemata führt. Seine Beweise haben die Form umgangssprachlicher, indirekter Argumentationen:[3]

> *Proof of (β).* (i) MPP. In an application of MPP, we pass from premisses A and $A \to B$ to conclusion B, on the pool of the assumptions on which A and $A \to B$ rest. Now suppose that the lines where A and $A \to B$ appear correspond to tautologous sequents. We wish to show that the new line where B appears will also correspond to a tautologous sequent. *Let us suppose this is not so, and deduce an absurdity.* If the new sequent is not tautologous, then clearly some assignment of truth-values to its variables gives B the value F but all its assumptions the value T. Since these assumptions include all those on which A and $A \to B$ rest, the same assignment will give A and $A \to B$ the value T, because by supposition the lines where they appear correspond to tautologous sequents. But if this assignment gives both A and $A \to B$ the value T, it must also give B the value T, by the matrix for '$\to$': an absurdity, since we supposed B to take the

---

[3] Lemmon (1998), S. 78.

value F for the assignment in question. Thus any application of MPP to tautologous sequents yields tautologous sequents.

Dieser Korrektheitsbeweis fördert zwar in der Regel das Verständnis und die Einsicht in die Korrektheit der Kalkülregel, aber er entgeht nicht dem Einwand der Zirkularität: Denn sein Beweis hat die Form einer umgangssprachlichen Argumentation. Diese geht wie jede umgangssprachliche Argumentation von Annahmen aus und zieht aus diesen unter Verwendung von Schlussregeln Konsequenzen. Wie jede umgangssprachliche Argumentation lässt sich auch eine metalogische, umgangssprachliche Argumentation rekonstruieren. Eine vereinfachte Formalisierung von Lemmons Argumentation lautet:

SJ-Text: nicht a. wenn nicht a dann b und nicht c. wenn b dann c also a
J-Arg.sch.: $\neg P$, $\neg P \to Q$ & $\neg R$, $Q \to R \therefore P$

LEGENDE:

a = The new sequent $A, A \to B \vdash B$ is tautologous.
b = Some assignment AS gives A and $A \to B$ the value T.
c = Some assignment AS gives B the value W.

ABLEITUNG:

Annahme	Zeile	Formel	Regel
1*	(1)	$\neg P$	AE
2	(2)	$\neg P \to Q \,\&\, \neg R$	AE
3	(3)	$Q \to R$	AE
1*,2	(4)	$Q \,\&\, \neg R$	2,1 MPP
1*,2	(5)	Q	4 &B
1*,2,3	(6)	R	3,5 MPP
1*,2	(7)	$\neg R$	4 &B
1*,2,3	(8)	$R \,\&\, \neg R$	6,7 &E
2,3	(9)	$\neg\neg P$	1,8 RAA
2,3	(10)	P	9 DNB

Diese Ableitung zeigt, dass Lemmons Argumentation für die Korrektheit von MPP ihrerseits die Regel MPP verwendet.[4] Die Korrektheit dieser Regel soll aber

---

[4] Man könnte zwar die K-Formel auch ableiten, indem man an Stelle von MPP andere Kalkülregeln oder ableitbare Regeln verwendet, aber damit bliebe das prinzipielle Problem bestehen,

gerade bewiesen werden. Sie darf folglich nicht für den Beweis zugrunde gelegt werden. Auch Lemmons weiteren Korrektheitsbeweise der einzelnen Regeln setzen Regeln voraus, deren Korrektheit er beweisen will, insofern er sich nicht mit dem Hinweis begnügt, dass die fragliche Kalkülregel „offensichtlich" („obviously") korrekt sei. Es handelt sich durchweg um indirekte Beweise, die zeigen, dass die Annahme der Unkorrektheit zu einer widersprüchlichen Belegung oder zu einem Widerspruch zur induktiven Annahme führt. Generell gilt: Solange die Korrektheitsbeweise für Kalküle des natürlichen Schliessens in Form umgangssprachlicher Argumentationen gegeben werden, lässt sich nicht vermeiden, dass diese von eben den Regeln Gebrauch machen, deren Korrektheit zu beweisen ist.

Unabhängig von dem Einwand der Zirkularität lässt sich gegen den Beweis der Korrektheit der einzelnen Kalkülregeln in Form umgangssprachlicher Argumentationen einwenden, dass hierdurch kein objektiver, logischer *Beweisgrund* für die Korrektheit der entsprechenden Regel gegeben wird, denn der argumentative Beweis beruht letztlich auf Annahmen mit einem bestimmten Inhalt. Das zu Beweisende wird demnach nur unter Voraussetzung dieser Annahmen bewiesen. Soll die Gültigkeit des zu Beweisenden bewiesen werden (und nicht bloss die Aussage, dass das zu Beweisende gilt, insofern die Annahmen gültig sind), muss die Gültigkeit der Annahmen vorausgesetzt werden. Da hierfür jedoch nicht ad infinitum argumentiert werden kann, bleibt die umgangssprachliche Argumentation auf die Einsicht in den *Inhalt ihrer Annahmen* angewiesen und damit auf einen subjektiven, inhaltlichen Erkenntnisgrund.

Man könnte hiergegen einwenden, dass metalogische Beweise unvermeidlich inhaltliche Beweise seien und dass es bei den Beweisen der Korrektheit und Vollständigkeit von Kalkülregeln auch gerade darum gehe, die Äquivalenz einer syntaktischen Beweismethode mit einer semantischen, also inhaltlichen Beweismethode aufzuzeigen, was seinerseits inhaltliche Überlegungen impliziere. Es ist jedoch schon im Exkurs zu LEKTION 2 ausgeführt worden, dass man die Wahrheitswerttabellen als rein formale Beweise im Sinne der Transformation von Ausdrücken eines Zeichensystems in Ausdrücke eines anderen Zeichensystems deuten kann. Eine inhaltliche Deutung der Wahrheitswerttabellen ist demnach nicht zwingend. Im Folgenden soll auf Basis dieses Beweisverständnisses gezeigt werden, dass auch die metalogischen Beweise der Korrektheit und Vollständigkeit des GLK_J als rein formale Beweise gedeutet werden können, in denen der Beweis darin besteht, Ausdrücke eines Zeichensystems in Ausdrücke eines anderen zu transformieren.

---

die Korrektheit aussagenlogischer Regeln unter Verwendung aussagenlogischer Regeln beweisen zu wollen.

1.2 Alternative Beweisidee

Die Beweisidee besteht darin, den Beweis der Korrektheit der Regeln des GLK$_J$ als eine Zuordnung von Ableitungen zu Wahrheitswerttabellen zu deuten, und den Beweis der Vollständigkeit der Regeln des GLK$_J$ als eine Zuordnung von Wahrheitswerttabellen zu Ableitungen. Diese Idee ist auch diejenige Lemmons, aber sie wird durch seine Darstellung nicht konsequent ausgedrückt.

  Es soll im Folgenden auch keineswegs behauptet werden, dass metalogische Beweise völlig unabhängig von inhaltlichen Überlegungen und der Verwendung der Umgangssprache seien. Es wird nur behauptet, dass es sich bei ihnen nicht prinzipiell anders verhält als bei formallogischen Beweisen: Diese *enthalten* keine umgangssprachlichen bzw. metasprachlichen Ausdrücke, aber die Formulierung ihrer Regeln ist auf die Umgangssprache angewiesen. Die *Erläuterungen* in LEKTION 2 erläutern die Satzbuchstabenbelegungen und die Belegungen der Junktoren unter Verwendung der Umgangssprache; die *Erläuterungen* in LEKTION 4 erläutern die einzelnen Kalkülregeln unter Verwendung der Umgangssprache. Die *Erläuterungen* der Allgemeingültigkeit und formalen Schlüssigkeit der *J*-Formeln erläutern, auf Grund welcher Eigenschaften die Wahrheitswerttabellen bzw. Ableitungen formale Eigenschaften bzw. formale Relationen beweisen. Diese *Erläuterungen* sind nicht Teil des Beweises, sondern gehören zur Erläuterung des Beweises bzw. zur Festlegung eines Beweisverfahrens. Hierfür ist die Umgangssprache (inklusive der Verwendung von Metavariablen) als Metasprache unentbehrlich. Man kann auch stets die Voraussetzungen der *Erläuterungen* in Frage stellen und inhaltlich für oder gegen sie argumentieren, aber hieraus folgt nicht, dass sich die erläuterten Beweisverfahren – seien es logische oder metalogische – nicht vollständig formalisieren liessen. Es folgt nur, dass sie unter Umständen nicht leisten, was sie zu leisten beanspruchen. Stellt man die *Erläuterungen* in Frage, stellt man ein Beweisverfahren, nicht Beweise innerhalb des Beweisverfahrens in Frage.

  Lemmons Korrektheitsbeweis vermengt nach diesem Verständnis die Beweisführung mit ihrer Erläuterung und begeht damit einen analogen Fehler auf der Ebene der metalogischen Beweise wie den, den man auf der Ebene der logischen Beweise begeht, wenn man hier Metasprache und Objektsprache nicht unterscheidet.

1.3 Induktionsbeweis

Die im Folgenden gegebenen metalogischen Beweise der Korrektheit und Vollständigkeit des GLK$_J$ haben im Unterschied zu Lemmons Beweisen nicht die Form von *Induktionsbeweisen*, da sie nicht von einer induktiven Voraussetzung Gebrauch machen. Eine induktive Voraussetzung nimmt auf *beliebige* Ausdrücke Bezug, und sagt aus, dass auf diese eine bestimmte formale Eigenschaft zutrifft.

Auf beliebige Ausdrücke kann nur mittels Metavariablen Bezug genommen werden; Metavariablen sind aber weder Teil der Wahrheitswerttabellen noch der Ableitungen – vielmehr kommen in diesen nur Instanzen von Metavariablen vor. Sind Ableitungen und Wahrheitswerttabellen Teil metalogischer Beweise, kommen demnach nicht Metavariablen für J-Argumentschemata bzw. J-Formeln in den metalogischen Beweisen vor, sondern Instanzen dieser Metavariablen.

Der Verzicht auf einen Induktionsbeweis hat einen Vorteil, insofern man induktive Beweise als Schlüsse auf generelle Aussagen nach folgender Form deutet:

PRÄMISSE 1 (ANFANGSKLAUSEL): Der Anfangsausdruck $\mathcal{A}$ eines formalen Systems $\mathcal{F}$ hat die Eigenschaft φ.

PRÄMISSE 2 (INDUKTIONSKLAUSEL): Wenn ein beliebiger Ausdruck von $\mathcal{F}$ die Eigenschaft φ hat, dann auch sein Nachfolger.[5]

KONKLUSION: *Also* haben *alle* Ausdrücke von $\mathcal{F}$ die Eigenschaft φ.

Meint man, ein induktiver Beweis habe eine derartige Form, dann setzt dieser seinerseits eine Schlussregel voraus, die den Übergang von den Prämissen zur Konklusion erlaubt. Hierfür stellt sich wiederum die Frage der Korrektheit des Überganges. Ein metalogischer Korrektheitsbeweis des GLK_J in Form eines Induktionsbeweises in diesem Sinne würde damit nicht nur die Regeln des GLK_J, sondern sogar noch weitere Schlussregeln, und damit ein reichhaltigeres Regelsystem als das, dessen Korrektheit zu beweisen ist, verwenden.

Allerdings kann man Induktionsbeweise auch dadurch kennzeichnen, dass es sich bei ihnen nicht um Beweise handelt, in denen die zu beweisende Formel am Ende einer Beweiskette steht. Induktionsbeweise sind nach dieser Auffassung nichts anderes als Beweise dafür, dass ein Anfangsausdruck einer formalen Sprache eine bestimmte Eigenschaft hat, und dafür, dass, wenn ein beliebiger Ausdruck dieser Sprache diese Eigenschaft hat, dann auch sein Nachfolger. Eine zusätzliche Schlussfolgerung darauf, dass demzufolge *alle* Ausdrücke der formalen Sprache diese Eigenschaft besitzen, ist nach diesem Verständnis nicht Teil des Beweises, sondern Teil der *Erläuterung* des Beweises. Denn will man erläutern, was es heisst, dass *alle* Ausdrücke einer formalen Sprache eine bestimmte Eigenschaft haben, dann tut man dies nach dieser Auffassung durch Angabe einer entsprechenden Anfangs- und Induktionsklausel.

Der im Folgenden gegebene Korrektheitsbeweis des GLK_J ist kein Beweis im Sinne einer Kette von Schlussfolgerungen, deren letztes Glied der Allsatz ist

---

[5] Der Nachfolger einer Formel in einem Ableitungsschema ist die Formel der folgenden Zeile.

„Alle ableitbaren Argumentschemata sind korrekt und alle ableitbaren Theoreme sind allgemeingültig". Er ist aber auch kein Induktionsbeweis, da nicht von einer induktiven Voraussetzung Gebrauch gemacht wird. Der Beweis der Korrektheit der Regeln des GLK_J besteht vielmehr in nichts anderem als der Zuordnung der einzelnen Regeln des GLK_J zu *Instanzen* ihrer Schlussregeln und dem Beweis der Korrektheit dieser Instanzen. Der Beweis der Korrektheit aller einzelnen Kalkülregeln beweist für jede einzelne Kalkülregel $\mathcal{R}$ des GLK_J: Wenn $\Gamma \vdash_R B$ dann $\Gamma \models_J B$. Ist dies für *jede* einzelne Kalkülregel bewiesen, dann ist nach *Erläuterung 6.1* bewiesen, dass der Kalkül GLK_J korrekt ist, denn ein Kalkül $\mathcal{K}$ ist nichts anderes als die Gesamtheit seiner einzelnen Regeln $\mathcal{R}$.

Die Bezugnahme auf *Erläuterungen* kennzeichnet nicht den Korrektheitsbeweis; strenggenommen findet er ebenso bei den aussagenlogischen Beweisen statt. Die Belegungen des Hauptjunktors mit dem Wahrheitswert W beweisen auf Grund der *Erläuterung* der Allgemeingültigkeit (*Erläuterung 2.10*), dass eine entsprechende J-Formel allgemeingültig ist; das Vorkommen der K-Formel in einer letzten Zeile einer korrekten Ableitung mit einer Annahmenliste, die nur auf Zeilen mit Pr-Formeln verweist, beweist auf Grund von *Erläuterung 4.1*, dass die K-Formel aus den Pr-Formeln ableitbar ist. Ebensowenig wie der Beweis der Allgemeingültigkeit oder Ableitbarkeit noch einen Beweisschritt auf die Aussage „Die J-Formel ist allgemeingültig" bzw. „Die K-Formel ist aus den Pr-Formeln ableitbar" enthält, ebensowenig enthält der Beweis der Korrektheit der Kalkülregeln noch einen Schluss auf die Aussage „Alle ableitbaren Argumentschemata sind korrekt und alle ableitbaren Theoreme sind allgemeingültig". Der Beweis der Korrektheit der Kalkülregeln endet vielmehr ebenso wie der der Allgemeingültigkeit einer J-Formel bei Wahrheitswerttabellen.

1.4 Formaler Korrektheitsbeweis

Der Beweis, dass die Anwendung einer Kalkülregel $\mathcal{R}$ stets nur korrekte Argumentschemata liefert, sei kurz „Korrektheitsbeweis für $\mathcal{R}$" genannt. Die Korrektheitsbeweise der einzelnen Regeln des GLK_J setzen folgende Erläuterungen der letzten Lektionen voraus: Nach *Erläuterung 5.11* entsprechen den Kalkülregeln Schlussregeln. Die Einsetzungsinstanzen dieser Schlussregeln treffen nach *Erläuterung 5.6* die Metaaussage, dass die entsprechenden (ableitbaren) Argumentschemata ableitbar sind. Nach *Erläuterung 5.9* ist die Ableitung *einer* Instanz einer Schlussregel hinreichend, um die Ableitbarkeit *aller* Instanzen zu beweisen, da sich die Kalkülregeln nur auf die Hauptjunktoren einzelner Zeilen beziehen. Ebenso hängt die Korrektheit der Schlussregeln nur von den Belegungen dieser Junktoren ab. Wählt man als Einsetzungsinstanzen der Metavariablen A, B, C für J-Formeln stets Satzbuchstaben, und zwar unterschiedliche Satzbuchstaben für unterschiedliche Metavariablen, dann erhält man stets *alle möglichen* unterschiedlichen Belegungen als Argumente für die Belegungen der relevanten Junktoren. Schlussregeln, in denen die Metavariablen A, B, C durch Satzbuchstaben P, Q, R ersetzt werden, seien „einfachste Instanzen" genannt. Dementsprechend gilt:

> **Erläuterung 6.2**
> Ist *eine* einfachste Instanz einer Schlussregel korrekt, dann sind *alle* Instanzen korrekt.

Eine Instanz einer Schlussregel ist korrekt, wenn das (ableitbare) Argumentschema, von dem diese Instanz aussagt, dass es ableitbar ist, korrekt ist. Nach *Erläuterung 3.13* ist ein Argumentschema korrekt, wenn das zugehörige Konditional allgemeingültig ist.

Gemäss diesen *Erläuterungen* kann man die Korrektheit einer Regel des GLK_J beweisen, indem man von der zugehörigen Schlussregel ausgeht, für diese eine einfachste Einsetzungsinstanz bildet, aus dieser das entsprechende Argumentschema, für dieses das zugehörige Konditional, und für dieses mittels einer Wahrheitstabelle beweist, dass es allgemeingültig ist.

Der Korrektheitsbeweis des GLK_J besteht nach der hier vertretenen Auffassung allein aus den im Folgenden genannten Korrektheitsbeweisen der einzelnen Kalkülregeln. Die restlichen Ausführungen erläutern den Korrektheitsbeweis. Die Korrektheitsbeweise der einzelnen Kalkülregeln enthalten keine relevanten Ausdrücke mit umgangssprachlicher Bedeutung. Die vorkommenden umgangssprachlichen Ausdrücke („Schlussregel", „Instanz", „Argumentschema", „Konditional") dienen nur der Übersicht und dem Verständnis des Beweises. Sie sind hierin den Linien in einer Wahrheitswerttabelle oder der Nummern- und Regelspalte der Ableitungen vergleichbar. Man kann sich für die einzelnen Übergänge innerhalb des Beweises analog zur Regelspalte der Ableitungen jeweils die *Erläuterung*, die den Übergang regelt, hinzudenken.

1.4.1 Korrektheitsbeweis für AE

Schlussregel: $\quad A \vdash A.$
Instanz: $\quad P \vdash P.$
Argumentschema: $\quad P \therefore P.$
Konditional: $\quad P \rightarrow P.$

P	P	$\rightarrow$	P
W		W	
F		W	

1.4.2 Korrektheitsbeweis für MPP

Schlussregel: $A, \quad A \to B \quad \vdash \quad B.$
Instanz: $P, \quad P \to Q \quad \vdash \quad Q.$
Argumentschema: $P, \quad P \to Q \quad \therefore \quad Q.$
Konditional: $P \,\&\, (P \to Q) \to Q.$

P	Q	P	&	(P	→	Q)	→	Q
W	W		W		W		**W**	
W	F		F		F		**W**	
F	W		F		W		**W**	
F	F		F		W		**W**	

1.4.3 Korrektheitsbeweis für MTT

Schlussregel: $\neg B, \quad A \to B \quad \vdash \quad \neg A.$
Instanz: $\neg Q, \quad P \to Q \quad \vdash \quad \neg P.$
Argumentschema: $\neg Q, \quad P \to Q \quad \therefore \quad \neg P.$
Konditional: $\neg Q \,\&\, (P \to Q) \to \neg P.$

P	Q	¬	Q	&	(P	→	Q)	→	¬	P
W	W	F		F		W		**W**	F	
W	F	W		F		F		**W**	F	
F	W	F		F		W		**W**	W	
F	F	W		W		W		**W**	W	

1.4.4 Korrektheitsbeweis für &E

Schlussregel: $A, \quad B \quad \vdash \quad A \,\&\, B \quad$ bzw. $\quad A, \quad B \quad \vdash \quad B \,\&\, A.$
Instanz: $P, \quad Q \quad \vdash \quad P \,\&\, Q \quad$ bzw. $\quad P, \quad Q \quad \vdash \quad Q \,\&\, P.$
Argumentschema: $P, \quad Q \quad \therefore \quad P \,\&\, Q \quad$ bzw. $\quad P, \quad Q \quad \therefore \quad Q \,\&\, P.$
Konditional: $P \,\&\, Q \to P \,\&\, Q \quad$ bzw. $\quad P \,\&\, Q \to Q \,\&\, P.$

P	Q	P	&	Q	→	P	&	Q
W	W		W		**W**		W	
W	F		F		**W**		F	
F	W		F		**W**		F	
F	F		F		**W**		F	

P	Q	P	&	Q	→	Q	&	P
W	W		W		**W**		W	
W	F		F		**W**		F	
F	W		F		**W**		F	
F	F		F		**W**		F	

1.4.5 KORREKTHEITSBEWEIS FÜR &B

Schlussregel: $A \& B \vdash A$ bzw. $A \& B \vdash B$.
Instanz: $P \& Q \vdash P$ bzw. $P \& Q \vdash Q$.
Argumentschema: $P \& Q \therefore P$ bzw. $P \& Q \therefore Q$.
Konditional: $P \& Q \to P$ bzw. $P \& Q \to Q$.

P	Q	P	&	Q	→	P
W	W		W		**W**	
W	F		F		**W**	
F	W		F		**W**	
F	F		F		**W**	

P	Q	P	&	Q	→	Q
W	W		W		**W**	
W	F		F		**W**	
F	W		F		**W**	
F	F		F		**W**	

1.4.6 KORREKTHEITSBEWEIS FÜR ∨E

Schlussregel: $A \vdash A \lor B$ bzw. $A \vdash B \lor A$.
Instanz: $P \vdash P \lor Q$ bzw. $P \vdash Q \lor P$.
Argumentschema: $P \therefore P \lor Q$ bzw. $P \therefore Q \lor P$.
Konditional: $P \to P \lor Q$ bzw. $P \to Q \lor P$.

P	Q	P	→	P	∨	Q
W	W		**W**		W	
W	F		**W**		W	
F	W		**W**		W	
F	F		**W**		F	

P	Q	P	→	Q	∨	P
W	W		**W**		W	
W	F		**W**		W	
F	W		**W**		W	
F	F		**W**		F	

1.4.7 KORREKTHEITSBEWEIS FÜR DN

Schlussregel: $A \dashv\vdash \neg\neg A$.
Instanz: $P \dashv\vdash \neg\neg P$.
Argumentschema 1: $P \therefore \neg\neg P$
Argumentschema 2: $\neg\neg P \therefore P$
Bikonditional: $P \leftrightarrow \neg\neg P$

P	P	↔	¬	¬	P
W		**W**	W	F	
F		**W**	F	W	

1.4.8 Korrektheitsbeweis für ↔E/B

Schlussregel:	$(A \to B) \,\&\, (B \to A)$ ⊣⊢	$A \leftrightarrow B$.
Instanz:	$(P \to Q) \,\&\, (Q \to P)$ ⊣⊢	$P \leftrightarrow Q$.
Argumentschema 1:	$(P \to Q) \,\&\, (Q \to P)$ ∴	$P \leftrightarrow Q$.
Argumentschema 2:	$P \leftrightarrow Q$ ∴	$(P \to Q) \,\&\, (Q \to P)$.
Bikonditional:	$(P \to Q) \,\&\, (Q \to P)$ ↔	$(P \leftrightarrow Q)$.

P	Q	$(P$	$\to$	$Q)$	$\&$	$(Q$	$\to$	$P)$	$\leftrightarrow$	$(P$	$\leftrightarrow$	$Q)$
W	W		W		W		W		**W**		W	
W	F		F		F		W		**W**		F	
F	W		W		F		F		**W**		F	
F	F		W		W		W		**W**		W	

1.4.9 Korrektheitsbeweis für indirekte Schlussregeln

Im Falle indirekter Schlussregeln kommen Metavariablen Γ, Δ für J-Formelmengen sowie Metaformeln vor, deren Einsetzungsinstanzen die Ableitbarkeit von Argumentschemata aussagen. Die Einsetzungsinstanzen für die Metavariablen Γ, Δ sind so zu wählen, dass das Argumentschemata, das in der indirekten Schlussregel vorkommt, korrekt ist. Es ist z.B. der Instanz der in Schlussregel K ($\Gamma, (A, \Gamma \vdash B) \vdash A \to B$) vorkommenden Metaformel $A, \Gamma \vdash B$ ein korrektes Argumentschema zuzuordnen. Denn jede Anwendung einer indirekten Schlussregel in einer Ableitung setzt die Anwendung einer direkten Schlussregel voraus, deren Korrektheit bereits bewiesen ist. Jede erste Anwendung einer indirekten Schlussregel in einer Ableitung beruht demzufolge auf Ableitungen korrekter Argumentschemata. Des Weiteren gilt: Ist die *erste* Anwendung einer indirekten Schlussregel korrekt, dann beruht auch die zweite auf Ableitungen korrekter Argumentschema etc. Es gilt demnach:

> **Erläuterung 6.3**
> Ist die Anwendung einer indirekten Schlussregel unter Voraussetzung der Anwendung direkter Schlussregeln korrekt, dann ist *jede* ihrer Anwendungen, die auf der Ableitung korrekter Argumentschemata beruht, korrekt.

Im Folgenden sei stets eine derartige Einsetzungsinstanz gewählt, die es erlaubt, die Einsetzungsinstanzen der in der Schlussregel vorkommenden Metaformeln direkt mittels MPP abzuleiten. Diese Einsetzungsinstanzen für die Metavariablen der J-Formelmengen seien als die „einfachsten Instanzen" dieser Metavariablen bezeichnet. Die jeweilige Einsetzungsinstanz steht für jede beliebige andere Einsetzungsinstanz, die die Bedingung erfüllt, dass das Argumentschema, deren Ableitbarkeit in der Anwendung der indirekten Schlussregeln vorausgesetzt wird, korrekt ist, denn alle diese Einsetzungsinstanzen führen zu denselben Belegungen der relevanten Junktoren. Die *relevanten Junktoren* sind die Junktoren, die in der Schlussregel explizit genannt werden, plus diejenigen, die durch Ersetzung von ',' durch '&' und '∴' durch '→' bei der Bildung der zugehörigen Konditionale gewonnen werden. *Relevante Belegungen* sind die Belegungen der relevanten Junktoren.

1.4.10 KORREKTHEITSBEWEIS FÜR K

Schlussregel: Γ, $(A, \quad \Gamma \vdash B) \vdash A \to B$.
Instanz: $P \to Q$, $(P, \quad P \to Q \vdash Q) \vdash P \to Q$.
Argumentschema: $P \to Q$, $(P, \quad P \to Q \therefore Q) \therefore P \to Q$.
Konditional: $(P \to Q) \,\&\, (P \,\&\, (P \to Q) \to Q) \to (P \to Q)$.

P	Q	$(P \to Q)$	$\&$	$(P$	$\&$	$(P \to Q)$	$\to$	$Q)$	$\to$	$(P \to Q)$
W	W	W	W	W	W	W	W	**W**	W
W	F	F	F	F	F	F	W	**W**	F
F	W	W	W	F	W	W	W	**W**	W
F	F	W	W	F	W	W	W	**W**	W

1.4.11 KORREKTHEITSBEWEIS FÜR ∨B

Schlussregel: $A \vee B$, Γ, Δ, $(A, \quad \Gamma \vdash C), (B, \quad \Delta \vdash C)$
Instanz: $P \vee Q$, $P \to R$, $Q \to R$, $(P, \quad P \to R \vdash R), (Q, \quad Q \to R \vdash R)$
Arg.schema: $P \vee Q$, $P \to R$, $Q \to R$, $(P, \quad P \to R \therefore R), (Q, \quad Q \to R \therefore R)$
Konditional: $P \vee Q \,\&\, (P \to R) \,\&\, (Q \to R) \,\&\, (P \,\&\, (P \to R) \to R) \,\&\, (Q \,\&\, (Q \to R) \to R)$

P	Q	R	P	$\vee$	Q	$\&$	$(P \to R)$	$\&$	$(Q \to R)$	$\&$	$(P$	$\&$	$(P \to R)$	$\to$	$R)$	$\&$	$(Q$	$\&$	$(Q \to R)$	$\to$	$R)$
W	W	W	W	W	W	W	W	W	W	W	W	W	W	W	W	W	W	W	W	W	W
W	W	F	W	W	W	F	F	F	F	F	W	W	F	F	F	F	W	W	F	F	F
W	F	W	W	W	F	W	W	W	W	W	W	W	W	W	W	W	F	F	W	W	W
W	F	F	W	W	F	F	F	F	W	F	W	W	F	F	F	F	F	F	W	W	F
F	W	W	F	W	W	W	W	W	W	W	F	F	W	W	W	W	W	W	W	W	W
F	W	F	F	W	W	W	W	F	F	F	F	F	F	W	F	F	W	W	F	F	F
F	F	W	F	F	F	F	W	W	W	F	F	F	W	W	W	F	F	F	W	W	W
F	F	F	F	F	F	F	W	W	W	F	F	F	W	W	F	F	F	F	W	W	W

1.4.12 Korrektheitsbeweis für RAA

Schlussregel:	Γ,	$(A$,	Γ	$\vdash B \,\&\, \neg B)$	$\vdash$
Instanz:	$P \to Q \,\&\, \neg Q$,	$(P$,	$P \to Q \,\&\, \neg Q$	$\vdash Q \,\&\, \neg Q)$	$\vdash$
Arg.schema:	$P \to Q \,\&\, \neg Q$,	$(P$,	$P \to Q \,\&\, \neg Q$	$\therefore Q \,\&\, \neg Q)$	$\therefore$
Konditional:	$(P \to Q \,\&\, \neg Q) \,\&\,$	$(P \,\&\,$	$(P \to Q \,\&\, \neg Q)$	$\to Q \,\&\, \neg Q)$	$\to$

P	Q	$(P$	$\to$	Q	$\&$	$\neg$	$Q)$	$\&$	$(P$	$\&$	$(P$	$\to$	Q	$\&$	$\neg$	$Q)$	$\to$	Q	$\&$	$\neg$	$Q)$	$\to$	$\neg$
W	W		F		F	F		F		F		F		F	F		W		F	F		**W**	F
W	F		F		F	W		F		F		F		F	W		W		F	W		**W**	F
F	W		W		F	F		W		F		W		F	F		W		F	F		**W**	W
F	F		W		F	W		W		F		W		F	W		W		F	W		**W**	W

Zusatzbemerkung 6.1: Will man sich die Korrektheit der einzelnen Kalkülregeln anhand der Wahrheitswerttabellen verständlich machen, so muss man sich die einzelnen Erläuterungen zu den Beweisschritten vergegenwärtigen und sich anhand der Wahrheitswerttabelle vor Augen führen, dass es keine widerlegende Belegung der entsprechenden Argumentschemata gibt. Insbesondere muss man sich hierbei stets vergegenwärtigen, dass die einzelnen Einsetzungsinstanzen nur einfachste Repräsentanten für beliebige weitere Einsetzungsinstanzen sind. Man darf also nicht die Beweisschritte einfachhin so verstehen, dass eine bestimmte Kalkülregel korrekt sei, weil ein bestimmtes Konditional allgemeingültig ist, sondern man muss berücksichtigen, dass eine bestimmte Kalkülregel korrekt ist, weil ein bestimmtes Konditional allgemeingültig ist, dessen einzelnen Satzbuchstaben und Formelbestandteile so gewählt sind, dass die jeweiligen Belegungen *alle* möglichen unterschiedlichen relevanten Belegungen aller möglichen Einsetzungsinstanzen darstellen.

Die Zuordnung zu einem bestimmten Konditional ist unentbehrlich, um den Beweis der Korrektheit einer Kalkülregel im Sinne der Transformation einer Kalkülregel in eine Formel, deren Allgemeingültigkeit mittels einer Wahrheitswerttabelle bewiesen wird, zu führen. Dies wäre nicht möglich, solange man Metavariablen oder Argumentschemata verwendete, da für diese die Wahrheitswerttabellen nicht definiert sind.

1.5 Widerspruchsfreiheit

> **Erläuterung 6.4**
> Ein Kalkül $\mathcal{K}$ ist widerspruchsfrei gdw$_{Def.}$ $\nvdash P \,\&\, \neg P$.

In Worten: Ein Kalkül ist widerspruchsfrei genau dann, wenn die FK-Formel '$P \,\&\, \neg P$' nicht als Theorem ableitbar ist.

Wäre der GLK$_J$ nicht widerspruchsfrei, dann folgte auf Grund der Schlussregel WID ($A \,\&\, \neg A \vdash B$), dass jede beliebige Formel ableitbar ist.

Dass der GLK$_J$ widerspruchsfrei ist, folgt aus seiner Korrektheit. Denn die Korrektheit des Kalküls besagt für Theoreme: Wenn eine J-Formel als Theorem ableitbar ist, dann ist sie allgemeingültig. Die FK-Formel 'P & ¬P' ist aber nicht allgemeingültig, sondern unerfüllbar.

2 Vollständigkeit

Erläuterung 6.5
Ein Kalkül $\mathcal{K}$ ist *vollständig* gdw$_{Def.}$ für beliebige Mengen Γ von J-Formeln und beliebige J-Formeln B gilt:

$$\text{Wenn } \Gamma \models_J B, \text{ dann } \Gamma \vdash_\mathcal{K} B$$

Je nachdem, ob Γ eine leere Menge ist oder nicht, lassen sich zwei Fälle unterscheiden:

Ist Γ eine leere Menge, dann gilt für einen vollständigen Kalkül $\mathcal{K}$:

$$\text{Wenn } \models_J B, \text{ dann } \vdash_\mathcal{K} B.$$

In Worten:

VOLLSTÄNDIGKEITSSATZ 1: Wenn eine J-Formel *allgemeingültig* ist, dann ist sie als *Theorem ableitbar*.

Ist Γ keine leere Menge, dann gilt für einen vollständigen Kalkül $\mathcal{K}$:

VOLLSTÄNDIGKEITSSATZ 2: Wenn ein *Argumentschema korrekt* ist, dann ist es auch ableitbar.

2.1 Beweisgang

Wie der Korrektheitsbeweis soll auch der Vollständigkeitsbeweis hier als formaler Beweis dargestellt werden. Die generelle Beweisidee ist analog zu der des Korrektheitsbeweises nur in umgekehrter Richtung: Es werden nicht Ableitungen in Wahrheitswerttabellen transformiert, sondern Wahrheitswerttabellen in Ableitungen:

ALLGEMEINE BEWEISIDEE: Es wird ein Transformationsverfahren entwickelt, durch das man aus beliebigen Wahrheitstabellen Ableitungen von Theoremen und korrekten Argumentschemata konstruieren kann.

Im Einzelnen zerfällt der Beweis in Anlehnung an Lemmon in folgende Teile:

TRANSFORMATIONSSCHRITT 1: Gegeben ist eine Wahrheitswerttabelle einer beliebigen J-Formel. Konstruiert werden für jede einzelne Zeile der Wahrheitswerttabellen ableitbare Argumentschemata. Dass es sich um ableitbare Argumentschemata handelt, wird bewiesen, indem jeweils Ableitungen einfachster Instanzen gegeben werden.

TRANSFORMATIONSSCHRITT 2: Gegeben ist eine beliebige *allgemeingültige* J-Formel. Konstruiert werden:

1. Unter Voraussetzung von Transformationsschritt 1: Ableitbare Argumentschemata.
2. Unter dieser Voraussetzung: Ableitungen allgemeingültiger J-Formeln als Theoreme nach einem vorgegebenen Ableitungsschema. Dass durch dieses Theoreme abgeleitet werden, wird anhand einer Instanz bewiesen.

Dies beweist *Vollständigkeitssatz 1*.

TRANSFORMATIONSSCHRITT 3: Gegeben: Korrekte Argumentschemata. Konstruiert werden unter Voraussetzung von *Vollständigkeitssatz 1* Ableitungen der K-Formel aus den Pr-Formeln nach einem vorgegebenen Ableitungsschema. Dass durch dieses die Argumentschemata abgeleitet werden, wird anhand einer Instanz bewiesen. Dies beweist *Vollständigkeitssatz 2*.

Im Unterschied zu Lemmon wird der Vollständigkeitsbeweis hier nicht als inhaltlicher Beweis und nicht als induktiver Beweis dargestellt.

2.1.1 TRANSFORMATIONSSCHRITT 1

Gegeben: Eine Wahrheitswerttabelle einer beliebigen J-Formel.

Konstruktion ableitbarer Argumentschemata:

Erläuterung 6.6

Es sei eine beliebige J-Formel B mit den Satzbuchstaben $P_1 \ldots P_n$ gegeben.[a] Den Satzbuchstaben P_i seien J-Formeln A_i nach folgender Regel zugeordnet:

- Wenn P_i mit dem Wahrheitswert W belegt ist, dann sei $A_i = P_i$.
- Wenn P_i mit dem Wahrheitswert F belegt ist, dann sei $A_i = \neg P_i$.

Metasatz:

- Wenn B mit W belegt ist, dann gilt:

$$A_1, \ldots, A_n \vdash B$$

- Wenn B mit F belegt ist, dann gilt:

$$A_1, \ldots, A_n \vdash \neg B$$

---

[a] Der Einfachheit halber sei das Alphabet von J hier auf indizierte Satzbuchstaben $P_1 \ldots P_n$ beschränkt, und es sei vorausgesetzt, dass bei n unterschiedlichen Satzbuchstaben, die in B vorkommen, stets die Satzbuchstaben $P_1 \ldots P_n$ verwendet werden.

Beispiel:

B sei '$\neg P_1 \rightarrow \neg P_2 \vee P_3$'.

Wahrheitswerttabelle:

Zeile	P_1	P_2	P_3	$\neg$	P_1	$\rightarrow$	$\neg$	P_2	$\vee$	P_3
1.	W	W	W	F		W	F		W	
2.	W	W	F	F		W	F		F	
3.	W	F	W	F		W	W		W	
4.	W	F	F	F		W	W		W	
5.	F	W	W	W		W	F		W	
6.	F	W	F	W		F	F		F	
7.	F	F	W	W		W	W		W	
8.	F	F	F	W		W	W		W	

Gemäss *Erläuterung 6.6* lassen sich aus den einzelnen Zeilen folgende ableitbare Argumentschemata konstruieren:

ZEILE 1: $P_1, P_2, P_3 \vdash \neg P_1 \rightarrow \neg P_2 \vee P_3$.

ZEILE 2: $P_1, P_2, \neg P_3 \vdash \neg P_1 \rightarrow \neg P_2 \vee P_3$.

ZEILE 3: $P_1, \neg P_2, P_3 \vdash \neg P_1 \rightarrow \neg P_2 \vee P_3$.

ZEILE 4: $P_1, \neg P_2, \neg P_3 \vdash \neg P_1 \rightarrow \neg P_2 \vee P_3$.

ZEILE 5: $\neg P_1, P_2, P_3 \vdash \neg P_1 \rightarrow \neg P_2 \vee P_3$.

ZEILE 6: $\neg P_1, P_2, \neg P_3 \vdash \neg(\neg P_1 \rightarrow \neg P_2 \vee P_3)$.

ZEILE 7: $\neg P_1, \neg P_2, P_3 \vdash \neg P_1 \rightarrow \neg P_2 \vee P_3$.

ZEILE 8: $\neg P_1, \neg P_2, \neg P_3 \vdash \neg P_1 \rightarrow \neg P_2 \vee P_3$.

Da nur in Zeile 6 der Wahrheitswerttabelle B der Wert F zugeordnet wird, muss nur für diesen Fall im entsprechenden ableitbaren Argumentschema als K-Formel $\neg(\neg P_1 \rightarrow \neg P_2 \vee P_3)$ gewählt werden. Die jeweiligen Pr-Formeln ergeben sich unter Anwendung von *Erläuterung 6.6* auf die Belegungen der Satzbuchstaben P_1, P_2, P_3.

Beweis des Metasatzes: Es wird bewiesen, dass der Metasatz für folgende sechs einfachsten Instanzen von B gilt:

FALL 1: $B = P_1$.

FALL 2: $B = \neg P_1$.

FALL 3: $B = P_1 \rightarrow P_2$.

FALL 4: $B = P_1 \& P_2$.

FALL 5: $B = P_1 \vee P_2$.

FALL 6: $B = P_1 \leftrightarrow P_2$.

Wie weiter unten erläutert wird (siehe S. 175), ist mit dem Beweis für diese einfachsten Instanzen auch der Metasatz für *alle* beliebigen J-Formeln als Instanzen von B bewiesen.

BEWEISE:

FALL 1:

J-Formel: P_1

Wahrheitswerttabelle:

Zeile	P_1	P_1
1.	W	W
2.	F	F

Argumentschemata:

ZEILE 1: $P_1 \vdash P_1$.

ZEILE 2: $\neg P_1 \vdash \neg P_1$.

Ableitungen:

$$P_1 \vdash P_1 \qquad\qquad \neg P_1 \vdash \neg P_1$$

Ann.	Nr.	Formel	Regel
1	(1)	P_1	AE

Ann.	Nr.	Formel	Regel
1	(1)	$\neg P_1$	AE

FALL 2:

J-Formel: $\neg P_1$

Wahrheitswerttabelle:

Zeile	P_1	$\neg P_1$
1.	W	F
2.	F	W

Argumentschemata:

ZEILE 1: $P_1 \vdash \neg\neg P_1$.

ZEILE 2: $\neg P_1 \vdash \neg P_1$.

Ableitungen:

$$P_1 \vdash \neg\neg P_1 \qquad\qquad \neg P_1 \vdash \neg P_1$$

Ann.	Nr.	Formel	Regel
1	(1)	P_1	AE
1	(2)	$\neg\neg P_1$	1 DNE

Ann.	Nr.	Formel	Regel
1	(1)	$\neg P_1$	AE

FALL 3:

J-Formel: $P_1 \rightarrow P_2$

Wahrheitswerttabelle:

Zeile	P_1	P_2	P_1	$\rightarrow$	P_2
1.	W	W		W	
2.	W	F		F	
3.	F	W		W	
4.	F	F		W	

Argumentschemata:

ZEILE 1: $P_1, P_2 \vdash P_1 \rightarrow P_2$.

ZEILE 2: $P_1, \neg P_2 \vdash \neg(P_1 \rightarrow P_2)$.

ZEILE 3: $\neg P_1, P_2 \vdash P_1 \rightarrow P_2$.

ZEILE 4: $\neg P_1, \neg P_2 \vdash P_1 \rightarrow P_2$.

Ableitungen:

$$P_1, P_2 \vdash P_1 \to P_2 \qquad\qquad P_1, \neg P_2 \vdash \neg(P_1 \to P_2)$$

Ann.	Nr.	Formel	Regel
1	(1)	P_1	AE
2	(2)	P_2	AE
1,2	(3)	$P_1 \& P_2$	1,2 &E
1,2	(4)	P_2	3 &B
5*	(5)	$P_1 \& \neg P_2$	AE
5*	(6)	$\neg P_2$	5 &B
1,2,5*	(7)	$P_2 \& \neg P_2$	4,6 &E
1,2	(8)	$\neg(P_1 \& \neg P_2)$	5,7 RAA
1,2	(9)	$P_1 \to P_2$	SE: 8 PE&

Ann.	Nr.	Formel	Regel
1	(1)	P_1	AE
2	(2)	$\neg P_2$	AE
3*	(3)	$P_1 \to P_2$	AE
1,3*	(4)	P_2	3,1 MPP
1,2,3*	(5)	$P_2 \& \neg P_2$	4,2 &E
1,2	(6)	$\neg(P_1 \to P_2)$	3,5 RAA

$$\neg P_1, P_2 \vdash P_1 \to P_2 \qquad\qquad \neg P_1, \neg P_2 \vdash P_1 \to P_2$$

Ann.	Nr.	Formel	Regel
1	(1)	$\neg P_1$	AE
2	(2)	P_2	AE
1,2	(3)	$\neg P_1 \& P_2$	1,2 &E
1,2	(4)	P_2	3 &B
5*	(5)	$P_1 \& \neg P_2$	AE
5*	(6)	$\neg P_2$	5 &B
1,2,5*	(7)	$P_2 \& \neg P_2$	4,6 &E
1,2	(8)	$\neg(P_1 \& \neg P_2)$	5,7 RAA
1,2	(9)	$P_1 \to P_2$	SE: 8 PE&

Ann.	Nr.	Formel	Regel
1	(1)	$\neg P_1$	AE
2	(2)	$\neg P_2$	AE
1,2	(3)	$\neg P_1 \& \neg P_2$	1,2 &E
1,2	(4)	$\neg P_1$	3 &B
5*	(5)	$P_1 \& \neg P_2$	AE
5*	(6)	P_1	5 &B
1,2,5*	(7)	$P_1 \& \neg P_1$	6,4 &E
1,2	(8)	$\neg(P_1 \& \neg P_2)$	5,7 RAA
1,2	(9)	$P_1 \to P_2$	SE: 8 PE&

FALL 4:

J-Formel: $P_1 \& P_2$

Wahrheitswerttabelle:

Zeile	P_1	P_2	P_1	&	P_2
1.	W	W		W	
2.	W	F		F	
3.	F	W		F	
4.	F	F		F	

Argumentschemata:

ZEILE 1: $P_1, P_2 \vdash P_1 \& P_2$

ZEILE 2: $P_1, \neg P_2 \vdash \neg(P_1 \& P_2)$

ZEILE 3: $\neg P_1, P_2 \vdash \neg(P_1 \& P_2)$

ZEILE 4: $\neg P_1, \neg P_2 \vdash \neg(P_1 \& P_2)$

Ableitungen:

$P_1, P_2 \vdash P_1 \& P_2$

Ann.	Nr.	Formel	Regel
1	(1)	P_1	AE
2	(2)	P_2	AE
1,2	(3)	$P_1 \& P_2$	1,2 &E

$P_1, \neg P_2 \vdash \neg(P_1 \& P_2)$

Ann.	Nr.	Formel	Regel
1	(1)	P_1	AE
2	(2)	$\neg P_2$	AE
1,2	(3)	$P_1 \& \neg P_2$	1,2 &E
1,2	(4)	$\neg P_2$	3 &B
5*	(5)	$P_1 \& P_2$	AE
5*	(6)	P_2	5 &B
1,2,5*	(7)	$P_2 \& \neg P_2$	6,4 &E
1,2	(8)	$\neg(P_1 \& P_2)$	5,7 RAA

$\neg P_1, P_2 \vdash \neg(P_1 \& P_2)$

Ann.	Nr.	Formel	Regel
1	(1)	$\neg P_1$	AE
2	(2)	P_2	AE
3	(3)	$\neg P_1 \& P_2$	1,2 &E
1,2	(4)	$\neg P_1$	3 &B
5*	(5)	$P_1 \& P_2$	AE
5*	(6)	P_1	5 &B
1,2,5*	(7)	$P_1 \& \neg P_1$	6,4 &E
1,2	(8)	$\neg(P_1 \& P_2)$	5,7 RAA

$\neg P_1, \neg P_2 \vdash \neg(P_1 \& P_2)$

Ann.	Nr.	Formel	Regel
1	(1)	$\neg P_1$	AE
2	(2)	$\neg P_2$	AE
1,2	(3)	$\neg P_1 \& \neg P_2$	1,2 &E
1,2	(4)	$\neg P_1$	3 &B
5*	(5)	$P_1 \& P_2$	AE
5*	(6)	P_1	5 &B
1,2,5*	(7)	$P_1 \& \neg P_1$	6,4 &E
1,2	(8)	$\neg(P_1 \& P_2)$	5,7 RAA

FALL 5:

J-Formel: $P_1 \lor P_2$

Wahrheitswerttabelle:

Zeile	P_1	P_2	$P_1 \lor P_2$
1.	W	W	W
2.	W	F	W
3.	F	W	W
4.	F	F	F

Argumentschemata:

ZEILE 1: $P_1, P_2 \vdash P_1 \lor P_2$

ZEILE 2: $P_1, \neg P_2 \vdash P_1 \lor P_2$

ZEILE 3: $\neg P_1, P_2 \vdash P_1 \lor P_2$

ZEILE 4: $\neg P_1, \neg P_2 \vdash \neg(P_1 \lor P_2)$

Ableitungen:

$P_1, P_2 \vdash P_1 \lor P_2$

Ann.	Nr.	Formel	Regel
1	(1)	P_1	AE
2	(2)	P_2	AE
1,2	(3)	$P_1 \& P_2$	1,2 &E
1,2	(4)	P_1	3 &B
1,2	(5)	$P_1 \lor P_2$	4 VE

$P_1, \neg P_2 \vdash P_1 \lor P_2$

Ann.	Nr.	Formel	Regel
1	(1)	P_1	AE
2	(2)	$\neg P_2$	AE
1,2	(3)	$P_1 \& \neg P_2$	1,2 &E
1,2	(4)	P_1	3 &B
1,2	(5)	$P_1 \lor P_2$	4 VE

$\neg P_1, P_2 \vdash P_1 \lor P_2$

Ann.	Nr.	Formel	Regel
1	(1)	$\neg P_1$	AE
2	(2)	P_2	AE
1,2	(3)	$\neg P_1 \& P_2$	1,2 &E
1,2	(4)	P_2	3 &B
1,2	(5)	$P_1 \lor P_2$	4 VE

$\neg P_1, \neg P_2 \vdash \neg(P_1 \lor P_2)$

Ann.	Nr.	Formel	Regel
1	(1)	$\neg P_1$	AE
2	(2)	$\neg P_2$	AE
1,2	(3)	$\neg P_1 \& \neg P_2$	1,2 &E
1,2	(4)	$\neg(P_1 \lor P_2)$	SE: 3 DMGV

FALL 6:

J-Formel: $P_1 \leftrightarrow P_2$

Wahrheitswerttabelle:

Zeile	P_1	P_2	$P_1 \leftrightarrow P_2$
1.	W	W	W
2.	W	F	F
3.	F	W	F
4.	F	F	W

Argumentschemata:

ZEILE 1: $P_1, P_2 \vdash P_1 \leftrightarrow P_2$

ZEILE 2: $P_1, \neg P_2 \vdash \neg(P_1 \leftrightarrow P_2)$

ZEILE 3: $\neg P_1, P_2 \vdash \neg(P_1 \leftrightarrow P_2)$

ZEILE 4: $\neg P_1, \neg P_2 \vdash P_1 \leftrightarrow P_2$

Ableitungen:

$$P_1, P_2 \vdash P_1 \leftrightarrow P_2$$

Annahme	Nr.	Formel	Regel
1	(1)	P_1	AE
2	(2)	P_2	AE
1,2	(3)	$P_1 \rightarrow P_2$	SE: 1,2 Fall 3.1
1,2	(4)	$P_2 \rightarrow P_1$	SE: 1,2 Fall 3.1
1,2	(5)	$(P_1 \rightarrow P_2) \& (P_2 \rightarrow P_1)$	3,4 &E
1,2	(6)	$P_1 \leftrightarrow P_2$	5 $\leftrightarrow$E

$$P_1, \neg P_2 \vdash \neg(P_1 \leftrightarrow P_2)$$

Annahme	Nr.	Formel	Regel
1	(1)	P_1	AE
2	(2)	$\neg P_2$	AE
3*	(3)	$P_1 \leftrightarrow P_2$	AE
3*	(4)	$(P_1 \to P_2) \,\&\, (P_2 \to P_1)$	3 $\leftrightarrow$B
3*	(5)	$P_1 \to P_2$	4 &B
1,3*	(6)	P_2	5,1 MPP
1,2,3*	(7)	$P_2 \,\&\, \neg P_2$	6,2 &E
1,2	(8)	$\neg(P_1 \leftrightarrow P_2)$	3,7 RAA

$$\neg P_1, P_2 \vdash \neg(P_1 \leftrightarrow P_2)$$

Annahme	Nr.	Formel	Regel
1	(1)	$\neg P_1$	AE
2	(2)	P_2	AE
3*	(3)	$P_1 \leftrightarrow P_2$	AE
3*	(4)	$(P_1 \to P_2) \,\&\, (P_2 \to P_1)$	3 $\leftrightarrow$B
3*	(5)	$P_2 \to P_1$	4 &B
2,3*	(6)	P_1	5,2 MPP
1,2,3*	(7)	$P_1 \,\&\, \neg P_1$	6,1 &E
1,2	(8)	$\neg(P_1 \leftrightarrow P_2)$	3,7 RAA

$$\neg P_1, \neg P_2 \vdash P_1 \leftrightarrow P_2$$

Annahme	Nr.	Formel	Regel
1	(1)	$\neg P_1$	AE
2	(2)	$\neg P_2$	AE
1,2	(3)	$P_1 \to P_2$	SE: 1,2 Fall 3.4
1,2	(4)	$P_2 \to P_1$	SE: 1,2 Fall 3.4
1,2	(5)	$(P_1 \to P_2) \,\&\, (P_2 \to P_1)$	3,4 &E
1,2	(6)	$P_1 \leftrightarrow P_2$	5 $\leftrightarrow$E

Der Beweis des Metasatzes für die sechs einfachsten Instanzen von B ist hinreichend für den Beweis des Metasatzes im Allgemeinen, denn:

> **Erläuterung 6.7**
> Gilt der **Metasatz** für die sechs einfachsten Instanzen von B, dann auch für *alle* beliebigen J-Formeln als Instanzen von B.

Begründung: Nach *Erläuterung 5.9* folgt aus der Ableitbarkeit der einzelnen Instanzen die Ableitbarkeit beliebiger Instanzen. Demnach gilt z.B.: Wenn '$P_1, \neg P_2 \vdash \neg(P_1 \rightarrow P_2)$' ableitbar ist, dann auch '$\neg P_1, \neg(\neg P_2 \vee P_3) \vdash \neg(\neg P_1 \rightarrow \neg P_2 \vee P_3)$'. Nach *Erläuterung 5.10* kann jede K-Formel, deren Pr-Formeln wiederum aus anderen $Pr*$-Formeln abgeleitet werden, direkt aus diesen $Pr*$-Formeln abgeleitet werden. Durch Anwendung dieser beiden *Erläuterungen* kann die Ableitbarkeit eines gemäss *Erläuterung 6.6* gewonnenen Argumentschemas auf die Ableitbarkeit der sechs einfachsten Fälle zurückgeführt werden. Dies zeigt das unten angeführte Beispiel. Da nach *Erläuterung 2.2 jede* J-Formel schrittweise aus Satzvariablen und den fünf Junktoren '$\neg$', '$\rightarrow$', '$\&$', '$\vee$', '$\leftrightarrow$' zusammengesetzt ist, und nach *Erläuterung 3.9 jedes* Argumentschema aus J-Formeln gewonnen wird, kann nach diesem Verfahren auch *jedes* gemäss *Erläuterung 6.6* gewonnene Argumentschema auf die Ableitbarkeit der sechs einfachsten Fälle zurückgeführt werden.

Beispiel: B sei $\neg P_1 \rightarrow \neg P_2 \vee P_3$. Gegeben sei folgende Belegung (Zeile 6 des Beispiels auf S. 166):

Zeile	P_1	P_2	P_3	$\neg$	P_1	$\rightarrow$	$\neg$	P_2	$\vee$	P_3
6.	F	W	F	W		F	F		F	

Demnach ist nach *Erläuterung 6.6* folgendes Argumentschema zu konstruieren:

ZEILE 6: $\neg P_1, P_2, \neg P_3 \vdash \neg(\neg P_1 \rightarrow \neg P_2 \vee P_3)$.

Zu beweisen ist, dass dieses ableitbar ist.

1. Nach *Metasatz*, FALL 3 gilt: Wenn $B =$ '$P_1 \rightarrow P_2$', und 'P_1' mit W, 'P_2' mit F und das Konditional mit F belegt ist, dann ist das gemäss *Erläuterung 6.6* hieraus zu konstruierende Argumentschema '$P_1, \neg P_2 \vdash \neg(P_1 \rightarrow P_2)$' ableitbar. Nach *Erläuterung 5.9* ist dann auch jede andere Instanz, die durch Ersetzung von 'P_1' und 'P_2' durch andere J-Formeln

mit derselben Wahrheitswertbelegung gewonnen wird, ableitbar. Also auch
'$\neg P_1, \neg(\neg P_2 \lor P_3) \vdash \neg(\neg P_1 \to \neg P_2 \lor P_3)$'.

2. Nach *Metasatz*, FALL 5 gilt: Wenn $B = $ '$P_1 \lor P_2$', und 'P_1' sowie 'P_2' mit F belegt sind, dann ist '$\neg P_1, \neg P_2 \vdash \neg(P_1 \lor P_2)$' ableitbar. Nach *Erläuterung 5.9* ist dann auch jede andere Instanz, die durch Ersetzung von 'P_1' und 'P_2' durch andere J-Formeln mit derselben Wahrheitswertbelegung gewonnen wird, ableitbar. Also auch '$\neg\neg P_2, \neg P_3 \vdash \neg(\neg P_2 \lor P_3)$'.

3. Nach *Metasatz*, FALL 2 gilt: Wenn $B = $ '$\neg P_1$', und 'P_1' mit W belegt ist, dann ist '$P_1 \vdash \neg\neg P_1$' ableitbar. Nach *Erläuterung 5.9* ist dann auch jede andere Instanz, die durch Ersetzung von 'P_1' durch andere J-Formeln mit derselben Wahrheitswertbelegung gewonnen wird, ableitbar. Also auch '$P_2 \vdash \neg\neg P_2$'.

4. Nach 1. ist '$\neg(\neg P_1 \to \neg P_2 \lor P_3)$' aus '$\neg P_1, \neg(\neg P_2 \lor P_3)$' ableitbar, nach 2. ist '$\neg(\neg P_2 \lor P_3)$' aus '$\neg\neg P_2, \neg P_3$' ableitbar, nach 3) ist '$\neg\neg P_2$' aus 'P_2' ableitbar. Nach *Erläuterung 5.10* ist demnach '$\neg(\neg P_1 \to \neg P_2 \lor P_3)$' aus '$\neg P_1, P_2, \neg P_3$' ableitbar.

2.2 Transformationsschritt 2

Zu beweisen ist:

VOLLSTÄNDIGKEITSSATZ 1: Wenn eine J-Formel allgemeingültig ist, dann ist sie als Theorem ableitbar.

Es sei B eine allgemeingültige Formel, d.h. gemäss *Erläuterung 2.10*, dass unter allen 2^n möglichen Belegungen der Satzbuchstaben der Hauptjunktor der J-Formel mit W belegt ist. Gemäss dem *Metasatz* gilt:

> **Erläuterung 6.8**
> Ist eine beliebige J-Formel B allgemeingültig, dann sind sämtliche Argumentschemata der Form $A_1 \ldots A_n \vdash B$ ableitbar.

Zu zeigen ist, dass unter dieser Voraussetzung B als Theorem ableitbar ist. Dies wird bewiesen, indem ein *allgemeines Verfahren* angegeben wird, nach dem unter Voraussetzung des *Metasatzes* ein beliebiges Theorem ableitbar ist.

> **Erläuterung 6.9**
> Unter Voraussetzung des *Metasatzes* ist eine beliebige allgemeingültige J-Formel nach folgendem Verfahren als Theorem ableitbar:
>
> 1. Führe in n Schritten mittels TE: GTD die Formeln $P_1 \vee \neg P_1 \ldots P_n \vee \neg P_n$ ein!
>
> 2. Führe in $2 \cdot n$ Schritten mittels AE die Formeln $P_1, \neg P_1 \ldots P_n, \neg P_n$ als Hilfsannahmen ein!
>
> 3. Wende unter Bezugnahme auf die gemäss dem *Metasatz* ableitbaren Argumentschemata 2^n mal SE an, so dass 2^n mal die Formel B aus den als Hilfsannahmen eingeführten Formeln abgeleitet wird!
>
> 4. Wende $2^{n-1} + 2^{n-2} \ldots + 2^{n-n}$ mal $\vee B$ an bis B *als Theorem* abgeleitet ist!

Nach diesem Verfahren ist ein jedes beliebige Theorem in $n + 2 \cdot n + 2^n + 2^{n-1} + 2^{n-2} \ldots + 2^{n-n}$ Schritten ableitbar.

Das Verfahren beschreibt ein allgemeines Ableitungsschema der folgenden Form:[6]

---

[6] Auf die nach *Erläuterung 6.6* aus den einzelnen 2^n Zeilen der Wahrheitswerttabellen ableitbaren Argumentschemata wird mit „Z1", „Z2" … „Z2^n" verwiesen.

Annahme	Nr.	Formel	Regel
	(1)	$P_1 \vee \neg P_1$	TE:GTD
	$\vdots$		
	(n)	$P_n \vee \neg P_n$	TE:GTD
$n+1^*$	$(n+1)$	P_1	AE
$n+2^*$	$(n+2)$	$\neg P_1$	AE
$n+3^*$	$(n+3)$	P_2	AE
	$\vdots$		
$n+2\cdot n-1^*$	$(n+2\cdot n-1)$	P_n	AE
$n+2\cdot n^*$	$(n+2\cdot n)$	$\neg P_n$	AE
$n+1^*, n+3^*, \ldots, n+2\cdot n-1^*$	$(n+2\cdot n+1)$	B	SE: $n+1, n+3, \ldots, n+2\cdot n-1$ Z1
	$\vdots$		
$n+2^*, n+4^*, \ldots, n+2\cdot n^*$	$(n+2\cdot n+2^n)$	B	SE: $n+2, n+4, \ldots, n+2\cdot n$ Z2^n
$n+3^*, n+5^*, \ldots, n+2\cdot n-1^*$	$(n+2\cdot n+2^n+1)$	B	$1; n+1, n+2\cdot n+1; n+2, n+2\cdot n+\frac{2^n}{2}+1$ $\vee$B
$n+3^*, n+5^*, \ldots, n+2\cdot n^*$	$(n+2\cdot n+2^n+2)$	B	$1; n+1, n+2\cdot n+2; n+2, n+2\cdot n+\frac{2^n}{2}+2$ $\vee$B
	$\vdots$		
$n+4^*, n+6^*, \ldots, n+2\cdot n^*$	$(n+2\cdot n+2^n+2^{n-1})$	B	$1; n+1, n+2\cdot n+\frac{2^n}{2}; n+2, n+2\cdot n+2^n$ $\vee$B
$n+5^*, \ldots, n+2\cdot n-1^*$	$(n+2\cdot n+2^n+2^{n-1}+1)$	B	$2; n+3, n+2\cdot n+2^n+1; n+4, n+2\cdot n+2^n+\frac{2^{n-1}}{2}+1$ $\vee$B
	$\vdots$		
$n+6^*, \ldots, n+2\cdot n^*$	$(n+2\cdot n+2^n+2^{n-1}+2^{n-2})$	B	$2; n+3, n+2\cdot n+2^n+\frac{2^{n-1}}{2}; n+4, n+2\cdot n+2^n+2^{n-1}$ $\vee$B
	$\vdots$		
	$(n+2\cdot n+2^n+2^{n-1}+2^{n-2}\ldots+2^{n-n})$	B	$n; n+2\cdot n-1, n+2\cdot n+2^n+2^{n-1}+2^{n-2}\ldots+2^{n-(n-2)}+1; n+2\cdot n, n+2\cdot n+2^n+2^{n-1}+2^{n-2}\ldots+2^{n-(n-2)}+2^{n-(n-1)}$ $\vee$B

179

Dies ist ein Ableitungsschema für Theoreme. Auf Grund von *Erläuterung 6.8* gilt, dass – unter der Voraussetzung, dass das Ableitungsschema die Ableitung von Theoremen ermöglicht – durch dieses Ableitungsschema auch *jede* allgemeingültige J-Formel als Theorem ableitbar ist. Aber es ist noch nicht bewiesen, dass allgemeingültige Formeln nach diesem Schema auch tatsächlich als Theoreme abgeleitet werden können. Dies bedarf noch eines Beweises.[7] Dass mittels des Ableitungsschemas eine beliebige allgemeingültige Formel abgeleitet werden kann, wird durch eine beliebige Instanz dieses Schemas bewiesen, denn es gilt:

> **Erläuterung 6.10**
> Ist eine Instanz eines Ableitungsschemas eine Ableitung eines Theorems (oder Argumentschemas), dann ist *jede* Instanz desselben Ableitungsschemas eine Ableitung eines Theorems (oder Argumentschemas).

Begründung: In jeder Instantiierung des Ableitungsschemas werden *dieselben* Ableitungsschritte nach *demselben* Schema gemäss *denselben* korrekten Ableitungsregeln vorgenommen. Kann demnach bei einer Instantiierung eine fragliche allgemeingültige Formel *als Theorem* – d.i. mit leerer Annahmenliste – abgeleitet werden, dann können alle Instanzen nach demselben Schema als Theoreme abgeleitet werden. Und kann bei einer Instantiierung eine fragliche K-Formel allein aus den Pr-Formeln abgeleitet werden, dann können alle instanziierten Argumentschemata nach demselben Schema abgeleitet werden.

Beweisendes Beispiel:

Allgemeingültige J-Formel: $P \,\&\, Q \rightarrow P$

Wahrheitswerttabelle:

Zeile	P	Q	P	$\&$	Q	$\rightarrow$	P
1.	W	W		W		**W**	
2.	W	F		F		**W**	
3.	F	W		F		**W**	
4.	F	F		F		**W**	

Diese Wahrheitswerttabelle beweist, dass die J-Formel allgemeingültig ist.

---

[7] Lemmon bemerkt lediglich, dass es durch ein Beispiel „klar sein sollte" („it should be clear from this example", S. 89), dass das angegebene Argumentschema in jedem Fall zur Ableitung von Theoremen führt. Warum die Angabe eines Beispieles nicht nur „klar macht", sondern auch beweist, dass das Ableitungsschema zur Ableitung von Theoremen führt, soll hier erläutert werden.

Unter Voraussetzung des *Metasatzes* sind gemäss den einzelnen Zeilen der Wahrheitswerttabellen aus der *J*-Formel '$P \& Q \rightarrow P$' folgende *ableitbaren* Argumentschemata zu konstruieren:

Ableitbare Argumentschemata:

Z 1: $P, Q \vdash P \& Q \rightarrow P$.

Z 2: $P, \neg Q \vdash P \& Q \rightarrow P$.

Z 3: $\neg P, Q \vdash P \& Q \rightarrow P$.

Z 4: $\neg P, \neg Q \vdash P \& Q \rightarrow P$.

Ableitung:

Da n im Beispiel gleich 2 ist, lässt sich gemäss *Erläuterung 6.9* unter Anwendung dieser ableitbaren Argumentschemata eine Ableitung in $2 + 2 \cdot 2 + 2^2 + (2^{2-1} + 2^{2-2}) = 13$ Schritten auf folgende Weise konstruieren:

Annahme	Nr.	Formel	Regel
	(1)	$P \vee \neg P$	TE:GTD
	(2)	$Q \vee \neg Q$	TE:GTD
3*	(3)	P	AE
4*	(4)	$\neg P$	AE
5*	(5)	Q	AE
6*	(6)	$\neg Q$	AE
3*,5*	(7)	$P \& Q \rightarrow P$	SE: 3,5 Z1
3*,6*	(8)	$P \& Q \rightarrow P$	SE: 3,6 Z2
4*,5*	(9)	$P \& Q \rightarrow P$	SE: 4,5 Z3
4*,6*	(10)	$P \& Q \rightarrow P$	SE: 4,6 Z4
5*	(11)	$P \& Q \rightarrow P$	1;3,7;4,9 ∨B
6*	(12)	$P \& Q \rightarrow P$	1;3,8;4,10 ∨B
	(13)	$P \& Q \rightarrow P$	2;5,11;6,12 ∨B

2.2.1 Transformationsschritt 3

Zu beweisen ist:

Vollständigkeitssatz 2: Wenn ein Argumentschema korrekt ist, dann ist es auch ableitbar.

Es sei $A_1, A_2, \ldots, A_n \vdash B$ ein beliebiges korrektes Argumentschema. Dann ist gemäss *Erläuterung 3.13* das zugehörige Konditional $A_1 \& A_2 \ldots \& A_n \rightarrow B$ allgemeingültig. Nach *Vollständigkeitssatz 1* ist dieses folglich als Theorem ableitbar. Da *jedes* Argumentschema nach *Erläuterung 3.10* ein zugehöriges Konditional besitzt und nach *Erläuterung 3.13* dieses allgemeingültig ist, wenn das Argumentschema korrekt ist, und da nach dem *Vollständigkeitssatz 1 jede* allgemeingültige Formel als Theorem ableitbar ist, wird *Vollständigkeitssatz 2* für *alle* Argumentschemata bewiesen, wenn bewiesen werden kann, dass unter der Voraussetzung, dass das zugehörige Konditional eines beliebigen korrekten Argumentschemas als Theorem ableitbar ist, dieses Argumentschema ableitbar ist. Zu zeigen ist, dass das Argumentschema $A_1, A_2, \ldots, A_n \vdash B$ ableitbar ist, unter der Voraussetzung, dass das zugehörige Konditional $A_1 \& A_2 \ldots \& A_n \rightarrow B$ als Theorem ableitbar ist. Dies wird bewiesen, indem ein *allgemeines Verfahren* angegeben wird, nach dem unter Voraussetzung des *Vollständigkeitssatzes 1* ein beliebiges Argumentschema ableitbar ist.

Erläuterung 6.11

Unter Voraussetzung von *Vollständigkeitssatz 1* ist ein beliebiges korrektes Argumentschema nach folgendem allgemeinen Verfahren ableitbar:

1. Führe mittels AE alle Annahmen $A_1 \ldots A_n$ des Argumentschemas mittels n Schritten ein!

2. Führe mittels &E in $n - 1$ Schritten die Konjunktion aller Annahmen $A_1 \& A_2 \ldots A_n$ ein!

3. Führe mittels TE das dem Argumentschema zugehörige Konditional als Theorem ein!

4. Leite B mittels MPP ab!

Nach diesem Verfahren ist jedes Argumentschema mittels $n + (n-1) + 1 + 1$ Schritten nach folgendem Schema ableitbar:[8]

Annahme	Nr.	Formel	Regel
1	(1)	A_1	AE
	⋮		
n	(n)	A_n	AE
1,2	$(n+1)$	$A_1 \& A_2$	1,2 &E
	⋮		
$1,\ldots,n$	$(n+(n-1))$	$A_1 \& \ldots \& A_n$	$n, n+(n-2)$ &E
	$(n+(n-1)+1)$	$A_1 \& \ldots \& A_n \rightarrow B$	TE:ZK
$1,\ldots,n$	$(n+(n-1)+1+1)$	B	$n+(n-1)+1, n+(n-1)$ MPP

Dass nach diesem Ableitungsschema beliebige Argumentschemata abgeleitet werden können, beweist nach *Erläuterung 6.10* eine beliebige Instanz:

Korrektes Argumentschema: $P, Q \; \therefore \; P$

Zugehöriges Konditional: $P \& Q \rightarrow P$

Dass das Argumentschema korrekt ist, beweist die Wahrheitswerttabelle (siehe S. 179), dass es als Theorem ableitbar ist, folgt aus *Vollständigkeitssatz 1* (siehe S. 180).

Gemäss *Erläuterung 6.11* lässt sich für das korrekte Argumentschema unter Verwendung des zugehörigen Konditionals in $2 + (2-1) + 1 + 1 = 5$ Schritten eine Ableitung konstruieren:

---

[8] Bei TE wird mit „ZK" auf das zugehörige Konditional Bezug genommen.

Annahme	Nr.	Formel	Regel
1	(1)	P	AE
2	(2)	Q	AE
1,2	(3)	$P \& Q$	1,2 &E
	(4)	$P \& Q \rightarrow P$	TE:ZK
1,2	(5)	P	4,3 MPP

Zusatzbemerkung 6.2: Der hier im Anschluss an Lemmon gegebene Vollständigkeitsbeweis des GLK_J beschreibt eine Methode, nach der aus der Wahrheitswertanalyse einer beliebigen allgemeingültigen Formel oder eines beliebigen Argumentschemas eine Ableitung konstruiert werden kann.

Zusatzbemerkung 6.3: Aus der Korrektheit und Vollständigkeit des GLK_J folgt, dass die *Ableitbarkeit* von J-Formeln und Argumentschemata im GLK_J *entscheidbar* ist: Denn nach der Wahrheitswertanalyse kann entschieden werden, ob eine J-Formel allgemeingültig bzw. ein Argumentschema korrekt ist. Ist dies der Fall, dann folgt auf Grund der Vollständigkeit des GLK_J, dass sie ableitbar ist. Ist dies nicht der Fall, dann folgt auf Grund der Korrektheit des GLK_J, dass sie nicht ableitbar ist.

Erläuterung 6.12

Der GLK_J ist *korrekt* und *vollständig*:

$$\models_J A \text{ gdw. } \vdash_J A$$
$$A_1, \ldots, A_n \models_J B \text{ gdw. } A_1, \ldots, A_n \vdash_J B$$

---

3 Kriterien logischer Beweise

Mit der Wahrheitswertanalyse und den Ableitungen gibt es zwei unterschiedliche Beweisverfahren in der Aussagenlogik. Auf Grund der Korrektheit und Vollständigkeit des GLK_J leisten diese beiden Verfahren für die Bewertung der Schlüssigkeit von Argumenten dasselbe. Warum berücksichtigt man überhaupt zwei Beweisverfahren, wenn sie doch für die Bewertung der Schlüssigkeit von Argumenten dasselbe leisten?

Lemmon nennt drei Gründe für die Verwendung von Ableitungen:[9] Erstens wird die Wahrheitswertanalyse bei zunehmender Komplexität der Argumentsche-

---

[9] Lemmon (1998), S. 90f.

mata deutlich *aufwendiger* als die Ableitungen der entsprechenden komplexen Argumentschemata; zweitens imitieren die Ableitungen im Unterschied zur Wahrheitswertanalyse das *gewöhnliche Argumentieren*; drittens zeigen die Ableitungen *interne Abhängigkeiten* zwischen Formeln, so dass man aus gegebenen Formeln andere konstruieren kann, sowie interne Abhängigkeiten zwischen Schlussregeln und logischen Gesetzen, so dass man an ihnen auch die Konsequenzen studieren kann, die die Ablehnung einer Schlussregel (z.B. der Monotonieregel MON in der nicht-monotonen Logik) oder eines logischen Gesetzes (z.B. das Gesetz vom ausgeschlossenen Dritten GTD in mehrwertigen Logiken) mit sich bringt.

Die ersten beiden Gründe sind logisch bedeutungslos: Der erste genannte Vorteil der Ableitungen ist höchstens von praktischer Bedeutung bei komplexeren Argumentschemata, dem man aber auch mittels der Methode des gezielten Suchens widerlegender Belegungen oder mittels Computerauswertungen begegnen kann. In Bezug auf Lemmons zweiten Grund ist nicht ersichtlich, warum er für und nicht gegen die Ableitungen spricht: Ein logisches Beweisverfahren soll das Bestehen oder Nichtbestehen einer formalen Eigenschaft oder Relation beweisen, ob es dabei natürliche Strategien imitiert oder nicht, ist logisch bedeutungslos. Im Zusammenhang mit den Ausführungen zum Korrektheitsbeweis wurde vielmehr darauf hingewiesen, dass bei metalogischen Beweisen die Imitation natürlicher Argumentationen zu Problemen der Zirkularität und eines inhaltlichen Beweisverständnisses führt.

Lemmons dritter Grund nennt einen Punkt, der die Ableitungen tatsächlich in logisch relevanter Hinsicht von den Wahrheitswerttabellen unterscheidet. Bei den Wahrheitswerttabellen sind stets J-Formeln gegeben, und man ordnet ihnen W/F Tabellen zu, ein Übergang zu anderen Formeln findet nicht statt. In dieser Hinsicht eröffnen Ableitungen Möglichkeiten, Formeln aus anderen Formeln zu generieren, die die Wahrheitswerttabellen nicht bieten. Dies ist ein Vorteil der Ableitungen.

Andererseits besitzen die Wahrheitswerttabellen einen vergleichbaren Vorteil gegenüber den Ableitungen. Durch sie lässt sich unabhängig von der Definition der formalen Sprache J ein System möglicher wahrheitsfunktionaler Beziehungen entwickeln: So lässt sich mittels der Wahrheitswerttabellen zeigen, dass es zwischen zwei unterschiedlichen Satzbuchstaben genau 16 mögliche unterschiedliche wahrheitsfunktionale Beziehungen gibt. Man gewinnt hierdurch die Möglichkeit, die Ausdrucksfähigkeit der Sprache J zu bewerten. Auf Grund der Unterschiedlichkeit der beiden Beweisverfahren leisten beide etwas, was das andere nicht leistet.

Als ein weiteres Argument für Ableitungen könnte man nennen, dass die Wahrheitswertanalyse kein rein formales logisches Beweisverfahren darstelle, sondern eine inhaltliche Beweismethode sei. Dieses Argument ist bereits im Exkurs zu LEKTION 2 entkräftet worden.

In einer anderen Hinsicht besteht hingegen ein wesentlicher Vorteil der Wahrheitswertanalyse gegenüber den Ableitungen. Misst man die beiden Beweisverfahren an dem in LEKTION 1 genannten Kriterium der Entscheidbarkeit, dann ist die Wahrheitswertanalyse den Ableitungen eindeutig vorzuziehen, denn sie erlaubt es, im Unterschied zu den Ableitungen das Bestehen und Nichtbestehen formaler Eigenschaften und Relationen nach einem rein mechanischen Verfahren zu entscheiden. Ableitungen dagegen können nur beweisen, dass eine K-Formel aus Pr-Formeln ableitbar und demzufolge das formalisierte Argument schlüssig ist: Sie können weder beweisen, dass Argumente nicht schlüssig sind, noch ermitteln sie detaillierte wahrheitsfunktionale Analysen komplexer Formeln. Und unabhängig von der Wahrheitswertanalyse gibt es auch kein mechanisierbares Verfahren für das Konstruieren von Ableitungen.[10]

> **Erläuterung 6.13**
> Die Wahrheitswerttabellen erfüllen im Unterschied zu Ableitungen das *Kriterium der Entscheidbarkeit* in vollem Umfang.

Auf diesem Hintergrund nennt Lemmon ein viertes, wichtiges Argument für die Beweismethode der Ableitungen: In der *Quantorenlogik* lassen sich durch Erweiterung des GLK_J für jedes korrekte quantorenlogische Argumentschema Ableitungen finden, aber es gibt in der Quantorenlogik kein den Wahrheitswerttabellen analoges Entscheidungsverfahren. Man ist in der Quantorenlogik auf die Ableitungen als Beweismethode angewiesen, und kann diese durch Erweiterung des GLK_J definieren. Dieses Argument setzt voraus, dass es für die Quantorenlogik kein mechanisierbares Entscheidungsverfahren gibt (vgl. hierzu die Ausführungen in LEKTION 12).

Ein ganz anderer Grund für die Darstellung zweier Beweisverfahren innerhalb der Aussagenlogik ist der, dass hierdurch *metalogische* und *philosophische* Erörterungen verschiedener Beweisverfahren ermöglicht werden. Die beiden beschriebenen Beweisverfahren stellen Prototypen *unterschiedlicher Beweisverfahren* dar, denen jeweils ein unterschiedliches Beweisverständnis zugrunde liegt.

---
[10] Das in Abschnitt 2 beschriebene Verfahren setzt die Wahrheitswertanalyse voraus!

Die Ableitungen stellen ein Verfahren dar, in dem Formeln einer Formelmenge in Formeln derselben Formelmenge nach bestimmten Regeln umgeformt werden; die Wahrheitswerttabellen dagegen stellen – zumindest in ihrer im Exkurs zu LEKTION 2 beschriebenen formalen Deutung – ein Verfahren dar, in dem Ausdrücke eines Zeichensystems in Ausdrücke eines *anderen* Zeichensystems transformiert werden zu dem Zweck, durch die äusseren Merkmale dieses Zeichensystems fragliche formale Eigenschaften und Relationen zu identifizieren. Die erste Strategie entspricht dem natürlichen Schlussfolgern oder Argumentieren, und auch dem Umformen mathematischer Ausdrücke zum Zwecke des Lösens von Gleichungen. Die zweite Strategie ähnelt dem Beweis geometrischer Aussagen mittels Zerlegung und/oder Zusammensetzung von Figuren.[11] In derartigen Beweisen wird ein fraglicher geometrischer Satz durch eine geometrische Strukturierung bewiesen, und nicht durch Ableitung aus geometrischen Axiomen.

Man kann die beiden aussagenlogischen Beweisverfahren unter Rückgriff auf die Ausführungen in LEKTION 1 als unterschiedliche Lösungen des Problems verstehen, dass die äusseren Eigenschaften der J-Formeln es nicht erlauben, ihre formalen Eigenschaften zu identifizieren. Die beiden Formeln '$P \rightarrow Q$' und '$P \vee \neg Q$' sind formal äquivalent, aber ihr äusserer Ausdruck unterschiedlich. Die Formeln '$P \& Q$' und '$\neg P \vee \neg Q$' sind einander entgegengesetzt – sie können nicht beide erfüllt sein, aber ihr äusserer Ausdruck enthält kein Merkmal, durch das sich dieser Gegensatz identifizieren liesse. '$P \& Q$' impliziert formal '$P \rightarrow Q$', aber nicht '$P \leftrightarrow Q$' oder '$P \vee \neg Q$', aber es gibt kein äusseres Merkmal, anhand dessen sich formale Implikationen direkt an den J-Formeln identifizieren lassen.

Die Wahrheitswerttabellen lösen dieses Problem, indem sie die J-Formeln in W/F Tabellen transformieren, durch die formale Eigenschaften wie die formale Äquivalenz, formale Implikation oder Widersprüchlichkeit identifiziert werden können. Die Ableitungen lösen dieses Problem nicht durch Zuordnung zu anderen Ausdrücken, die den besagten Mangel nicht besitzen, sondern durch Identifikation von Ableitbarkeitsverhältnissen zwischen den J-Formeln, durch die sich die genannten formalen Eigenschaften identifizieren lassen: Eine J-Formel impliziert eine andere, wenn die andere aus ihr ableitbar ist; die Formeln sind äquivalent, wenn sie auseinander ableitbar sind; und sie sind entgegengesetzt, wenn eine FK-Formel aus ihnen ableitbar ist. Die Ableitungen beheben im Unterschied zu den Wahrheitswerttabellen den Mangel der Identifikation formaler Eigenschaften durch den äusseren Ausdruck der Formeln nicht, aber sie ermöglichen die Identifikation interner Beziehungen zwischen den Formeln.

---

[11] Vgl. hierzu Thiel (1995), S. 53 und S. 77ff.

Prinzipiell lässt sich ein logisches Beweisverfahren im Sinne der Transformation von Ausdrücken eines Zeichensystems in Ausdrücke eines anderen Zeichensystems zum Zweck der Identifikation wahrheitsfunktionaler Eigenschaften und Beziehungen daran messen, ob jeder Unterschied wahrheitsfunktionaler Eigenschaften oder wahrheitsfunktionaler Beziehungen durch einen äusseren Unterschied in den beweisenden Ausdrücken identifiziert werden kann. Ist dies der Fall, dann besitzt das beweisende Zeichensystem die *logische Mannigfaltigkeit*, die es zur Erfüllung seiner Aufgabe besitzen muss: Es sind in ihm genau so viele Unterschiede identifizierbar, wie es unterschiedliche wahrheitsfunktionale Beziehungen gibt.

Die Wahrheitswerttabellen erfüllen dieses Kriterium noch nicht in vollem Masse, denn nicht allen äquivalenten Formeln werden identische W/F Tabellen zugeordnet: 'P' und '$P \& (Q \lor \neg Q)$' sind z.B. formal äquivalent, aber ihnen werden nicht *identische* W/F Tabellen zugeordnet: Im einen Fall erhält man eine Tabelle mit zwei, im anderen mit vier Zeilen. Auch die formal äquivalenten Ausdrücke 'P' und '$\neg\neg P$' werden strenggenommen nicht *derselben* W/F Tabelle zugeordnet: Im einen Fall erhält man zwei, im andern vier Spalten. Es ist aber durch Einführung zusätzlicher Regeln möglich, die W/F Tabellen weiter zu transformieren, so dass das genannte Kriterium der adäquaten logischen Mannigfaltigkeit in der Aussagenlogik erfüllt werden kann.

Ziel eines derartigen Beweisverfahrens ist es, alle logisch irrelevanten Unterschiede zu beseitigen: Es lassen sich z.B. gemäss der Definition wohlgeformter *J*-Formeln unendlich viele Formeln der Reihe '$P, \neg\neg P, \neg\neg\neg\neg P, \ldots$' konstruieren, aber diese Unterschiede in der Anzahl der Negationen sind logisch bedeutungslos, denn ihnen entspricht kein Unterschied in den wahrheitsfunktionalen Beziehungen. Entsprechend lautet die Aufgabe eines derartigen Beweisverfahrens, solche Regeln zu definieren, durch die diesen unendlich vielen formal äquivalenten Formeln *derselbe* Ausdruck zugeordnet wird.

Ableitungen erfüllen ein derartiges Kriterium nicht, und sie bezwecken dies auch nicht. Es sind aus einer Formel 'P' gemäss DNE unendlich viele Formeln der Reihe '$\neg\neg P, \neg\neg\neg\neg P, \ldots$' ableitbar. Aus der Perspektive eines Beweisverfahrens, das bezweckt, logisch bedeutungslose Unterschiede in den Formeln zu eliminieren, erreichen die Ableitungen nichts. Im Gegenteil: Es werden mit den Argumentschemata als Ausgangspunkt noch weitere logisch bedeutungslose Unterschiede wie das Abtrennen von Formeln mittels eines Kommas oder das Schreiben von Formeln in unterschiedliche Zeilen anstelle ihrer Konjunktion eingeführt, so dass hierfür mit der Regel &E bzw. &B eigens die Möglichkeit der Umformung geregelt werden muss. Dies ist jedoch – gemessen an dem Kriterium der

Entscheidbarkeit – kein Defizit, solange formale Eigenschaften und Beziehungen durch Ableitbarkeitsbeziehungen identifiziert werden können.

> **Erläuterung 6.14**
> In der Aussagenlogik lässt sich ein Beweisverfahren entwickeln, durch das sämtliche wahrheitsfunktionalen Eigenschaften und Beziehungen durch *äussere Merkmale* eines beweisenden Zeichensystems identifiziert werden können.
> Ableitungen können demgegenüber nicht sämtliche wahrheitsfunktionalen Eigenschaften und Beziehungen durch Bezugnahme auf Ableitbarkeitsbeziehungen identifizieren.

Gemeinhin wird angenommen, dass innerhalb der mehrstelligen Quantorenlogik nur noch Ableitungen als leistungsfähiges Beweisverfahren in Frage kommen. Dieses Urteil beruht darauf, dass man für die mehrstellige Quantorenlogik keine Beweisverfahren kennt, die der hier gegebenen formalen Deutung der Wahrheitswerttabellen entsprechen: Das wären solche Verfahren, in denen beliebige quantorenlogische Formeln in endlichen Schritten Ausdrücken eines anderen Zeichensystems zugeordnet werden, durch deren *äussere Merkmale* die formalen Eigenschaften und Relationen quantorenlogischer Formeln identifiziert werden.

Der Stoff dieser Lektion ist nicht klausurrelevant. Vor der Klausur zur Aussagenlogik sollten Sie alle ÜBUNGEN der ersten fünf Lektionen sowie die PROBEKLAUSUR zur Aussagenlogik erfolgreich absolviert haben!

Teil C

Quantorenlogik

LEKTION 7

EINFÜHRUNG IN DIE QUANTORENLOGIK

Die LEKTIONEN 7-10 behandeln die *Quantorenlogik 1. Stufe*, LEKTION 11 die *erweiterte* Quantorenlogik 1. Stufe (Quantorenlogik samt Identität), LEKTION 12 betrifft die *Metalogik* der Quantorenlogik. Die LEKTIONEN 7-12 zusammengenommen vervollständigen die Aussagenlogik um die erweiterte Quantorenlogik 1. Stufe und schliessen damit die Einführung in die klassische Logik ab.

LEKTION 7 führt in die Grundlagen der modernen Quantorenlogik ein. Der erste Abschnitt zeigt, dass die Aussagenlogik nicht *reichhaltig* genug ist, um die formalen Eigenschaften und Beziehungen quantifizierter Aussagen zu erfassen. Im zweiten Abschnitt wird die traditionelle *Syllogismenlehre* als ein System der Identifikation formaler Eigenschaften und Beziehungen quantifizierter Aussagen dargestellt und ihre Grenzen aufgezeigt. Der dritte Abschnitt geht auf Voraussetzungen der *modernen Quantorenlogik* ein, die das Thema der weiteren Lektionen ist.

1 ERWEITERUNG DER AUSSAGENLOGIK

In *Erläuterung 1.10* wurde das Kriterium der Reichhaltigkeit eingeführt, anhand dessen eine formale Sprache gemessen werden kann. Nach *Erläuterung 1.6* sind die formalen Eigenschaften und Relationen, die die klassische Logik untersucht, wahrheitsfunktionale Eigenschaften und Relationen. Hierunter fallen insbesondere die logische Wahrheit, logische Falschheit und logische Folgerung. Es fragt sich, ob die formale Sprache J reichhaltig genug ist, um alle logisch wahren und alle logisch falschen Aussagen sowie alle logischen Folgerungsbeziehungen zwischen Aussagen identifizieren zu können.

Diese Frage ist zu verneinen, wie sich an einfachen Beispielen zeigt:

a Einige Käfer sind gepanzert.
b Alle Käfer sind Insekten.
c Einige Insekten sind gepanzert.

Geht man von einem intuitiven Begriff der logischen Folgerung aus, nach dem eine Aussage B aus anderen Aussagen $A_1 \ldots A_n$ folgt gdw. es ausgeschlossen ist, dass $A_1 \ldots A_n$ wahr und B falsch ist, dann folgt c aus a und b. Dies ist offensichtlich nicht in dem spezifischen Inhalt der Aussagen begründet. Denn für gleichartig gebaute Aussagen ganz anderen Inhaltes besteht dieselbe Folgerungsbeziehung:

a Einige gerade Zahlen sind durch 4 teilbar.
b Alle geraden Zahlen sind natürliche Zahlen.
c Einige natürliche Zahlen sind durch 4 teilbar.

Entscheidend für die Folgerungsbeziehung sind nicht einzelne Begriffe ('Käfer', 'Insekt', 'gepanzert', 'gerade Zahl', 'natürliche Zahl', 'durch 4 teilbar'), sondern die Struktur der Aussagen. Ersetzt man die Begriffe durch Variablen (S,M,P), dann erhält man folgende Struktur der Aussagen:[1]

a Einige M sind P.
b Alle M sind S.
c Einige S sind P.

Durch die aussagenlogische Formalisierung werden die einzelnen Aussagen a, b, c durch Satzbuchstaben 'P', 'Q', 'R' formalisiert: Diese Formalisierung bringt die Folgerungsbeziehung nicht zum Ausdruck, da 'P, Q . ˙ .R' nicht korrekt und nicht ableitbar ist. Um formale Eigenschaften und Relationen wie die logische Wahrheit und Falschheit von Aussagen oder Folgerungsbeziehungen zwischen diesen zu berücksichtigen, ist die formale Sprache der Aussagenlogik um Bestandteile zu erweitern, die die innere Struktur von Aussagen wiedergeben. Zu diesen Bestandteilen müssen offensichtlich konstante Ausdrücke für umgangssprachliche Ausdrücke wie „einige" und „alle" gehören, denn diese sind in dem genannten Schema nicht variabel: Ersetzt man in c jeweils „einige" durch „alle", dann würde c nicht mehr aus a und b folgen. Formale Ausdrücke, durch die die umgangssprachlichen Ausdrücke „alle" und „einige" formalisiert werden, nennt man *Quantoren*. Und die Logik, die die wahrheitsfunktionalen Eigenschaften und Relationen zwischen Aussagen untersucht, die sich mittels dieser Quantoren formalisieren lassen, *Quantorenlogik* oder auch *Prädikatenlogik*. Einen historisch bedeutsamen Vorläufer der modernen Quantorenlogik bildet die auf Aristoteles zurückgehende Syllogismenlehre.

2 Syllogismen

In der Syllogismenlehre wird von folgender Aussagenstruktur ausgegangen:

$$Q\ B_1\ \text{sind}\ B_2$$

'Q' steht für einen Quantor, 'B_1' und 'B_2' für Begriffe.

Man unterscheidet in der Syllogismenlehre vier Quantoren, die den Bedeutungen der vier umgangssprachlichen Ausdrücke „alle", „einige", „keine", „nicht alle"

---
[1] Es handelt sich um den sogenannten Syllogismus Disamis.

entsprechen. Je nach dem, welchen Quantor man einsetzt, erhält man Aussagen der vier Formen:[2]

A: Alle B_1 sind B_2

I: Einige B_1 sind B_2

E: Keine B_1 sind B_2

O: Nicht alle B_1 sind B_2

Aussagen der Form A,I,E,O werden interpretiert als Aussagen über *Begriffsumfänge*. Man sagt von *Begriffen*, dass *Gegenstände* unter sie fallen, und unterscheidet den *Begriffsinhalt* (Intension) von dem *Begriffsumfang* (Extension):

Erläuterung 7.1

Der *Begriffsinhalt* besteht aus den *Merkmalen*, die den Gegenständen gemeinsam sind, die unter den Begriff fallen. Der *Begriffsumfang* besteht aus den *Gegenständen*, die unter den Begriff fallen.

Der *Inhalt* des Begriffes der Primzahl besteht aus den Merkmalen, eine ganze Zahl, die grösser als 1 ist, sowie nur durch 1 und sich selbst teilbar zu sein. Der *Umfang* des Begriffes der Primzahl besteht aus den Zahlen 2,3,5,7,11,13 . . . .

Bezüglich des Begriffsumfanges wird in der Syllogismenlehre (anders als in der modernen Quantorenlogik) von folgender Voraussetzung ausgegangen:

Erläuterung 7.2

In der Syllogismenlehre wird vorausgesetzt, dass der Begriff B_1 nicht leer ist.

Gemäss diesen Erläuterungen lassen sich Aussagen der Form A,I,E,O wie folgt paraphrasieren:

A: Alle Gegenstände, die unter einen Begriff B_1 fallen (und das ist mindestens einer), fallen unter den Begriff B_2.

---

[2]Die Abkürzungen sind den lateinischen Ausdrücken „**affirmo**" und „**nego**" entnommen: A und I sind die beiden bejahenden, E und O die beiden verneinenden Aussageformen.

I: Einige Gegenstände, die unter den Begriff B_1 fallen (und das ist mindestens einer), fallen unter den Begriff B_2.

E: Keine Gegenstände, die unter den Begriff B_1 fallen (und das ist mindestens einer), fallen unter den Begriff B_2.

O: Nicht alle Gegenstände, die unter den Begriff B_1 fallen (und das ist mindestens einer), fallen unter den Begriff B_2.

Die der Syllogismenlehre zugrundegelegten Formen von Aussagen sind stets Aussagen über die *Beziehungen* von Begriffsumfängen.

Die *logischen* Beziehungen zwischen dieser Art von Aussagen bringt unter Voraussetzung von *Erläuterung 7.2* das logische Quadrat zum Ausdruck:

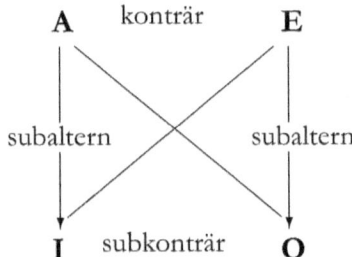

Abbildung 7.1: Logisches Quadrat in der Syllogismuslehre

Die Diagonalen verbinden Aussagen, die in *kontradiktorischem* Gegensatz zueinander stehen. Dies ist der Fall genau dann, wenn aus der Wahrheit der einen Aussage die Falschheit der anderen folgt und umgekehrt, wenn aus der Falschheit der einen Aussage die Wahrheit der anderen folgt. Zwei Aussagen stehen in einem *konträren* Gegensatz zueinander genau dann, wenn nicht beide wahr, aber beide falsch sein können. Zwei Aussagen stehen in einem *subkonträren* Gegensatz zueinander genau dann, wenn sie nicht beide falsch, aber beide wahr sein können. Die Wörter „konträr" bzw. „subkonträr" stehen im logischen Quadrat jeweils zwischen den konträren bzw. subkonträren Aussagen. Eine Aussage A ist gegenüber einer anderen B *subaltern* (d.i. untergeordnet) genau dann, wenn aus der Wahrheit von A die Wahrheit von B folgt. Die subalternen Beziehungen werden in dem logischen Quadrat durch einen Pfeil, der auf die untergeordnete Aussage zeigt, dargestellt.

Ein *Syllogismus* ist eine Schlussform, die sich aus Aussagen der Form A,I,E,O zusammensetzt; und zwar immer aus genau drei Aussagen, nämlich: Zwei Prämissen und einer Konklusion. In diesen drei Aussagen kommen insgesamt genau drei Begriffe vor: der *Subjektbegriff* (S), der *Mittelbegriff* (M) und der *Prädikatbegriff* (P). Diese Begriffe werden durch ihre Stellung im Syllogismus identifiziert: Der Subjektbegriff kommt nur in der zweiten Prämisse und in der Konklusion (hier nur an der Stelle des ersten Begriffes B_1), der Mittelbegriff nur in den beiden Prämissen, aber nicht in der Konklusion und der Prädikatbegriff schliesslich nur in der ersten Prämisse und in der Konklusion (hier nur an der Stelle des zweiten Begriffes B_2) vor. Die erste Prämisse, die den Mittelbegriff und den Prädikatbegriff enthält, nennt man die *Prämisse Maior*, die zweite Prämisse, die den Mittelbegriff und den Subjektbegriff enthält, nennt man die *Prämisse Minor*.

> **Erläuterung 7.3**
> Ein *Syllogismus* ist eine Schlussform, die sich aus einer Prämisse Maior, einer Prämisse Minor und einer Konklusion zusammensetzt.

Es gibt gemäss dieser Unterscheidungen aus kombinatorischen Gründen genau 256 unterschiedliche Formen von Syllogismen, die man in vier Figuren unterteilt:

	1. Figur	**2. Figur**	**3. Figur**	**4. Figur**
Prämisse Maior	Q MP	Q PM	Q MP	Q PM
Prämisse Minor	Q SM	Q SM	Q MS	Q MS
Konklusion	Q SP	Q SP	Q SP	Q SP
	$4 \cdot 4 \cdot 4 = 64$	$4 \cdot 4 \cdot 4 = 64$	$4 \cdot 4 \cdot 4 = 64$	$4 \cdot 4 \cdot 4 = 64$
	$4 \cdot 64 = 256$			

Von diesen 256 Syllogismen sind bei weitem nicht alle schlüssig. Folgender Syllogismus der 1. Figur ist z.B. unschlüssig:

Prämisse Maior   Einige Säugetiere sind Huftiere.
Prämisse Minor   Alle Wale sind Säugetiere.
Konklusion   Einige Wale sind Huftiere.

Die Prämissen sind in diesem Fall wahr, aber die Konklusion ist falsch. Die Aufgabe für die Syllogismenlehre besteht darin, ein Verfahren zu definieren, das die *gültigen von den ungültigen Syllogismen* unterscheidet. Hierfür sind verschiedene Verfahren entwickelt worden. Ein schon von Aristoteles angedeutetes Verfahren besteht darin, die gültigen Syllogismen im Rahmen eines *Kalküls* abzuleiten. In diesem Zusammenhang spielt der sogenannte Syllogismus Barbara eine besondere Rolle, da Aristoteles alle gültigen Syllogismen auf diesen zurückführt. Ein anderes, nach dem Logiker John Venn (1834-1923) benanntes Verfahren besteht in der Darstellung von Syllogismen mittels *Venn-Diagrammen* und der Definition der Gültigkeit der Syllogismen durch äussere Eigenschaften dieser Diagramme. Auf die Darstellung dieser Beweisverfahren wird hier verzichtet.[3] Es sei nur erwähnt, dass diese beiden Beweisverfahren Beispiele der beiden in LEKTION 6, Abschnitt 3 unterschiedenen Arten von Beweisverfahren sind: Ableitungen innerhalb einer Formelsprache mittels Kalkülregeln und Transformation von Formeln einer Formelsprache in Ausdrücke eines anderen Zeichensystems, durch deren äussere Merkmale fragliche logische Eigenschaften identifiziert werden können.

Es ist auch möglich, die gültigen Syllogismen mittels *syllogistischer Metaregeln* zu beschreiben oder sie einfach dadurch von den ungültigen zu unterscheiden, dass man sie in einer Liste aufführt: Siehe hierzu die *Liste der gültigen Syllogismen* im Anhang, S. 381f.

Von den 256 Syllogismen sind insgesamt nur 24 gültig. Man unterscheidet innerhalb der gültigen Syllogismen *schwache* und *starke Modi*. Schwache Modi sind solche, in denen in der Konklusion weniger behauptet wird, als sich aus den Prämissen folgern liesse. Es gibt zu jedem Syllogismus, dessen Konklusion ein universelles Urteil erlaubt (Aussagen der Form A oder E), einen schwachen Modus, in dem die Konklusion ein partikulares Urteil (Aussagen der Form I oder O) ist. Die gültigen Syllogismen wurden mittels Merknamen (z.B. „Barbara") benannt: Alle Namen enthalten genau drei Vokale, wobei die Vokale „a", „i", „e", „o" jeweils die Aussagen A,I,E,O repräsentieren, und der erste Vokal für die Form der Prämisse Maior, der zweite für die Form der Prämisse Minor, und der dritte für die Form der Konklusion steht. Insofern für die Gültigkeit von Syllogismen vorausgesetzt ist, dass ein bestimmter Begriff nicht leer ist, ist dies in der *Liste der gültigen Syllogismen* explizit erwähnt.

Die Lehre der gültigen Syllogismen bildete bis ins 19.Jahrhundert das Vorbild für gültige logische Schlussformen und spielt damit für die Rekonstruktion wissenschaftlicher Schlüsse eine wichtige Rolle, da diese oftmals explizit oder im-

---
[3]Vgl. hierzu Quine (1993), §13f.

plizit in Anlehnung an gültige Syllogismen dargestellt wurden. Die *Liste der gültigen Syllogismen* ist ein nützliches Instrument für die Rekonstruktion von Argumenten älterer Texte.

Aufgabe der Rekonstruktion von Syllogismen ist die Zuordnung eines umgangssprachlichen Textes zu einem Syllogismus sowie die Prüfung der Schlüssigkeit des Syllogismus. Für die Zuordnung des U-Textes zu einem Syllogismus sind die Prämisse Maior, die Prämisse Minor sowie die Konklusion zu identifizieren. Hierbei ist jeweils zu bestimmen, von welcher der vier Formen A, I, E, O die jeweiligen Aussagen sind. Die Schlüssigkeit kann anhand der *Liste der gültigen Syllogismen* überprüft werden. Ist der Syllogismus schlüssig, dann ist er mit dem entsprechenden Namen zu kennzeichnen.

BEISPIEL:

U-TEXT:

> Nicht-flimmernde Himmelskörper sind nahe Himmelskörper. Planeten flimmern nicht. Also sind die Planeten nahe Himmelskörper.

REKONSTRUKTION:

LEGENDE:

M = nicht-flimmernde Himmelskörper
P = nahe Himmelskörper
S = Planeten

SYLLOGISMUS BARBARA:

PRÄMISSE MAIOR: Alle M sind P.

PRÄMISSE MINOR: Alle S sind M.

KONKLUSION: Alle S sind P.

Diese Rekonstruktion ist wie jede Argumentrekonstruktion abhängig von *Interpretationsannahmen*: Sie setzt voraus, dass die Sätze des U-Textes als Allsätze der Form A gemeint sind und dass die Planeten Himmelskörper sind.

Die Syllogismenlehre erlaubt nur eingeschränkte Formalisierungen und ist der *modernen Quantorenlogik* in Bezug auf das Kriterium der *Reichhaltigkeit* unterlegen. Viele quantifizierte Aussagen und viele ihrer logischen Beziehungen werden von der Syllogismenlehre nicht erfasst: Insbesondere beinhaltet die Syllogismenlehre nicht die Junktoren- bzw. *Aussagenlogik*. Ausserdem lässt die Syllogismenlehre nicht zu, dass sich in einer Aussage *unterschiedliche Quantoren* auf die Begriffe B_1 und B_2 beziehen. Auch die *Begriffe* werden *nicht strukturiert*, so dass es z.B. nicht möglich ist, die Aussage zu formalisieren, dass einige (Menschen) alle (Menschen) lieben. Schliesslich ist man mit den Aussagen der Form A,I,E,O auf Aussagen beschränkt, in denen *zwei Begriffe* vorkommen, und mit den Syllogismen auf Schlussformen, die nur *zwei Prämissen* enthalten. Folgender Schluss ist demnach kein (gültiger) Syllogismus: „Alle Griechen sind weise Männer. Also: Alle Griechen sind weise." Ebensowenig werden in der Syllogismenlehre Beziehungen zwischen quantifizierten Aussagen und *singulären Aussagen*, die aussagen, dass ein *bestimmter* Gegenstand unter einen Begriff fällt, berücksichtigt. Der Schluss „Alle Griechen sind weise Männer. Sokrates ist ein Grieche. Also: Sokrates ist ein weiser Mann" ist *kein* Syllogismus. In der modernen Quantorenlogik geht man aus diesen Gründen von einer Analyse quantorenlogischer Aussagen aus, welche die der Syllogismenlehre an Reichhaltigkeit übertrifft und eine jede beliebige Beziehung quantorenlogischer Aussagen inklusive junktorenlogischer und singulärer Aussagen zu formalisieren erlaubt.

> **Erläuterung 7.4**
> Die syllogistische Formalisierung von Aussagen und Schlüssen ist nicht so *reichhaltig* wie die moderne Quantorenlogik.

ÜBUNG: A,E,I,O-AUSSAGEN

ÜBUNG: SYLLOGISMEN

ÜBUNG: ARGUMENTREKONSTRUKTION

3   QUANTORENLOGISCHE ANALYSE

Die moderne quantorenlogische Analyse geht vornehmlich auf Gottlob Frege (1848-1925) zurück.[4] Frege geht von der Analyse arithmetischer Ausdrücke aus und überträgt diese schrittweise auf die Analyse quantorenlogischer Aussagen.

---

[4] Vgl. Frege (1962), §1-4 und Frege (1994).

3.1 Funktion und Argument

In arithmetischen Ausdrücken, die neben Ziffern (Zahlzeichen) nur Zeichen mathematischer Operationen (Addition, Subtraktion, Multiplikation, Division) enthalten, lassen sich *Funktionen* und *Argumente* unterscheiden.

$$2 \cdot 1^3 + 1$$
$$2 \cdot 2^3 + 2$$
$$2 \cdot 3^3 + 3$$
$$2 \cdot 4^3 + 4$$
$$\vdots$$

In dieser Reihe ist etwas konstant und etwas variabel. Die Analyse der Ausdrücke in Funktion und Argument trennt den konstanten Teil von dem variablen Teil. Die Funktion enthält den konstanten Teil sowie Variablen (Platzhalter) für die variierenden Teile. An die Stelle der Variablen können die jeweiligen Argumente treten. Die Ausdrücke lassen sich analysieren in die mathematische Funktion ‚$2 \cdot x^3 + x$' und die jeweiligen Argumente 1,2,3,4 ....

Eine Funktion nennt Frege auch *ungesättigt*, da sie mit den Variablen offene Stellen enthält. Demgegenüber nennt er den arithmetischen Ausdruck, der entsteht, wenn man an die Stellen der Variablen der Funktion jeweils ein Argument einsetzt, einen *gesättigten* Ausdruck.

Den Funktionen werden in Abhängigkeit zu ihren Argumenten *Werte* zugeordnet. Die Werte der genannten Funktion ‚$2 \cdot x^3 + x$' für die Argumente 1, 2, 3, 4 sind 3, 18, 57, 132. Dies sind die Werte, die man erhält, wenn man die jeweiligen gesättigten Ausdrücke ausrechnet. Die Gesamtheit der Werte einer Funktion nennt Frege ihren *Werteverlauf*. Dieser lässt sich mit den Mitteln der analytischen Geometrie darstellen, indem man die Argumente als Abzisse und die zugehörigen Werte als Ordinate eines Punktes darstellt.

3.2 Begriffe

Erweitert man die arithmetischen Ausdrücke um die Zeichen '=', '≠', '<', '≮', '≤', '≰', '>', '≯', '≥', '≱', dann erhält man als Werte der mit diesen Ausdrücken gebildeten Funktionen nicht mehr Zahlen, sondern Wahrheitswerte. Der Wert der Funktion ‚$x^2 = 1$' für das Argument -1 ist der Wahrheitswert W; der Wert derselben Funktion für das Argument 0 ist der Wahrheitswert F.

Auf dieser Basis kann Frege Begriffe durch Funktionen und ihre Werte definieren:

> **Erläuterung 7.5**
> *Begriffe* sind Funktionen, deren Werte Wahrheitswerte sind.

Gemäss dieser Erläuterung haben die beiden Begriffe ‚$x^2 = 1$' und ‚$(x+1)^2 = 2 \cdot (x+1)$' *dieselben* Begriffsumfänge, da sie dieselben Werteverläufe haben.

Frege unterscheidet Begriffe 1. Stufe und Begriffe 2. Stufe:

> **Erläuterung 7.6**
> *Begriffe erster Stufe* sind Begriffe, deren Argumente Gegenstände sind,
> *Begriffe 2. Stufe* sind Begriffe, deren Argumente ihrerseits Begriffe sind.

Die klassische Quantorenlogik ist die Quantorenlogik 1. Stufe, die nur die Logik quantifizierter Aussagen behandelt, deren Begriffe als Begriffe 1. Stufe verstanden werden. Im Weiteren wird von Begriffen 2. Stufe und der Quantorenlogik 2. Stufe abgesehen.

3.3 Aussagenanalyse

Seine Analyse mathematischer Begriffe erweitert Frege zu einer allgemeinen Analyse von Aussagen. Auch umgangssprachlich formulierte Aussagen lassen sich in Funktion und Argument analysieren:

> Caesar eroberte Gallien.
> Hannibal eroberte Gallien.
> Napoleon eroberte Gallien.
> ⋮

Diese Aussagesätze lassen sich analysieren in den Funktionsausdruck „x eroberte Gallien" und die Namen ihrer Argumente („Caesar", „Hannibal", „Napoleon", etc.). Auch in diesem Fall sind die Werte der Funktion Wahrheitswerte und dementsprechend die Funktionen Begriffe.

Durch diese Analyse ist es möglich, die Definitionen der wahrheitsfunktionalen Beziehungen aus der Aussagenlogik mit einer Analyse der internen Struktur von Aussagen zu verbinden.

3.4 Einstellige und mehrstellige Funktionen

Mathematische Funktionsausdrücke können mehrere Variablen enthalten, z.B. '$x^2 +y$'. Ebenso lassen sich auch umgangssprachliche Sätze analysieren in Funktionsausdrücke, die an mehreren Stellen Argumente enthalten können, und ihre Argumente. So lässt sich z.B. der Satz „Caesar eroberte Gallien" auch in den Funktionsausdruck „x eroberte y" und die beiden Ausdrücke „Caesar" und „Gallien", die jeweils Argumente der variablen Stellen bezeichnen, analysieren. In diesem Fall bleibt nur noch das Verb „eroberte" als konstanter Ausdruck erhalten.

Durch die Unterscheidung *einstelliger* und *mehrstelliger Funktionen* und die Definition der Begriffe als Funktionen, deren Werte Wahrheitswerte sind, wird es im Gegensatz zur Syllogismenlehre möglich, unterschiedlich strukturierte Begriffe zu berücksichtigen.

3.5 Grammatikalische, ontologische, logische Deutungen

Frege verbindet seine Auffassung von Begriffen mit grammatikalischen und ontologischen Unterscheidungen. Er identifiziert die sprachlichen Ausdrücke der Begriffe mit *Prädikaten* im grammatikalischen Sinne, einstellige Begriffe als *Eigenschaften* und mehrstellige Begriffe als *Relationen*. Prädikate sind nach Frege ungesättigte Ausdrücke, die die Form von Sätzen haben (z.B. „x eroberte Gallien") und durch die ausgesagt wird, dass ein Gegenstand eine bestimmte Eigenschaft hat oder zu anderen Gegenständen in einer bestimmten Relation steht.

Gemäss diesen Deutungen ist die *grammatikalische Analyse* von Aussagesätzen in Subjekt/Prädikat/(Objekt) ein hinreichendes Kriterium für die *Aussagenanalyse* in Funktion und Argument und die *ontologische Analyse* in Gegenstände / Eigenschaften / Relationen. Hiergegen spricht, dass inhaltsgleiche Aussagesätze grammatikalisch unterschiedlich formuliert werden können:

Annahme 1: „Caesar eroberte Gallien" (Satz 1) ist inhaltsgleich mit „Gallien erobert zu haben, ist etwas, das auf Caesar zutrifft" (Satz 2).

Annahme 2: Was inhaltsgleich ist, handelt von demselben.

Annahme 3: Gemäss Satz 1 ist „x eroberte Gallien" Prädikat, und „Caesar" Subjekt; gemäss Satz 2 ist „x ist etwas, das auf Caesar zutrifft" Prädikat, und „Gallien erobert zu haben" Subjekt.

Annahme 4: Gemäss der ontologischen Deutung folgt aus Annahme 3: „Caesar" bezeichnet einen Gegenstand, „x eroberte Gallien" eine Eigenschaft; „Gallien erobert zu haben" bezeichnet einen Gegenstand, „x ist etwas, das auf Caesar zutrifft" eine Eigenschaft: Die Gegenstände und die Eigenschaften sind nicht dieselben.

FOLGERUNG: Folglich handelt gemäss der ontologischen Deutung Satz 1 und 2 nicht von demselben. Dies widerspricht Annahme 1-2.

Will man an Annahme 1 und 2 festhalten, wird man die grammatikalische Analyse von Aussagesätzen nicht als Kriterium einer ontologischen Analyse verwenden.

Der grammatikalischen und ontologischen Deutung der Analyse von Aussagesätzen lässt sich eine *logische Deutung* gegenüberstellen. Diese betrachtet die grammatikalische Analyse eines Aussagesatzes nicht als Kriterium der Analyse der Aussagen in Funktion und Argument bzw. Begriff und Gegenstand und verbindet mit diesen Unterscheidungen keine ontologische Deutung. Sie versteht diese Unterscheidung allein als Mittel zum Zweck quantorenlogischer Formalisierungen. Nach der logischen Deutung in dem hier gemeinten Sinn hängt die Unterscheidung von Funktion und Argument (Begriff und Gegenstand) allein davon ab, welchen Teil einer Aussage man als variabel und welchen man als konstant auffasst. Man kann den Satz „Caesar eroberte Gallien" als ein Glied unterschiedlicher Reihen auffassen, in denen unterschiedliche Ausdrücke konstant bzw. variabel sind:

Caesar eroberte Gallien	Caesar eroberte Gallien	Caesar eroberte Gallien
Hannibal eroberte Gallien	Caesar war römischer Kaiser	Caesar eroberte Karthago
Napoleon eroberte Gallien	Caesar wurde von Brutus ermordet	Caesar eroberte Spanien
⋮	⋮	⋮
x eroberte Gallien	Caesar x	Caesar eroberte x

Je nachdem, welchen Teil des Satzes man konstant hält und welchen man variieren lässt, erhält man eine unterschiedliche Analyse in Funktion und Argument. Sprachlich mag es manchmal schwierig oder umständlich sein, die Funktionsausdrücke als grammatikalische Prädikate zu formulieren, logisch ist dies jedoch bedeutungslos.

Im Folgenden soll die Verwendung der Ausdrücke „Gegenstand" und „Prädikat" in einem logischen (und nicht grammatikalischen oder ontologischen) Sinn verstanden werden:

> **Erläuterung 7.7**
> *Prädikate* sind die Funktionsausdrücke, *Gegenstände* sind die Argumente von Funktionen.

„x eroberte Gallien", „Caesar x", „Caesar eroberte x" sind demnach Prädikate; Caesar, die Gallieneroberung, Gallien sind Gegenstände. Welche Ausdrücke eines Satzes als Funktionsausdrücke und welche als Ausdrücke der Argumente verstanden werden, hängt ab von der logischen Analyse des Satzes.

3.6 Formalisierung singulärer Aussagesätze

In der Quantorenlogik tritt an die Stelle einer Formalisierung von Sätzen mittels Satzbuchstaben eine Formalisierung, die die Analyse von Aussagen in Funktion und Argument berücksichtigt. Funktionsausdrücke (Prädikate) sind komplexe Ausdrücke, die die Form von Aussagesätzen (im logischen Sinn) haben: Ihr formaler Ausdruck setzt sich zusammen aus einem Grossbuchstaben (z.B. 'F','G','H','I',
'J') und den Argumentstellen, die mit Gegenstandsvariablen (z.B. 'x','y','z') bezeichnet werden. An die Stelle der Variablen können Namenbuchstaben (z.B. 'a', 'b', 'c') treten, die der formale Ausdruck der Namen, die die Argumente der Funktionen bezeichnen, sind.

Singuläre Aussagesätze nennt man Aussagesätze, die sich mittels Formeln formalisieren lassen, die nur Prädikatbuchstaben und Namenbuchstaben enthalten.

Sing. Aussagesatz	Prädikat	Formalisierung
Caesar eroberte Gallien	x eroberte Gallien	Fa
Caesar eroberte Gallien	x eroberte y	Gab
Caesar eroberte Gallien	Caesar x	Hc

Singuläre Aussagesätze treffen die Aussage, dass ein bestimmter Gegenstand bzw. bestimmte Gegenstände unter einen bestimmten Begriff fallen.

3.7 Formalisierung quantifizierter Sätze

Quantifizierte Aussagesätze nennt man die Aussagesätze, deren Formalisierung Quantoren enthält. In der modernen Quantorenlogik verwendet man zwei Quantoren:

$\forall$: Allquantor, lies: „alle".

∃: Existenzquantor, lies: „mindestens ein".

Ausdrücke wie „kein" und „nicht alle" können unter Verwendung dieser Quantoren und des Negationszeichens formalisiert werden („keine" durch '¬∃', „nicht alle" durch '¬∀').

Quantifizierte Aussagesätze treffen Aussagen über Begriffsumfänge. An die Stelle der Namen in den singulären Aussagesätzen tritt in quantifizierten Sätzen eine Angabe über den Begriffsumfang. Während die Namen in den singulären Aussagesätzen bestimmte Gegenstände bezeichnen, von denen in den singulären Aussagesätzen ausgesagt wird, dass sie unter einen bestimmten Begriff fallen, bezeichnen die quantifizierenden Ausdrücke nicht bestimmte Gegenstände, sondern spezifizieren nur die Anzahl der Gegenstände, die gemäss der Aussage unter einen Begriff fallen. In der Formalisierung quantifizierter Aussagesätze wird die Variable der Funktionsausdrücke nicht durch einen Namenbuchstaben ersetzt, sondern die entsprechende Variable wird durch einen Quantor *gebunden*: Bezieht sich ein Quantor auf eine Argumentstelle, dann bilden der Quantor und die Variable zusammen einen Ausdruck, der dem Funktionsausdruck vorangestellt wird. In Funktionsausdrücken, in denen eine Variable nicht durch einen Quantor gebunden ist, kommt diese *frei* vor. In den Formeln der klassischen Quantorenlogik 1. Stufe wird vorausgesetzt, dass alle Variablen gebunden sind.

Im Unterschied zur Syllogismenlehre wird in der modernen Quantorenlogik nicht davon ausgegangen, dass eine quantifizierte Aussage immer zwei Begriffe enthält. Es wird vielmehr vorausgesetzt, dass man über den Umfang *eines* Begriffes aussagen kann, inwieweit *beliebige* Gegenstände unter ihn fallen. Quantifizierte Aussagesätze sind demnach nicht wesentlich Aussagen über die *Beziehungen* von Umfängen unterschiedlicher Begriffe. Und im Unterschied zur Syllogismenlehre wird nicht vorausgesetzt, dass bestimmte Begriffe in quantifizierten Aussagen nicht leer sind.

Quant. Aussagesatz	**Prädikat**	**Formalisierung**
Einige eroberten Gallien.	x eroberte Gallien	$\exists x F x$
Einige eroberten alles.	x eroberte y	$\exists x \forall y G x y$
Caesar zu sein, trifft auf mindestens einen zu.	Caesar x	$\exists x H x$

Gemäss den Formalisierungen ist z.B. nicht vorausgesetzt, dass im Satz „Einige eroberten Gallien" implizit gesagt ist, dass einige *Menschen* Gallien eroberten. Vielmehr lässt die Formalisierung völlig offen, wer oder was Gallien eroberte. Der Satz ist z.B. auch dann wahr, wenn ein Stein Gallien erobert hat. Versteht man demgegenüber den Satz „Einige eroberten Gallien" im Sinne von „Einige Menschen eroberten Gallien", dann müsste diese Spezifizierung der Gegenstände, von denen ausgesagt wird, dass sie Gallien eroberten, in der Formalisierung zum Ausdruck kommen: In diesem Fall hätte man eine Aussage der Form I, die von einer Beziehung zwischen zwei Begriffsumfängen (der Begriffe ‚x ist ein Mensch' und ‚x eroberte Gallien') handelt. Die entsprechende Formalisierung würde in diesem Fall '$\exists x(Fx \,\&\, Gx)$' lauten (siehe hierzu die Ausführungen in LEKTION 9, Abschnitt 2.1). Analog gilt auch für die anderen aufgeführten Sätze, dass ihre Formalisierung keine impliziten Spezifikationen der Gegenstände, über die etwas ausgesagt wird, voraussetzt. Meistens ist es zwar angemessener bei der Formalisierung umgangssprachlicher Texte implizite Spezifikationen der Gegenstände, über die etwas ausgesagt wird, zu berücksichtigen. Die klassische Quantorenlogik setzt aber im Unterschied zur Syllogismenlehre nicht voraus, dass in jedem Fall nur Aussagen getroffen werden über einen spezifizierten Gegenstandsbereich und damit Aussagen über die Beziehungen von Begriffsumfängen.

3.8 FORMALISIERUNG KOMPLEXER QUANTIFIZIERTER SÄTZE

Die mit singulären sowie quantifizierten Aussagesätzen gemachten Aussagen können wahr oder falsch sein und in wahrheitsfunktionalen Beziehungen zueinander stehen. In der Quantorenlogik werden nicht nur wie in der Aussagenlogik wahrheitsfunktionale Beziehungen zwischen elementaren Aussagesätzen, sondern auch zwischen singulären und quantifizierten Aussagesätze formalisiert. Einfache Beispiele quantorenlogischer Formalisierungen sind:

Komplexe quantifizierte Sätze	Standardisierung	Formalisierung
Einige eroberten Gallien und Caesar eroberte einiges.	Mindestens ein x erfüllt: eroberte_Gallien(x): und Mindestens ein x erfüllt: Caesar_eroberte(x):	$\exists x Fx \,\&\, \exists x Gx$
Wenn alle Gallien eroberten, dann eroberte Caesar Gallien.	wenn Alle x erfüllen: eroberte_Gallien(x): dann eroberte_Gallien(Caesar)	$\forall x Fx \to Fa$

Auch den durch die Prädikate ausgedrückten Begriffen (Aussagefunktionen) werden Wahrheitswerte zugeordnet – auch zwischen ihnen können wahrheitsfunktionale Beziehungen bestehen, insofern ihre Variablen gebunden oder durch Namenbuchstaben ersetzt sind. Reine Aussagefunktionen (z.B. 'Fx', 'Fxy') hingegen können nicht wahr oder falsch sein, da die Zuordnung der Wahrheitswerte abhängig von der Spezifizierung der Argumente ist. Quantoren können sich sowohl auf einfache als auch auf *komplexe Aussagefunktionen*, die im Unterschied zu den einfachen Aussagefunktionen mittels Junktoren verbunden sind, beziehen.

Komplexe quantifizierte Sätze	Standardisierung	Formalisierung
Einige eroberten Gallien und Spanien	Mindestens ein x erfüllt: eroberte_Gallien(x) und eroberte_Spanien(x):	$\exists x(Fx \& Gx)$
Alle fahren Ski oder wandern	Alle x erfüllen: fährt_Ski(x) oder wandert(x):	$\forall x(Fx \vee Gx)$
Alle begrüssen einige und verabschieden einige (dieselben oder andere) oder gehen nach Hause	Alle x erfüllen Mindestens ein y erfüllt Mindestens ein z erfüllt: begrüsst(x,y) und verabschiedet(x,z) oder geht_nachHause(x):	$\forall x \exists y \exists z (Fxy \& Gxz \vee Hx)$

Erläuterung 7.8
Die Aussagefunktion, auf die sich ein Quantor bezieht, nennt man seinen *Wirkungsbereich*. Im Falle komplexer Aussagefunktionen werden zur Kennzeichnung der Wirkungsbereiche Klammern verwendet.

3.9 WERTEBEREICH

Eine Variable kann Werte annehmen.

Erläuterung 7.9
Die Gesamtheit der Werte der Variablen nennt man ihren *Wertebereich*.

Der Wertebereich wird im Rahmen der modernen Quantorenlogik nicht näher spezifiziert: Es wird stets vorausgesetzt, dass er *beliebige* Werte umfasst. Insbesondere kann der Wertebereich eine abzählbare oder überabzählbare Menge mit *unendlich* vielen Elementen sein. Demnach ist es im Rahmen der Quantorenlogik möglich, mittels Formeln endlicher Länge Aussagen über unendlich viele Gegenstände zu formalisieren bzw. mittels endlicher Q-Formeln Wahrheitsfunktionen zwischen unendlich vielen Aussagen auszudrücken. Dies ist ein entscheidender Unterschied zur Aussagenlogik, in der mit den endlichen J-Formeln stets nur Wahrheitsfunktionen zwischen endlich vielen Aussagen formalisiert werden können.

Es wird auch nicht vorausgesetzt, dass die Werte des Wertebereiches unter irgendeinen Begriff fallen (z.B. den Begriff des Menschen oder den Begriff der Zahl) bzw. irgendwelche offene Sätze[5] wahr machen (z.B. „x ist ein Mensch"). Die einzige Voraussetzung, die in der klassischen Quantorenlogik gemacht wird, ist, dass der Wertebereich nicht leer ist. Dies nennt man bisweilen auch das Prinzip des *nicht-leeren Universums*.

> **Erläuterung 7.10**
> In der klassischen Quantorenlogik wird vorausgesetzt, dass der Wertebereich *nicht leer* ist. Es wird hingegen nicht vorausgesetzt, dass der Wertebereich nur aus endlich vielen Werten besteht, noch wird vorausgesetzt, dass die Werte irgendeine Aussagefunktion erfüllen.

Demnach können die Begriffe leer sein, aber nicht der Wertebereich. Alternative Logiken wie die *free logic* lassen auch leere Wertebereiche zu. Dies hat zur Konsequenz, dass einige Gesetze der klassischen Logik ihre Gültigkeit verlieren.

3.10 Unterschiedliche und identische Variablen

Variablen sind lediglich Platzhalter für Argumente und bezeichnen nichts. Aus diesem Grund ist die Verwendung unterschiedlicher oder identischer Variablen bedeutungslos, solange die Variablen nicht Teil desselben Wirkungsbereiches eines Quantors sind.

---

[5] Ein Satz ist *offen*, wenn man einen in ihm vorkommenden Namen durch eine freie Variable ersetzt.

Formel	Paraphrase	Wahrheits-bedingungen
$\exists x Fx\ \&\ \exists x Gx$	Mindestens ein x erfüllt:₁ Fx:₁ und Mindestens ein x (dasselbe oder ein anderes) erfüllt:₂ Gx₂:	ist für a,b z.B. wahr wenn: $Fa\ \&\ Gb$ oder auch wenn: $Fa\ \&\ Ga$
$\exists x Fx\ \&\ \exists y Gy$	Mindestens ein x erfüllt:₁ Fx:₁ und Mindestens ein y (dasselbe oder ein anderes) erfüllt:₂ Gy:₂	ist für a,b z.B. wahr wenn: $Fa\ \&\ Gb$ oder auch wenn: $Fa\ \&\ Ga$
$\forall x Fx\ \&\ \forall x Gx$	Alle x erfüllen:₁ Fx:₁ und Alle x erfüllen:₂ Gx₂	ist für a,b wahr gdw.: $Fa\ \&\ Fb\ \&\ Ga\ \&\ Gb$
$\forall x Fx\ \&\ \forall y Gy$	Alle x erfüllen:₁ Fx:₁ und Alle y erfüllen:₂ Gy	ist für a,b wahr gdw.: $Fa\ \&\ Fb\ \&\ Ga\ \&\ Gb$

Die ersten beiden und die letzten beiden Formeln haben dieselben Wahrheitsbedingungen.

Kommen hingegen innerhalb desselben Wirkungsbereiches dieselben Variablen vor, dann bezieht sich die gebundene Variable auf dieselben Werte, während dies für unterschiedliche Variablen nicht vorausgesetzt ist:

Formel	Paraphrase	Wahrheitsbedingungen
$\forall x Fxx$	Alle x erfüllen: Fxx:	ist für a,b wahr gdw.: $Faa\ \&\ Fbb$
$\forall x \forall y Fxy$	Alle x erfüllen Alle y erfüllen: Fxy:	ist für a,b wahr gdw.: $Faa\ \&\ Fab\ \&\ Fbb\ \&\ Fba$

Formel	Paraphrase	Wahrheitsbedingungen
$\exists x(Fx \mathbin{\&} Gx)$	Mindestens ein x erfüllt: Fx und Gx:	ist für a,b z.B. wahr wenn: $Fa \mathbin{\&} Ga$ aber nicht wenn: $Fa \mathbin{\&} Gb$
$\exists x \exists y(Fx \mathbin{\&} Gy)$	Mindestens ein x erfüllt Mindestens ein y (dasselbe oder ein anderes) erfüllt: Fx und Gy:	ist für a,b z.B. wahr wenn: $Fa \mathbin{\&} Ga$ aber auch wenn: $Fa \mathbin{\&} Gb$
$\forall x(Fx \lor Gx)$	Alle x erfüllen: Fx oder Gx.	ist für a,b,c z.B. wahr wenn: $Fa \mathbin{\&} Fb \mathbin{\&} Fc$ aber auch wenn: $Fa \mathbin{\&} Fb \mathbin{\&} Gc$
$\forall x \forall y(Fx \lor Gy)$	Alle x erfüllen Alle y erfüllen: Fx oder Gy:	ist für a,b,c z.B. wahr wenn: $Fa \mathbin{\&} Fb \mathbin{\&} Fc$ aber nicht wenn: $Fa \mathbin{\&} Fb \mathbin{\&} Gc$

Hier macht es für die Wahrheitsbedingungen einen relevanten Unterschied, ob gleiche oder unterschiedliche Variablen verwendet werden.

> **Erläuterung 7.11**
> Die Verwendung *unterschiedlicher* oder *identischer Variablen* ist nur innerhalb desselben Wirkungsbereiches von Bedeutung.

Mittels der Verwendung von Klammern zur Kennzeichnung von Wirkungsbereichen erhöht sich die Ausdrucksmöglichkeit der quantorenlogischen Sprache, da hierdurch unterschieden werden kann, ob ein Quantor sich auf dieselben Werte bezieht oder ob dies nicht vorausgesetzt ist.

Eine Variante gegenüber der klassischen Interpretation unterschiedlicher gebundener Variablen innerhalb desselben Wirkungsbereiches stellt die sogenannte „*exklusive Deutung*" der gebundenen Variablen dar: Diese setzt voraus, dass unterschiedliche Variablen *innerhalb desselben Wirkungsbereiches* für unterschiedliche Werte stehen.⁶

Gegenüber der exklusiven Deutung nennt man die in der klassischen Logik vorausgesetzte Deutung gebundener Variablen die „*inklusive Deutung*", da hier unterschiedliche Variablen nicht bedeuten, dass auf unterschiedliche Werte Bezug genommen wird. Für die adäquate Interpretation der Formeln im Sinne der klassischen Logik ist es wichtig, stets diese Deutung vorauszusetzen.

3.11 Unterschiedliche und identische Namenbuchstaben

Für die Verwendung unterschiedlicher oder identischer Namenbuchstaben ('a', 'b', 'c' etc.) gilt im Rahmen der klassischen Logik:

> **Erläuterung 7.12**
> *Identische Namenbuchstaben* beziehen sich auf denselben Wert des Wertebereiches. *Unterschiedliche Namenbuchstaben* beziehen sich auf denselben oder auf verschiedene Werte.

In 'Faa' wird ebenso wie in '$Fa\ \&\ Ga$' demzufolge auf *denselben* Wert Bezug genommen, in 'Fab' oder in '$Fa\ \&\ Gb$' ist nicht vorausgesetzt, dass 'a' und 'b' auf verschiedene Werte Bezug nehmen.

Auch hier kann man eine alternative, *exklusive Deutung* voraussetzen, nach der unterschiedliche Namenbuchstaben auf verschiedene Werte Bezug nehmen. Im Rahmen der klassischen Logik wird jedoch nicht von einer exklusiven, sondern von einer *inklusiven Deutung* unterschiedlicher Namenbuchstaben ausgegangen, nach der unterschiedliche Namenbuchstaben auf denselben Wert Bezug nehmen können.

3.12 Ontische und substitutionelle Deutung der Quantifikation

Es gibt zwei unterschiedliche Deutungen der Kategorie der Werte des Wertebereiches: Nach der üblicheren Auffassung sind die Werte *Gegenstände*, nach einer anderen, auch oft vertretenen Auffassung⁷ sind die Werte *Ausdrücke*.⁸

---

⁶Es gibt auch noch die stärkere Variante einer exklusiven Deutung gebundener Variablen, nach der das Vorkommen unterschiedlicher Variablen *innerhalb einer Formel* (und nicht nur innerhalb eines Wirkungsbereiches) bedeutet, dass auf unterschiedliche Werte Bezug genommen wird.

⁷Z.B. von Russell und dem jungen Wittenstein, vgl. hierzu Künne (1993), S. 111ff.

⁸Oft beschränkt man den Wertebereich auch auf Gegenstände und unterscheidet vom Wertebereich eine „Einsetzungsklasse", deren Elemente die Gegenstände des Wertebereiches benennen.

Diese unterschiedlichen Deutungen der Wertebereiche sind verbunden mit einer unterschiedlichen Deutung der Wahrheitsbedingungen quantifizierter Formeln: Die eine (*ontische*) setzt voraus, dass die Werte der Variablen *Gegenstände* sind, die andere (*substitutionelle*) geht von *Ausdrücken* als Werten der Variablen aus. Die ontische und die substitutionelle Deutung bedingen unterschiedliche Explikationen der Wahrheitsbedingungen quantifizierter Formeln:

Formel	Ontische Deutung	Substitutionelle Deutung
$\exists x Fx$	ist wahr gdw. es mindestens einen *Gegenstand* x gibt, so dass Fx.	ist wahr gdw. es mindestens einen *wahren singulären Aussagesatz* der Form „Fx" gibt.
$\forall x Fx$	ist wahr gdw. für alle *Gegenstände* x gilt, dass sie F sind.	ist wahr gdw. *alle singulären Aussagesätze* der Form „Fx" wahr sind.

Für die ontische Deutung wird durch Verweis auf *überabzählbare* Mengen von Gegenständen (z.B. die Menge der reellen Zahlen) und *anonyme Gegenstände* (z.B. ein Gegenstand, der nie identifiziert wird) argumentiert, die man per definitionem nicht mittels Namen einer bestehenden Sprache aufzählen kann. Als Argument für die substitutionelle Deutung wird angeführt, dass sie innerhalb der Logik auf ontologische Voraussetzungen verzichten kann. Dies wird anhand quantifizierter Sätze deutlich, die unter Voraussetzung einer ontischen Deutung zu einer Stellungnahme bezüglich der Annahme *abstrakter* oder *fiktiver Gegenstände* zwingen: Der Satz „Es gibt mindestens eine gerade Zahl" (formalisiert '$\exists x(Fx \& Gx)$') ist gemäss der ontischen Deutung nur dann wahr, wenn es einen *Gegenstand* gibt, der unter die Begriffe ‚ist eine Zahl' und ‚ist gerade' fällt. Unter dieser Voraussetzung impliziert die Wahrheit des Satzes die Annahme, dass es abstrakte Gegenstände wie Zahlen gibt: Dies zu leugnen, hiesse die Wahrheit des Satzes zu bestreiten. Analoges gilt für fiktive Gegenstände wie z.B. die Götter der griechischen Mythologie: Der Satz „Es gibt Götter im Olymp" kann gemäss der ontischen Quantifikation nur dann wahr sein, wenn fiktive Gegenstände wie Zeus und Athenae vorausgesetzt werden. Die substitutionelle Deutung quantifizierter Sätze macht demgegenüber bei der Explikation der Wahrheitsbedingungen quantifizierter Sätze keine ontologischen Voraussetzungen: Der Satz „Es gibt mindestens eine gerade Zahl" ist nach ihr wahr, wenn es mindestens einen wahren Satz der Form „x ist eine Zahl und x ist gerade" gibt; der Satz „Es gibt Götter im Olymp" ist wahr, wenn es mindestens einen wahren Satz der Form „x ist ein Gott und x wohnt im Olymp" gibt. Machen die Ausdrücke „2" bzw. „Zeus" diese Sätze wahr, dann sind die existenzquantifizierten Sätze wahr, ohne dass man bei dieser Erläuterung der Wahrheitsbedingungen auf die Zahl 2 oder den Gott Zeus Bezug nehmen muss. Die substitutionelle Deutung expliziert die Wahrheitsbedingungen *quantifizierter* Sätze in Rückgriff auf die Wahrheitsbedingungen von *Elementarsätzen*. Eine Voraussetzung über die Explikation der Wahrheitsbedingungen von Elementarsätzen muss hierbei nicht gemacht werden[9], – innerhalb der Logik braucht nach dieser Auffassung keine Wahrheitstheorie vorausgesetzt werden. Die Explikation *quantifizierter* Sätze bleibt gemäss der substitutionellen Deutung ebenso wie die Explikation der Wahrheitsbedingungen komplexer Aussagen in der Aussagenlogik auf der sprachlichen Ebene. Da man sich innerhalb der klassischen Logik auf die Untersuchung wahrheitsfunktionaler Eigenschaften und Relationen komplexer Sätze in Abhängigkeit zu den möglichen Wahrheitswerten der Elementarsätze beschränken kann, könnte nach diesem Verständnis innerhalb der klassischen Logik unter Voraussetzung einer formalen Interpretation quantorenlogischer Formeln (siehe hierzu S. 222) vollständig auf die Bezugnahme auf aussersprachliche Gegenstände verzichtet werden.

Zur Entkräftung der Argumente für die ontische Deutung kann seitens der substitutionellen Deutung geltend gemacht werden, dass zur Kennzeichnung des Wertebereiches im Sinne der Menge der Namen aller Gegenstände nicht die *Aufzählung* von Namen mit *bekannter* Bedeutung, sondern nur die *Beschreibung* der Menge von Namen aller Gegenstände einer *fiktiven Sprache* vorausgesetzt ist: „die Namen aller komplexen Zahlen" bzw. „die Namen, die nicht identifizierte Gegenstände benennen" sind Beschreibungen von Klassen von Namen, deren Elemente nicht mittels Angabe von *Namen mit bekannter Bedeutung* aufgezählt werden können. Ebensowenig wie die Interpretation aussagenlogischer Formeln setzt die Interpretation quantorenlogischer Formeln eine konkrete, gegebene Umgangssprache voraus. Eine nicht-formale, semantische Interpretation quantorenlogischer Formeln setzt nur voraus, dass die Gegenstände beschrieben werden können und numerisch verschieden sind.[10] „Die Gegenstände, die durch eine bestehende

---

[9] Es muss z.B. nicht eine korrespondenztheoretische Auffassung der Wahrheit vorausgesetzt werden, nach der der Satz „2 ist eine gerade Zahl" wahr ist gdw. die *Tatsache*, dass 2 eine gerade Zahl ist, besteht. Die substitutionelle Deutung ist vielmehr ebenso vereinbar mit einer kohärenztheoretischen Auffassung der Wahrheit, nach der dieser Satz wahr ist gdw. er aus den Axiomen und Definitionen der Arithmetik folgt.

[10] Diese Voraussetzung ist schwächer als die Voraussetzung, dass die Gegenstände individuierbar bzw. unterscheidbar sein müssen. Dies setzt voraus, dass auf jeden einzelnen Gegenstand eine Beschreibung zutrifft, die auf andere Gegenstände nicht zutrifft. Nach dieser Auffassung gilt Leibniz' Identitätskriterium für Gegenstände: „Gegenstände, die alle Eigenschaften gemeinsam haben, sind identisch". Ob auf Gegenstände dieselben Beschreibungen zutreffen oder nicht, ist jedoch kontingent und kontingente Tatsachen sollten innerhalb der Logik nicht vorausgesetzt

Sprache nicht identifiziert sind" ist eine Beschreibung, und man könnte an sie anfügen: „Nennen wir sie in unserer fiktiven Sprache a,b,c ... ". Die Interpretation der quantorenlogischen Formeln setzt nur die Namenbuchstaben 'a,b,c ... ' voraus: Diese sind nicht Namen bekannter Bedeutung, sondern nur im Rahmen der Logik gewählte willkürliche Zeichen für beliebige Werte.

Innerhalb der Logik muss man allerdings keine der beiden Deutungen quantifizierter Aussagen voraussetzen, und man kann neutrale Paraphrasen wie „Mindestens ein x erfüllt: Fx" bzw. „Alle x erfüllen: Fx" wählen, und von „Werten" des Wertebereiches reden, ohne zu spezifizieren, von welcher Art die Werte sind.

Übung: Begriffe

Übung: Prädikate

Übung: Wahrheitsbedingungen

---

werden. Dass die Gegenstände beschrieben werden können, heisst demgegenüber nur, dass sie Gegenstand von Aussagen sind, und dass sie numerisch verschieden sind, heisst, dass man von einer Anzahl von Gegenständen, die unter einen Begriff fallen, sprechen kann. Bestimmt man z.B. in der Physik den Begriff der Masse durch die Anzahl an Massenteilchen, so ist es denkbar, dass man auch die Masse in einem unendlich kleinen Raum – einem Raumpunkt – als variabel auffasst, und demnach zulässt, dass sich an einem Raumpunkt unterschiedlich viele Massenteilchen befinden können (vgl. für eine derartige Massendefinition Hertz (1894), S. 54). Gemäss dieser begrifflichen Festlegung ist es denkbar, dass sich zu einer bestimmten Zeit an demselben Ort viele Massenteilchen befinden, die sich durch keine Eigenschaft unterscheiden lassen.

LEKTION 8

Q-INTERPRETATIONEN

In dieser Lektion wird die *formale Sprache* Q der Quantorenlogik definiert und das Verfahren, mittels *Interpretationen* die Wahrheitswerte von Q-Formeln zu ermitteln, erläutert. Auf dieser Basis wird gezeigt, dass im Unterschied zur Aussagenlogik die Interpretationen der Q-Formeln kein *Entscheidungsverfahren* für die Allgemeingültigkeit der Q-Formeln liefern.

1 Q-FORMELN

Die Definition von Q ist eine Erweiterung der Definition von J (vgl. hierzu LEKTION 2).[1]

Erläuterung 8.1
Das *Alphabet* von Q besteht aus folgenden Zeichen:

SATZBUCHSTABEN: 'P', 'Q', 'R', 'S', 'T', 'U', 'P_1', 'P_2', 'P_3', ...;

LOGISCHE ZEICHEN: '¬', '&', '∨', '→', '↔', '∃', '∀';

NAMENBUCHSTABEN: 'a', 'b', 'c', 'a_1', 'a_2', 'a_3', ...;

VARIABLEN: 'x', 'y', 'z', 'x_1', 'x_2', 'x_3', ...;

PRÄDIKATBUCHSTABEN: 'F', 'G', 'H', 'I', 'J', 'F_1', 'F_2', 'F_3', ...;

HILFSZEICHEN: '(', ')'.

Anstelle der hier verwendeten Quantoren '∀' und '∃' werden in anderen Logikbüchern auch die Zeichen '⋀' und '⋁' verwendet.

Die Definition der wohlgeformten Formeln von Q setzt die Definition *atomarer Formeln* voraus:

---

[1] Auf die bisweilen getroffene Unterscheidung von Quasinamen und eigentlichen Namen („arbitrary names" und „proper names") wird in *Erläuterung 8.1* bewusst verzichtet, da diese Unterscheidung innerhalb der Syntax nach dem hier vorausgesetzten Verständnis bedeutungslos ist.

> **Erläuterung 8.2**
> *Atomare Formeln* von Q sind Satzbuchstaben und Ausdrücke, die sich aus genau einem vorangestellten Prädikatbuchstaben und folgenden Namenbuchstaben zusammensetzen.

Demnach sind 'Q', 'R', 'P_1', 'Fa', 'Hab', '$F_1 a_1 a_2 a_3$' atomare Formeln. '$P \& Q$', '$\neg P_3$', 'Fx', 'Gay', '$Fa \rightarrow Fb$', '$\exists x Fx$' sind hingegen keine atomaren Formeln, da sie logische Zeichen oder Variablen enthalten.

Die Definition der wohlgeformten Formeln von Q legt fest, welche Zeichenketten solche sind, die zur Sprache Q gehören.

> **Erläuterung 8.3**
> Die Menge der wohlgeformten Formeln (kurz: *wff*) von Q ist definiert durch folgende Regeln:
>
> 1. Jede atomare Formel ist eine *wff*.
>
> 2. Jede *wff*, der das logische Zeichen '$\neg$' vorangeht, ist eine *wff*.
>
> 3. Jede *wff*, gefolgt von '$\&$', gefolgt von einer *wff*, das Ganze umklammert, ist eine *wff*.
>
> 4. Jede *wff*, gefolgt von '$\vee$', gefolgt von einer *wff*, das Ganze umklammert, ist eine *wff*.
>
> 5. Jede *wff*, gefolgt von '$\rightarrow$', gefolgt von einer *wff*, das Ganze umklammert, ist eine *wff*.
>
> 6. Jede *wff*, gefolgt von '$\leftrightarrow$', gefolgt von einer *wff*, das Ganze umklammert, ist eine *wff*.
>
> 7. Wird in einer *wff* ein Namenbuchstabe in all seinen Vorkommnissen durch eine Variable ersetzt, die in dieser *wff* nicht vorkommt, und diese Variable samt einem der beiden ihr vorangestellten Quantoren '$\forall$' bzw. '$\exists$' dem resultierenden Ausdruck vorangestellt, dann erhält man eine *wff*.
>
> 8. *wff* sind nur lineare Zeichenketten, die in einer endlichen Anzahl an Schritten mittels der 1.-7. Regel gebildet werden können.

Diese Definition ist eine Erweiterung der Definition der Sprache J. An die Stelle der Anfangsklausel in der Definition der *wff* von J wird in der Anfangsklausel der Definition der *wff* von Q auf *atomare Formeln* Bezug genommen. Gemäss der Definition atomarer Formeln beinhaltet dies die Satzbuchstaben der Sprache J, aber umfasst zusätzlich auch Formeln, die sich aus einem vorangestellten Prädikatbuchstaben und den folgenden Namenbuchstaben zusammensetzen. Die Klauseln 2-6 sind identisch mit denen der Definition der *wff* von J. Klausel 7 ist die zweite Erweiterung der Definition der *wff* von J. Durch sie werden auch Formeln, die Quantoren enthalten, als *wff* zugelassen.

Gemäss *Erläuterung 8.3* ist '$\forall x \exists y Fxy$' eine *wff*, denn:

1. Nach *Regel 1* ist 'Fab' eine *wff*.

2. Nach 1. und *Regel 7* ist '$\exists y Fay$' eine *wff*.

3. Nach 2. und *Regel 7* ist '$\forall x \exists y Fxy$' eine *wff*.

Dagegen ist '$\forall x \exists x Fxx$' keine *wff*, denn in *Regel 7* wird gefordert, dass ein Name in all seinen Vorkommnissen durch eine Variable ersetzt wird, die ihrerseits in der *wff* nicht vorkommen darf. Demnach kann aus '$\exists x Fxx$' (gebildet aus 'Faa') oder '$\exists x Fax$' (gebildet aus 'Fab') nicht '$\forall x \exists x Fxx$' gebildet werden.

Zu beachten ist, dass nach *Erläuterung 8.3* bei Anwendung der *Regeln 3-6* stets Aussenklammern zu setzen sind. Dies ist vorausgesetzt für die Bildung von *wff* gemäss *Regel 7*. Denn nur unter Voraussetzung von Aussenklammern werden beim Ersetzen der Namen durch gebundene Variablen die Wirkungsbereiche der Quantoren korrekt gebildet. Dies zeigt das folgende Beispiel. Gemäss *Erläuterung 8.3* ist '$\forall x (Fx \lor Gx)$' eine *wff*, denn:

1. Nach *Regel 1* ist 'Fa' eine *wff*.

2. Nach *Regel 1* ist 'Ga' eine *wff*.

3. Nach 1.-2. und *Regel 4* ist '$(Fa \lor Ga)$' eine *wff*.

4. Nach 3. und *Regel 7* ist '$\forall x (Fx \lor Gx)$' eine *wff*.

Das Setzen der Aussenklammern in 3. ist vorausgesetzt für die Bildung des quantifizierten Ausdrucks in 4.

Die Klammerregeln gemäss *Erläuterung 2.3* bleiben in Kraft und müssen nicht erweitert werden, aber Klammereliminierungen gemäss diesen Regeln sind stets nur auf Formeln anzuwenden, die nach *Erläuterung 8.3* gebildet sind. Unter dieser

Voraussetzung seien auch Formeln, in denen Klammern eliminiert sind, *wohlgeformte* Formeln von Q oder kurz Q-Formeln genannt.

Die Definition von Q-Argumentschemata erhält man, indem man in der Definition der J-Argumentschemata (*Erläuterung 3.9*) „J" durch „Q" ersetzt:

Erläuterung 8.4

Die Menge der *Argumentschemata* von Q ist definiert durch folgende Regeln:

1. Jede *wff* von Q, gefolgt von '∴', gefolgt von einer *wff* von Q, ist ein Argumentschema von Q.

2. Jede *wff* von Q, gefolgt von ',', gefolgt von einem Argumentschema, ist ein Argumentschema von Q.

3. Nur solche Zeichenketten sind Argumentschemata von Q, die mittels einer endlichen Anzahl an Schritten gemäss den Regeln 1. und 2. gebildet werden können.

ÜBUNG: WOHLGEFORMTE FORMELN

ÜBUNG: WOHLGEFORMTE ARGUMENTSCHEMATA

2 Q-MODELLE

Im Gegensatz zu den J-Formeln kommen als neue Elemente in den Q-Formeln Quantoren, Namenbuchstaben, Variablen und Prädikatbuchstaben vor. Ausserdem haben in den Q-Formeln Klammern auch die Funktion, Wirkungsbereiche zu kennzeichnen. Die semantische Interpretation quantorenlogischer Formeln ist bereits im Zusammenhang mit der quantorenlogischen Analyse in LEKTION 7, Abschnitt 3 implizit abgehandelt worden: Der *Quantor* '∀' bezieht sich auf alle Werte eines Wertebereiches, der *Quantor* '∃' auf mindestens einen. *Namenbuchstaben* beziehen sich auf bestimmte Werte des Wertebereiches, *Prädikatbuchstaben* bilden zusammen mit den durch Namenbuchstaben oder Variablen besetzten Argumentstellen Prädikate, die Aussagefunktionen bzw. Begriffe ausdrücken. In Bezug auf die Explikation der Wahrheitsbedingungen von Q-Formeln wurde die Bedeutung der Verwendung identischer und unterschiedlicher Variablen und Namenbuchstaben erläutert und die ontische und die substitutionelle Deutung der Wahrheitsbedingungen quantifizierter Formeln einander gegenübergestellt.

Nicht erläutert wurde, inwieweit man auf dieser Basis ein den Wahrheitswerttabellen analoges Verfahren entwickeln kann, durch das auf Basis der Interpretation der Q-Formeln die *Wahrheitsbedingungen* der Q-Formeln systematisch zum Ausdruck gebracht werden können. Die Wahrheitsbedingungen beliebiger Q-Formeln hängen im Unterschied zu den Wahrheitsbedingungen der J-Formeln nicht allein von der Wahrheit und Falschheit der Satzbuchstaben ab, sondern auch davon, über welchen Wertebereich Aussagen getroffen werden und welchen Werten des Wertebereiches die Namenbuchstaben und Prädikatbuchstaben zugeordnet werden. Zusätzlich zu den Belegungen der Satzbuchstaben werden demnach Belegungen von Variablen, Namenbuchstaben und Prädikatbuchstaben benötigt, um den resultierenden Wahrheitswert einer Q-Formel zu bestimmen.

> **Erläuterung 8.5**
> Die Angabe einer Belegung von Satzbuchstaben, Variablen, Namenbuchstaben und Prädikatbuchstaben sei eine *Q-Interpretation* genannt.

Satzbuchstaben werden mit Wahrheitswerten belegt, Variablen mit einer Menge I von Werten. Die leere Menge ist auf Grund des Prinzips des nicht-leeren Universums ausgeschlossen. Des Weiteren sind *alle* Variablen *der* Menge I zuzuordnen. Man setzt hiermit voraus, dass quantifizierte Aussagen sich stets auf *einen gesamten* Wertebereich beziehen. Ein Namenbuchstabe ist innerhalb einer Q-Interpretation *mit einem und nur einem* Wert aus I zu belegen – die leere Menge ist in Interpretationen der Namenbuchstaben der klassischen Quantorenlogik ebenso wenig zugelassen wie die Zuordnung eines Namenbuchstabens zu mehreren Werten. Nicht ausgeschlossen ist hingegen, dass zwei Namenbuchstaben innerhalb derselben Q-Interpretation demselben Wert zugeordnet werden, und dass ein Namenbuchstabe in unterschiedlichen Interpretationen unterschiedlichen Werten zugeordnet wird.

Prädikatbuchstaben, auf die nur eine mit einem Namenbuchstaben oder einer Variablen besetzte Stelle folgt, werden mit beliebigen Teilmengen (inklusive der leeren Menge und der Gesamtmenge) von I belegt; Prädikatbuchstaben, auf die genau zwei mit einem Namenbuchstaben oder einer Variablen besetzte Stellen folgen, werden mit beliebigen geordneten Paaren, deren Elemente jeweils aus I stammen, belegt; Prädikatbuchstaben, auf die n mit einem Namenbuchstaben oder einer Variablen besetzte Stellen folgen, werden mit beliebigen geordneten

n-Tupeln[2], deren Elemente jeweils aus I stammen, belegt. Prädikatbuchstaben werden nicht mit Begriffen belegt, da der *Inhalt der Begriffe* für die Berechnung der resultierenden Wahrheitswerte im Rahmen der klassischen Quantorenlogik irrelevant ist. Die resultierenden Wahrheitswerte hängen allein von den *Begriffsumfängen* ab. Diese werden durch die Belegungen der Prädikatbuchstaben angegeben: für jedes Element bzw. jedes n-Tupel der Belegung eines Prädikatbuchstabens trifft das entsprechende Prädikat zu. Diesen Standpunkt innerhalb der klassischen Quantorenlogik nennt man auch den *extensionalen Standpunkt*. Im Unterschied zur Belegung der Variablen und der Namenbuchstaben ist die leere Menge eine mögliche Belegung der Prädikatbuchstaben. Es sei im Folgenden kurz von einem „n-stelligen Prädikatbuchstaben" gesprochen, wenn auf den Prädikatbuchstaben n mit Namenbuchstaben oder Variablen besetzte Stellen folgen.

Auf dieser Basis kann eine Q-Interpretation $\Im$ definiert werden:

Erläuterung 8.6

Eine Q-Interpretation $\Im$ ist eine geordnete Abfolge von:

1. der Zuordnung einer nicht-leeren Menge von Werten zu en Variablen v;

2. den Zuordnungen von jeweils genau einem Wahrheitswert zu jedem Satzbuchstaben $\mathcal{J}$ aus Q;

3. den Zuordnungen von jeweils genau einem Wert aus I zu jedem Namenbuchstaben t aus Q;

4. den Zuordnungen jeweils einer Menge von n-Tupeln von Werten aus I zu jedem n-stelligen Prädikatbuchstaben φ aus Q.

Erläuterung 8.7

Eine Interpretation $\Im$ *einer Q-Formel* ist gegeben durch eine Q-Interpretation, die neben I nur die Satzbuchstaben, Namenbuchstaben und Prädikatbuchstaben berücksichtigt, *die in der Q-Formel vorkommen*. Kommen keine Prädikatbuchstaben (und folglich auch keine Namenbuchstaben) vor, kann auch auf die Angabe von I verzichtet werden.

---

[2]Tupel sind Paare (für $n = 2$) oder Tripel (für $n = 3$) oder Quadrupel (für $n = 4$) etc.

Q-Interpretationen seien stets so angeordnet, dass zunächst der Wertebereich I angegeben wird, anschliessend die Interpretation der Satzbuchstaben, gefolgt von der der Namenbuchstaben, gefolgt von der der Prädikatbuchstaben. In der Reihenfolge der Aufzählung der Satzbuchstaben, Namenbuchstaben, Prädikatbuchstaben sei alphabetisch verfahren; ist ein Buchstabe mit (tiefgestellten) Zahlen indiziert (z.B. 'a_1', 'a_2' oder 'F_1', 'F_2') dann sei der Buchstabe mit dem kleineren Index vor demselben Buchstaben mit dem grösseren Index aufgeführt; kommt ein Buchstabe sowohl indiziert als auch nicht indiziert vor, dann ist der nicht indizierte vor den indizierten zu nennen.[3] Kommt in der Q-Formel derselbe Prädikatbuchstabe gefolgt von einer unterschiedlichen Anzahl von Argumentstellen vor, dann muss derselbe Prädikatbuchstabe mehrmals interpretiert werden – derselbe Prädikatbuchstabe gefolgt von einer unterschiedlichen Anzahl an Argumentstellen hat einen unterschiedlichen Umfang. Dabei sei so verfahren, dass die Reihenfolge der Interpretationen dieses Prädikatbuchstabens der Reihenfolge des Vorkommens dieses Prädikatbuchstabens mit unterschiedlichen Argumentstellen in der Q-Formel entspricht.[4]

---

[3]Diese Festlegungen dienen der Einheitlichkeit und Übersichtlichkeit.

[4]Diese Festlegung geschieht zu dem Zweck, Mehrdeutigkeiten in der Q-Interpretation zu vermeiden. Denn gemäss der Definition der wohlgeformten Formeln sind Formeln, die denselben Prädikatbuchstaben, gefolgt von einer unterschiedlichen Anzahl von Argumentstellen enthalten, zugelassen. Demnach ist z.B. '$Fa \,\&\, Fab$' wohlgeformt. Die Q-Interpretation

$I \;\;=\;\; \{c_1\};$
$\Im(a) \;\;=\;\; c_1;$
$\Im(b) \;\;=\;\; c_2;$
$\Im(F) \;\;=\;\; \{\};$
$\Im(F) \;\;=\;\; \{\}.$

ist nur dann nicht mehrdeutig, wenn die Zuordnung der Prädikatbuchstaben durch die Reihenfolge ihrer Aufzählung in der Q-Interpretation geregelt ist. Es wäre möglich, diese Mehrdeutigkeit dadurch zu vermeiden, dass man die Prädikatbuchstaben mit hochgestellten Indices für die Anzahl der Argumentstellen, die auf sie folgen, versieht. Demnach würde man '$F^1 a \,\&\, F^2 ab$' anstelle von '$Fa \,\&\, Fab$' schreiben, und dementsprechend $\Im(F^1)$ und $\Im(F^2)$ in der Q-Interpretation aufführen. Hiervon soll aber zugunsten einer einfacheren Schreibweise der quantorenlogischen Formeln abgesehen werden. Die Anzahl der Argumentstellen ist stets an der Anzahl der auf die Prädikatbuchstaben folgenden Namenbuchstaben und Variablen abzulesen, und die Zuordnung der Q-Interpretationen der Prädikatbuchstaben zu denen der Q-Formeln ist durch die Reihenfolge ihrer Aufzählung in der Q-Interpretation eindeutig festgelegt.

BEISPIEL:

Q-Formel: $(\forall x Fx \,\&\, Gb) \,\&\, P$

Q-Interpretation:

$\Im(x) = I = \{\text{Zeus, Athene, Appollo}\};$
$\Im(P) = W;$
$\Im(b) = \text{Appollo};$
$\Im(F) = \{\text{Zeus, Athene}\};$
$\Im(G) = \{\text{Appollo}\}.$

Für den Zweck, mittels Q-Interpretationen das Bestehen und Nichtbestehen formaler Eigenschaften und Relationen zu entscheiden, müssen die Werte in den Q-Interpretationen nicht mittels Zeichen bekannter Bedeutung (z.B. Bezeichnungen der griechischen Götter Zeus, Athene, Appollo) identifiziert werden. Nach einem Satz von Löwenheim und Skolem gilt[5]:

Erläuterung 8.8
Es ist hinreichend, sich auf Q-Interpretationen mit der Mannigfaltigkeit der natürlichen Zahlen zu beschränken.

Demnach kann auf die Berücksichtigung überabzählbarer Mengen – z.B. die Menge der komplexen Zahlen $\mathcal{C}$ – verzichtet werden. Auch die Bezugnahme auf *Gegenstände*, die bei dem üblichen semantischen Verständnis der Q-Interpretationen vorausgesetzt wird, ist für die Identifikation formaler Eigenschaften und Relationen irrelevant. Man kann ganz analog zu der formalen Deutung der Wahrheitswerttabellen (siehe Exkurs, LEKTION 2) Q-Interpretationen „formal" deuten.

Erläuterung 8.9
Q-Interpretationen lassen sich ebenso wie die Wahrheitswerttabellen „formal" deuten, indem man die Belegungen nicht als Zuordnungen zu *Gegenständen* bzw. Gegenstandspaaren oder n-Tupel von Gegenständen, sondern zu Zeichen bzw. Zeichenpaaren oder n-Tupel von Zeichen versteht.

---

[5] Vgl. hierzu Ebbinghaus (1992), S. 104.

Es ist auch unbedeutend, in welcher Weise die Zuordnung in den Q-Interpretationen vorgenommen wird: Dies kann im Falle der Zuordnungen zu endlichen Mengen mittels *Aufzählungen* geschehen. Die Elemente einer Menge können aber auch durch eine Funktion beschrieben werden: Die Elemente der Menge sind dann all die Elemente, die die Funktion erfüllen (z.B. „$\Im(F)$ = die Menge all der Elemente, die die Funktion (den Begriff) ‚ist eine gerade Zahl' erfüllen"). Auch ein mathematisches Gesetz kann die Elemente einer Menge beschreiben: Die Elemente der Menge sind dann all die Elemente, die durch Anwendung des mathematischen Gesetzes gebildet werden können. „$\Im(x,y) = I = N$" („N" steht für die Menge der natürlichen Zahlen) wäre demnach eine zulässige Interpretation der Variablen. Aber auch „$\Im(x,y) = I = \{1,2,3,\ldots\}$" wäre zulässig, insofern man die Pünktchen als Teil einer Beschreibung einer Zahlenreihe versteht, die sich nach einem angebbaren Gesetz bilden lässt.

Im Weiteren wird folgende induktive Definition der *Werte* aus I und des Wertebereiches I vorausgesetzt:

Erläuterung 8.10

Ein *Wert* aus I ist wie folgt induktiv definiert:

1. c_1 ist ein Wert.

2. Wenn c_i ein Wert ist, dann c_{i+1}.

Der Wertebereich I ist wie folgt induktiv definiert:

1. $\{c_1\}$ ist ein Wertebereich I.

2. $\{c_1, c_2\}$ ist ein Wertebereich I.

3. Wenn $\{c_1,\ldots c_i\}$ ein Wertebereich I ist, dann auch $\{c_1,\ldots c_i, c_{i+1}\}$.

Man kann die Zeichen „c_1", „c_2", „c_3" etc. als Quasinamen für beliebige Gegenstände eines Universums mit unendlich vielen Gegenständen verstehen, die man auf die Menge der natürlichen Zahlen abbilden kann. Wesentlich ist hierbei allein, dass bei dieser Interpretation unterschiedliche Elemente von I im Unterschied zu den Namenbuchstaben von Q unterschiedliche Gegenstände bedeuten. Man kann aber auch vollständig davon absehen, „c_1", „c_2", „c_3" etc. eine Bedeutung zu geben, und Q-Interpretationen einfach als Abbildungen von Zeichen aus Q in andere Zeichen bzw. Zeichenmengen (gebildet aus den Elementen „c_1", „c_2", „c_3" etc. sowie „W" und „F") verstehen.[6]

Eine Q-Interpretation ist vergleichbar mit einer Belegung der Satzbuchstaben in der Konstruktion von Wahrheitswerttabellen. Relativ zu einer Q-Interpretation kann der Wahrheitswert einer Q-Formel bestimmt werden. Hierfür muss definiert werden, wann relativ zu einer Q-Interpretation einer Q-Formel der Wert W zugeordnet wird und wann der Wert F.

> **Erläuterung 8.11**
> Eine Q-Interpretation $\mathfrak{I}$, relativ zu der einer Q-Formel $\mathcal{F}_Q$ der Wahrheitswert W zugeordnet wird, nennt man *Q-Modell* von $\mathcal{F}_Q$.

> **Erläuterung 8.12**
> „$\mathfrak{I}$ ist Q-Modell für $\mathcal{F}_Q$" = „$\mathfrak{I} \models_Q \mathcal{F}_Q$"

Man sagt auch: „$\mathfrak{I}$ erfüllt $\mathcal{F}_Q$" oder auch „$\mathcal{F}_Q$ gilt bei $\mathfrak{I}$".

Zur Bestimmung des Wahrheitswertes einer Q-Formel relativ zu einer Q-Interpretation ist zu bestimmen, ob eine Q-Interpretation ein Q-Modell der Q-Formel ist, denn es gilt:

> **Erläuterung 8.13**
> Ist die Q-Interpretation ein Q-Modell einer Q-Formel, dann ist dieser der Wahrheitswert W zugeordnet, ist sie nicht Q-Modell der Q-Formel, dann ist ihr der Wahrheitswert F zugeordnet.

Für die Definition der Regeln, nach denen sich bestimmen lässt, ob eine Q-Interpretation ein Q-Modell einer Q-Formel ist, seien folgende Variablen eingeführt:

---

[6]Es werden hier Buchstaben mit Zahlenindices und nicht Zahlen (bzw. Ziffern) verwendet, um in der Definition der Modellbeziehung (*Erläuterung 8.14*) auf Formeln Bezug nehmen zu können, in denen an die Stelle von Namenbuchstaben in Q-Formeln die Zeichen „c_1", „c_2", „c_3" etc. treten. Würde man hingegen Zahlen verwenden, dann wäre ein Zeichen wie „$F11$" mehrdeutig, denn es könnte sowohl durch Ersetzen von 'a' durch „1" aus 'Faa' als auch durch Ersetzen von 'a' durch „11" aus 'Fa' gebildet worden sein.

$\mathcal{F}_Q$: Metavariable für beliebige *wff* von Q.

$\mathcal{J}$: Metavariable für Satzbuchstaben aus Q.

φ: Metavariable für Prädikatbuchstaben aus Q.

t: Metavariable für Namenbuchstaben aus Q.

e: Metavariable für Elemente aus I.

v: Metavariable für Variablen ('$x, y, \ldots$') aus Q.

$\mathcal{A}, \mathcal{B}$: Metavariablen für beliebige $\mathcal{F}_Q$, sowie für solche Formeln, die entstehen, wenn man (einen, mehrere oder alle) Namenbuchstaben in Q-Formeln durch Elemente aus I ersetzt.[7]

$\mathcal{S}$: Metavariable für „offene Schemata". Offene Schemata sind Ausdrücke, die entstehen, wenn in allquantifizierten oder existenzquantifizierten Formeln $\mathcal{A}$ der voranstehende Allquantor bzw. Existenzquantor samt der unmittelbar auf ihn folgenden Variablen eliminiert wird. Nach dieser Definition kommt in offenen Schemata stets nur eine ungebundene Variable vor.

Unter $\mathcal{A}$ fällt z.B. 'P', 'Fa', '$\exists x(Fx \vee Gx)$', '$\forall x Fx \vee Q$', '$Fa \vee Fb$', '$\exists x \forall y(Fxy \rightarrow Ga)$', aber auch '$Fc_1$' (gebildet z.B. aus '$Fa$'), '$Fc_1 \vee Fc_2$' (gebildet z.B. aus '$Fa \vee Fb$'), '$\forall y(Fc_1 y \rightarrow Ga)$' (gebildet z.B. aus '$\forall x(Fbx \rightarrow Ga)$').

Mit $\varphi(t_1 \ldots t_m / e_1 \ldots e_n)$ seien atomare Formeln $\mathcal{A}$ gemeint, in denen ein Prädikatbuchstabe φ, m Namenbuchstaben $t_1 \ldots t_m$ und n Elemente $e_1 \ldots e_n$ aus I vorkommen, z.B. 'Fac_1', '$Faab$', '$Fc_1 c_2 a$', '$Fc_1 c_1$' (m und n können 0 sein).

Mit $\mathcal{S}\frac{e}{v}$ seien die Formeln $\mathcal{A}$ gemeint, in denen die Variable v des offenen Schemas $\mathcal{S}$ in allen ihren Vorkommnissen durch ein Element e aus I ersetzt wird.

---

[7]Es ist nicht vorausgesetzt, dass die entstehenden Formeln dieselben Q-Modelle haben! Folgende Q-Interpretation ist ein Q-Modell für die Q-Formel '$Fa \,\&\, Fb$', aber nicht für die aus ihr gebildete Formel '$Fc_1 \,\&\, Fc_2$':

$$I \;=\; \{c_1, c_2\};$$
$$\Im(a) \;=\; c_1;$$
$$\Im(b) \;=\; c_1;$$
$$\Im(F) \;=\; \{c_1\}.$$

> **Erläuterung 8.14**
> Eine einzelne Q-Interpretation ist Modell einer *wff* $\mathcal{F}_Q$ ($\Im \models_Q \mathcal{F}_Q$) gdw. unter schrittweiser, von innen nach aussen vorgehender Anwendung der folgenden *Regeln 1-9* $\Im \models_Q \mathcal{F}_Q$ gilt:
>
> 1. $\Im \models_Q \mathcal{J}$ gdw$_{Def.}$ $\Im(\mathcal{J}) = W$.
>
> 2. $\Im \models_Q \varphi(t_1 \ldots t_m/e_1 \ldots e_n)$ gdw$_{Def.}$
> $\Im(\varphi)$ auf $\Im(t_1) \ldots \Im(t_m)$ und $e_1 \ldots e_n$ zutrifft.[8]
>
> 3. $\Im \models_Q \neg \mathcal{A}$ gdw$_{Def.}$ $\Im \not\models_Q \mathcal{A}$.
>
> 4. $\Im \models_Q (\mathcal{A} \& \mathcal{B})$ gdw$_{Def.}$ $\Im \models_Q \mathcal{A}$ und $\Im \models_Q \mathcal{B}$.
>
> 5. $\Im \models_Q (\mathcal{A} \vee \mathcal{B})$ gdw$_{Def.}$ $\Im \models_Q \mathcal{A}$ oder $\Im \models_Q \mathcal{B}$.
>
> 6. $\Im \models_Q (\mathcal{A} \rightarrow \mathcal{B})$ gdw$_{Def.}$ wenn $\Im \models_Q \mathcal{A}$ dann $\Im \models_Q \mathcal{B}$.
>
> 7. $\Im \models_Q (\mathcal{A} \leftrightarrow \mathcal{B})$ gdw$_{Def.}$ $\Im \models_Q \mathcal{A}$ gdw. $\Im \models_Q \mathcal{B}$.
>
> 8. $\Im \models_Q \forall v \mathcal{S}$ gdw$_{Def.}$ für alle e aus I gilt $\Im \models_Q \mathcal{S}\frac{e}{v}$.
>
> 9. $\Im \models_Q \exists v \mathcal{S}$ gdw$_{Def.}$ für mindestens ein e aus I gilt $\Im \models_Q \mathcal{S}\frac{e}{v}$.

Die *Regeln 2-7* beziehen sich allgemein auf Q-Modelle für Formeln $\mathcal{A}$ bzw. $\mathcal{B}$, und nicht nur auf Q-Formeln $\mathcal{F}_Q$. Dies geschieht zu dem Zweck, um mittels rekursiver Definitionen festzulegen, wann eine Q-Interpretation $\Im$ ein offenes Schema $\mathcal{S}$ erfüllt, so dass die Anwendung der *Regeln 8 und 9*, in denen auf Elemente e aus I Bezug genommen wird, auch auf rekursiven Definitionen beruht.

---

[8] $\Im(\varphi)$ trifft auf $\Im(t_1) \ldots \Im(t_m)$ und $e_1 \ldots e_n$ zu gdw. an den Stellen von $\varphi(t_1 \ldots t_m/e_1 \ldots e_n)$, an denen Elemente e stehen, in $\Im(\varphi)$ dieselben Elemente e stehen, und an den Argumentstellen von $\varphi(t_1 \ldots t_m/e_1 \ldots e_n)$, an denen die Namenbuchstaben $t_1 \ldots t_m$ stehen, in $\Im(\varphi)$ die jeweiligen Interpretationen der Namenbuchstaben (= $\Im(t_1) \ldots \Im(t_m)$) stehen. Sei $\varphi(t_1 \ldots t_m/e_1 \ldots e_n)$ 'Fac_1bc_1' und $\Im(a) = c_2$ und $\Im(b) = c_3$, dann trifft $\Im(\varphi)$ auf $\Im(a)$, $\Im(b)$ und c_1 zu gdw. $\Im(\varphi)$ das Quadruple (c_2, c_1, c_3, c_1) enthält.

BEISPIEL 1:

Q-Formel: $\exists x F x a$

Q-Interpretation:

$$\begin{aligned}\Im(x) &= I = \{c_1, c_2\}; \\ \Im(a) &= c_1; \\ \Im(F) &= \{(c_1, c_1)\}.\end{aligned}$$

1. Nach *Regel 2* gilt: $\Im \models_Q F c_1 a$.

2. Nach *Regel 9* gilt: $\Im \models_Q \exists x F x a$.

Gemäss *Erläuterung 8.13* ist demnach relativ zu der genannten Q-Interpretation der Q-Formel '$\exists x F x a$' der Wahrheitswert W zugeordnet.

BEISPIEL 2:

Q-Formel: $((\forall x F x \ \& \ Gb) \ \& \ P)$

Q-Interpretation:

$$\begin{aligned}\Im(x) &= I = \{c_1, c_2, c_3\}; \\ \Im(P) &= W; \\ \Im(b) &= c_3; \\ \Im(F) &= \{c_1, c_2\}; \\ \Im(G) &= \{c_3\}.\end{aligned}$$

1. Nach *Regel 2* gilt: $\Im \not\models_Q F c_3$.

2. Nach 1. und *Regel 8* gilt: $\Im \not\models_Q \forall x F x$.

3. Nach 2. und *Regel 4* gilt: $\Im \not\models_Q (\forall x F x \ \& \ Gb)$.

4. Nach 3. und *Regel 4* gilt: $\Im \not\models_Q ((\forall x F x \ \& \ Gb) \ \& \ P)$.

Gemäss *Erläuterung 8.13* ist demnach relativ zu der genannten Q-Interpretation der Q-Formel '$\forall x F x \ \& \ Gb \ \& \ P$' der Wahrheitswert F zugeordnet.

BEISPIEL 3:

Q-Formel: $\forall x \exists y (Fxy \lor Gxyx)$

Q-Interpretation:

$$\Im(x,y) = I = \{c_1, c_2, c_3\};$$
$$\Im(F) = \{(c_1,c_1), (c_2,c_1), (c_3,c_1)\};$$
$$\Im(G) = \{\}.$$

Diese Q-Interpretation ist Q-Modell der Q-Formel '$\forall x \exists y (Fxy \lor Gxyx)$', denn

1. Nach *Regel 2* gilt: $\Im \models_Q Fc_1c_1$.
2. Nach *Regel 2* gilt: $\Im \models_Q Fc_2c_1$.
3. Nach *Regel 2* gilt: $\Im \models_Q Fc_3c_1$.
4. Nach 1. und *Regel 5* gilt: $\Im \models_Q (Fc_1c_1 \lor Gc_1c_1c_1)$.
5. Nach 2. und *Regel 5* gilt: $\Im \models_Q (Fc_2c_1 \lor Gc_2c_1c_2)$.
6. Nach 3. und *Regel 5* gilt: $\Im \models_Q (Fc_3c_1 \lor Gc_3c_1c_3)$.
7. Nach 4. und *Regel 9* gilt: $\Im \models_Q \exists y (Fc_1y \lor Gc_1yc_1)$.
8. Nach 5. und *Regel 9* gilt: $\Im \models_Q \exists y (Fc_2y \lor Gc_2yc_2)$.
9. Nach 6. und *Regel 9* gilt: $\Im \models_Q \exists y (Fc_3y \lor Gc_3yc_3)$.
10. Nach 7.-9. und *Regel 8* gilt: $\Im \models_Q \forall x \exists y (Fxy \lor Gxyx)$.

Gemäss *Erläuterung 8.13* ist demnach relativ zu der genannten Q-Interpretation der Q-Formel '$\forall x \exists y (Fxy \lor Gxyx)$' der Wahrheitswert W zuzuordnen.

Unter Voraussetzung der Definition von Q-Interpretationen und Q-Modellen kann die Definition der *Allgemeingültigkeit* und *Unerfüllbarkeit* der J-Formeln auf die der Q-Formeln ausgedehnt werden:

> **Erläuterung 8.15**
> Eine Q-Formel ist *allgemeingültig* gdw$_{Def.}$ jede Q-Interpretation $\Im$ ein Q-Modell der Q-Formel ist.

Dies ist auf Grund von *Erläuterung 8.13* gleichbedeutend mit:

> **Erläuterung 8.16**
> Eine Q-Formel ist *allgemeingültig* gdw$_{Def}$. ihr relativ zu *jeder* Q-Interpretation der Wahrheitswert W zugeordnet ist.

> **Erläuterung 8.17**
> Eine Q-Formel ist *unerfüllbar* gdw$_{Def}$. *keine* Q-Interpretation ein Q-Modell der Q-Formel ist.

Dies ist auf Grund von *Erläuterung 8.13* gleichbedeutend mit:

> **Erläuterung 8.18**
> Eine Q-Formel ist *unerfüllbar* gdw$_{Def}$. ihr relativ zu *jeder* Q-Interpretation $\Im$ der Wahrheitswert F zugeordnet ist.

Unter Voraussetzung dieser *Erläuterungen* können die Klassen *tautologischer* und *kontradiktorischer* Sätze sowie *korrekter* Q-Argumentschemata und *formal schlüssiger* Argumente unter Rückgriff auf die *Erläuterungen 2.12, 2.13* und *3.13, 3.15* durch Bezugnahme auf Q-Formeln und Q-Argumentschemata erweitert werden.

ÜBUNG: Q-MODELLE

3 UNENTSCHEIDBARKEIT

Mit der Definition von Q-Interpretationen und Q-Modellen hat man für Q-Formeln analog zu den Wahrheitswerttabellen Regeln, durch die die Wahrheitswerte von Q-Formeln relativ zu Belegungen der Formelbestandteile berechnet werden können. In LEKTION 2 wurde ausgeführt, dass die Methode der Konstruktion von Wahrheitswerttabellen ein Entscheidungsverfahren für die Allgemeingültigkeit (und darüber hinaus für beliebige wahrheitsfunktionale Eigenschaften und Relationen der J-Formeln) darstellt. In diesem Abschnitt wird die Frage beantwortet, ob unter Voraussetzung von *Erläuterung 8.15* die Allgemeingültigkeit von Q-Formeln dadurch entschieden werden kann, dass alle möglichen Q-Interpretationen daraufhin überprüft werden, ob sie Q-Modelle sind.

Es sei zunächst gezeigt, dass die Allgemeingültigkeit von Q-Formeln *unter Voraussetzung* einer festen, *endlichen* Menge I (kurz: „endliches I") entscheidbar ist, und sodann, dass die Allgemeingültigkeit von Q-Formeln *nicht* entscheidbar ist, wenn I auch aus *unendlich* vielen Elementen (kurz: „unendliches I") bestehen kann.

3.1 Entscheidbarkeit im Endlichen

Ist I endlich und fest, dann können systematisch alle möglichen Q-Interpretationen, in denen I nicht variiert wird, gebildet werden, und es kann jeweils gemäss *Erläuterung 8.14* geprüft werden, ob diese Q-Modelle sind. Wie bei den Wahrheitswerttabellen kann demnach durch reines Durchkombinieren endlicher Belegungen entschieden werden, unter welchen Interpretationen der Formel welcher Wahrheitswert zuzuordnen ist.[9]

Ist i die Anzahl der Elemente von I und k die Stellenanzahl eines Prädikatbuchstabens, so ist i^k die Anzahl der möglichen unterschiedlichen k-Tupel und $2^{(i^k)}$ die Anzahl der möglichen unterschiedlichen Belegungen eines Prädikatbuchstabens. Sind $R_1, \ldots, R_u$ die in einer vorgelegten Q-Formel vorkommenden unterschiedlichen Prädikatbuchstaben und $k_1, \ldots, k_u$ ihre Stellenzahlen, so ist

$$2^{(i^{k_1}+i^{k_2}+\ldots+i^{k_u})}$$

die Anzahl der möglichen Belegungen der Prädikate relativ zu I mit i Elementen.

Die Anzahl der möglichen Belegungen eines Namenbuchstabens ist i. Seien $t_1, \ldots, t_v$ die in einer vorgelegten Q-Formel vorkommenden unterschiedlichen Namenbuchstaben, dann ist

$$i^v$$

die Anzahl der möglichen Belegungen der Namenbuchstaben relativ zu I mit i Elementen.

Die Anzahl der möglichen Belegungen von n in einer vorgelegten Formel vorkommenden Satzbuchstaben ist 2^n. Kommen in einer vorgelegten Q-Formel u Prädikatbuchstaben, v Namenbuchstaben und n Satzbuchstaben vor, dann gibt es relativ zu einem I mit i Elementen insgesamt

$$2^n \cdot i^v \cdot 2^{(i^{k_1}+i^{k_2}+\ldots+i^{k_u})}$$

---

[9] Zum Folgenden siehe Hilbert (1968), S. 9f.

mögliche Q-Interpretationen. Da die Q-Formeln per definitionem (*Erläuterung 8.1*) endliche Länge haben, sind auch n, v, u und $k_1 \ldots k_u$ endlich. Und da laut Voraussetzung auch i ein endlicher Wert ist, ist auch die Zahl der Q-Interpretationen relativ zu einem endlichen I endlich. Man wird demnach mittels Durchkombinieren aller möglichen Q-Interpretationen mit endlichem, festen I stets entscheiden können, ob alle möglichen Q-Interpretationen mit diesem endlichen, festen I Q-Modelle der vorgelegten Q-Formel sind oder nicht.

> **Erläuterung 8.19**
> Unter Voraussetzung einer endlichen, festen Menge I kann durch systematisches Durchkombinieren aller Q-Interpretationen mit diesem endlichen, festen I entschieden werden, ob diese Q-Modelle einer Q-Formel sind oder nicht.

BEISPIEL:

Q-Formel: $Fa \lor \forall x \forall y Gxy \rightarrow P \lor \exists x Fx$

$$n = 1$$
$$v = 1$$
$$u = 2$$
$$k_1 = 1$$
$$k_2 = 2$$

Es sei $i = 2$, dann erhält man

$$2^1 \cdot 2^1 \cdot 2^{(2^1 + 2^2)} = 2^8 = 256$$

mögliche Q-Interpretationen. Man kann diese systematisch konstruieren, indem man sukzessive einen Parameter in den Interpretationen variiert. Für jede einzelne Q-Interpretation ist dann gemäss *Erläuterung 8.14* zu entscheiden, ob es sich um ein Q-Modell der Q-Formel handelt oder nicht. Durch dieses aufwendige Verfahren würde man systematisch zu dem Ergebnis gelangen, dass nur zwei Q-Interpretationen keine Q-Modelle der Formel sind:

$\Im(x,y) = I = \{c_1, c_2\};$ $\quad\quad\quad\quad$ $\Im(x,y) = I = \{c_1, c_2\};$

$\Im(P) = F;$ $\quad\quad\quad\quad\quad\quad\quad\quad$ $\Im(P) = F;$

$\Im(a) = \{c_1\};$ $\quad\quad\quad\quad\quad\quad\quad$ $\Im(a) = \{c_2\};$

$\Im(F) = \{\};$ $\quad\quad\quad\quad\quad\quad\quad\quad$ $\Im(F) = \{\};$

$\Im(G) = \{(c_1,c_1),(c_1,c_2),$ $\quad\quad$ $\Im(G) = \{(c_1,c_1),(c_1,c_2),$
$\quad\quad\quad\quad (c_2,c_1),(c_2,c_2)\}.$ $\quad\quad\quad\quad\quad\quad\quad\quad (c_2,c_1),(c_2,c_2)\}.$

Erläuterung 8.20

Q-Interpretationen, die nicht Q-Modelle einer vorgelegten Q-Formel sind, seien *widerlegende Q-Belegungen* genannt.

Anstatt sich des aufwendigen Verfahrens zu bedienen, systematisch alle möglichen Q-Interpretationen durchzugehen, kann man wie bei den widerlegenden Belegungen in der Aussagenlogik *gezielt nach widerlegenden Q-Belegungen* suchen, indem man sich die Wahrheitsbedingungen der einzelnen Formelteile vergegenwärtigt. In dem vorliegenden Fall kommt man nach folgender Argumentation zu den beiden widerlegenden Q-Belegungen mit $\Im(x,y)=I=\{c_1,c_2\}$:

1. Der Hauptoperator der Q-Formel '$Fa \lor \forall x \forall y Gxy \to P \lor \exists x Fx$' ist '$\to$'. Dieser wird mit '$F$' belegt gdw. das Antezedenz mit 'W' und das Konsequenz mit 'F' belegt wird.

2. Das Konsequenz ist eine Disjunktion. Diese wird nur mit 'F' belegt, wenn beide Disjunkte mit 'F' belegt sind.

    2.1 Das erste Disjunkt ist der Satzbuchstabe 'P'. Er ist mit 'F' zu belegen.

    2.2 Das zweite Disjunkt ist die existenzquantifizierte Formel '$\exists x Fx$'. Diese wird mit 'F' belegt gdw. es kein Element aus I gibt, das das offene Schema 'Fx' erfüllt. Dies ist dann und nur dann der Fall, wenn $\Im(F)=\{\}$.

3. Das Antezedenz ist eine Disjunktion. Diese wird mit 'W' belegt gdw. eines der beiden Disjunkte oder beide mit 'W' belegt sind.

    3.1 Das erste Disjunkt kann unter Voraussetzung von 2.2 nicht mit 'W' belegt sein – ganz gleich wie man $\Im(a)$ wählt. Folglich muss das zweite Disjunkt mit 'W' belegt werden, um eine widerlegende Q-Belegung zu erhalten.

3.2 Das zweite Disjunkt wird durch Q-Interpretationen erfüllt, in denen alle Elemente aus I an der ersten Stelle des offenen Schemas 'Gxy' mit allen Elementen aus I an der zweiten Stelle dieses offenen Schemas kombiniert werden. Dies trifft auf $\Im(G)=\{(c_1, c_1), (c_1, c_2), (c_2, c_1), (c_2, c_2)\}$ und nur auf diese Interpretation des Prädikatbuchstabens 'G' zu.

4. Durch 2.1, 2.2 und 3.2 sind $\Im(P), \Im(F), \Im(G)$ eindeutig bestimmt. Nach 3a) ist es beliebig, ob man $\Im(a)=c_1$ oder $\Im(a)=c_2$ wählt. Man erhält demzufolge die zwei oben angeführten Q-Interpretationen, die relativ zu $I = \{c_1, c_2\}$ keine Q-Modelle der Q-Formel '$Fa \vee \forall x \forall y Gxy \rightarrow P \vee \exists x Fx$' sind.

Erläuterung 8.21
Widerlegende Q-Belegungen können gezielt gesucht werden, indem man aus den Wahrheitsbedingungen der Q-Formeln bzw. der Q-Argumentschemata vom Hauptjunktor bzw. '∴' ausgehend die Bedingungen herleitet, die erfüllt sein müssen, damit Q-Interpretationen keine Q-Modelle der Q-Formel bzw. des Q-Argumentschemas sind.

3.2 Unentscheidbarkeit im Unendlichen

Da ein Entscheidungsverfahren per definitionem in endlich vielen Schritten zu einem Ergebnis gelangt, kann ein Entscheidungsverfahren für Q-Formeln nicht darin bestehen, unendlich viele Q-Interpretationen und unendlich viele Elemente aus I einer gegebenen Interpretation $\Im$ durchzugehen. Aber es wäre denkbar, dass folgender Satz gilt:

Satz ?: „Sind für eine beliebige Q-Formel *bestimmte* (endlich viele) Q-Interpretationen mit *endlichem* I Q-Modelle, dann sind *alle* Q-Interpretationen Q-Modelle."

Wenn dieser Satz gelten würde, dann könnte man sich bezüglich der Frage des Bestehens und Nichtbestehens der Allgemeingültigkeit von Q-Formeln auf endlich viele Q-Interpretationen mit endlichem I beschränken und da *unter dieser Voraussetzung* die Allgemeingültigkeit entscheidbar ist, wäre sie *unter der Voraussetzung* des fraglichen Satzes entscheidbar.

Dass der „Satz ?" nicht gilt und folglich das Überprüfen, ob Q-Interpretationen Q-Modelle einer Q-Formel sind, *kein Entscheidungsverfahren* für die Allgemeingültigkeit beliebiger Q-Formeln darstellt, zeigt das folgende Beispiel:[10]

Q-Formel:

$$(\forall x \exists y Fxy \ \& \ \forall x \forall y \forall z (Fxy \ \& \ Fyz \ \rightarrow \ Fxz)) \ \rightarrow \ \exists x Fxx.$$

Es sei zunächst inhaltlich dafür argumentiert, dass es unter Voraussetzung eines endlichen I keine widerlegende Q-Belegung der Q-Formel gibt:

1. Der Hauptjunktor der Formel ist '$\rightarrow$'. Die Formel ist demnach falsch gdw. '$\exists x Fxx$' (= *Konsequenz*) falsch und '$(\forall x \exists y Fxy \ \& \ \forall x \forall y \forall z (Fxy \ \& \ Fyz \rightarrow \ Fxz))$' (= *Antezedenz*) wahr ist.

2. Das Antezedenz ist eine Konjunktion. Eine Konjunktion ist wahr gdw. beide Konjunkte wahr sind. Demzufolge muss die Q-Interpretation so gewählt werden, dass '$\forall x \exists y Fxy$' (= *1. Konjunkt*) und '$\forall x \forall y \forall z (Fxy \ \& \ Fyz \rightarrow Fxz)$' (= *2. Konjunkt*) erfüllt werden.

3. Gemäss dem *1. Konjunkt* muss es für ein beliebiges Element c_i aus I ein Element c_j geben, so dass $F(c_i, c_j)$.

4. Unter Voraussetzung der Falschheit des *Konsequenz* müssen diese beiden Elemente c_i und c_j verschieden sein.

5. Für das Element c_j muss es auf Grund der Wahrheit des *1. Konjunktes* wiederum ein Element c_k geben, so dass $F(c_j, c_k)$.

6. Auf Grund des *2. Konjunktes* ist dann auch $F(c_i, c_k)$ wahr und unter Voraussetzung der Falschheit des *Konsequenz* ist auch c_k von c_i und c_j verschieden.

7. Für c_k muss es wiederum gemäss dem *1. Konjunkt* ein weiteres Element aus I geben und auf Grund des *2. Konjunktes* gilt dann wiederum, dass c_i und c_j zu diesem in der Relation F stehen, und auf Grund der Falschheit des *Konsequenz* muss dieses Element wiederum von c_i, c_j, c_k verschieden sein.

8. Das Verfahren dieser Überlegung lässt sich für jedes weitere Element aus I durchspielen.

---

[10] Vgl. Hilbert (1968), S. 14.

9. Nimmt man nun einen endlichen Wertebereich an, dann führt dies zu einem Widerspruch.

   9.1 Man müsste schliesslich zu einem letzten Element c_n aus I gelangen. Für dieses gilt zum einen auf Grund des bisherigen Verfahrens, dass jedes andere Element zu diesem in der Relation F steht, so dass gilt $F(c_i,c_n), F(c_j,c_n), F(c_k,c_n)...F(c_m,c_n)$. Zum anderen muss c_n wiederum zu einem anderen Element in der Relation F stehen, damit das *1. Konjunkt* wahr und das *Konsequenz* falsch ist.

   9.2 Dieses andere Element muss aber bei Voraussetzung eines endlichen I bereits erwähnt worden sein. Welches Element man auch wählt, dies führt unter Anwendung des *2. Konjunktes* immer zu $F(c_n,c_n)$. Sei z.B. dieses andere Element c_i, dann folgt aus $F(c_n,c_i)$ unter Hinzunahme der bereits hergeleiteten Annahme $F(c_i,c_n)$ auf Grund des *2. Konjunktes* $F(c_n,c_n)$.

   9.3 Dies widerspricht der Voraussetzung der Falschheit des *Konsequenz*.

Es ist also unmöglich, die Allgemeingültigkeit der genannten Q-Formel mittels Durchkombinieren von Q-Interpretationen mit endlichem I zu widerlegen: Alle Q-Interpretationen mit endlichem I sind Q-Modelle der Q-Formel.

Gleichwohl ist die Formel nicht allgemeingültig. Dies zeigt eine Interpretation mit unendlichem I: Es sei I der Bereich der natürlichen Zahlen und es stehe 'Fxy' für „y ist grösser als x", dann sind die Prämissen wahr, denn für jede natürliche Zahl gibt es eine, die grösser ist (d.i. das *1. Konjunkt* ist wahr), und die Relation ist transitiv (d.i. das *2. Konjunkt* ist wahr), anderseits gibt es aber keine Zahl, die grösser als sie selbst ist (d.i. das *Konsequenz* ist falsch). Ohne Bezug auf eine inhaltliche Interpretation und die Annahme der Wahrheit und Falschheit bestimmter mathematischer Aussagen, kann unter Verwendung der Pünktchen '...', durch die ein gesetzmässiges Fortführen der einzelnen Reihen angedeutet wird, folgende widerlegende Q-Belegung mit unendlichem I angegeben werden:

$$\begin{aligned}
\Im(x,y,z) = I &= \{c_1, c_2, c_3, c_4, c_5, \ldots\}; \\
\Im(F) &= \{(c_1,c_2), (c_1,c_3), (c_1,c_4), (c_1,c_5), \ldots\}; \\
&\phantom{=\{} (c_2,c_3), (c_2,c_4), (c_2,c_5), \ldots\}; \\
&\phantom{=\{} (c_3,c_4), (c_3,c_5), \ldots\}; \\
&\phantom{=\{} \ddots \quad \}.
\end{aligned}$$

Diese Interpretation zeigt, dass die genannte Q-Formel nicht allgemeingültig ist. Dies kann aber auf Grund des unendlichen I nicht mittels eines Entscheidungsverfahrens ermittelt werden. Es sind *inhaltliche* oder *strukturelle* Überlegungen, die auf gesetzmässige Konstruktionen unendlicher Reihen Bezug nehmen, die beweisen, dass es eine Q-Interpretation der genannten Formel gibt, die kein Q-Modell ist. Aber dass diese Q-Interpretation kein Q-Modell der Q-Formel ist, kann nicht mittels eines Entscheidungsverfahrens entschieden werden, da nur die Wahrheitswerte von Q-Interpretationen mit endlichem I berechnet werden können – das Resultat dieser Berechnungen ist aber in jedem Falle 'W' und nicht 'F'.

> **Erläuterung 8.22**
> Es gibt Q-Formeln, für die *alle* Q-Interpretationen mit *endlichem* I Q-Modelle sind, aber für die es eine Q-Interpretation mit *unendlichem* I gibt, die kein Q-Modell der Formel ist.

Demnach:

> **Erläuterung 8.23**
> Die Allgemeingültigkeit einer beliebigen Q-Formel kann nicht anhand von Q-Interpretationen mit endlichem I entschieden werden.

Demnach:

> **Erläuterung 8.24**
> Das Überprüfen von Q-Interpretationen stellt *kein Entscheidungsverfahren* für formale Eigenschaften und Relationen beliebiger Q-Formeln dar.

Hierin unterscheidet sich die Quantorenlogik von der Aussagenlogik.

ÜBUNG: WIDERLEGENDE Q-BELEGUNGEN

ÜBUNG: ALLGEMEINGÜLTIGKEIT

LEKTION 9

QUANTORENLOGISCHE FORMALISIERUNG

In dieser Lektion wird die Zuordnung von Q-Formeln zu umgangssprachlichen Texten thematisiert. Analog zur aussagenlogischen Formalisierung (vgl. LEKTION 3) wird die quantorenlogische Formalisierung in die *Standardisierung* und die *Schematisierung* unterteilt. Diese beiden Schritte werden in den ersten beiden Abschnitten besprochen. Abschliessend wird auf die *Rekonstruktion umgangssprachlicher Argumente* mit den Mitteln der Quantorenlogik eingegangen.

1 Schematisierung

Die *quantorenlogische Schematisierung* ordnet Q-Formeln einem SQ-Text zu.

> **Erläuterung 9.1**
> Ein SQ-Text ist eine unanalysierte Abkürzung eines elementaren Aussagesatzes oder eine analysierte Abkürzung eines in *Prädikat und Argumente* analysierten elementaren Aussagesatzes oder eine gegliederte Verknüpfung dieser Abkürzungen und/oder der *Formen* analysierter elementarer Aussagesätze mittels einer der folgenden fünf Bindewörter: „nicht ... "; „ ... und ... "; „ ... oder ... "; „wenn ... dann ... "; „ ... gdw ... " sowie der Ausdrücke „*Alle v* erfüllen" bzw. „*Mindestens* ein v erfüllt".

v ist Metavariable für gebundene Variablen 'x','y','z','x_1','x_2', ... Unter „Formen analysierter elementarer Aussagesätze" sind die Ausdrücke zu verstehen, die man erhält, wenn man Namen durch Variablen ersetzt.

Im Unterschied zur Aussagenlogik geht die Quantorenlogik von der Analyse elementarer Aussagen in Funktion und Argument aus. Dementsprechend können in den SQ-Texten im Unterschied zu den SJ-Texten die Abkürzungen die Analyse der elementaren Aussagesätze in Prädikate und deren Argumente zum Ausdruck bringen.

> **Erläuterung 9.2**
> In den Abkürzungen analysierter elementarer Aussagesätze werden die Abkürzungen der *Prädikate* vorangestellt, die Abkürzungen ihrer *Argumente* folgen in Klammern geordnet und durch Kommata getrennt.

Beispiele: „Abstammung(Mensch,Tier)", „Eroberung(Caesar,Gallien)", „Grieche(Sokrates)". Durch Indices kann man Prädikaten und/oder Argumenten nähere Bestimmungen beifügen: „Grieche$_{\text{weise}}$(Sokrates$_{\text{Platonlehrer}}$)", „Grieche$_{\text{weise}}$(Sokrates)". Um knappere Abkürzungen zu erhalten, kann man auf die Verwendung umgangssprachlicher Ausdrücke mit bekannter Bedeutung verzichten und kleine Buchstaben „$f, g, h, i, j, f_1, f_2, f_3, \ldots$" zum Zwecke der Abkürzung von Prädikaten und „$m, n, o, m_1, m_2, m_3, \ldots$" als Abkürzungen ihrer Argumente verwenden. Die Inhalte der Abkürzungen sind durch Legenden anzuführen, z.B.:

SQ-TEXT: $f(m,n)$.

LEGENDE:

$f(\_,\_)$ = ... stammt ab von ...
m = der Mensch
n = das Tier

Die Argumentstellen des Prädiaktes seien in den Abkürzungen durch „_" gekennzeichnet und in den umgangssprachlichen Ausdrücken durch „...".

Aus den SQ-Texten kann man die von ihnen abgekürzten umgangssprachlichen (elementaren) Aussagesätze bilden, indem man aus der Abkürzung des Prädikates das Verb samt Ergänzungen bildet, aus der Abkürzung des ersten Argumentes das grammatikalische Subjekt, und aus den Abkürzungen der weiteren Argumente die grammatikalischen Objekte. Indices stehen für entsprechende Adverbien und Attribute.

Die Analyse der elementaren Aussagesätze darf nicht als eine *vollständige* Analyse ihres Inhaltes missverstanden werden. Sie bleibt der Oberflächenstruktur verhaftet. Der Inhalt des elementaren Aussagesatzes „Sokrates ist ein weiser Grieche" liesse sich in eine Konjunktion zweier Aussagen analysieren: „Sokrates ist weise und Sokrates ist ein Grieche": Diese Analyse wird durch zwei andere elementare Aussagesätze („Sokrates ist weise", „Sokrates ist ein Grieche") ausgedrückt. Die Analyse elementarer Aussagesätze in Prädikate und deren Argumente geht von gegebenen elementaren Aussagesätzen aus und behandelt nicht die Frage der Analyse ihres Inhaltes. Es ist vielmehr Aufgabe der Standardisierung die für eine logische Rekonstruktion umgangssprachlicher Texte angemessene Analyse des Inhaltes von Aussagen durch entsprechende standardisierte elementare Aussagesätze wiederzugeben.

Es gibt nicht immer nur *eine* mögliche Analyse eines elementaren Aussagesatzes in Prädikate und Argumente: „Der Mensch stammt vom Tier ab" kann z.B.

auch in ein einstelliges Prädikat mit dem Argument „Mensch" analysiert werden („Tierabstammung (Mensch)").

Durch die Analyse elementarer Aussagesätze in Prädikate und Argumente werden *keine ontologischen Unterscheidungen* getroffen: So kann z.B. „der Mensch" als Argument des Prädikates „... ist weise" behandelt werden, auch wenn man sich mit diesem Ausdruck nicht wie z.B. mit dem Ausdruck „Sokrates" auf ein bestimmtes Individuum, sondern eine Gattung bezieht.

Die Tatsache, dass die *SQ*-Texte als Abkürzungen umgangssprachlicher Aussagesätze verstanden werden, deren grammatikalische Form der Analyse in Prädikate und Argumente entspricht, bedeutet nicht, dass die *grammatikalische Analyse* ein notwendiges Kriterium der Analyse in Prädikate und Argumente ist. Es bedeutet nur, dass in der Standardisierung die grammatikalische Form der logischen Analyse entspricht.

An die Stelle der Namen in den elementaren Aussagesätzen können Variablen treten, so dass man *Formen* der in Prädikate und Argumente analysierten elementaren Aussagesätze erhält. Die Variablen müssen durch die Ausdrücke „Alle v erfüllen" bzw. „Mindestens ein v erfüllt" gebunden sein. Diese lassen sich eineindeutig den Quantoren zuordnen:

Bezeichnung	**U-sprachl. Ausdruck**	*Q*-Symbol
Allquantor	Alle v erfüllen	$\forall v$
Existenzquantor	Mindestens ein v erfüllt	$\exists v$

Wie im Falle der Bindewörter „nicht ...", „... und ...", „... oder ...", „wenn ... dann ...", „... gdw ..." handelt es sich um einen standardisierten (genormten) Gebrauch der umgangssprachlichen Ausdrücke „alle" und „mindestens ein". Es gibt Verwendungen dieser Ausdrücke in umgangssprachlichen Texten, die nicht im Sinne eines Quantors interpretiert werden können, z.B. „Dieser Stab ist mindestens einen Zentimeter lang" (vgl. hierzu das Problem der Quantifizierung über Masseinheiten, S. 264). Vor allem aber werden in der Umgangssprache Quantifikationen oft ausgedrückt, ohne die Ausdrücke „alle" oder „mindestens ein" zu verwenden.

Zum einen werden in der Umgangssprache *alternative Ausdrücke* verwendet:[1]

---

[1] Zur Verwendung des Doppelpunktes in den Standardisierungen siehe unten S. 241.

U-Text	**SQ-Text**
Jeder wird gern gelobt.	*Alle x erfüllen:* wirdgelobt$_{gern}$ (x):
Einige blieben übrig.	*Mindestens ein x erfüllt:* bliebenübrig (x):
Jemand ging.	*Mindestens ein x erfüllt:* ging (x):
Alles verändert sich.	*Alle x erfüllen:* verändertsich (x):
Etwas wird anders.	*Mindestens ein x erfüllt:* wirdanders (x):

Zum Anderen werden in der Umgangssprache Ausdrücke zum Zwecke der Bildung quantifizierter Aussagen gebraucht, die in der standardisierten Sprache aus „nicht" und „alle" bzw. „mindestens ein" zusammengesetzt sind:

U-Text	**SQ-Text**
Keiner verliert gern.	*Nicht Mindestens ein x erfüllt:* verliert$_{gern}$ (x):
	bzw.
	Alle x erfüllen nicht: verliert$_{gern}$ (x):
Nichts bleibt unbestraft.	*Nicht Mindestens ein x erfüllt:* bleibtunbestraft (x):
	bzw.
	Alle x erfüllen nicht: bleibtunbestraft (x):
Niemand arbeitet freiwillig umsonst.	*Nicht Mindestens ein x erfüllt:* arbeitet$_{freiwillig}$$_{umsonst}$ (x):
	bzw.
	Alle x erfüllen nicht: arbeitet$_{freiwillig}$$_{umsonst}$ (x):

Es gelten folgende Zuordnungen:

U-Ausdruck	**SQ-Ausdruck**	**Q-Ausdruck**
Kein	Nicht Mindestens ein v erfüllt;	$\neg \exists v$;
	Alle v erfüllen nicht	$\forall v \neg$
Nicht alle	Nicht Alle v erfüllen;	$\neg \forall v$;
	Mindestens ein v erfüllt nicht	$\exists v \neg$

Eine Reihe umgangssprachlicher Ausdrücke zur Bildung spezifizierter quantifizierter Aussagen (z.B. „*genau ein*", „*höchstens* vier", „*nur drei*", „*zwischen* zwei und fünf", „zwei", „drei" etc.) können nur im Rahmen der erweiterten Quantorenlogik adäquat formal behandelt werden (vgl. hierzu LEKTION 11). Andere umgangssprachliche Ausdrücke zur Bildung bestimmter quantifizierter Aussagen sind gar nicht im Rahmen der klassischen Quantorenlogik formalisierbar (z.B. „endlich viele", „unendlich viele", „ungefähr fünf", „die meisten", „die wenigsten").

Schliesslich können quantifizierte Aussagen in der Umgangssprache auch ausgedrückt werden, ohne dass dies *explizit* oder *eindeutig* durch einen bestimmten Ausdruck geschieht.[2]

U-Text	SQ-Text
Ein Soldat ist im Zimmer.	*Mindestens ein x erfüllt*: Soldat (x) und im-Zimmer (x):
Ein Soldat ist gehorsam.	*Alle x erfüllen*: wenn Soldat (x) dann gehorsam (x):
Soldaten sind gehorsam.	*Alle x erfüllen*: wenn Soldat (x) dann gehorsam (x):
Menschen werden den Mond besiedeln.	*Mindestens ein x erfüllt*: Mensch (x) und besiedeln$_{Mond}$ (x):
Der Fuchs ist ein schlaues Tier.	*Alle x erfüllen*: wenn Fuchs (x) dann Tier$_{schlau}$ (x):

In der *Gliederung* der *SQ*-Texte tritt gegenüber den *SJ*-Texten als zusätzliches Element die Kennzeichnung der Wirkungsbereiche der Ausdrücke „Alle *v* erfüllen" bzw. „Mindestens ein *v* erfüllt" hinzu. Die Wirkungsbereiche dieser Ausdrücke seien durch einen *Doppelpunkt* am Anfang und am Ende des Wirkungsbereiches gekennzeichnet, z.B.: „Mindestens ein x erfüllt Alle y erfüllen: arm(x) und Untertan(x,y):". Auch wenn sich der Wirkungsbereich nur auf eine Aussagefunktion bezieht, ist dies zu kennzeichnen, z.B.: „Alle x erfüllen: f(x):". In komplizierteren Fällen sind Zahlenindices zu verwenden, um geschachtelte Wirkungsbereiche zu kennzeichnen, z.B.: „Mindestens ein x erfüllt:$_1$ Gas(x) und alle y erfüllen:$_2$ wenn Metall(y) dann schwerer(x,y):$_2$:$_1$". Der Übersicht halber sei vereinbart, dass immer dann Zahlenindices in *SQ*-Texten verwendet werden, wenn in diesen mehr als zwei Doppelpunkte vorkommen. Auch die durch Doppelpunkte eingerahmten Teile von SQ-Texten seien „zusammengefasste Teile" genannt (siehe *Erläuterung 9.4, Regel 3*).

---

[2] Zur Standardisierung der umgangssprachlichen Sätze siehe auch S. 245.

> **Erläuterung 9.3**
> In *SQ*-Texten werden *Doppelpunkte* zur Kennzeichnung von Wirkungsbereichen verwendet.

Unter Voraussetzung der Zuordnungsregeln der Quantoren und der Regeln aus LEKTION 3, Abschnitt 1 zur Schematisierung der Aussagenlogik, lassen sich *Q*-Formeln aus *SQ*-Texten nach folgender Regel eindeutig gewinnen:

> **Schematisierungsregel:**
> 1. 1.1 Ersetze identische Abkürzungen unanalysierter elementarer Aussagesätze in den *SQ*-Texten durch identische Satzbuchstaben, und unterschiedliche Abkürzungen unanalysierter elementarer Aussagesätze in den *SQ*-Texten durch unterschiedliche Satzbuchstaben!
>
>   1.2 Ersetze identische Abkürzungen von Prädikaten in den *SQ*-Texten durch identische Prädikatbuchstaben, und unterschiedliche Abkürzungen von Prädikaten in den *SQ*-Texten durch unterschiedliche Prädikatbuchstaben! Übernehme hierbei die Variablen an den Argumentstellen!
>
>   1.3 Ersetze identische Namen in den *SQ*-Texten durch identische Namenbuchstaben und unterschiedliche Namen in den *SQ*-Texten durch unterschiedliche Namenbuchstaben!
>
> 2. Ersetze die Bindewörter der *SQ*-Texte durch die entsprechenden logischen Junktoren; und ersetze „Alle v erfüllen" durch '$\forall v$' und „Mindestens ein v erfüllt" durch '$\exists v$'!
>
> 3. Umklammere die Teile der *Q*-Formeln, die zusammengefassten Teilen der *SQ*-Texte entsprechen, es sei denn es handelt sich lediglich um eine atomare Formel, eine negierte atomare Formel oder eine Form einer atomaren Formel bzw. einer negierten atomaren Formel!

Es sei vereinbart, dass dem $n$ten Element der Reihe „$a, b, c, d, e, f, a_1, a_2, a_3, \ldots$" der SQ-Texte das $n$te Element der Reihe '$P, Q, R, S, T, U, P_1, P_2, P_3, \ldots$' für die Satzbuchstaben der *Q*-Formeln zugeordnet werde (also „a" wird 'P' zugeordnet, „b" wird 'Q' zugeordnet etc.); dem n-ten Element der Reihe „$f, g, h, i, j,$

$f_1, f_2, f_3, \ldots$" der SQ-Texte sei der entsprechende Grossbuchstabe '$F, G, H, I, J, F_1, F_2, F_3, \ldots$' der Prädikatbuchstaben der Q-Formeln zugeordnet und dem $n$ten Element der Reihe „$m, n, o, m_1, m_2, m_3, \ldots$" der SQ-Texte das $n$te Element der Reihe '$a, b, c, a_1, a_2, a_3, \ldots$' für die Namenbuchstaben der Q-Formeln.

BEISPIEL:

SQ-Text: Alle x erfüllen Mindestens ein y erfüllt : wenn f(x) dann f(y) und g(y,x) : oder
Q-Formel: $\forall x \quad \exists y \quad (\quad Fx \rightarrow Fy \ \& \ Gyx \ ) \ \vee$

LEGENDE:

f(_)   =   ... ist eine Zahl
g(_,_) =   ... ist Nachfolger von ...
a   =   Die Mathematik verliert ihre Gültigkeit.

Auch die SQ-Texte können wie SJ-Texte in Form von Zerlegungsbäumen (SQ-*Strukturen*) dargestellt werden (vgl. Abbildung 9.1).

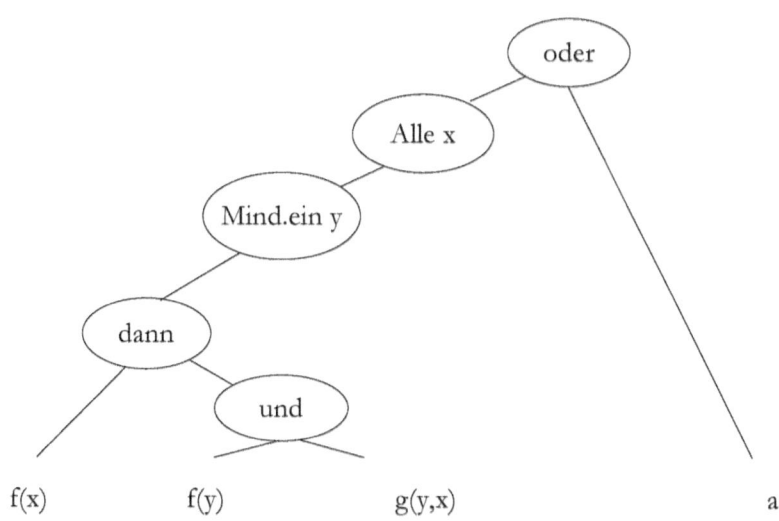

Abbildung 9.1: Beispiel einer SQ-Struktur

In der untersten Reihe werden die Abkürzungen der elementaren Aussagen bzw. elementaren Aussageformen in der Reihenfolge ihres Vorkommens im *SQ*-Text genannt. Darüber werden die Bindewörter bzw. „Alle *v*" und „Mind. ein *v*" den jeweiligen Textteilen hierarchisch zugeordnet.

Die *SQ*-Texte sind *strukturierte, standardisierte umgangssprachliche Paraphrasen* wahrheitsfunktional verknüpfter elementarer Aussagen und quantifizierter Aussageformen, die sich eindeutig *Q*-Formeln zuordnen lassen.

ÜBUNG: SCHEMATISIERUNG

2 STANDARDISIERUNG

In der *quantorenlogischen Standardisierung* werden gegebene U-Texte *SQ*-Texten zugeordnet. Hierfür müssen neben der Identifikation elementarer Aussagen und ihrer wahrheitsfunktionalen Beziehungen, elementare Aussagen in Prädikate und ihre Argumente analysiert und Quantifikationen über die Gegenstände der elementaren Aussagen identifiziert werden.

Für die quantorenlogische Standardisierung gibt es ebenso wenig wie für die aussagenlogische Standardisierung eindeutige Regeln. Es gilt für sie dasselbe wie für die aussagenlogische Standardisierung:

> **Erläuterung 9.4**
> Die quantorenlogische Standardisierung ist abhängig von der *Interpretation* umgangssprachlicher Texte.

Die quantorenlogische Analyse ist ein *Instrument*, eine Interpretation deutlich zum Ausdruck zu bringen. Eine Interpretation kann den Inhalt der umgangssprachlichen Aussagen mehr oder weniger explizit wiedergeben. Im Folgenden sei stets von Interpretationen ausgegangen, in denen der Inhalt der umgangssprachlichen Ausdrücke nicht weiter analysiert, sondern nur der gemeinte Gehalt unter Bezugnahme auf weiter zu analysierende Begriffe quantorenlogisch formalisiert wird. Es sei ferner auf einige wesentliche Punkte, die bei der quantorenlogischen Formalisierung zu beachten sind und in dem vorangegangenen Abschnitt oder in LEKTION 7 noch keine Erwähnung fanden, eingegangen:

1. Formalisierung der A,I,E,O-Aussagen

2. Implizite Prädikate

3. Quantorenreihenfolge

4. Wirkungsbereiche

5. Grenzen der quantorenlogischen Formalisierung

2.1 Formalisierung der A,I,E,O-Aussagen

A,I,E,O-Aussagen werden umgangssprachlich durch einen Satz formuliert, der *zwei Prädikate*, aber nur einen expliziten Quantorindikator enthält. Die Quantorindikatoren entsprechen „Alle v erfüllen" bzw. „Mindestens ein v erfüllt" bzw. deren Negationen in den SQ-Texten und den entsprechenden Quantoren in den Q-Formeln. Die Prädikate sind *einstellige* Funktionsausdrücke, da den A,I,E,O-Aussagen nur ein Quantorindikator vorangehen kann. Dieser bezieht sich auf beide Funktionen – der Wirkungsbereich des jeweiligen Quantors erstreckt sich demnach über beide Aussagefunktionen. Aussagefunktionen in einem Wirkungsbereich müssen in den Q-Formeln durch einen *Junktor* verknüpft werden. Welcher Junktor jeweils der adäquate Junktor ist, ergibt sich aus dem Verständnis der Wahrheitsbedingungen der A,I,E,O-Aussagen:[3]

- Eine Aussage der Form A („Alle B_1 sind B_2") ist wahr gdw. für alle Gegenstände gilt: *wenn* sie unter den Begriff B_1 fallen, *dann* auch unter den Begriff B_2.

- Eine Aussage der Form I („Einige B_1 sind B_2") ist wahr gdw. für mindestens einen Gegenstand gilt: er fällt unter den Begriff B_1 *und* unter den Begriff B_2.

- Eine Aussage der Form E („Keine B_1 sind B_2") ist wahr gdw. für keinen Gegenstand gilt: er fällt unter den Begriff B_1 *und* unter den Begriff B_2.

- Eine Aussage der Form O („Nicht alle B_1 sind B_2") ist wahr gdw. nicht für alle Gegenstände gilt: *wenn* sie unter den Begriff B_1 fallen, *dann* auch unter den Begriff B_2.

Es sei anstelle von B_1 der Begriff F und anstelle von B_2 der Begriff G verwendet. Dann ergibt sich:

---

[3] Im Folgenden wird von der ontischen Deutung der Quantifikation Gebrauch gemacht, da diese eingängiger ist und zu einfacheren Formulierungen führt. Es wird demnach in dieser und in den weiteren LEKTIONEN der Einfachheit halber von den Werten des Wertebereiches im Sinne von Gegenständen geredet.

> **Erläuterung 9.5**
>
> | Syll. Aussageform | SQ-Text | Q-Formel |
> |---|---|---|
> | A: Alle F sind G | Alle x erfüllen: wenn f(x) dann g(x): | $\forall x(Fx \rightarrow Gx)$ |
> | I: Einige F sind G | Mindestens ein x erfüllt: f(x) und g(x): | $\exists x(Fx \& Gx)$ |
> | E: Keine F sind G | Nicht Mindestens ein x erfüllt: f(x) und g(x): | $\neg\exists x(Fx \& Gx)$ |
> | O: Nicht alle F sind G | Nicht Alle x erfüllen: wenn f(x) dann g(x): | $\neg\forall x(Fx \rightarrow Gx)$ |

In der modernen Quantorenlogik wird im Unterschied zur Syllogismenlehre nicht implizit vorausgesetzt, dass der Begriff B_1 bzw. F nicht *leer* ist. In den Formalisierungen der Aussagen A und E ist im Unterschied zu den Aussagen der Form I und O nicht gesagt, ob keine, einige (mindestens ein) oder alle Gegenstände unter den Begriff F fallen. Es ist gegebenenfalls durch eine zusätzliche existenzquantifizierte Formel ('$\exists x Fx$') explizit zum Ausdruck zu bringen, dass der Begriff F nicht leer ist.

Mit der *Formalisierung von A* wird gesagt, dass alle die Gegenstände, die unter den Begriff F fallen, auch unter den Begriff G fallen. Fällt kein Gegenstand unter den Begriff F, dann ist diese Aussage nach dem Verständnis der modernen Quantorenlogik wahr, da das Antezedenz des Konditionals für alle Einsetzungsinstanzen falsch und damit das Konditional, ganz unabhängig davon, welche Gegenstände 'Gx' erfüllen, wahr wird. Fallen einige Gegenstände unter den Begriff F, dann ist '$\forall x(Fx \rightarrow Gx)$' nur dann wahr[4], wenn alle diese Gegenstände auch unter den Begriff G fallen. Fallen alle Gegenstände unter den Begriff F, dann ist '$\forall x(Fx \rightarrow Gx)$' nur dann wahr, wenn alle Gegenstände auch unter den Begriff G fallen.

Mit der *Formalisierung von E* wird gesagt, dass kein Gegenstand unter die *beiden* Begriffe F und G fällt. Fällt keiner unter den Begriff F, dann ist dies wahr, ganz gleich, ob und welche Gegenstände unter den Begriff G fallen. Fällt mindestens einer unter den Begriff F, dann ist '$\neg\exists x(Fx \& Gx)$' nur dann wahr, wenn diese Gegenstände, die unter F fallen, nicht unter G fallen. Fallen alle unter den Begriff

---

[4] Es wird hier wie im Folgenden kurz davon geredet, dass Formeln wahr oder falsch sind, wenn genauerhin gemeint ist, dass ihre Instanzen wahr oder falsch sind.

F, dann ist '$\neg\exists x(Fx \,\&\, Gx)$' nur dann wahr, wenn kein Gegenstand unter den Begriff G fällt.

Demgegenüber ist mit einer Aussage der Form I gesagt, dass mindestens ein Gegenstand unter den Begriff F fällt. Wahr sind Aussagen der Form I nur dann, wenn mindestens einer der Gegenstände, die unter den Begriff F fallen, auch unter den Begriff G fällt. Auch mit Aussagen der Form O ist gesagt, dass mindestens ein Gegenstand unter den Begriff F fällt, denn fiele kein Gegenstand unter den Begriff F, dann wären Aussagen der Form O falsch, denn es folgte, dass Aussagen der Form '$\forall x(Fx \rightarrow Gx)$' wahr wären. Wahr ist eine Aussage der Form O aber nur dann, wenn nicht alle die Gegenstände, die unter den Begriff F fallen, auch unter den Begriff G fallen.

Unter der Voraussetzung, dass in Aussagen der Form A und E nicht implizit gesagt wird, dass der Begriff F nicht leer ist, fallen die *subalternen* Beziehungen im logischen Quadrat (vgl. S. 194) weg. Denn daraus, dass für alle Gegenstände gilt: wenn sie unter den Begriff F fallen, dann fallen sie auch unter den Begriff G, folgt nicht, dass es mindestens einen Gegenstand gibt, der sowohl unter F als auch unter G fällt, da Ersteres auch dann wahr ist, wenn *kein* Gegenstand unter den Begriff F fällt, wodurch Letzteres falsch wird. Analoges gilt für die Beziehungen zwischen E und O: Wenn es *keinen* Gegenstand gibt, der unter F fällt, dann ist E wahr, aber O falsch.

Im logischen Quadrat fallen darüber hinaus auch die *konträren* und *subkonträren* Beziehungen weg, wenn man nicht voraussetzt, dass der Begriff F nicht leer ist:

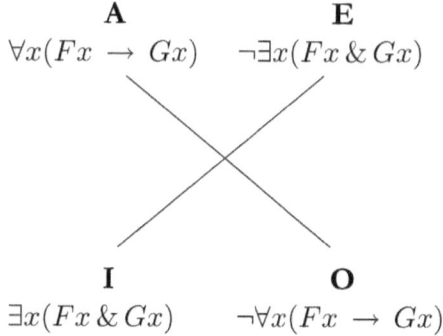

Abbildung 9.2: Logisches Quadrat in der modernen Quantorenlogik

2.2 Implizite Prädikate

In den seltensten Fällen wird in der Umgangssprache ausgesagt, dass Gegenstände *einer beliebigen Art* unter einen Begriff fallen bzw. nicht fallen. Vielmehr wird die Art der Gegenstände, über die eine Aussage getroffen wird, implizit oder explizit eingegrenzt. In Aussagen der Form A und O wird explizit durch das Antezedenz die Art von Gegenständen eingegrenzt, über die dann im Konsequenz etwas ausgesagt wird: Alle bzw. nicht alle Gegenstände, *die F sind*, sind auch G. In Aussagen der Form I und E wird ausgesagt, dass einige bzw. keine Gegenstände, *die F sind*, auch G sind.

Oft wird in umgangssprachlichen Texten die Art von Gegenständen, über die etwas ausgesagt wird, nicht explizit genannt, und oft sind auch die Spezifikationen, die getroffen werden, nicht hinreichend, um die gemeinten Gegenstände, über die eine Aussage getroffen wird, zu kennzeichnen. Dies ist vielmehr durch den Kontext der Aussage festgelegt.

Beispiel 1:

U-Text:

Alle haben die Klausur bestanden.

Versteht man diese Aussage ohne nähere Spezifikation der Gegenstände, über die ausgesagt wird, dass sie die Klausur bestanden haben, dann würde mit der Aussage z.B. auch ausgesagt, dass die Zahl 2 die Klausur bestanden hat. Dies ist sicherlich nicht gemeint. Gemeint sei:

Interpretatation:

Alle Kursteilnehmer des Logikkurses Bern im Sommersemester 2002 haben die Klausur bestanden.

Legende:

f(_) = ... ist ein Kursteilnehmer des Logikkurses Bern im Sommersemester 2002
g(_) = ... hat die Klausur bestanden

SQ-Text:

Alle x erfüllen: wenn f(x) dann g(x):

Q-Formel:

$\forall x(Fx \rightarrow Gx)$

In dieser Formalisierung ist nicht vorausgesetzt, dass es Teilnehmer des Logikkurses im Sommersemester 2002 in Bern gibt: Die Aussage ist auch dann wahr, wenn es keine Teilnehmer des besagten Logikkurses gibt.

BEISPIEL 2:

U-TEXT:

Einige waren fertig und gingen früher.

INTERPRETATION:

Mindestens eine Person, die am 8.5.2002 im Raum -121 des Unitoblers anwesend war, war fertig und ging früher.

LEGENDE:

f(_) = ... ist eine Person
g(_) = ... ist am 8.5.2002 im Raum -121 des Unitoblers anwesend
h(_) = ... war fertig
i(_) = ... ging früher

SQ-TEXT:

Mindestens ein x erfüllt: f(x) und g(x) und h(x) und i(x):

Q-FORMEL:

$\exists x (Fx \,\&\, Gx \,\&\, Hx \,\&\, Ix)$

Gemäss dieser Formalisierung ist die Aussage falsch, wenn es keine Personen gibt, oder wenn niemand am 8.5. im Raum -121 des Unitoblers anwesend ist.

Als Faustregel gilt:

> **Erläuterung 9.6**
> Wird etwas über *alle* Gegenstände einer bestimmten Art ausgesagt, dann steht im Wirkungsbereich eine materiale Implikation, in deren Antezedenz die Prädikate stehen, die die Gegenstände, über die etwas ausgesagt wird, spezifizieren, und in deren Konsequenz die Prädikate stehen, die die Aussage über die Gegenstände treffen. Wird etwas über *mindestens einen* Gegenstand einer bestimmten Art ausgesagt, dann werden die Prädikate, die den Gegenstand spezifizieren, und die, welche die Aussage treffen, konjunktiv verknüpft.

BEISPIEL 3:

U-TEXT:

Einige gaben allen die Hand.

INTERPRETATION:

Mindestens ein Mitglied des Schwimmvereins Bern im Jahre 2002 gab allen Mitgliedern des Vorstandes des Schwimmvereins Bern im Jahre 2002 die Hand.

LEGENDE:

$f(\_)$ = ... ist Mitglied des Schwimmvereins Bern im Jahre 2002

$g(\_)$ = ... ist Mitglied des Vorstandes des Schwimmvereins Bern im Jahre 2002

$h(\_,\_)$ = ... gibt die Hand ...

SQ-TEXT:[5]

    Mindestens ein x erfüllt:$_1$ f(x) und Alle y erfüllen:$_2$ wenn g(y) dann h(x,y):$_2$:$_1$

    Bzw.: Mindestens ein x erfüllt Alle y erfüllen: f(x) und wenn g(y) dann h(x,y):

---

[5] Im Folgenden werden Formalisierungen, die gemäss *Erläuterung 9.11* gleichbedeutend sind, als Alternativen aufgeführt. Die Formalisierungen, in denen Quantoren innerhalb des Klammerausdruckes stehen, sind meistens der umgangssprachlichen Formulierung näher. Die Formalisierungen, in denen die Quantoren hintereinander vor dem Klammerausdruck stehen, sind übersichtlicher. Gibt es weitere naheliegende oder bedeutsame äquivalente Formalisierungen, werden auch diese aufgeführt.

Q-FORMEL:

$$\exists x(Fx \,\&\, \forall y(Gy \rightarrow Hxy))$$
Bzw.: $\exists x \forall y(Fx \,\&\, (Gy \rightarrow Hxy))$

Nach dieser Formalisierung ist vorausgesetzt, dass implizit ausgesagt wird, dass es ein Mitglied des Schwimmvereins Bern im Jahre 2002 gibt, und dass von diesem ausgesagt wird, dass es allen Mitgliedern des Vorstandes des Schwimmvereins Bern im Jahre 2002 die Hand gab. Dies ist gemäss der Formalisierung auch dann der Fall, wenn es kein Mitglied des Vorstandes des Schwimmvereins Bern im Jahre 2002 gibt.

BEISPIEL 4:

U-TEXT:

Alle hintergingen alle.

INTERPRETATION:

Alle Mitglieder der Familie Riggisberg (und das sind einige) hintergingen alle Mitglieder der Familie Riggisberg.

LEGENDE:

f(_) = ... ist Mitglied der Familie Riggisberg
g(_,_) = ... hinterging ...

SQ-TEXT:

Mindestens ein x erfüllt:$_1$ f(x):$_1$ und Alle x erfüllen:$_2$ wenn f(x) dann Alle y erfüllen:$_3$ wenn f(y) dann g(x,y):$_3$:$_2$

Bzw. Mindestens ein x erfüllt:$_1$ f(x):$_1$ und Alle x erfüllen Alle y erfüllen:$_2$ wenn f(x) dann wenn f(y) dann g(x,y):$_2$

Bzw. Mindestens ein x erfüllt:$_1$ f(x):$_1$ und Alle x erfüllen Alle y erfüllen:$_2$ wenn f(x) und f(y) dann g(x,y):$_2$

Q-FORMEL:

$$\exists x Fx \,\&\, \forall x(Fx \rightarrow \forall y(Fy \rightarrow Gxy))$$
Bzw.: $\exists x Fx \,\&\, \forall x \forall y(Fx \rightarrow (Fy \rightarrow Gxy))$
Bzw.: $\exists x Fx \,\&\, \forall x \forall y(Fx \,\&\, Fy \rightarrow Gxy)$

Diese Formalisierungen bringen durch das erste Konjunkt zum Ausdruck, dass davon ausgegangen wird, dass es Mitglieder der Familie Riggisberg gibt. Von all diesen wird im zweiten Konjunkt ausgesagt, dass sie alle (d.i. inklusive sich selbst) hintergingen.

> **Erläuterung 9.7**
> Um den gemeinten Sinn in der Standardisierung zum Ausdruck zu bringen, müssen *zusätzliche Prädikate* verwendet werden, durch die die Gegenstände, über die etwas ausgesagt wird, gekennzeichnet werden. Hierbei ist jeweils zu berücksichtigen, ob ausgesagt ist, dass Gegenstände unter die mit den Prädikaten bezeichneten Begriffe fallen oder nicht.

Ein etwas komplizierteres Beispiel ist das folgende:

BEISPIEL 5:

U-TEXT:

Metalle reagieren mit allem, was den Strom nicht leitet, ausgenommen Edelgasen.

INTERPRETATION:[6]

Alles, das ein chemisches Element und ein Metall ist, und alles, das ein chemisches Element ist und den Strom nicht leitet und kein Edelgas ist, reagiert miteinander.

In dieser Interpretation wird zunächst explizit gemacht, von welcher Art von Gegenständen die Rede ist, und anschliessend die Aussage über die Beziehung dieser Gegenstände getroffen. Dies ist ein typisches Vorgehen des quantorenlogischen Formalisierens:

> **Erläuterung 9.8**
> Bei der quantorenlogischen Formalisierung sind quantifizierte Aussagen *von aussen nach innen* zu strukturieren, indem zunächst die Art der Gegenstände gekennzeichnet wird, über die quantifiziert wird, und anschliessend die Aussagen, die über diese getroffen werden, wiedergegeben werden.

---

[6]Vgl. hierzu auch das Argument auf S. 272, dessen Rekonstruktion es nötig macht, explizit zu erwähnen, dass *chemische Elemente* miteinander reagieren.

Legende:

f(_)   = ... ist ein chemisches Element
g(_)   = ... ist ein Metall
h(_)   = ... leitet den Strom
i(_)   = ... ist ein Edelgas
j(_,_) = ... reagiert mit ...

SQ-Text:

Alle x erfüllen:₁ wenn f(x) und g(x) dann Alle y erfüllen:₂ wenn f(y) und nicht h(y) und nicht i(y) dann j(x,y):₂:₁

Bzw.: Alle x erfüllen Alle y erfüllen: wenn f(x) und g(x) dann wenn f(y) und nicht h(y) und nicht i(y) dann j(x,y):

Bzw.: Alle x erfüllen Alle y erfüllen: wenn f(x) und g(x) und f(y) und nicht h(y) und nicht i(y) dann j(x,y):

Q-Formel:

$$\forall x(Fx \,\&\, Gx \rightarrow \forall y(Fy \,\&\, \neg Hy \,\&\, \neg Iy \rightarrow Jxy))$$

Bzw.: $\forall x \forall y(Fx \,\&\, Gx \rightarrow (Fy \,\&\, \neg Hy \,\&\, \neg Iy \rightarrow Jxy))$

Bzw.: $\forall x \forall y(Fx \,\&\, Gx \,\&\, Fy \,\&\, \neg Hy \,\&\, \neg Iy \rightarrow Jxy)$

In den Formalisierungen ist darauf zu achten, dass der Hauptjunktor im Klammerausdruck der Pfeil und nicht der Konjunktor ist, denn in der umgangssprachlichen Formulierung ist nicht behauptet, dass alle Gegenstände chemische Elemente sind, noch, dass alle Metalle sind, noch, dass alle den Strom leiten, noch, dass alle Edelgase sind.

2.3 Quantorenreihenfolge

Beziehen sich zwei oder mehr Quantoren auf eine zwei- oder mehrstellige Aussagefunktion, dann macht es einen relevanten Unterschied, ob ein Allquantor vor einem Existenzquantor oder ein Existenzquantor vor einem Allquantor steht.

U-Text:

Es gibt einen passenden Deckel für jeden Topf.

Interpretation 1:

Auf jeden einzelnen Topf passt (mindestens) ein Deckel.

LEGENDE:

f(_) = ... ist ein Topf
g(_) = ... ist ein Deckel
h(_,_) = ... passt auf ...

SQ-TEXT:

Alle x erfüllen:₁ wenn f(x) dann Mindestens ein y erfüllt:₂ g(y) und h(y,x):2:1

Bzw.: Alle x erfüllen Mindestens ein y erfüllt: wenn f(x) dann g(y) und h(y,x):

Q-FORMEL:

$$\forall x(Fx \rightarrow \exists y(Gy \,\&\, Hyx))$$
Bzw.: $\forall x \exists y(Fx \rightarrow Gy \,\&\, Hyx)$

Der Prädikatbuchstabe 'G' steht hier im Konsequenz der materialen Implikation, da die Aussage falsch ist, wenn es zwar Töpfe gibt, aber keine Deckel.

INTERPRETATION 2:

(Mindestens) ein Deckel passt auf alle Töpfe.

SQ-TEXT:

Mindestens ein x erfüllt:₁ g(x) und Alle y erfüllen:₂ wenn f(y) dann h(x,y):2:1

Bzw.: Mindestens ein x erfüllt Alle y erfüllen: g(x) und wenn f(y) dann h(x,y):

Q-FORMEL:

$$\exists x(Gx \,\&\, \forall y(Fy \rightarrow Hxy))$$
Bzw.: $\exists x \forall y(Gx \,\&\, (Fy \rightarrow Hxy))$

Der Hauptjunktor im Klammerausdruck muss hier der Konjunktor sein, da die Aussage falsch ist, wenn es keine Deckel gibt, und falsch ist, wenn nicht auf alle Töpfe ein Deckel passt.

Nach *Interpretation 1* gibt es für jeden von n Töpfen mindestens einen passenden Deckel: Es muss hierbei nicht einen Deckel geben, der auf alle n Töpfe passt. Nach *Interpretation 2* gibt es hingegen für n Töpfe mindestens *einen* Deckel, der auf alle n Töpfe passt.

Zu beachten ist auch die Reihenfolge der Variablen in mehrstelligen Funktionsausdrücken: Würde man in der Formalisierung von *Interpretation 2* anstelle von '$\exists x \forall y (Gx \,\&\, (Fy \rightarrow Hxy))$' die Q-Formel '$\exists x \forall y (Gx \,\&\, (Fy \rightarrow Hyx))$' wählen, dann würde dies bedeuten, dass es mindestens einen Deckel gibt, auf den alle Töpfe passen. Und würde man in der Formalisierung von *Interpretation 1* anstelle von '$\forall x \exists y (Fx \rightarrow Gy \,\&\, Hyx)$' zu '$\forall x \exists y (Fx \rightarrow Gy \,\&\, Hxy)$' gelangen, dann würde dies bedeuten, dass es für jeden Topf irgendeinen Deckel gibt, auf den der jeweilige Topf passt.[7]

Erläuterung 9.9

Die Quantorenreihenfolge ist bedeutsam, wenn unterschiedliche Quantoren aufeinander folgen, die sich auf dieselbe (mehrstellige) Aussagefunktion beziehen.

Dagegen macht die Reihenfolge keinen relevanten Unterschied, wenn zwei Allquantoren bzw. zwei Existenzquantoren aufeinander folgen.

U-TEXT:

Jeder Klosterbruder dient jedem.

INTERPRETATION:

Jeder Klosterbruder dient jedem Klosterbruder (inklusive sich selbst).

LEGENDE:

f(_) = ... ist ein Klosterbruder
g(_,_) = ... dient ...

SQ-TEXT:

    Alle x erfüllen:$_1$ wenn f(x) dann Alle y erfüllen:$_2$ wenn f(y) dann g(x,y):$_2$:$_1$

Bzw.:   Alle x erfüllen Alle y erfüllen: wenn f(x) dann wenn f(y) dann g(x,y):

Bzw.:   Alle x erfüllen Alle y erfüllen: wenn f(x) und f(y) dann g(x,y):

---

[7] Dies macht jeweils einen Unterschied, wenn man die Relation des „Passens" zwischen Deckel und Topf als asymmetrische Relation versteht, nach der Deckel auf Töpfe, aber nicht Töpfe auf Deckel passen.

Q-Formel:

$$\forall x(Fx \to \forall y(Fy \to Gxy))$$
Bzw.: $\forall x \forall y(Fx \to (Fy \to Gxy))$
Bzw.: $\forall x \forall y(Fx \,\&\, Fy \to Gxy)$

Die Formeln '$\forall x \forall y(Fx \to (Fy \to Gxy))$' und '$\forall y \forall x(Fx \to (Fy \to Gxy))$' sowie die Formeln '$\forall x \forall y(Fx \,\&\, Fy \to Gxy)$' und '$\forall y \forall x(Fx \,\&\, Fy \to Gxy)$' sind gleichbedeutend. Zu beachten ist, dass die Formalisierungen auf Grund der inklusiven Interpretation der Variablen aussagen, dass nicht nur alle Klosterbrüder allen *anderen*, sondern auch *sich selbst* dienen.

U-Text:

Mindestens einer besiegt irgendeinen.

Interpretation:

Mindestens ein Schachspieler besiegt irgendeinen Schachspieler (sich selbst oder einen anderen).

Legende:

f(_) = ... ist ein Schachspieler
g(_,_) = ... besiegt ...

SQ-Text:

Mindestens ein x erfüllt:$_1$ f(x) und Mindestens ein y erfüllt:$_2$ f(y) und g(x,y):$_{2:1}$
Bzw.: Mindestens ein x erfüllt Mindestens ein y erfüllt: f(x) und , f(y) und g(x,y):
Bzw.: Mindestens ein x erfüllt Mindestens ein y erfüllt: f(x) und f(y) und g(x,y):

Q-Formel:

$$\exists x(Fx \,\&\, \exists y(Fy \,\&\, Gxy))$$
Bzw.: $\exists x \exists y(Fx \,\&\, (Fy \,\&\, Gxy))$
Bzw.: $\exists x \exists y(Fx \,\&\, Fy \,\&\, Gxy)$

Die Formeln '$\exists x \exists y(Fx \,\&\, (Fy \,\&\, Gxy))$' und '$\exists y \exists x(Fx \,\&\, (Fy \,\&\, Gxy))$' sind ebenso wie die Formeln '$\exists x \exists y(Fx \,\&\, Fy \,\&\, Gxy)$' und '$\exists y \exists x(Fx \,\&\, Fy \,\&\, Gxy)$' gleichbedeutend. Wiederum bringt auf Grund der inklusiven Deutung der Variablen diese Formalisierung nicht zum Ausdruck, dass mindestens ein Schachspieler irgendeinen *anderen* Schachspieler besiegt, vielmehr ist die Formel auch dann wahr, wenn ein Schachspieler sich selbst besiegt.

Da die Quantorenreihenfolge nicht bedeutsam ist, wenn zwei Quantoren desselben Typs aufeinander folgen, verwendet man oft folgende verkürzte Schreibweise:

Erläuterung 9.10

$$\forall x \forall y \text{ bzw. } \forall y \forall x = \forall x,y$$
$$\exists x \exists y \text{ bzw. } \exists y \exists x = \exists x,y$$

2.4 WIRKUNGSBEREICHE

Die Kennzeichnung von gemeinsamen Wirkungsbereichen ist nicht immer von Bedeutung:

BEISPIEL:

U-TEXT:

Irgendeiner liest vor und irgendeiner hört zu.

INTERPRETATION:

Mindestens eine Person liest vor und mindestens eine Person (dieselbe oder eine andere) hört zu.

LEGENDE:

$f(\_) = \ldots$ ist eine Person
$g(\_) = \ldots$ liest vor
$h(\_) = \ldots$ hört zu

SQ-Text:[8]

Mindestens ein x erfüllt:₁ f(x) und g(x):₁ und Mindestens ein y erfüllt:₂ f(y) und h(y):₂

Q-Formel:

$\exists x(Fx \mathbin{\&} Gx) \mathbin{\&} \exists y(Fy \mathbin{\&} Hy)$

Eine alternative Standardisierung ist:

SQ-Text*:
    Mindestens ein x erfüllt Mindestens ein y erfüllt: f(x) und g(x) und , f(y) und h(y):

Bzw.: Mindestens ein x erfüllt Mindestens ein y erfüllt: f(x) und g(x) und f(y) und h(y):

Q-Formel*:

$\exists x \exists y(Fx \mathbin{\&} Gx \mathbin{\&} (Fy \mathbin{\&} Hy))$
Bzw.: $\exists x \exists y(Fx \mathbin{\&} Gx \mathbin{\&} Fy \mathbin{\&} Hy)$

Wie bereits durch die bisherigen Beispiele deutlich wurde, können Quantoren im Wirkungsbereich eines anderen Quantors vorkommen, indem sie direkt hinter diesem, aber noch vor dem Klammerausdruck, oder, indem sie innerhalb des Klammerausdruckes stehen. Will man Quantoren, die innerhalb eines Klammerausdruckes vorkommen, vor den Klammerausdruck schreiben, ist darauf zu achten, dass man nicht gebundene Variablen *desselben* Typs vor den Klammerausdruck schreibt. Ansonsten wird die in *Erläuterung 9.11* genannte Bedingung nicht erfüllt:

Erläuterung 9.11
Quantoren, die innerhalb eines Klammerausdruckes, der einen Wirkungsbereich kennzeichnet, vorkommen *und die unterschiedliche Variablen binden*, können vor den Klammerausdruck geschrieben werden.

Dies zeigt das folgende Beispiel.

---

[8]Eine alternative, gleichbedeutende Formalisierung macht nicht von unterschiedlichen Variablen Gebrauch:
  SQ-Text: Mindestens ein x erfüllt:₁ f(x) und g(x):₁ und Mindestens ein x erfüllt:₂ f(x) und h(x):₂
  Q-Formel: $\exists x(Fx \mathbin{\&} Gx) \mathbin{\&} \exists x(Fx \mathbin{\&} Hx)$
Diese Formalisierung ist gleichbedeutend mit der im Text genannten, da die gebundenen Variablen unterschiedliche Wirkungsbereiche haben (siehe hierzu Lektion 7, S. 208.)

BEISPIEL:

U-TEXT:

Einer ist grösser als irgendjemand und kleiner als irgendjemand.

INTERPRETATION:

Eine Person A ist grösser als irgendeine Person (sei diese A oder eine andere B) und dieselbe Person A ist kleiner als irgendeine Person (sei diese A, B oder eine andere C).

LEGENDE:

f(_)   =   ... ist eine Person
g(_,_) =   ... ist grösser als ...
h(_,_) =   ... ist kleiner als ...

SQ-TEXT:

Mindestens ein x erfüllt:$_1$ f(x) und Mindestens ein y erfüllt:$_2$ f(y) und g(x,y):$_2$ und Mindestens ein y erfüllt:$_3$ f(y) und h(x,y):$_3$:$_1$

Q-FORMEL:

$$\exists x(Fx \,\&\, \exists y(Fy \,\&\, Gxy) \,\&\, \exists y(Fy \,\&\, Hxy))$$

Eine alternative Standardisierung ist:

SQ-TEXT*:

Mindestens ein x erfüllt Mindestens ein y erfüllt Mindestens ein z erfüllt: f(x) und , f(y) und g(x,y), und ; f(z) und h(x,z):

Q-FORMEL*:

$$\exists x \exists y \exists z (Fx \,\&\, (Fy \,\&\, Gxy) \,\&\, (Fz \,\&\, Hxz))$$

In der ersten Formalisierung drückt man aus, dass es nicht dieselbe Person sein muss, für die gilt, dass die Person A grösser als sie und kleiner als sie ist, indem man die Variable y zwei unterschiedlichen Wirkungsbereichen zuordnet, in der zweiten Formalisierung drückt man dasselbe aus, indem man zwei unterschiedliche Variablen verwendet. Es gibt noch weitere gleichbedeutende alternative Formalisierungen. Aber *keine* alternative Formalisierung ist die folgende:

SQ-TEXT?:

Mindestens ein x erfüllt Mindestens ein y erfüllt: f(x) und , f(y) und g(x,y) und h(x,y):

Q-FORMEL?:

$\exists x \exists y (Fx \& (Fy \& Gxy \& Hxy))$

Dies würde vielmehr zum Ausdruck bringen, dass es eine Person gibt, die sowohl grösser als auch kleiner ist als eine Person (sei es dieselbe oder eine andere).

Ob die Kennzeichnung eines Wirkungsbereiches bedeutungsvoll ist oder nicht, hängt nicht nur von der Wahl der Variablen, sondern auch vom Quantor und den Junktoren innerhalb des Wirkungsbereiches ab.

BEISPIEL:

U-TEXT:

Alles ist rot oder nicht rot.

INTERPRETATION 1:

Alle Gegenstände sind eines von beiden: rot oder nicht rot.

LEGENDE:

f(_) = ... ist rot

SQ-TEXT:

Alle x erfüllen: f(x) oder nicht f(x):

Q-FORMEL:

$\forall x (Fx \lor \neg Fx)$

INTERPRETATION 2:

Alle Gegenstände sind rot oder alle Gegenstände sind nicht rot.

SQ-Text:[9]

Alle x erfüllen:$_1$ f(x):$_1$ oder Alle x erfüllen:$_2$ nicht f(x):$_2$

Q-Formel:

$\forall x F x \ \lor \ \forall x \neg F x$

Die beiden Interpretationen und folglich die entsprechenden Formalisierungen unterscheiden sich: Im ersten Fall ist die Aussage wahr, wenn ein Teil aller Gegenstände rot und der Rest nicht rot ist; im zweiten Fall ist die Aussage nur dann wahr, wenn entweder restlos alle Gegenstände rot oder restlos alle Gegenstände nicht rot sind.

Ein analoger Unterschied kann nicht gemacht werden, wenn man das „oder" durch ein „und" ersetzt:

U-Text:

Alle Gegenstände sind rot und nicht rot.

Interpretation:

Alle Gegenstände sind rot und (alle Gegenstände) sind nicht rot.

SQ-Text:

Alle x erfüllen:$_1$ f(x):$_1$ und Alle x erfüllen:$_2$ nicht f(x):$_2$

Q-Formel:

$\forall x F x \ \& \ \forall x \neg F x$

Eine alternative Formalisierung ist:

---

[9] Alternative Formalisierungen sind (vgl. hierzu die Ausführungen zur „inklusiven Interpretation" der Quantoren in Lektion 7, Abschnitt 3, S. 210):
SQ-Text:
    Alle x erfüllen:$_1$ f(x):$_1$ oder Alle y erfüllen:$_2$ nicht f(y):$_2$
Bzw.:   Alle x erfüllen Alle y erfüllen: f(x) oder nicht f(y):
Q-Formel:
    $\forall x F x \ \lor \ \forall y \neg F y$
Bzw.: $\forall x \forall y (F x \ \lor \ \neg F y)$

SQ-Text*:[10]

Alle x erfüllen: f(x) und nicht f(x):

Q-Formel*:

$\forall x(Fx \,\&\, \neg Fx)$

In beiden Fällen wäre die Aussage nur wahr, wenn alle Gegenstände sowohl rot als auch nicht rot wären.

Analoges gilt für '$\exists x(Fx \,\&\, Gx)$' und '$\exists xFx \,\&\, \exists xGx$' einerseits: Aussagen, die sich durch diese beiden Formeln formalisieren lassen, haben unterschiedliche Wahrheitsbedingungen, denn nur in der ersten ist vorausgesetzt, dass die beiden Aussagefunktionen auf dasselbe Argument zutreffen; und '$\exists x(Fx \lor Gx)$' und '$\exists xFx \lor \exists xGx$' andererseits: Aussagen, die sich durch diese beiden Formeln formalisieren lassen, haben dieselben Wahrheitsbedingungen, denn in diesen beiden Formeln ist jeweils nicht vorausgesetzt, dass die beiden Aussagefunktionen auf dasselbe Argument zutreffen.

> **Erläuterung 9.12**
> Ob die Kennzeichnung eines *Wirkungsbereiches* bedeutungsvoll ist, hängt von der Wahl der Variablen, den Quantoren und den Junktoren innerhalb des Wirkungsbereiches ab.

Auch das unterschiedliche Vorkommen *atomarer Formeln* innerhalb oder ausserhalb eines Wirkungsbereiches kann bedeutsam sein:

Beispiel:

U-Text:

Wenn es einen tropischen Regenwald gibt und dieser abgeholzt wird, dann wird Greenpeace aktiv.

---

[10]Weitere alternative Formalisierungen sind:
SQ-Text*:
    Alle x erfüllen:$_1$ f(x):$_1$ und Alle y erfüllen:$_2$ nicht f(y):$_2$
Bzw.:   Alle x erfüllen Alle y erfüllen: f(x) und nicht f(y):
Q-Formel:
    $\forall xFx \,\&\, \forall y\neg Fy$
Bzw.: $\forall x\forall y(Fx \,\&\, \neg Fy)$

INTERPRETATION:

Wenn es etwas gibt, das ein tropischer Regenwald ist und abgeholzt wird, dann ist es der Fall, dass Greenpeace aktiv wird.[11]

LEGENDE:

f(_) = ... ist ein tropischer Regenwald
g(_) = ... wird abgeholzt
a   = Greenpeace wird aktiv.

SQ-TEXT:

wenn Mindestens ein x erfüllt: f(x) und g(x): dann a

Q-FORMEL:

$$\exists x (Fx \,\&\, Gx) \rightarrow P$$

Die Aussage dieser Formalisierung ist falsch, wenn es einen tropischen Regenwald gibt, der abgeholzt wird, aber Greenpeace nicht aktiv wird. Das gilt nicht für die folgende Aussage:

U-TEXT:

Es gibt etwas, von dem gilt, wenn es ein tropischer Regenwald ist und abgeholzt wird, dann wird Greenpeace aktiv.

INTERPRETATION:

Für mindestens einen Gegenstand gilt: Wenn er ein tropischer Regenwald ist und abgeholzt wird, dann wird Greenpeace aktiv.[12]

SQ-TEXT:

Mindestens ein x erfüllt: wenn f(x) und g(x) dann a:

Q-FORMEL:

$$\exists x (Fx \,\&\, Gx \rightarrow P)$$

---

[11]Diese Aussage wird im Folgenden nicht im Sinne einer Kausalaussage interpretiert, sondern lediglich als eine Aussage, die eine Korrelation zwischen dem Abholzen eines tropischen Regenwaldes und der Aktivität von Greenpeace behauptet. Vgl. hierzu die Ausführungen zu Wenn/dann-Aussagen in LEKTION 1, S. 33 und LEKTION 3, S. 70.

[12]Auch diese Aussage sei hier nicht als eine Kausalaussage gedeutet, sondern lediglich als eine Korrelationsaussage. In Frage steht jeweils, welche Korrelation behauptet wird.

In dieser Formalisierung ist 'P' Teil des Wirkungsbereiches. Gemäss ihr ist der U-Text wahr, wenn es etwas gibt, dass kein Tropenwald ist, der abgeholzt wird (ganz gleich, ob Greenpeace aktiv wird oder nicht). Der U-Text wird erst dann falsch, wenn alle Gegenstände tropische Regenwälder sind, die abgeholzt werden, und Greenpeace nicht aktiv wird.

Der Unterschied zur Formel '$\exists x(Fx \& Gx) \to P$' wird anhand einer Q-Interpretation deutlich, für die der ersten Formalisierung der Wahrheitswert F, der zweiten hingegen der Wahrheitswert W zugeordnet wird:

$$\Im(x) = I = \{c_1, c_2\};$$
$$\Im(P) = F;$$
$$\Im(F) = \{c_1\};$$
$$\Im(G) = \{c_1, c_2\}.$$

Auf Grund von c_2 ist die Formel '$\exists x(Fx \& Gx \to P)$' wahr, aber nicht die Formel '$\exists x(Fx \& Gx) \to P$'. Diese ist auf Grund von c_1 und der Falschheit von 'P' falsch.

Erläuterung 9.13
Es kann einen Unterschied machen, ob atomare Formeln innerhalb des Wirkungsbereiches eines Quantors stehen oder nicht.

2.5 Grenzen der quantorenlogischen Analyse

Es wurde bereits darauf hingewiesen, dass eine Reihe quantifizierter Aussagen erst im Rahmen der erweiterten Quantorenlogik adäquat formal behandelt werden können und dass es eine Reihe quantifizierter Aussagen gibt, die auch im Rahmen der erweiterten Quantorenlogik nicht formalisierbar sind (vgl. S. 240). Dies ist begründet in der Beschränkung auf die Quantoren '$\forall$' und '$\exists$', deren Bedeutung im Rahmen der Quantorenlogik nur noch durch den Negator verändert werden kann. Im Folgenden sei gezeigt, dass es auch quantifizierte Aussagen gibt, die den Quantorindikator „Mindestens ein" enthalten und gleichwohl nicht durch die Quantorenlogik formalisiert werden können.

BEISPIEL:

U-TEXT:

Es ist mindestens ein Grad Celsius in diesem Zimmer.

Dieser Satz hat die äussere Form der Sätze *I*: Der Quantorindikator „Mindestens ein" wird gefolgt von zwei Begriffen. Lässt er sich aber in dieser Form adäquat formalisieren? Die fragliche Formalisierung wäre:

INTERPRETATION?:

Es gibt etwas, das ist eine Celsiuseinheit und in diesem Zimmer.

LEGENDE?:

f(_) = ... ist eine Celsiuseinheit
g(_) = ... ist in diesem Zimmer

SQ-TEXT?:

Mindestens ein x erfüllt: f(x) und g(x):

Q-FORMEL?:

$\exists x (Fx \,\&\, Gx)$

Diese Formalisierung ist inadäquat, da es nicht sinnvoll ist, über Temperatureinheiten im Sinne der klassischen Quantorenlogik zu quantifizieren. Angenommen, es sei genau ein Grad Celsius in dem Zimmer. Dann ist die umgangssprachlich formulierte Aussage wahr. Ist aber auch die standardisierte Aussage wahr? Es sei angenommen, C' und C" seien zwei Celsiuseinheiten. Dann fragt sich: Welche der beiden ist in diesem Zimmer? Diese Frage ist aber nicht sinnvoll zu beantworten: Die Bedeutung des Funktionsausdruckes „... ist in diesem Zimmer" ist für *einzelne* Temperatureinheiten nicht bestimmt – es ist nicht festgelegt, was es heisst, dass *eine* Temperatureinheit im Unterschied zu einer *anderen* in einem Zimmer ist. Das Problem hierbei ist nicht, dass sich einzelne Einheiten nicht unterscheiden lassen, sondern *die Annahme, dass Einheiten einzelne, individuierbare Gegenstände (z.B. C' und C") sind*. Diese Annahme ist falsch. Man kann nicht Masseinheiten als Werte von Variablen quantifizierter Aussagen interpretieren.

Man kann ihnen auch nicht sinnvollerweise Namen (auch nicht Quasinamen wie „C' " und „C" ") zuordnen. Die adäquate sprachliche Bezugnahme auf Masseinheiten enthält vielmehr *wesentlich* Zahlen. Es ist nicht sinnvoll zu sagen: „C' ist in diesem Zimmer (aber nicht C")"; es ist hingegen sinnvoll zu sagen: „Es ist 1 Grad Celsius in diesem Zimmer, aber nicht 2 Grad Celsius". Im Unterschied zu dieser Art von Aussagen können Zahlangaben, die sich auf individuierbare und prinzipiell benennbare Gegenstände beziehen, eliminiert werden: „Es ist 1 Apfel im Korb, aber es sind nicht 2 Äpfel im Korb" kann interpretiert werden als „Es ist ein Apfel im Korb (nennen wir ihn ‚A'), und alle *anderen*, nicht mit dem Apfel

A identischen Äpfel sind nicht im Korb." Die Wahrheit und Falschheit dieser Art von Aussagen hängt ab von *logisch unabhängigen* Aussagen der Form „x ist ein Apfel" und „x ist im Korb". Gradangaben, die wesentlich Zahlangaben enthalten, lassen sich hingegen nicht als Wahrheitsfunktionen logisch unabhängiger Aussagen interpretieren, denn interpretiert man sie als unbestimmte Aussagen der Form „Es ist mindestens x Grad . . . " (mit „x" als Zahlenvariable), dann folgen aus einer Aussage mit einer grösseren Zahl die Aussagen mit einer kleineren Zahl (z.B. aus „Es ist mindestens 2 Grad Celsius in diesem Zimmer" folgt „Es ist mindestens 1 Grad Celsius in diesem Zimmer"); interpretiert man sie als bestimmte Aussagen der Form „Es ist genau x Grad . . . ", dann stehen sie in konträrem Verhältnis (z.B. schliessen sich „Es ist genau 1 Grad Celsius in diesem Zimmer" und „Es ist genau 2 Grad Celsius in diesem Zimmer" aus).

In Bezug auf Masseinheiten fällt man zwar quantitative Urteile (z.B. „Es ist *mindestens* ein Grad Celsius in diesem Zimmer" oder „Es ist *genau* ein Grad Celsius in diesem Zimmer"), aber diese Aussagen können nicht mittels SQ-Texten standardisiert werden. Es bedarf hierfür im Unterschied zu den SQ-Texten einer standardisierten Sprache, in der wesentlich *Zahlen* vorkommen. Eine derartige Sprache ist unvereinbar mit dem *Prinzip der logischen Unabhängigkeit*, das die klassische Logik voraussetzt.

> **Erläuterung 9.14**
> Aussagen, die *Gradangaben* enthalten, sind nicht mittels der klassischen Quantorenlogik zu formalisieren.

Aussagen dieser Art sind innerhalb der Wissenschaft von grosser Bedeutung und entsprechend ist die Erweiterung der Quantorenlogik, um eine Logik, die auch Beziehungen zwischen graduellen Aussagen berücksichtigt und nicht das Prinzip der logischen Unabhängigkeit voraussetzt, von Bedeutung.

> **Erläuterung 9.15**
> Die Quantorenlogik erfüllt das Kriterium der *Reichhaltigkeit* in einem höheren Grad als die Aussagenlogik, aber auch nur in einem beschränkten Masse.

ÜBUNG: FORMALISIERUNG

3 Argumentrekonstruktion

Für die Rekonstruktion von Argumenten mit den Mitteln der Quantorenlogik gelten mutatis mutandis die Ausführungen zur Rekonstruktion von Argumenten mit den Mitteln der Aussagenlogik (Lektion 3, Abschnitt 3). Angesichts der vielfältigen Möglichkeiten, ein gegebenes umgangssprachlich formuliertes Argument zu rekonstruieren, fragt sich, wie detailliert bei einer Argumentrekonstruktion vorzugehen ist.

Insoweit durch bestimmte Interpretationsabsichten nicht andere Vorgaben bestehen, gilt im Rahmen der Argumentrekonstruktion als Grundregel:

> **Erläuterung 9.16**
> Umgangssprachliche Argumente sind so detailliert wie nötig zu rekonstruieren, um die *Schlüssigkeit der Argumente* zu überprüfen, jedoch nicht detaillierter als nötig.

Ist die Schlüssigkeit eines Argumentes *im Rahmen der Aussagenlogik* zu beweisen, dann kann auf eine quantorenlogische Analyse verzichtet werden.

Beispiel 1:

U-Text:

Wenn ein Mensch eine Überlebenschance hat, dann müssen alle Massnahmen getroffen werden, um ihn zu retten. Ein Mensch hat eine Überlebenschance. Also müssen alle Massnahmen getroffen werden, um ihn zu retten.

Legende:

- a = Ein Mensch hat eine Überlebenschance.
- b = Alle Massnahmen müssen getroffen werden, um ihn zu retten.

SJA-Text:

Wenn a dann b. a also b

J-Argumentschema:

$P \to Q, P \therefore Q$

'Q' kann mittels MPP aus den Prämissen abgeleitet werden. Unnötig kompliziert wäre demgegenüber folgende Formalisierung:

LEGENDE*:

f(_) = ... ist ein Mensch
g(_) = ... hat eine Überlebenschance
h(_) = ... ist eine Massnahme
i(_) = ... muss getroffen werden

SQA-TEXT*:

wenn Mindestens ein x erfüllt:₁ f(x) und g(x):₁ dann Alle y erfüllen:₂ wenn h(y) dann i(y):₂. Mindestens ein x erfüllt: f(x) und g(x): also Alle y erfüllen: wenn h(y) dann i(y):

Q-ARGUMENTSCHEMA*:

$$\exists x (Fx \& Gx) \to \forall y (Hy \to Iy), \exists x (Fx \& Gx) \therefore \forall y (Hy \to Iy)$$

In der Standardisierung von Argumenten ist hierbei für die Indizierung der Doppelpunkte folgende Regel verwendet worden:

Erläuterung 9.17
Indices an den Doppelpunkten in den SQ-Texten sind nur nötig, um *innerhalb einzelner Prämissen oder der Konklusion* die Wirkungsbereiche zu kennzeichnen.

Verwenden Sie auch in den Übungen Indices nur dann, wenn in einer Prämisse oder in der Konklusion mehr als zwei Doppelpunkte vorkommen.

Ist die Schlüssigkeit eines Argumentes im Rahmen der *einstelligen* Quantorenlogik[13] zu beweisen, dann ist es hinreichend, alle Prädikate als einstellige Prädikate zu formalisieren.

BEISPIEL 2:

U-TEXT:

Alles, das ihr treu ist, bleibt ihr im Gedächtnis. Einige Hunde sind ihr treu. Einige Hunde bleiben ihr im Gedächtnis.

---

[13]Unter der einstelligen Quantorenlogik sei die Quantorenlogik verstanden, die nur einstellige Prädikate berücksichtigt. Anstelle von der „einstelligen Quantorenlogik" wird auch der Terminus „monadische Quantorenlogik" verwendet.

Dieser Text lässt sich in Form des Syllogismus Darii formalisieren. Im Folgenden seien die entsprechenden quantorenlogischen Formalisierungen der Aussagen A (Prämisse Maior) und I (Prämisse Minor und Konklusion) verwendet.

LEGENDE:

f(_) = ... ist ihr treu (M)
g(_) = ... bleibt ihr im Gedächtnis (P)
h(_) = ... ist ein Hund (S)

SQA-TEXT:

Alle x erfüllen: wenn f(x) dann g(x):. Mindestens ein x erfüllt: h(x) und f(x): also Mindestens ein x erfüllt: h(x) und g(x):

Q-ARGUMENTSCHEMA:

$\forall x(Fx \rightarrow Gx), \exists x(Hx \& Fx) \therefore \exists x(Hx \& Gx)$

Unnötig kompliziert wäre in diesem Fall eine Formalisierung, in der von folgender Legende ausgegangen würde:

LEGENDE*:

f(_,_) = ... ist ... treu
g(_,_) = ... bleibt im Gedächtnis ...
h(_) = ... ist ein Hund

Die Schlüssigkeit des Argumentes hängt in diesem Fall nicht von der möglichen Formalisierung zweistelliger Prädikate ab. Dies ist anders im folgenden Beispiel, das zeigt, dass mittels Syllogismen, in denen keine *mehrstelligen* Prädikate vorkommen, nicht alle schlüssigen Argumente als solche formalisiert werden können.

BEISPIEL 3:

U-TEXT:[14]

Alle Kreise sind Figuren. Also: Alle, die Kreise zeichnen, zeichnen Figuren.

---

[14]Das Beispiel sowie die Formalisierung stammen aus Quine (1993), S. 165.

INTERPRETATION:[15]

Für alles gilt: Wenn es ein Kreis ist, dann ist es auch eine Figur. Also: Für alles gilt: Wenn es etwas zeichnet, das ein Kreis ist, dann zeichnet es etwas (dasselbe oder etwas anderes), das eine Figur ist.

LEGENDE:

f(_) = ... ist ein Kreis
g(_) = ... ist eine Figur
h(_,_) = ... zeichnet ...

SQA-TEXT:

Alle x erfüllen: wenn f(x) dann g(x): also Alle x erfüllen:$_1$ wenn Mindestens ein y erfüllt:$_2$ f(y) und h(x,y):$_2$ dann Mindestens ein y erfüllt:$_3$ g(y) und h(x,y):$_3$:$_1$

Bzw.: Alle x erfüllen: wenn f(x) dann g(x): also Alle x erfüllen Mindestens ein y erfüllt Mindestens ein z erfüllt: wenn f(y) und h(x,y) dann g(z) und h(x,z):

Q-ARGUMENTSCHEMA:

$$\forall x(Fx \rightarrow Gx) \therefore \forall x(\exists y(Fy \& Hxy) \rightarrow \exists y(Gy \& Hxy))$$
$$\text{Bzw.: } \forall x(Fx \rightarrow Gx) \therefore \forall x \exists y \exists z(Fy \& Hxy \rightarrow Gz \& Hxz)$$

---

[15] Die Konklusion wird nicht so interpretiert, dass die Figuren, die gezeichnet werden, wenn Kreise gezeichnet werden, diese gezeichneten Kreise sein *müssen*. Dass jemand Figuren zeichnet, indem er Kreise zeichnet, ist zwar auf Grund der Prämisse naheliegend, insbesondere, wenn man annimmt, dass es sich um eine analytische Aussage handelt, die auf Grund der Bedeutung der Ausdrücke „Kreis" und „Figur" nicht falsch sein kann. Sieht man aber von dem spezifischen Zusammenhang der Bedeutung von „Kreis" und der von „Figur" ab, und geht davon aus, dass mit einem schlüssigen Argument nicht die Wahrheit der Prämissen behauptet wird, dann lässt man durchaus zu, dass es Kreise geben kann, die keine Figuren sind. Unter dieser Voraussetzung legt der Wortlaut der Konklusion die schwächere Interpretation nahe, dass die Figuren, die gezeichnet werden, wenn Kreise gezeichnet werden, diese Kreise sein *können*, aber nicht müssen. Diese schwächere Behauptung wird in der Formalisierung der Konklusion zum Ausdruck gebracht, indem zwei Existenzquantoren verwendet werden. Eine Formalisierung der stärkeren, intuitiv eingängigeren Behauptung, die voraussetzt, dass das, was gezeichnet wird, wenn ein Kreis gezeichnet wird, eine Figur ist, lautet '$\forall x \forall y (Fy \& Hxy \rightarrow Gy \& Hxy)$'. Beide Formalisierungen führen zu korrekten Q-Argumentschemata. Für eine ausführliche Diskussion unterschiedlicher Formalisierungsvarianten dieses klassischen Beispieles siehe Brun(2003), Kapitel 10-13. Wer sich näher mit Fragen des quantorenlogischen Formalisierens beschäftigen will, dem sei dieses kenntnisreiche Buch empfohlen.

Dieses Argumentschema ist korrekt und ableitbar.[16] Würde man hingegen nicht ein zweistelliges Prädikat „h(_,_)" einführen, sondern stattdessen zwei einstellige Prädikate „... zeichnen Kreise" („h(_)") und „... zeichnen Figuren" („i(_)"), dann erhielte man das nicht korrekte Argumentschema '$\forall x(Fx \rightarrow Gx)$ $\therefore \forall x(Hx \rightarrow Ix)$'. In diesem Fall ist es also nötig, in der Formalisierung ein zweistelliges Prädikat einzuführen, um die Schlüssigkeit des Argumentes nachzuweisen.

Wie bei der Formalisierung aussagenlogischer Argumente ist es für eine adäquate quantorenlogische Formalisierung oft nötig, *implizite* Annahmen und Bezüge explizit zu machen. In Platons Dialog *Euthydemos* sagt Dionysodoros zu Ktesippos über dessen Hund:

BEISPIEL 4:

U-TEXT:

Er [Ktesippos' Hund] ist ein Vater und er ist dein. Also ist er dein Vater.

Dass dies ein Fehlschluss ist, zeigt die Formalisierung, indem man implizite Bezüge explizit macht:

INTERPRETATION:

Ktesippos Hund ist ein Vater *von irgendetwas* und Ktesippos' Hund ist ein Hund von Ktesippos. Also Ktesippos' Hund ist der Vater von Ktesippos.

LEGENDE:

m = Ktesippos' Hund
n = Ktesippos
f(_,_) = ... ist Vater von ...
g(_,_) = ... ist Hund von ...

SQA-TEXT:

Mindestens ein x erfüllt: f(m,x): und g(m,n) also f(m,n)

Q-ARGUMENTSCHEMA:

$\exists x Fax \,\&\, Gab \therefore Fab$

---

[16]Vgl. hierzu die Ableitung in Lemmon (1998), S. 131.

WIDERLEGENDE Q-BELEGUNG:

$\Im(x) = I = \{c_1, c_2\}$;
$\Im(a) = c_1$;
$\Im(b) = c_2$;
$\Im(F) = \{(c_1, c_1)\}$;
$\Im(G) = \{(c_1, c_2)\}$.

Diese widerlegende Q-Belegung ist die einfachste. Sie nimmt keine Rücksicht auf den Inhalt des Argumentes: Interpretiert man 'F' mit dem zweistelligen Begriff des Vaterseins, dann macht es wenig Sinn, von demselben Gegenstand anzunehmen, es erfülle beide Argumentstellen (d.i. von etwas zu sagen, es sei sein eigener Vater). Es ist jedoch durch die Interpretation und entsprechend durch die Formalisierung nicht ausgeschlossen, dass jemand sein eigener Vater sein kann. Dementsprechend ist die widerlegende Belegung hinreichend für die Beurteilung der Korrektheit. Eine „sinnvollere" widerlegende Belegung ergibt sich erst, wenn man von $\{c_1, c_2, c_3\}$ als Wertebereich von x ($= \Im(x)$) ausgeht.

In anderen Fällen ist es nötig, implizite Annahmen und Bezüge explizit zu machen, um die *Schlüssigkeit* des Argumentes zu erweisen:

BEISPIEL 5:

U-TEXT:

Metalle reagieren mit allem, was den Strom nicht leitet, ausgenommen Edelgasen. Also: Chemische Elemente reagieren miteinander.

INTERPRETATION:

Alles, das ein chemisches Element ist und ein Metall ist und *alles, das ein chemisches Element ist* und den Strom nicht leitet und kein Edelgas ist, reagiert miteinander. *Es gibt chemische Elemente, die Metalle sind. Es gibt chemische Elemente, die den Strom nicht leiten und keine Edelgase sind.* Also: *Es gibt* chemische Elemente, die miteinander reagieren.

LEGENDE:

$f(\_)$ = ... ist ein chemisches Element
$g(\_)$ = ... ist ein Metall
$h(\_)$ = ... leitet den Strom
$i(\_)$ = ... ist ein Edelgas
$j(\_,\_)$ = ... reagiert mit ...

SQA-Text:

> Alle x erfüllen:₁ wenn f(x) und g(x) dann Alle y erfüllen:₂
> wenn f(y) und nicht h(y) und nicht i(y) dann j(x,y):₂:₁.
> Mindestens ein x erfüllt: f(x) und g(x):.
> Mindestens ein x erfüllt: f(x) und nicht h(x) und nicht i(x):
> also Mindestens ein x erfüllt Mindestens ein y erfüllt: f(x) und
> f(y) und j(x,y):

Bzw.: Alle x erfüllen Alle y erfüllen: wenn f(x) und g(x) dann wenn
f(y) und nicht h(y) und nicht i(y) dann j(x,y):.
Mindestens ein x erfüllt: f(x) und g(x):.
Mindestens ein x erfüllt: f(x) und nicht h(x) und nicht i(x):
also Mindestens ein x erfüllt Mindestens ein y erfüllt: f(x) und
f(y) und j(x,y):

Bzw.: Alle x erfüllen Alle y erfüllen: wenn f(x) und g(x) und f(y) und
nicht h(y) und nicht i(y) dann j(x,y):.
Mindestens ein x erfüllt: f(x) und g(x):.
Mindestens ein x erfüllt: f(x) und nicht h(x) und nicht i(x):
also Mindestens ein x erfüllt Mindestens ein y erfüllt: f(x) und
f(y) und j(x,y):

Q-Argumentschema:

$\forall x(Fx \& Gx \rightarrow \forall y(Fy \& \neg Hy \& \neg Iy \rightarrow Jxy))$,
$\exists x(Fx \& Gx)$,
$\exists x(Fx \& \neg Hx \& \neg Ix)$
$\therefore \exists x \exists y(Fx \& Fy \& Jxy)$

Bzw.: $\forall x \forall y(Fx \& Gx \rightarrow (Fy \& \neg Hy \& \neg Iy \rightarrow Jxy))$,
$\exists x(Fx \& Gx)$,
$\exists x(Fx \& \neg Hx \& \neg Ix)$
$\therefore \exists x \exists y(Fx \& Fy \& Jxy)$

Bzw.: $\forall x \forall y(Fx \& Gx \& Fy \& \neg Hy \& \neg Iy \rightarrow Jxy)$,
$\exists x(Fx \& Gx)$,
$\exists x(Fx \& \neg Hx \& \neg Ix)$
$\therefore \exists x \exists y(Fx \& Fy \& Jxy)$

Dieses Argument ist ableitbar (siehe LEKTION 10, S. 294). Dass hierdurch die Schlüssigkeit des *umgangssprachlichen* Argumentes bewiesen wird, setzt voraus, dass der implizite Gegenstandsbereich, über den in der Prämisse 1 etwas ausgesagt wird, explizit gemacht wird und dass die impliziten Annahmen, es gebe chemische Elemente, die Metalle sind (Prämisse 2), und, es gebe chemische Elemente, die den Strom nicht leiten und keine Edelgase sind (Prämisse 3), explizit gemacht werden.[17]

Die Schlüssigkeit anderer Argumente kann auch durch weitere Analyse der Aussagen auf Grund der Begrenztheit der formalen Mittel der Quantorenlogik nicht mit diesen bewiesen werden. Hierzu gehören z.B.:

1. *Der* gegenwärtige König von Frankreich ist kahlköpfig. Also: Es gibt keinen gegenwärtigen König von Frankreich, der nicht kahlköpfig ist.

2. *Genau zwei* Äpfel sind im Korb. Also: Mindestens einer, aber nicht *drei* Äpfel sind im Korb.

3. Es ist *drei Grad Celsius* in diesem Zimmer. Also: Es ist *mindestens zwei Grad Celsius* in diesem Zimmer.

4. Es gibt *unendlich viele* natürliche Zahlen. Also: Es gibt nicht nur *endlich viele* natürliche Zahlen.

5. *Viele* Menschen passen sich den gesellschaftlichen Erwartungen an sie an. Also: Nicht *wenige* Menschen passen sich den gesellschaftlichen Erwartungen an.

Die Schlüssigkeit von 1.) und 2.) kann, wie in LEKTION 11 gezeigt wird, erst im Rahmen der erweiterten Quantorenlogik bewiesen werden. Die Schlüssigkeit von 3.) kann, wie aus den Ausführungen von S. 264 folgt, nicht im Rahmen der klassischen Quantorenlogik bewiesen werden. 4.) und 5.) enthalten Quantoren, die nicht mit den Mitteln der erweiterten Quantorenlogik adäquat wiedergegeben werden können.

ÜBUNG: ARGUMENTREKONSTRUKTION

---

[17]Ohne die Prämissen 2 und 3 gäbe es folgende einfachste widerlegende Q-Belegung des entsprechenden Argumentschemas:

$\Im(x,y) = I = \{c_1\};$
$\Im(F) = \{\};$
$\Im(G) = \{\};$
$\Im(H) = \{\};$
$\Im(I) = \{\};$
$\Im(J) = \{\},$

LEKTION 10

QUANTORENLOGISCHER KALKÜL

In dieser Lektion wird der Gentzen-Lemmon-Kalkül der Aussagenlogik (GLK$_J$) um vier Regeln für die Einführung und Beseitigung der Quantoren erweitert. Hierdurch erhält man den *Gentzen-Lemmon-Kalkül der Quantorenlogik* (GLK$_Q$). Anschliessend wird auf die Verwendung von *Theoremen* und *Schlussregeln* zum Zwecke der Verkürzung von Ableitungen eingegangen und gezeigt, wie Ableitungen quantorenlogischer Argumentschemata zum Zwecke des Beweisens der Schlüssigkeit von *Argumenten* genutzt werden können.

1 KALKÜLREGELN

Der GLK$_Q$ beinhaltet die Regeln des GLK$_J$, denn:

> **Erläuterung 10.1**
> Die Regeln des GLK$_J$ können auf Q-Formeln angewendet werden, wenn die *Hauptoperatoren*[1] in Q-Formeln Junktoren sind.

In den Erläuterungen der einzelnen Kalkülregeln sind die Metavariablen entsprechend als Metavariablen für Q-Formeln zu verstehen.

BEISPIEL:

$$\forall x F x x \rightarrow \exists y G y, \forall x F x x \therefore \exists y G y$$

Annahme	Nr.	Formel	Regel
1	(1)	$\forall x F x x \rightarrow \exists y G y$	AE
2	(2)	$\forall x F x x$	AE
1,2	(3)	$\exists y G y$	1,2 MPP

Es gilt: $\forall x F x x \rightarrow \exists x G x, \forall x F x x \vdash_Q \exists x G x$

Dagegen ist folgende Ableitung *nicht regelgerecht*:

---

[1] Junktoren und Quantoren seien unter dem Begriff der Operatoren zusammengefasst. Hauptoperator ist der Operator, von dem der Wahrheitswert einer Formel *unmittelbar* abhängt.

$$\forall x(Fxx \rightarrow \exists yGy), \forall xFxx \therefore \exists yGy$$

Annahme	Nr.	Formel	Regel
1	(1)	$\forall x(Fxx \rightarrow \exists yGy)$	AE
2	(2)	$\forall xFxx$	AE
1,2	(3)	$\exists yGy$	1,2 „MPP" ??

Diese Ableitung ist nicht regelgerecht, da der Hauptoperator der Formel aus Zeile 1 nicht der Pfeil, sondern der Allquantor ist![2]

Zu den Regeln des GLK$_J$ kommen die Regeln der Allquantor-Beseitigung, der Allquantor-Einführung, der Existenzquantor-Einführung und der Existenzquantor-Beseitigung hinzu.

1.1 Allquantor-Beseitigung (∀B)

Die Regel der Allquantor-Beseitigung (∀B) erlaubt den Übergang von allquantifizierten Formeln zu ihren Instanzen:

∀B: Enthält eine Ableitung eine Formel mit dem Allquantor als Hauptoperator, dann darf eine beliebige Instanz dieser Formel in eine neue Zeile aufgenommen werden, falls *Restriktion 1* erfüllt ist. Die neue Annahmenliste ist eine Kopie der Annahmenliste der Oberformel.

Annahme	Nr.	Formel	Regel
α	(k)	$\forall v \mathcal{S}(v)$	
	$\vdots$		
α	(l)	$\mathcal{S}(t)$	k ∀B

Restriktion:

1. Die Formel $\mathcal{S}(t)$ entsteht durch Ersetzung *aller* Vorkommnisse der Variablen v durch den Namenbuchstaben t in dem offenen Schema $\mathcal{S}(v)$.

---

[2]Für eine regelgerechte Ableitung des korrekten Argumentschemas siehe S. 278.

$\mathcal{S}(v)$ ist ein offenes Schema, in dem die Variable v einmal oder mehrmals vorkommt, $\mathcal{S}(t)$ ist eine Q-Formel, in der der Namenbuchstabe t einmal oder mehrmals vorkommt.

> **Erläuterung 10.2**
> Eine *Instanz* einer quantifizierten Formel ist die Formel, die man erhält, wenn man den Quantor, welcher der Hauptoperator der quantifizierten Formel ist, beseitigt, und die durch ihn gebundene Variable in *all ihren Vorkommnissen* durch einen Namenbuchstaben ersetzt.

Demnach ist 'Faa' Instanz von '$\forall x Fxx$', aber auch von '$\forall x Fax$', '$\exists x Fxx$' oder '$\exists x Fax$'.

Eine eingängige Kurzformulierung der Allquantor-Beiseitigung (∀B) lautet:

- Ist eine allquantifizierte Formel ableitbar, dann auch jede ihrer Instanzen.

Dass diese Regel korrekt ist, wird plausibel, wenn man bedenkt, dass eine allquantifizierte Formel gemäss ihrer Interpretation nichts anderes besagt, als dass alle Werte des Wertebereiches das offene Schema, dem der Allquantor vorangestellt ist, erfüllen. Beschränkt man den Wertebereich der Variablen auf endliche Werte, liessen sich allquantifizierte Formeln durch endliche Konjunktionen ersetzen, und die Allquantor-Beseitigung (∀B) auf die Konjunktor-Beseitigung (&B) zurückführen. Da dies nicht möglich ist, ist ∀B als eine Erweiterung von &B zu verstehen: ∀B erlaubt es, aus einer unendlichen Konjunktion von Konjunktionsgliedern einer bestimmten Form – zusammengefasst in einer endlichen allquantifizierten Formel – die einzelnen Glieder abzuleiten.

BEISPIELE:

$$\forall x(Fx \to Gx), Fa \therefore Ga$$

Annahme	Nr.	Formel	Regel
1	(1)	$\forall x(Fx \to Gx)$	AE
2	(2)	Fa	AE
1	(3)	$Fa \to Ga$	1 ∀B
1,2	(4)	Ga	3,2 MPP

Es gilt: $\forall x(Fx \to Gx), Fa \vdash_Q Ga$

Bei der Anwendung der Regel ∀B ersetzt 'x' in '$\forall x(Fx \to Gx)$' (Zeile 1) die Metavariable 'v', 'a' in '$Fa \to Ga$' (Zeile 3) die Metavariable 't' und '$Fx \to Gx$' (aus Zeile 1) das offene Schema '$\mathcal{S}(v)$'. Ersetzt man in diesem alle Vorkommnisse von 'v' durch 't' erhält man entsprechend der Substitutionen von 'v' durch 'x' und 't' durch 'a' die Formel '$Fa \to Ga$', d.i. eine Instanz der allquantifizierten Formel '$\forall x(Fx \to Gx)$'.

Mittels ∀B lässt sich das Argumentschema von S. 275 ableiten:

$$\forall x(Fxx \to \exists y Gy), \forall x Fxx \ \therefore \exists y Gy$$

Annahme	Nr.	Formel	Regel
1	(1)	$\forall x(Fxx \to \exists y Gy)$	AE
2	(2)	$\forall x Fxx$	AE
1	(3)	$Faa \to \exists y Gy$	1 ∀B
2	(4)	Faa	2 ∀B
1,2	(5)	$\exists y Gy$	3,4 MPP

Es gilt: $\forall x(Fxx \to \exists y Gy), \forall x Fxx \vdash_Q \exists y Gy$

Bei der Anwendung von ∀B sind stets *alle* Vorkommnisse von 'v' durch 't' zu ersetzen (*Restriktion 1*). Dies folgt schon aus der Bezugnahme auf Instanzen allquantifizierter Formeln in der Definition von ∀B, insofern man die Definition von Instanzen quantifizierter Formeln (*Erläuterung 10.2*) voraussetzt. Strenggenommen ist demnach auf Grund von *Erläuterung 10.2 Restriktion 1* überflüssig. Sie ist hier aber aufgenommen, um sie mit den *Restriktionen* der anderen Regeln vergleichen zu können.

Restriktion 1 schliesst zum einen die Ableitung nicht-wohlgeformter Formeln aus: z.B. die Ableitung von 'Fxa' aus '$\forall x Fxx$' – 'Fxa' ist nicht Instanz von '$\forall x Fxx$', da nicht alle Vorkommnisse der gebundenen Variable 'x' durch 'a' ersetzt werden. Zum anderen schliesst die *Restriktion* die Ableitung unkorrekter Argumentschemata aus.

Folgende Ableitung ist z.B. *nicht regelgerecht*:

$$\forall x(Fx \to Gx) \ \therefore \forall x(Fa \to Gx)$$

Annahme	Nr.	Formel	Regel
1	(1)	$\forall x(Fx \to Gx)$	AE
1	(2)	$\forall x(Fa \to Gx)$	1 „∀B" ??

Hier sind in Zeile 2 nicht alle Vorkommnisse von 'x' durch 'a' ersetzt. Die verbliebene Variable 'x' bleibt durch den Allquantor gebunden. Die Formel '$\forall x(Fa \to Gx)$' ist nicht Instanz der Formel '$\forall x(Fx \to Gx)$', da der Allquantor nicht beseitigt und die durch ihn gebundene Variable nicht in all ihren Vorkommnissen durch einen Namenbuchstaben ersetzt ist.

Wäre das Argumentschema ableitbar, dann wäre der GLK$_Q$ nicht korrekt, denn das Argumentschema ist nicht korrekt, was folgende widerlegende Q-Belegung zeigt:

$\Im(x) = I = \{c_1, c_2\};$
$\Im(a) = c_1;$
$\Im(F) = \{c_1\};$
$\Im(G) = \{c_1\}.$

Gemäss *Erläuterung 8.14* gilt:

1. Nach *Regel 2* gilt: $\Im \models Gc_1$.

2. Nach *Regel 2* gilt: $\Im \not\models Fc_2$.

3. Nach 1. und *Regel 6* gilt: $\Im \models Fc_1 \to Gc_1$.

4. Nach 2. und *Regel 6* gilt: $\Im \models Fc_2 \to Gc_2$.

5. Nach 3.-4. und *Regel 8* gilt: $\Im \models \forall x(Fx \to Gx)$.

6. Demnach ist die Prämisse relativ zu $\Im$ wahr.

7. Nach *Regel 2* gilt: $\Im \models Fa$.

8. Nach *Regel 2* gilt: $\Im \not\models Gc_2$.

9. Nach 7.-8. und *Regel 6* gilt: $\Im \not\models Fa \to Gc_2$.

10. Nach 9. und *Regel 8* gilt: $\Im \not\models \forall x(Fa \to Gx)$.

11. Demnach ist die Konklusion relativ zu $\Im$ falsch.

1.2 ALLQUANTOR-EINFÜHRUNG ($\forall$E)

Die Allquantor-Einführungsregel erlaubt den Übergang von bestimmten Instanzen zu den allquantifizierten Formeln dieser Instanzen:

$\forall$E: Enthält eine Ableitung eine Instanz einer allquantifizierten Formel, dann darf die allquantifizierte Formel in eine neue Zeile aufgenommen werden, falls die *Restriktionen 1 und 2* erfüllt sind. Die neue Annahmenliste ist eine Kopie der Annahmenliste der Oberformel.

Annahme	Nr.	Formel	Regel
α	(k)	$\mathcal{S}(t)$	
	$\vdots$		
α	(l)	$\forall v \mathcal{S}(v)$	$k\ \forall$E

Restriktionen:

1. Die Variable v kommt *nicht* in $\mathcal{S}(t)$ vor.

2. 2.1 $\mathcal{S}(v)$ in $\forall v \mathcal{S}(v)$ entsteht durch Ersetzung *aller Vorkommnisse* von t durch v in $\mathcal{S}(t)$.

    2.2 *t kommt in keiner Formel der Zeilen α vor.*

Restriktion 1 ist nötig, um die Ableitung nicht-wohlgeformter Formeln auszuschliessen. Wollte man etwa aus '$\exists x F a x$' übergehen zur Formel '$\forall x \exists x F x x$', verstösst dies gegen *Regel 7* der Definition wohlgeformter Formeln von Q (*Erläuterung 8.3*). *Restriktion 1* erzwingt die Verwendung neuer Variablen, in diesem Fall z.B. '$\forall y \exists x F y x$' – diese Formel ist wohlgeformt, und aus den Annahmen, auf denen die Formel '$\exists x F a x$' beruht, ableitbar, insofern 'a' in keiner dieser Annahmen vorkommt.

Die Allquantor-Einführungsregel ist in gewisser Hinsicht die Umkehrung der Allquantor-Beseitigungsregel, da sie es erlaubt, von einer Instanz einer allquantifizierten Formel zu einer allquantifizierten Formel überzugehen. Ohne die *Restriktion 2* würde dies freilich zu unkorrekten Ableitungen führen, denn daraus, dass *eine bestimmte* Instanz wahr ist, folgt nicht, dass *alle* Instanzen wahr sind. Folgendes Argumentschema ist nicht korrekt:

$$Fa \therefore \forall x Fx$$

Widerlegende Q-Belegung:

$\Im(x) = I = \{c_1, c_2\};$
$\Im(a) = c_1;$
$\Im(F) = \{c_1\}.$

Eine etwaige Ableitung mittels $\forall$E verstösst gegen *Restriktion 2.2*:

Annahme	Nr.	Formel	Regel
1	(1)	Fa	AE
1	(2)	$\forall x Fx$	1 „$\forall$E" ??

α ist hier Zeile 1. In dieser kommt der Namenbuchstabe 'a' vor, was gegen *Restriktion 2.2* verstösst.

Eine regelgerechte Ableitung ist demgegenüber:

BEISPIEL:

$\forall x(Fx \to Gx), \forall x(Gx \to Hx) \therefore \forall x(Fx \to Hx)$

Annahme	Nr.	Formel	Regel
1	(1)	$\forall x(Fx \to Gx)$	AE
2	(2)	$\forall x(Gx \to Hx)$	AE
3*	(3)	Fa	AE
1	(4)	$Fa \to Ga$	1 $\forall$B
1,3*	(5)	Ga	4,3 MPP
2	(6)	$Ga \to Ha$	2 $\forall$B
1,2,3*	(7)	Ha	6,5 MPP
1,2	(8)	$Fa \to Ha$	3,7 K
1,2	(9)	$\forall x(Fx \to Hx)$	8 $\forall$E

Es gilt: $\forall x(Fx \to Gx), \forall x(Gx \to Hx) \vdash_Q \forall x(Fx \to Hx)$

Die Allquantor-Einführungsregel wird hier auf Zeile 8 angewendet. In dieser Zeile kommt der Namenbuchstabe 'a' vor, der in Anwendung von $\forall$E durch die gebundene Variable 'x' ersetzt wird. Die Annahmenliste von Zeile 8 bezieht sich auf die Zeilen 1 und 2. In diesen Zeilen kommt der Namenbuchstabe 'a' nicht vor: Demnach liegt kein Verstoss gegen *Restriktion 2.2* vor.

Man hätte in der Ableitung anstelle des Namenbuchstabens 'a' auch jeden beliebigen anderen Namenbuchstaben wählen können: für die Ableitbarkeit der K-Formel aus den Pr-Formeln hätte dies keinen Unterschied gemacht, da sie nicht von einer Annahme abhängt, die einen bestimmten Namenbuchstaben enthält. Die Einführung einer Formel mit einem bestimmten Namenbuchstaben hat hier nur den Zweck, eine Ableitung im Rahmen des GLK_Q durch bestimmte Zwischenschritte zu ermöglichen.

Die Idee der Allquantor-Einführungsregel lässt sich kurz so formulieren:

- Ist eine Instanz einer allquantifizierten Formel ableitbar, *ohne dass diese Ableitung auf einer für diese Instanz spezifischen Voraussetzung beruht*, dann ist auch die allquantifizierte Formel ableitbar.

Ohne den Einschub ist diese Kurzformulierung eine Umkehrung der Kurzform der Allquantor-Beseitigungsregel. Der Einschub stellt sicher, dass die Ableitung nur dann erlaubt ist, wenn man auch jede andere beliebige Instanz hätte wählen können. Unter dieser Voraussetzung wird auch die Allquantor-Einführungsregel plausibel, wenn man bedenkt, dass eine allquantifizierte Formel auch so interpretiert werden kann, dass sie wahr ist gdw. ein *beliebiger* Wert, an dessen Stelle man auch jeden anderen Wert des Wertebereiches hätte wählen können, das offene Schema, dem der Allquantor vorangestellt ist, erfüllt. Insofern man *jeden* beliebigen Wert hätte nehmen können, lässt sich ∀E als Erweiterung von &E verstehen: Es wird gewissermassen aus unendlich vielen möglichen Formeln einer bestimmten Form in einem Schritt ihre Konjunktion – ausgedrückt durch eine endliche allquantifizierte Formel – abgeleitet.

Auch *Restriktion 2.1* ist nötig, um unkorrekte Ableitungen auszuschliessen, z.B. die folgende:

$$\forall x F x x \therefore \forall x \forall y F x y$$

Annahme	Nr.	Formel	Regel
1	(1)	$\forall x F x x$	AE
1	(2)	$F a a$	1 ∀B
1	(3)	$\forall y F a y$	2 „∀E" ??
1	(4)	$\forall x \forall y F x y$	3 ∀E

In Zeile 3 werden hier nicht *alle* Vorkommnisse von 'a' in 'Faa' ersetzt: Folglich ist die Verwendung von ∀E regelwidrig. 'Faa' ist in der Ableitung keine *beliebige* Instanz, aus der '$\forall y Fay$' abgeleitet werden könnte, denn 'Faa' beruht auf der Formel '$\forall x Fxx$' in Zeile 1 und aus dieser wäre z.B. nicht 'Fab' ableitbar. Setzte man nicht *Restriktion 2.1* voraus, erhielte man unkorrekte Ableitungen, wie folgende widerlegende Q-Belegung des Argumentschemas zeigt:

$$\Im(x,y) = I = \{c_1,c_2\};$$
$$\Im(F) = \{(c_1,c_1),(c_2,c_2)\}.$$

Relativ zu dieser Interpretation ist die Pr-Formel wahr und die K-Formel falsch.

Restriktion 2.1 der Allquantor-Einführungsregel (∀E) ist in gewisser Hinsicht die Umkehrung von *Restriktion 1* der Allquantor-Beseitigungsregel (∀B), nach der beim Übergang der allquantifizierten Formel zu ihren Instanzen alle Vorkommnisse derselben Variablen durch denselben Namenbuchstaben zu ersetzen sind. Demgegenüber verlangt *Restriktion 2.1*, dass beim Übergang in umgekehrter Richtung alle Vorkommnisse desselben Namenbuchstabens durch dieselbe Variable zu ersetzen sind. Im Unterschied zu *Restriktion 1* der Allquantor-Beseitigungsregel (∀B) folgt die *Restriktion 2.1* der Allquantor-Einführungsregel (∀E) aber nicht aus der Definition der Instanzen (*Erläuterung 10.2*), denn nach dieser ist 'Faa' eine Instanz von '$\forall y Fay$'.

Folgende Ableitung ist demgegenüber eine *regelgerechte* Ableitung:

BEISPIEL:

$$\forall x Fxx \therefore \forall y Fyy$$

Annahme	Nr.	Formel	Regel
1	(1)	$\forall x Fxx$	AE
1	(2)	Faa	1 ∀B
1	(3)	$\forall y Fyy$	2 ∀E

Es gilt: $\forall x Fxx \vdash_Q \forall y Fyy$.

Diese Ableitung ist korrekt: Man wird keine widerlegende Q-Belegung finden, da $\Im(x)=\Im(y)$ ist.

ÜBUNG: ABLEITUNGEN MIT ∀B UND ∀E

1.3 Existenzquantor-Einführung (∃E)

Die Existenzquantor-Einführung lautet kurz formuliert:

- Ist eine Instanz einer existenzquantifizierten Formel ableitbar, dann auch die existenzquantifizierte Formel.

Die Existenzquantor-Einführung erlaubt den Übergang von einer Instanz zur existenzquantifizierten Formel, ohne dass hierbei eine *Restriktion 2* von ∀E analoge Restriktion nötig ist. In dieser Hinsicht gleicht sie ∀B:

∃E: Enthält eine Ableitung die Instanz einer existenzquantifizierten Formel, dann darf diese in eine neue Zeile aufgenommen werden, falls die *Restriktionen 1 und 2* erfüllt sind. Die neue Annahmenliste ist eine Kopie der Annahmenliste der Oberformel.

Annahme	Nr.	Formel	Regel
α	(k)	$\mathcal{S}(t)$	
	$\vdots$		
α	(l)	$\exists v \mathcal{S}(v)$	k ∃E

Restriktionen:

1. v ist eine Variable, die in $\mathcal{S}(t)$ nicht vorkommt.

2. $\mathcal{S}(v)$ ist das Resultat der Ersetzung *mindestens eines* Vorkommnisses des Namenbuchstabens t in $\mathcal{S}(t)$ durch v.

Dass die Existenzquantor-Einführung ∃E korrekt ist, ergibt sich aus der Interpretation existenzquantifizierter Formeln: Diese sind wahr gdw. mindestens ein Wert des Wertebereiches das offene Schema, dem der Existenzquantor vorangestellt ist, erfüllt. Kurz: Sie sind wahr gdw. eine ihrer Instanzen wahr ist. Beschränkt man den Wertebereich der Variablen auf endliche Werte, liessen sich existenzquantifizierte Formeln durch endliche Disjunktionen ersetzen und die Existenzquantor-Einführung (∃E) auf die Disjunktor-Einführung (∨E) zurückführen. Da dies nicht möglich ist, muss ∃E als eine Erweiterung von ∨E verstanden werden: ∃E erlaubt es, aus einer Formel A eine unendliche Disjunktion von Disjunktionsglieder derselben Form – zusammengefasst in einer endlichen existenzquantifizierten Formel – mit der Formel A als einem Disjunktionsglied abzuleiten.

BEISPIEL:

$Fa \therefore \exists x Fx$

Annahme	Nr.	Formel	Regel
1	(1)	Fa	AE
1	(2)	$\exists x Fx$	1 ∃E

Es gilt: $Fa \vdash_Q \exists x Fx$

Restriktion 1 von ∃E schliesst wie *Restriktion 1* von ∀E die Ableitung nichtwohlgeformter Formel aus, z.B. die von $\exists x \forall x Fxx$ aus $\forall x Fax$.

Restriktion 2 von ∃E ist bereits auf Grund der Definition der Instanzen (*Erläuterung 10.2*) erfüllt: z.B. ist 'Faa' eine Instanz von '$\exists x Fax$' und ebenso von '$\exists x Fxx$'. Es müssen in diesem Fall nicht wie bei *Restriktion 2.1* von ∀E *alle* Vorkommnisse von t durch v ersetzt werden. *Restriktion 2* ist hier nur aufgenommen, um sie mit den Restriktionen der anderen Regeln vergleichen zu können.

1.4 EXISTENZQUANTOR-BESEITIGUNG (∃B)

Die Existenzquantor-Beseitigungsregel erlaubt es, Formeln, die sich aus Instanzen existenzquantifizierter Formeln ableiten lassen, auf diese existenzquantifizierten Formeln zurückzuführen:

∃B: Enthält eine Ableitung eine existenzquantifizierte Formel und wurde aus einer als Hilfsannahme eingeführten Instanz von ihr eine Formel C abgeleitet, dann darf C in eine neue Zeile aufgenommen werden, falls die *Restriktionen 1 und 2* erfüllt sind. Die neue Annahmenliste setzt sich zusammen aus den Annahmenlisten der Oberformeln, verkürzt um die Zeilennummer der Hilfsannahme.

Annahme	Nr.	Formel	Regel
α	(k)	$\exists v \mathcal{S}(v)$	
		$\vdots$	
$l*$	(l)	$\mathcal{S}(t)$	AE
		$\vdots$	
$\beta, l*$	(m)	C	
		$\vdots$	
α, β	(n)	C	k, l, m ∃B

Restriktionen:

1. Die Formel $\mathcal{S}(t)$ entsteht durch Ersetzung *aller Vorkommnisse* von v durch t in das offene Schema $\mathcal{S}(v)$.

2. t *kommt*

   2.1 *nicht in der Formel der Zeile* k *vor,*

   2.2 *nicht in* C *vor,*

   2.3 *nicht in Formeln der Zeilen* β *vor.*

Restriktion 1 stellt wieder sicher, dass nicht-wohlgeformte Formeln nicht ableitbar sind. Ohne *Restriktion 1* wäre es z.B. möglich, die nicht-wohlgeformte Formel Fxa als Hilfsannahme in l einzuführen. Unter Voraussetzung der Definition der Instanzen (*Erläuterung 10.2*) ist diese Restriktion streng genommen überflüssig.

Ohne *Restriktion 2* gilt ∃B nicht, denn daraus, dass aus einer *bestimmten* Formel eine Formel C abgeleitet werden kann, folgt nicht, dass aus *irgendeiner* Formel derselben Form eine Formel C abgeleitet werden kann. *Restriktion 2* stellt analog zu *Restriktion 2* von ∀E sicher, dass die als Hilfsannahme eingeführte Instanz nicht mit *spezifischen* Voraussetzungen verbunden ist, so dass an ihrer Stelle auch jede andere Instanz hätte gewählt werden können.

Eine *regelgerechte* Ableitung unter Verwendung von ∃B ist die des Syllogismus Darii in seiner quantorenlogischen Form:

$$\forall x(Fx \rightarrow Gx), \exists x(Hx \& Fx) \therefore \exists x(Hx \& Gx)$$

Annahme	Nr.	Formel	Regel
1	(1)	$\forall x(Fx \rightarrow Gx)$	AE
2	(2)	$\exists x(Hx \& Fx)$	AE
3*	(3)	$Ha \& Fa$	AE
1	(4)	$Fa \rightarrow Ga$	1 ∀B
3*	(5)	Fa	3 &B
1,3*	(6)	Ga	4,5 MPP
3*	(7)	Ha	3 &B
1,3*	(8)	$Ha \& Ga$	7,6 &E
1,3*	(9)	$\exists x(Hx \& Gx)$	8 ∃E
1,2	(10)	$\exists x(Hx \& Gx)$	2,3,9 ∃B

Es gilt: $\forall x(Fx \rightarrow Gx), \exists x(Hx \& Fx) \vdash_Q \exists x(Hx \& Gx)$

Die Hilfsannahme '$Ha \& Fa$' aus Zeile 3, die der Anwendung von ∃B in Zeile 10 zugrunde liegt, erfüllt hier die Bedingungen der *Restriktion 2*: Der in ihr vorkommende Namenbuchstabe 'a' kommt weder in der Formel aus Zeile 2 (d.i. der existenzquantifizierten Formel, deren Instanz die Formel aus Zeile 3 ist) vor noch in der Formel aus Zeile 9 (d.i. der Formel *C*) noch in den Formeln der Zeilen, auf welchen die Ableitung der Formel aus Zeile 9 zusätzlich zu der Formel aus Zeile 3 beruht (d.i. der Formel aus Zeile 1). Hierdurch ist sichergestellt, dass man in der Ableitung auch ebenso gut die Formel '$Hb \& Fb$' oder irgendeine andere Formel derselben Form, nur mit einem von 'a' verschiedenen Namenbuchstaben hätte wählen können – die Ableitung beruht auf keinen für den Namenbuchstaben 'a' spezifischen Annahmen.

Man hätte in der Ableitung anstelle des Namenbuchstabens 'a' auch jeden beliebigen anderen Namenbuchstaben wählen können: für die Ableitbarkeit der *K*-Formel aus den *Pr*-Formeln hätte dies keinen Unterschied gemacht, da sie nicht von einer Annahme abhängt, die einen bestimmten Namenbuchstaben enthält. Die Einführung einer Formel mit einem bestimmten Namenbuchstaben hat hier nur den Zweck, eine Ableitung im Rahmen des GLK_Q durch bestimmte Zwischenschritte zu ermöglichen.

Die Idee der Existenzquantor-Beseitigungsregel lässt sich kurz so formulieren:

- Ist eine Formel C aus einer Instanz einer existenzquantifizierten Formel ableitbar, *ohne dass diese Ableitung auf einer für diese Instanz spezifischen Voraussetzung beruht*, dann ist die Formel C direkt aus der existenzquantifizierten Formel ableitbar.

Der Einschub stellt sicher, dass die Ableitung nur dann erlaubt ist, wenn man auch jede andere beliebige Instanz hätte wählen können. Unter dieser Voraussetzung wird auch die Existenzquantor-Beseitigungsregel plausibel, wenn man bedenkt, dass eine Ableitung aus einer existenzquantifizierten Formel korrekt ist gdw. die Ableitung aus einer *beliebigen* Instanz der existenzquantifizierten Formel korrekt ist. Insofern man *jede* beliebige Instanz hätte nehmen können, lässt sich die ∃B als Erweiterung von ∨B verstehen: Es wird quasi aus einer unendlichen Disjunktion ein Disjunktionsglied herausgenommen, das für alle anderen Disjunktionsglieder steht (das sog. „typische Disjunkt") – kann aus diesem eine Formel C abgeleitet werden, dann auch aus allen anderen Disjunktionsgliedern, und folglich aus der Formel, die diese unendliche Disjunktion in einem endlichen Ausdruck zusammenfasst.

Eine *nicht regelgerechte* Ableitung, die gegen *Restriktion 2.1* verstösst, ist:

$$\exists x Fxa, \exists x Fxx \rightarrow P \therefore P$$

Annahme	Nr.	Formel	Regel
1	(1)	$\exists x Fxa$	AE
2	(2)	$\exists x Fxx \rightarrow P$	AE
3*?	(3)	Faa	AE
3*	(4)	$\exists x Fxx$	3 ∃E
2,3*	(5)	P	2,4 MPP
1,2	(6)	P	1,3,5 „∃B" ??

Der Namenbuchstaben 'a' in der Hilfshypothese aus Zeile 3 kommt hier auch in der existenzquantifizierten Formel '$\exists x Fxa$' vor: Aus diesem Grund ist 'Faa' keine Instanz dieser Formel, auf welche die Anwendung von ∃E gegründet werden kann. 'Faa' ist keine *beliebige* Instanz, denn andere Instanzen, in denen an der ersten Argumentstelle des Prädikatbuchstabens 'F' ein anderer Namenbuchstabe als 'a' steht, erfüllen zwar '$\exists x F x a$', aber nicht unbedingt '$\exists x F x x$' und damit nicht unbedingt das Antezedenz der Formel aus Zeile 2. Würde man anstatt 'Faa' als Hilfshypothese 'Fba' wählen, wäre die Formel C (in diesem Fall P) nicht ableitbar. Dementsprechend gibt es widerlegende Q-Belegungen, die zeigen, dass das Argumentschema nicht korrekt ist, z.B.:

$\Im(x) = I = \{c_1, c_2\};$
$\Im(P) = F;$
$\Im(a) = c_1;$
$\Im(F) = \{(c_2, c_1)\}.$

Eine *nicht regelgerechte* Ableitung, die gegen *Restriktion 2.2* verstösst, ist:

$$\exists x F x \therefore \forall x F x$$

Annahme	Nr.	Formel	Regel
1	(1)	$\exists x F x$	AE
2*?	(2)	Fa	AE
1	(3)	Fa	1,2,2 „$\exists$B" ??
1	(4)	$\forall x F x$	3 $\forall$E

Der Fehler liegt hier in Zeile 3 (nicht in Zeile 4!). Die als Hilfshypothese gewählte Instanz 'Fa' ist in der Ableitung identisch mit der abgeleiteten Formel C: Hierdurch wird gegen *Restriktion 2.2* verstossen – 'a' kommt in C vor. Die Formel 'Fa' lässt sich keineswegs aus '$\exists x F x$' ableiten, wie Zeile 3 behauptet. Will man 'Fa' aus einer Instanz von '$\exists x F x$' ableiten, dann muss man die spezifische Formel 'Fa' annehmen, aus allen anderen Instanzen folgt hingegen nicht 'Fa' (z.B. folgt aus 'Fb' nur 'Fb', aber nicht 'Fa'): Es kann demzufolge keine *beliebige* Instanz von '$\exists x F x$' gewählt werden, um 'Fa' abzuleiten, und somit 'Fa' nicht aus '$\exists x F x$' abgeleitet werden. Wenn aber 'Fa' nicht aus '$\exists x F x$' aus Zeile 1 abgeleitet werden kann, dann ist es auch nicht möglich $\forall$E anzuwenden, da dies zu einem Verstoss gegen *Restriktion 2.2* von $\forall$E führte, denn 'Fa' beruhte nicht auf '$\exists x F x$', sondern auf sich selbst und damit auf einer Formel, die den Namenbuchstabe 'a' enthält.

Dass das Argumentschema nicht korrekt ist, zeigt folgende widerlegende Q-Belegung:

$\Im(x) = I = \{c_1, c_2\};$
$\Im(F) = \{c_1\}.$

Eine *nicht regelgerechte* Ableitung, die gegen *Restriktion 2.3* verstösst, ist:

$\exists x Fx, \exists x Gx \therefore \exists x(Fx \& Gx)$

Annahme	Nr.	Formel	Regel
1	(1)	$\exists x Fx$	AE
2	(2)	$\exists x Gx$	AE
3*?	(3)	Fa	AE
4*	(4)	Ga	AE
3*,4*	(5)	$Fa \& Ga$	3,4 &E
3*,4*	(6)	$\exists x(Fx \& Gx)$	5 ∃E
2,3*	(7)	$\exists x(Fx \& Gx)$	2,4,6 „∃B" ??
1,2	(8)	$\exists x(Fx \& Gx)$	1,3,7 ∃B

Die Anwendung von ∃B in Zeile 7 ist regelwidrig, da der Namenbuchstabe 'a' nicht nur in Zeile 4, sondern auch in Zeile 3 vorkommt, die Formel in Zeile 6 aber von beiden Annahmen abhängt. Würde man 'Fa' in Zeile 3 durch 'Fb' ersetzen, dann wäre '$\exists x(Fx \& Gx)$' in Zeile 6 und damit die Formel C nicht ableitbar: 'Fa' kann demnach nicht durch eine beliebige andere Instanz ersetzt werden. Das Argumentschema ist nicht korrekt, da daraus, dass *irgendein* Gegenstand unter den Begriff ‚F' fällt und *irgendein* Gegenstand (derselbe *oder ein anderer*) unter den Begriff ‚G' fällt, nicht folgt, dass *ein und derselbe* Gegenstand unter die beiden Begriffe ‚F' und ‚G' fällt. Eine widerlegende Q-Belegung ist:

$$\Im(x) = I = \{c_1, c_2\};$$
$$\Im(F) = \{c_1\};$$
$$\Im(G) = \{c_2\}.$$

1.5 Korrektheit und Vollständigkeit

Auch für den GLK$_Q$ gilt:

Erläuterung 10.3

Der GLK$_Q$ ist *korrekt* und *vollständig*:

$$\models_Q A \text{ gdw. } \vdash_Q A$$
$$A_1, \ldots, A_n \models_Q B \text{ gdw. } A_1, \ldots, A_n \vdash_Q B$$

Unter Voraussetzung der Definition der Allgemeingültigkeit (*Erläuterung 8.15*) besagt dies:

> **Erläuterung 10.4**
> Alle Q-Interpretationen einer Q-Formel sind Q-Modelle gdw. die Q-Formel ableitbar ist.

Auf die Rekonstruktion der metalogischen Beweise der Korrektheit und Vollständigkeit der Prädikatenlogik wird im Folgenden verzichtet. Der Beweis der Korrektheit des GLK_Q wird üblicherweise induktiv geführt, indem man zeigt, dass die Regel AE korrekt ist und dass die Anwendung jeder anderen Regel des GLK_Q auf korrekte Argumentschemata stets nur zu korrekten Argumentschemata oder Theoremen übergeht. Da man sich bei der Korrektheit quantorenlogischer Argumentschemata auf unendlich viele Q-Interpretationen bezieht, die ihrerseits unendlich lang sein können, kann der Korrektheitsbeweis quantorenlogischer Schlussregeln nicht darin bestehen, dass man die Allgemeingültigkeit ihrer einfachsten Instanzen mittels des Durchkombinierens sämtlicher möglicher Q-Interpretationen beweist. Der Beweis wird vielmehr geführt, indem auf die umgangssprachliche Explikation der Wahrheitsbedingungen quantorenlogischer Formeln Bezug genommen wird (vgl. hierzu die jeweiligen Ausführungen zu den Kurzformen der Regeln ∀B, ∀E, ∃E, ∃B in den vorangegangenen Abschnitten).[3]

Den Beweis der Vollständigkeit eines Prädikatenkalküls (nicht des GLK_Q) hat Kurt Gödel als erster 1930 geführt.[4] Im Unterschied zum Vollständigkeitsbeweis des GLK_J enthalten Vollständigkeitsbeweise des GLK_Q keine Verfahren, nach denen für allgemeingültige Q-Formeln aus Q-Interpretationen Ableitungen konstruiert werden können. Es gibt keinen mechanischen Weg zur Konstruktion von GLK_Q-Ableitungen.

Da es für Q-Formeln auch kein Entscheidungsverfahren gibt, ist auch die *Ableitbarkeit* von Q-Formeln nicht entscheidbar. Es gilt auf Grund der Korrektheit und Vollständigkeit des GLK_Q nur: Wenn eine Q-Formel allgemeingültig ist, dann ist sie auch (in endlichen Schritten) ableitbar; und wenn sie nicht allgemeingültig ist, dann ist sie auch nicht ableitbar. Aber da es kein allgemeines Entscheidungsverfahren für Q-Formeln gibt, kann man nicht mittels einer Ableitung oder eines anderen Verfahrens (z.B. Durchkombinieren von Q-Interpretatationen) für beliebige Q-Formeln durch ein rein mechanisches Vorgehen in endlichen Schritten feststellen, dass sie nicht allgemeingültig sind.

---

[3]Wollte man einen formalen Beweis im Sinne der Ausführungen von LEKTION 6 geben und auf Q-Interpretationen stützen, müsste man den Beweis auf strukturelle Überlegungen zu Q-Interpretationen gründen. Diese enthielten wesentlich Fortsetzungspünktchen.

[4]Gödel (1930). Vgl. Hilbert (1938), S. 76-81 und Church (1956), §44.

ÜBUNG: ABLEITUNGEN MIT ∀B, ∀E, ∃E UND ∃B

2 ABLEITUNGSSTRATEGIEN

Für die Ableitungen im Rahmen des GLK_Q gilt wie für den GLK_J: Das *Finden* geeigneter Ableitungen ist eine Kunst, für die es kein mechanisches Verfahren gibt. Man kann nur einige Faustregeln für die Konstruktion von Ableitungen angeben und durch Übung die Fertigkeit des Ableitens erwerben.

Die *Faustregeln für die Konstruktion von Ableitungen I und II* aus LEKTION 4 bleiben in Kraft und können für Ableitungen im Rahmen des GLK_Q ergänzt werden:

Faustregeln für die Konstruktion von Ableitungen III:

1. Versuche zunächst, Q-Formeln unter Verwendung der Regeln des GLK_J abzuleiten! Geht dies nicht, dann gilt:

2. Ist die abzuleitende Formel eine *Instanz einer abgeleiteten allquantifizierten Formel*, dann wende ∀B an!

3. Ist die abzuleitende Formel eine *existenzquantifizierte* Formel, und deren Instanz abgeleitet, dann wende ∃E an!

4. Ist die abzuleitende Formel eine *allquantifizierte* Formel, dann strebe ∀E an! Berücksichtige hierbei vor allem die folgende Strategie:

5. Sind *abgeleitete allquantifizierte* Formeln gegeben, dann können oftmals mittels ∀B Instanzen abgeleitet werden, auf die dann die Regeln des GLK_J in *Zwischenschritten* angewendet werden können, um Resultate zu erlangen, auf die ∀E oder ∃E zum Zwecke der Ableitung quantifizierter Formeln anwendbar sind!

6. Sind *abgeleitete existenzquantifizierte* Formeln gegeben, dann können oftmals Formeln aus diesen mittels ∃B abgeleitet werden, indem zunächst eine Instanz der existenzquantifizierten Formeln als Hilfsannahme eingeführt wird, aus der eine abzuleitende Formel in Zwischenschritten abgeleitet wird!

Diese Faustregeln seien an Beispielen demonstriert.

BEISPIEL 1:

$$\forall x(Fx \rightarrow Gx), \forall xFx \therefore \forall xGx$$

ERLÄUTERUNG DER ABLEITUNGSSTRATEGIE: Die Pr-Formeln können mittels AE eingeführt werden (Regel I.1). Die K-Formel ist eine allquantifizierte Formel (Regel I.2.1). Diese lässt sich nicht direkt unter Anwendung der Regeln des GLK$_J$ aus den Pr-Formeln ableiten (Regel III.1). Um die K-Formel abzuleiten, ist ∀E anzuwenden: Hierfür ist eine beliebige Instanz von ihr abzuleiten (Regel I.2.2, Regel III.4). Die Pr-Formeln sind allquantifizierte Formeln, aus denen mittels ∀B Instanzen abgeleitet werden können, aus denen mittels MPP die gewünschte Instanz zur Anwendung von ∀E abgeleitet werden kann (Regel I.2.3, Regel II.1, Regel III.5). Da diese nur auf den beiden Pr-Formeln beruht, die keine Namenbuchstaben enthalten, kann jede beliebige Instanz gewählt und auf diese ∀E angewendet werden.

Annahme	Nr.	Formel	Regel
1	(1)	$\forall x(Fx \rightarrow Gx)$	AE
2	(2)	$\forall xFx$	AE
1	(3)	$Fa \rightarrow Ga$	1 ∀B
2	(4)	Fa	2 ∀B
1,2	(5)	Ga	3,4 MPP
1,2	(6)	$\forall xGx$	5 ∀E

Es gilt: $\forall x(Fx \rightarrow Gx), \forall xFx \vdash_Q \forall xGx$

Analoge Ableitungsstrategien verfolgen die Ableitungen auf S. 281 und S. 283.

BEISPIEL 2:

$$\forall x(Fx \rightarrow Gx), \exists xFx \therefore \exists xGx$$

ERLÄUTERUNG DER ABLEITUNGSSTRATEGIE: Die Pr-Formeln können mittels AE eingeführt werden (Regel I.1). Die K-Formel ist eine existenzquantifizierte Formel (Regel I.2.1). Sie kann nicht mittels Regeln des GLK$_J$ aus den Pr-Formeln abgeleitet werden (Regel III.1). Existenzquantifizierte Formeln können mittels ∃E aus ihren Instanzen abgeleitet werden (Regel I.2.1, Regel III.3).

Eine Ableitung einer Instanz ist mittels MPP aus den Instanzen der Pr-Formeln möglich (Regel I.2.2, Regel II.1). Die eine Pr-Formel ist eine allquantifizierte Formel – ihre Instanz kann mittels ∀B aus ihr abgeleitet werden (Regel III.2). Die andere Pr-Formel ist eine existenzquantifizierte Formel – führt man ihre Instanz als Hilfsannahme ein, dann kann die abzuleitende Formel '$\exists x Gx$' abgeleitet und mittels ∃B auf die Pr-Formeln gegründet werden (Regel III.6). Es ist hierbei willkürlich, welche Instanz von '$\exists x Fx$' man wählt, da weder diese Formel noch die abzuleitende Formel ('$\exists x Gx$') noch die weitere Pr-Formel, auf der diese Ableitung beruht ('$\forall x(Fx \rightarrow Gx)$'), einen Namenbuchstaben enthält.

Annahme	Nr.	Formel	Regel
1	(1)	$\forall x(Fx \rightarrow Gx)$	AE
2	(2)	$\exists x Fx$	AE
3*	(3)	Fa	AE
1	(4)	$Fa \rightarrow Ga$	1 ∀B
1,3*	(5)	Ga	4,3 MPP
1,3*	(6)	$\exists x Gx$	5 ∃E
1,2	(7)	$\exists x Gx$	2,3,6 ∃B

Es gilt: $\forall x(Fx \rightarrow Gx), \exists x Fx \vdash_Q \exists x Gx$

BEISPIEL 3:

Ein Argumentschema aus LEKTION 9, Abschnitt 3, Beispiel 5 (siehe S. 272) lautet:

$$\forall x \forall y (Fx \& Gx \& Fy \& \neg Hy \& \neg Iy \rightarrow Jxy),$$
$$\exists x(Fx \& Gx), \exists x(Fx \& \neg Hx \& \neg Ix) \therefore \exists x \exists y(Fx \& Fy \& Jxy)$$

ERLÄUTERUNG DER ABLEITUNGSSTRATEGIE: Die Ableitungsstrategie ist im Wesentlichen analog zu dem vorangehenden Beispiel. Es ist bei der Ableitung darauf zu achten, dass für die existenzquantifizierten Formeln (Zeile 2 und 3) Instanzen mit unterschiedlichen Namenbuchstaben gewählt werden (Zeilen 4 und 5), damit bei der Anwendung von ∃B in Zeile 16 nicht gegen *Restriktion 2.3* von ∃B verstossen wird. Auf die Anwendung einer Existenzquantor-Einführung (∃E) am Schluss der Ableitung (Zeilen 15 und 17) folgt jeweils die Anwendung der Existenzquantor-Beseitigung (∃B), um die Ableitung von den Pr-Formeln in Zeile 2 und 3 abhängig zu machen.

Annahme	Nr.	Formel	Regel
1	(1)	$\forall x \forall y (Fx \& Gx \& Fy \& \neg Hy \& \neg Iy \rightarrow Jxy)$	AE
2	(2)	$\exists x (Fx \& Gx)$	AE
3	(3)	$\exists x (Fx \& \neg Hx \& \neg Ix)$	AE
4*	(4)	$Fa \& Ga$	AE
5*	(5)	$Fb \& \neg Hb \& \neg Ib$	AE
1	(6)	$\forall y (Fa \& Ga \& Fy \& \neg Hy \& \neg Iy \rightarrow Jay)$	1 $\forall$B
1	(7)	$Fa \& Ga \& Fb \& \neg Hb \& \neg Ib \rightarrow Jab$	6 $\forall$B
4*,5*	(8)	$Fa \& Ga \& Fb \& \neg Hb \& \neg Ib$	4,5 &E
1,4*,5*	(9)	Jab	7,8 MPP
4*	(10)	Fa	4 &B
5*	(11)	$Fb \& \neg Hb$	5 &B
5*	(12)	Fb	11 &B
4*,5*	(13)	$Fa \& Fb$	10,12 &E
1,4*,5*	(14)	$Fa \& Fb \& Jab$	13,9 &E
1,4*,5*	(15)	$\exists y (Fa \& Fy \& Jay)$	14 $\exists$E
1,3,4*	(16)	$\exists y (Fa \& Fy \& Jay)$	3,5,15 $\exists$B
1,3,4*	(17)	$\exists x \exists y (Fx \& Fy \& Jxy)$	16 $\exists$E
1,2,3	(18)	$\exists x \exists y (Fx \& Fy \& Jxy)$	2,4,17 $\exists$B

Sie finden in Lemmons Buch, S. 117-137 weitere Beispiele, in denen Ableitungsstrategien beschrieben werden!

Auch die Ableitungen quantorenlogischer Formeln mittels des GLK_Q können Sie durch *Beweisbauer* und *Beweisprüfer* kontrollieren: Siehe hierzu die Informationen über die Homepage des Logikkurses.

ÜBUNG: ABLEITUNGSSTRATEGIEN

3 LOGISCHE GESETZE UND SCHLUSSREGELN

Die Definitionen der logischen Gesetze und Schlussregeln als Metaformeln (*Erläuterungen 5.1 und 5.6*) sowie die Regel, dass aus der Ableitung einer Instanz einer Metaformel, die Ableitbarkeit aller Instanzen dieser Formel folgt (*Erläuterung 5.9*), gelten auch in Bezug auf den GLK_Q. Im Folgenden seien einige wichtige logische Gesetze und Schlussregeln der Quantorenlogik anhand der Ableitung ihrer einfachsten Instanzen bewiesen. Machen Sie sich jeweils die Ableitungsstrategie klar!

3.1 Logische Gesetze

Der GLK_Q enthält gegenüber dem GLK_J keine zusätzlichen Regeln, die erlauben, die Annahmenliste zu verkürzen.[5] Folglich beruhen auch die Ableitungen quantorenlogischer Theoreme auf der Anwendung von K und RAA.

3.1.1 Gesetz vom nichtleeren Universum (GVU_Q)

GVU_Q: $\vdash \exists v(A(v) \lor \neg A(v))$

Theorem: $\vdash \exists x(Fx \lor \neg Fx)$

Ableitung:

Annahme	Nr.	Formel	Regel
1*	(1)	$\neg(Fa \lor \neg Fa)$	AE
2*	(2)	Fa	AE
2*	(3)	$Fa \lor \neg Fa$	2 $\lor$E
1*,2*	(4)	$(Fa \lor \neg Fa) \& \neg(Fa \lor \neg Fa)$	3,1 &E
1*	(5)	$\neg Fa$	2,4 RAA
1*	(6)	$Fa \lor \neg Fa$	5 $\lor$E
1*	(7)	$(Fa \lor \neg Fa) \& \neg(Fa \lor \neg Fa)$	6,1 &E
	(8)	$\neg\neg(Fa \lor \neg Fa)$	1,7 RAA
	(9)	$Fa \lor \neg Fa$	8 DNB
	(10)	$\exists x(Fx \lor \neg Fx)$	9 $\exists$E

BEMERKUNG: Man könnte die Ableitung verkürzen, indem man '$Fa \lor \neg Fa$' als Theorem einführt und hieraus direkt '$\exists x(Fx \lor \neg Fx)$' mittels $\exists$E ableitet. Indessen sei hier (und auch in den Übungen) zur Ableitung der Theoreme nicht von TE Gebrauch gemacht.

---

[5] $\exists$B erlaubt es zwar, Hilfsannahmen zu eliminieren, aber nur, um hierdurch eine Ableitung auf eine existenzquantifizierte Formel *anstatt* auf ihre Instanz zu gründen. Ihre Anwendung kann ebenso wenig zu einer leeren Annahmenliste führen wie die von $\lor$B.

Die klassische Logik setzt voraus, dass das Universum nicht leer ist: Dies kommt in den Q-Interpretationen dadurch zum Ausdruck, dass die Variablen nicht mit der leeren Menge belegt werden können, und in den Ableitungen dadurch, dass die Instanzen des GVU_Q als Theoreme ableitbar sind.

Die klassische Logik lässt zwar zu, dass die Sätze, deren Wahrheit davon abhängt, dass atomare Formeln wahr sind, falsch sind. Aber sie impliziert, dass es dann etwas gibt, dass die atomaren Formeln nicht erfüllt.

Leiten Sie in den Übungen selbständig weitere Theoreme ab! Die Ableitungsstrategien gleichen dabei denen der Ableitung der analogen Theoreme in der Aussagenlogik!

ÜBUNG: ABLEITUNG VON THEOREMEN

3.2 SCHLUSSREGELN
3.2.1 QUANTORDEFINITIONEN

Die Quantoren und ihre Negationen lassen sich mittels des jeweils anderen Quantors und dem Negationszeichen definieren. Aus diesem Grund wäre es hinreichend, sich auf einen Quantor zu beschränken: Jedes Vorkommen des anderen Quantors könnte in einen äquivalenten Ausdruck ohne diesen Quantor umformuliert werden.

Im Folgenden sei die Allquantordefinition abgeleitet. Die Ableitung anderer Quantordefinitionen ist Teil der Übungsaufgaben.

Def. „∀": $\forall v A(v) \dashv\vdash \neg \exists v \neg A(v)$

Argumentschema 1: $\forall x F x \;.\;\therefore\; \neg \exists x \neg F x$

Ableitung:

Annahme	Nr.	Formel	Regel
1	(1)	$\forall x Fx$	AE
2*	(2)	$\exists x \neg Fx$	AE
3*	(3)	$\neg Fa$	AE
1	(4)	Fa	1 $\forall$B
1,3*	(5)	$Fa \& \neg Fa$	4,3 &E
3*	(6)	$\neg \forall x Fx$	1,5 RAA
2*	(7)	$\neg \forall x Fx$	2,3,6 $\exists$B
1,2*	(8)	$\forall x Fx \& \neg \forall x Fx$	1,7 &E
1	(9)	$\neg \exists x \neg Fx$	2,8 RAA

Argumentschema 2: $\neg \exists x \neg Fx \therefore \forall x Fx$

Ableitung:

Annahme	Nr.	Formel	Regel
1	(1)	$\neg \exists x \neg Fx$	AE
2*	(2)	$\neg Fa$	AE
2*	(3)	$\exists x \neg Fx$	2 $\exists$E
1,2*	(4)	$\exists x \neg Fx \& \neg \exists x \neg Fx$	3,1 &E
1	(5)	$\neg \neg Fa$	2,4 RAA
1	(6)	Fa	5 DNB
1	(7)	$\forall x Fx$	6 $\forall$E

ÜBUNG: ÄQUIVALENTE FORMALISIERUNGEN

3.2.2 KLAMMERGESETZE

Die Klammergesetze sind für das Verständnis der Quantorenlogik von besonderer Bedeutung, denn die Quantorenlogik unterscheidet sich von der Aussagenlogik dadurch, dass in ihr Klammern auch Wirkungsbereiche der Quantoren kennzeichnen. Die Klammern sind in einigen Fällen bedeutungslos und können eliminiert werden, in anderen Fällen hingegen können sie nicht eliminiert werden.

Klammern zur Kennzeichnung eines Wirkungsbereiches sind z.B. bedeutungslos, wenn nur der Existenzquantor vor dem Klammerausdruck steht und dieser eine Disjunktion ist:

Aus/Einklammerung ∃/∨: $\exists v(A(v) \lor B(v)) \dashv\vdash \exists vA(v) \lor \exists vB(v)$

Argumentschema 1: $\exists x(Fx \lor Gx) \therefore \exists xFx \lor \exists xGx$

Ableitung:

Annahme	Nr.	Formel	Regel
1	(1)	$\exists x(Fx \lor Gx)$	AE
2*	(2)	$Fa \lor Ga$	AE
3*	(3)	Fa	AE
3*	(4)	$\exists xFx$	3 ∃E
3*	(5)	$\exists xFx \lor \exists xGx$	4 ∨E
6*	(6)	Ga	AE
6*	(7)	$\exists xGx$	6 ∃E
6*	(8)	$\exists xFx \lor \exists xGx$	7 ∨E
2*	(9)	$\exists xFx \lor \exists xGx$	2;3,5;6,8 ∨B
1	(10)	$\exists xFx \lor \exists xGx$	1,2,9 ∃B

Argumentschema 2: $\exists xFx \lor \exists xGx \therefore \exists x(Fx \lor Gx)$

Ableitung:

Annahme	Nr.	Formel	Regel
1	(1)	$\exists xFx \lor \exists xGx$	AE
2*	(2)	$\exists xFx$	AE
3*	(3)	Fa	AE
3*	(4)	$Fa \lor Ga$	3 ∨E
3*	(5)	$\exists x(Fx \lor Gx)$	4 ∃E
2*	(6)	$\exists x(Fx \lor Gx)$	2,3,5 ∃B
7*	(7)	$\exists xGx$	AE
8*	(8)	Ga	AE
8*	(9)	$Fa \lor Ga$	8 ∨E
8*	(10)	$\exists x(Fx \lor Gx)$	9 ∃E
7*	(11)	$\exists x(Fx \lor Gx)$	7,8,10 ∃B
1	(12)	$\exists x(Fx \lor Gx)$	1;2,6;7,11 ∨B

Dagegen gibt es für den Fall, dass der Existenzquantor vor dem Klammerausdruck steht und dieser eine Konjunktion ist, nur eine Ausklammerungs-, aber keine Einklammerungsregel:

Ausklammerung $\exists/\&$: $\exists v(A(v) \& B(v)) \vdash \exists v A(v) \& \exists v B(v)$

Argumentschema: $\exists x(Fx \& Gx) \therefore \exists x Fx \& \exists x Gx$

Ableitung:

Annahme	Nr.	Formel	Regel
1	(1)	$\exists x(Fx \& Gx)$	AE
2*	(2)	$Fa \& Ga$	AE
2*	(3)	Fa	2 &B
2*	(4)	$\exists x Fx$	3 $\exists$E
2*	(5)	Ga	2 &B
2*	(6)	$\exists x Gx$	5 $\exists$E
2*	(7)	$\exists x Fx \& \exists x Gx$	4,6 &E
1	(8)	$\exists x Fx \& \exists x Gx$	1,2,7 $\exists$B

In Bezug auf den Allquantor gelten folgende Gesetze:

Aus/Einklammerung $\forall/\&$: $\forall v(A(v) \& B(v)) \dashv\vdash \forall v A(v) \& \forall v B(v)$

Einklammerung $\forall/\vee$: $\forall v A(v) \vee \forall v B(v) \vdash \forall v(A(v) \vee B(v))$

Die Ableitung der einfachsten Instanzen dieser Gesetze ist Teil der Übungsaufgaben!

Zusatzbemerkung 10.1: Pränexe Normalform Weitere Klammerregeln, in denen das Schema A *nicht* die Variable v enthält sind:

$A \& \forall v B(v) \dashv\vdash \forall v(A \& B(v))$
$\forall v B(v) \& A \dashv\vdash \forall v(B(v) \& A)$
$A \vee \forall v B(v) \dashv\vdash \forall v(A \vee B(v))$
$\forall v B(v) \vee A \dashv\vdash \forall v(B(v) \vee A)$
$A \& \exists v B(v) \dashv\vdash \exists v(A \& B(v))$
$\exists v B(v) \& A \dashv\vdash \exists v(B(v) \& A)$
$A \vee \exists v B(v) \dashv\vdash \exists v(A \vee B(v))$
$\exists v B(v) \vee A \dashv\vdash \exists v(B(v) \vee A)$

Mit Hilfe dieser und weiterer Umformungsregeln gelingt es, jede beliebige Q-Formel in die sogenannte *pränexe Normalform* zu bringen.[6] B ist eine pränexe Normalform von A, wenn B und A formal äquivalent sind und in B *alle* Quantoren *unverneint* vor *einem* Klammerausdruck stehen. Der Wirkungsbereich aller Quantoren erstreckt sich demzufolge bis zum Ende der Formel B. Z.B. ist die pränexe Normalform von '$\forall x(Fx \rightarrow \exists y Gxy) \vee P$' die Formel '$\forall x \exists y(\neg Fx \vee Gxy \vee P)$'. Für die Umformung muss man zunächst den Pfeil eliminieren und dann das siebte und vierte der oben genannten Gesetze anwenden.

Die pränexe Normalform bietet den Vorteil, metalogische Fragen der Quantorenlogik auf Fragen über Formeln in der pränexen Normalform beschränken zu können.

3.2.3 Syllogismen

Syllogismen lassen sich gemäss den Ausführungen in LEKTION 9 quantorenlogisch formalisieren. Hierbei ist jeweils darauf zu achten, ob eine implizite Annahme darüber, dass ein bestimmter Begriff nicht leer ist, nötig ist.

Der *Syllogismus Barbara* etwa lässt sich ohne weitere Existenzannahme ableiten:

$$\forall x(Fx \rightarrow Gx), \forall x(Hx \rightarrow Fx) \vdash \forall x(Hx \rightarrow Gx)$$

Annahme	Nr.	Formel	Regel
1	(1)	$\forall x(Fx \rightarrow Gx)$	AE
2	(2)	$\forall x(Hx \rightarrow Fx)$	AE
1	(3)	$Fa \rightarrow Ga$	1 $\forall$B
2	(4)	$Ha \rightarrow Fa$	2 $\forall$B
5*	(5)	Ha	AE
2,5*	(6)	Fa	4,5 MPP
1,2,5*	(7)	Ga	3,6 MPP
1,2	(8)	$Ha \rightarrow Ga$	5,7 K
1,2	(9)	$\forall x(Hx \rightarrow Gx)$	8 $\forall$E

Der *Syllogismus Barbari* demgegenüber kann nur abgeleitet werden, wenn man die implizite Annahme macht, dass der Subjektbegriff nicht leer ist:

$$\forall x(Fx \rightarrow Gx), \forall x(Hx \rightarrow Fx), \exists x Hx \vdash \exists x(Hx \mathbin{\&} Gx)$$

---

[6]Zum Verfahren der Umformung in die pränexe Normalform vgl. Hilbert (1938), §8.

Annahme	Nr.	Formel	Regel
1	(1)	$\forall x(Fx \to Gx)$	AE
2	(2)	$\forall x(Hx \to Fx)$	AE
3	(3)	$\exists x Hx$	AE
4*	(4)	Ha	AE
1	(5)	$Fa \to Ga$	1 $\forall$B
2	(6)	$Ha \to Fa$	2 $\forall$B
2,4*	(7)	Fa	6,4 MPP
1,2,4*	(8)	Ga	5,7 MPP
1,2,4*	(9)	$Ha \,\&\, Ga$	4,8 &E
1,2,4*	(10)	$\exists x(Hx \,\&\, Gx)$	9 $\exists$E
1,2,3	(11)	$\exists x(Hx \,\&\, Gx)$	3,4,10 $\exists$B

In den Übungen finden Sie weitere Aufgaben zur Ableitung von Syllogismen!

3.2.4 SCHLUSSREGELLISTE

Auch die Verwendung der Theoremeinführungsregel TE und der Schlussregeleinführungsregel SE kann auf die Quantorenlogik ausgeweitet werden. Hierdurch können Ableitungen verkürzt werden. Für verkürzte Ableitungen quantorenlogischer Argumentschemata kann zusätzlich zur *aussagenlogischen Schlussregelliste* die *quantorenlogische Schlussregelliste* (siehe Anhang, S. 385ff.) verwendet werden.

BEISPIEL 1:

$$\forall x(Fx \to Gx), \exists x(Hx \,\&\, Fx) \therefore \exists x(Hx \,\&\, Gx)$$

Annahme	Nr.	Formel	Regel
1	(1)	$\forall x(Fx \to Gx)$	AE
2	(2)	$\exists x(Hx \,\&\, Fx)$	AE
1,2	(3)	$\exists x(Hx \,\&\, Gx)$	SE: 1,2 S. Darii

Es sei vereinbart, dass auf Syllogismen in Ableitungen mittels „S." für „Syllogismus" und des jeweiligen Namens eines Syllogismus Bezug genommen wird.

In der *Liste der wichtigsten quantorenlogischen Schlussregeln* finden Sie auch die den vier zusätzlichen Regeln des GLK_Q entsprechenden Schlussregeln.[7] Im Unterschied zu den Regeln des GLK_J sind bei der Anwendung dieser Regeln die genannten *Restriktionen* zu beachten.

[7] Zur Definition der den Kalkülregeln entsprechenden Schlussregeln siehe *Erläuterung 5.11*.

ÜBUNG: ABLEITUNGEN MIT TE UND SE

4 ARGUMENTREKONSTRUKTION

Da auch der GLK_Q korrekt und vollständig ist, kann die formale Schlüssigkeit eines Argumentes anhand der Ableitbarkeit des dem Argument zugeordneten Argumentschemas bewiesen werden (vgl. *Erläuterung 5.13*). Für die Zwecke der Argumentrekonstruktion kann hierbei auf die Schlussregellisten zurückgegriffen werden, um möglichst kurze Ableitungen zu erhalten. Da die Korrektheit eines quantorenlogischen Argumentschemas im Unterschied zu aussagenlogischen Argumentschemata nicht mittels Q-Interpretationen bewiesen werden kann, gibt es im Rahmen der Quantorenlogik im Allgemeinen für den Beweis der formalen Schlüssigkeit von Argumentschemata keine Alternative zu Ableitungen. Da jedoch die formale Unschlüssigkeit von Argumenten nicht mittels Ableitungen bewiesen werden kann, bleibt man für den Beweis der formalen Unschlüssigkeit eines Argumentes auf widerlegende Q-Belegungen angewiesen.

BEISPIEL:

U-TEXT:

Was erwärmt wird, dehnt sich aus. Dieser Gegenstand wird erwärmt. Also: Dieser Gegenstand dehnt sich aus.

INTERPRETATION:

Für jeden beliebigen Gegenstand gilt: Wenn er erwärmt wird, dann dehnt er sich aus. Dieser Gegenstand wird erwärmt. Also: Dieser Gegenstand dehnt sich aus.

LEGENDE:

f(_) = ... wird erwärmt
g(_) = ... dehnt sich aus
m   = dieser Gegenstand

SQA-TEXT:

Alle x erfüllen: wenn f(x) dann g(x):. f(m) also g(m)

Q-ARGUMENTSCHEMA:

$\forall x(Fx \to Gx), Fa \therefore Ga$

ABLEITUNG:

Annahme	Nr.	Formel	Regel
1	(1)	$\forall x(Fx \to Gx)$	AE
2	(2)	Fa	AE
1	(3)	$Fa \to Ga$	1 $\forall$B
1,2	(4)	Ga	3,2 MPP

ÜBUNG: ARGUMENTREKONSTRUKTION

LEKTION 11

IDENTITÄT

Diese Lektion behandelt die um das Identitätszeichen erweiterte Quantorenlogik (Q_I) und schliesst damit das System der klassischen Logik ab. Es werden in dieser Lektion die Schritte wiederholt, die bereits in der Aussagen- und Quantorenlogik durchgeführt wurden: Es wird zunächst gezeigt, dass eine *Erweiterung* der klassischen Quantorenlogik auf Grund des Kriteriums der Reichhaltigkeit erforderlich ist. Anschliessend wird die formale Sprache Q_I eingeführt und interpretiert. Bevor auf die Möglichkeiten und auf wichtige Anwendungen der Formalisierung von Texten mit den Mitteln der erweiterten Quantorenlogik eingegangen wird, soll die formale Behandlung der erweiterten Quantorenlogik durch Hinzunahme zweier *Regeln für die Einführung und Beseitigung des Identitätszeichens* zum GLK_Q abgeschlossen werden. Man erhält mit dem GLK_{Q+I} einen korrekten und vollständigen Kalkül der erweiterten Quantorenlogik. Erörterungen zur *Formalisierung* mit den Mitteln der Quantorenlogik und ihrer Anwendung zum Zwecke der *Argumentrekonstruktion* bilden den Abschluss der Darstellung der klassischen, erweiterten Quantorenlogik.

1 ERWEITERUNG DER QUANTORENLOGIK

Folgende Argumente erfüllen das Kriterium, dass unter Voraussetzung der Wahrheit der Prämissen die Konklusion unmöglich falsch sein kann:

PRÄMISSE 1: Scott ist Engländer.

PRÄMISSE 2: Scott ist identisch mit dem Autor von Waverly.

KONKLUSION: Der Autor von Waverly ist Engländer.

PRÄMISSE 1: 2 ist die kleinste gerade Zahl.

PRÄMISSE 2: 2 ist identisch mit der einzigen geraden Primzahl.

KONKLUSION: Die einzige gerade Primzahl ist die kleinste gerade Zahl.

Gemäss einem *intuitiven Begriff der Folgerung* folgt die Konklusion jeweils aus den beiden Prämissen. Dies ist nicht in dem spezifischen Inhalt der Ausdrücke

„Scott", „... ist Engländer", „der Autor von Waverly", „2", „... ist die kleinste gerade Zahl", „die einzige gerade Primzahl" begründet, denn die Argumente besitzen *dieselbe Form*:

PRÄMISSE 1: Fa.

PRÄMISSE 2: $a = b$.

KONKLUSION: Fb.

Im Rahmen der Quantorenlogik kann die Schlüssigkeit des Argumentes aber nicht bewiesen werden. Denn das Identitätszeichen kann im Rahmen von Q nur durch einen zweistelligen Prädikatbuchstaben wiedergegeben werden, für den keine besonderen Regeln gelten. Im Rahmen der klassischen Quantorenlogik könnte man die genannten Argumente nur durch '$Fa, Gab\ \therefore Fb$' formalisieren. Dieses Argumentschemata ist aber nicht formal schlüssig. Eine widerlegende Q-Belegung ist:

$I \quad = \{c_1, c_2\};$
$\Im(a) = c_1;$
$\Im(b) = c_2;$
$\Im(F) = \{c_1\};$
$\Im(G) = \{(c_1, c_2)\}.$

Um das Kriterium der Reichhaltigkeit in einem höheren Grade zu erfüllen, so dass auch die Schlüssigkeit von Argumenten, die Identitätsaussagen enthalten, bewiesen und allgemein die formalen Eigenschaften und Relationen zwischen quantorenlogischen Aussagen und Identitätsaussagen mit den Mitteln der klassischen Logik identifiziert werden können, ist die klassische Quantorenlogik zu *erweitern*. Es ist zusätzlich zu den Junktoren und Quantoren ein konstanter Ausdruck für die Identität in die formale Sprache aufzunehmen.

2 Q_I-FORMELN

Während in der Sprache Q nur Prädikatbuchstaben vorkommen, denen keine spezifische inhaltliche Bedeutung verliehen ist, wird mit dem Identitätszeichen ein zweistelliges Prädikat in die Sprache Q mit einer festen Bedeutung eingeführt.

Erläuterung 11.1
Das Identitätszeichen ist ein zweistelliges Prädikat mit einer festen Bedeutung.

Dieses Prädikat sei in der formalen Sprache Q_I durch '=' (lies: „ist identisch mit") dargestellt. In Anlehnung an die Mathematik sei dieses Zeichen, anders als die übrigen Prädikatbuchstaben, *zwischen* (und nicht vor) seine Argumente geschrieben, also z.B. '$a = b$' anstatt '$= ab$'.

Für die Definition der formalen Sprache Q_I ist lediglich das Identitätszeichen '=' als Prädikatbuchstabe ins Alphabet aufzunehmen und die Definition atomarer Formeln der Konvention anzupassen, das Identitätszeichen zwischen seine Argumente zu schreiben:

Erläuterung 11.2

Atomare Formeln von Q_I sind Satzbuchstaben und Ausdrücke, die sich aus genau einem vorangestellten Prädikatbuchstaben und den folgenden Namenbuchstaben oder aus dem Identitätszeichen, das zwischen zwei Namenbuchstaben steht, zusammensetzen.

Demnach sind '$a = a$' oder '$a = b$' atomare Formeln.

Die Definition der wohlgeformten quantorenlogischen Formeln (*Erläuterung 8.3*) sowie der wohlgeformten quantorenlogischen Argumentschemata (*Erläuterung 8.4*) können dann auf die erweiterte Quantorenlogik angewendet werden.

BEISPIEL:

$((\forall x \exists y \, x = y \, \& \, a = b) \lor P)$ ist eine *wff* in Q_I, denn:

1. Nach *Regel 1* ist $a = b$ eine *wff*.

2. Nach 1. und *Regel 7* ist $\exists y \, a = y$ eine *wff*.

3. Nach 2. und *Regel 7* ist $\forall x \exists y \, x = y$ eine *wff*.

4. Nach 1., 3. und *Regel 3* ist $(\forall x \exists y \, x = y \, \& \, a = b)$ eine *wff*.

5. Nach *Regel 1* ist P eine *wff*.

6. Nach 4.-5. und *Regel 4* ist $((\forall x \exists y \, x = y \, \& \, a = b) \lor P)$ eine *wff*.

Wie bei der Quantorenlogik ist zu beachten, dass Klammern zur Kennzeichnung eines Wirkungsbereiches nur verwendet werden, wenn ein dyadischer Junktor im Wirkungsbereich vorkommt. In der Q_I-Formel $((\forall x \exists y \, x = y \, \& \, a = b) \lor P)$ erstreckt sich demnach der Wirkungsbereich der Quantoren nur auf $x = y$ – die Formel ist nicht zu verwechseln mit der ebenfalls wohlgeformten

Q_I-Formel $((\forall x \exists y \, (x = y \,\&\, a = b)) \vee P)$, in der der Wirkungsbereich der Quantoren die Konjunktion $x = y \,\&\, a = b$ umfasst.

Auch die Klammereliminierungsregeln (*Erläuterung 2.3*) werden beibehalten, allerdings ist auch hier wie bei den Q-Formeln darauf zu achten, dass sie nur auf Formeln angewendet werden dürfen, die gemäss *Erläuterung 8.3* gebildet sind.

ÜBUNG: WOHLGEFORMTE FORMELN

3 Q_I-INTERPRETATIONEN

In den Q_I-Interpretationen erhält der zweistellige Prädikatbuchstabe '$=$' im Unterschied zu den anderen Prädikatbuchstaben eine feste Interpretation.

> **Erläuterung 11.3**
> In $\Im(=)$ bilden stets alle Elemente aus I mit sich selbst und nur mit sich selbst ein Paar.

In Bezug auf die Reihenfolge der Q-Interpretationen sei festgelegt, dass $\Im(=)$ stets am Ende aufzuführen ist.

Die Formel '$a = b$' ist relativ zu der folgenden Q_I-Interpretation wahr:

$I = \{c_1\};$
$\Im(a) = c_1;$
$\Im(b) = c_1;$
$\Im(=) = \{(c_1, c_1)\}.$

Relativ zu folgender Q_I-Interpretation ist die Formel '$a = b$' hingegen falsch:

$I = \{c_1, c_2\};$
$\Im(a) = c_1;$
$\Im(b) = c_2;$
$\Im(=) = \{(c_1, c_1), (c_2, c_2)\}.$

> **Erläuterung 11.4**
> Unterschiedliche Namenbuchstaben können mit denselben Elementen aus I belegt werden, aber unterschiedliche Elemente aus I können nicht identisch sein.

Folgendes ist *keine* Q_I-Interpretation, da das Identitätszeichen nicht wie andere Prädikatbuchstaben mit einem Paar belegt werden kann, das aus unterschiedlichen Elementen besteht:

$I = \{c_1, c_2\}$;
$\Im(a) = c_1$;
$\Im(b) = c_2$;
?$\Im(=) = \{(c_1, c_2)\}$.?

Für die Zuordnung der Wahrheitswerte relativ zu Q_I-Interpretationen ändert sich gegenüber der Quantorenlogik ohne Identität nichts Wesentliches: Die Regel, nach der zu bestimmen ist, ob eine Q-Interpretation ein Q-Modell ist (*Erläuterung 8.14*), ist auf die Q_I-Formeln anzuwenden. Gleiches gilt für die Definitionen der *Allgemeingültigkeit* und *Unerfüllbarkeit* (*Erläuterungen 8.15-8.18*).

BEISPIEL 1:

Q_I-FORMEL: $((\forall x \exists y\, x = y \,\&\, a = b) \lor P)$

Q_I-INTERPRETATION:

$\Im(x) = I = \{c_1, c_2\}$;
$\Im(P) = F$;
$\Im(a) = c_1$;
$\Im(b) = c_1$;
$\Im(=) = \{(c_1, c_1), (c_2, c_2)\}$.

1. Nach *Regel 2* gilt: $\Im \models_{Q_I} c_1 = c_1$.

2. Nach *Regel 2* gilt: $\Im \models_{Q_I} c_2 = c_2$.

3. Nach 1. und *Regel 9* gilt: $\Im \models_{Q_I} \exists y\, c_1 = y$.

4. Nach 2. und *Regel 9* gilt: $\Im \models_{Q_I} \exists y\, c_2 = y$.

5. Nach 3.-4. und *Regel 8* gilt: $\Im \models_{Q_I} \forall x \exists y\, x = y$.

6. Nach 1. und *Regel 2* gilt: $\Im \models_{Q_I} a = b$.

7. Nach 5.-6. und *Regel 4* gilt: $\Im \models_{Q_I} \forall x \exists y\, x = y \,\&\, a = b$.

8. Nach 7. und *Regel 5* gilt: $\Im \models_{Q_I} (\forall x \exists y\, x = y \,\&\, a = b) \lor P$.

Nach *Erläuterung 8.14* ist die genannte Q_I-Interpretation ein Q_I-Modell der Q_I-Formel '$(\forall x \exists y \; x = y \,\&\, a = b) \vee P$'. Hieraus folgt, dass die Formel nicht unerfüllbar ist. Dass sie aber auch nicht allgemeingültig ist, zeigt folgende widerlegende Q_I-Belegung:

$\Im(x) = I = \{c_1, c_2\};$
$\Im(P) = F;$
$\Im(a) = c_1;$
$\Im(b) = c_2;$
$\Im(=) = \{(c_1, c_1), (c_2, c_2)\}.$

1. Nach *Regel 2* gilt: $\Im \not\models_{Q_I} a = b$.

2. Nach 1. und *Regel 4* gilt: $\Im \not\models_{Q_I} \forall x \exists y \; x = y \,\&\, a = b$.

3. Nach *Regel 1* gilt: $\Im \not\models_{Q_I} P$.

4. Nach 2.-3. und *Regel 5* gilt: $\Im \not\models_{Q_I} (\forall x \exists y \; x = y \,\&\, a = b) \vee P$.

Die inhaltliche Aussage, dass alle Elemente aus I mit sich selbst und nur mit sich selbst identisch sind, kommt in den Q_I-Interpretationen durch die Einschränkung der Interpretationsmöglichkeit des Identitätszeichens zum Ausdruck. Diese Einschränkung hat Folgen für die Klassifizierung allgemeingültiger Formeln. Denn auf Grund der Einschränkung der Interpretationsmöglichkeiten gibt es atomare Formeln, die allgemeingültig sind, z.B. $a = a$. Verwendete man anstelle des Identitätszeichens einen anderen zweistelligen Prädikatbuchstaben (z.B. 'F'), für dessen Interpretation keine spezifischen Einschränkungen gemacht werden, erhielte man mit 'Faa' keine allgemeingültige Formel. Ferner erhalten quantifizierte Formeln andere Wahrheitsbedingungen, z.B. sind die Formeln '$\forall x \; x = x$' und '$\exists x \; x = x$' allgemeingültig, während '$\forall x Fxx$' und '$\exists x Fxx$' nicht allgemeingültig sind. Auch komplexe Formeln wie '$Fa \,\&\, a = b \rightarrow Fb$' sind allgemeingültig, während '$Fa \,\&\, Gab \rightarrow Fb$' nicht allgemeingültig ist. Dies erfordert eine besondere syntaktische Behandlung der Formeln mit dem Identitätszeichen in den Ableitungen, damit diese weiterhin das Kriterium der ausschliesslichen Ableitbarkeit allgemeingültiger Formeln erfüllen.

ÜBUNG: ALLGEMEINGÜLTIGKEIT

4   GLK$_{Q+I}$

Der GLK$_{Q+I}$ enthält gegenüber dem GLK$_Q$ zwei Regeln für die Einführung und Beseitigung des Identitätszeichens.

Im Folgenden seien s und t als Metavariablen für Namenbuchstaben verwendet.

4.1   Identitäts-Einführung (=E)

Die Regel =E erlaubt, Formeln der Form $t = t$ als Theoreme einzuführen:

=E: Eine Formel der Form $t = t$ darf in jeder beliebigen Zeile mit leerer Annahmenliste eingeführt werden.

Annahme	Nr.	Formel	Regel
	(k)	$t = t$	=E

Diese Regel ist auf Grund der Einschränkung von $\Im(=)$ auf Paare, deren Elemente stets identisch sind (vgl. *Erläuterung 11.3*), sowie der Voraussetzung, dass Namenbuchstaben stets nur mit einem Element zu belegen sind, korrekt. Die Identitäts-Einführung (=E) sowie die Einschränkung der Interpretationsmöglichkeit von $\Im(=)$ beruhen auf dem Verständnis der Wahrheitsbedingungen von Identitätsaussagen, nach dem jede Aussage, die aussagt, dass ein bestimmter Gegenstand mit sich selbst identisch ist, wahr ist und nicht falsch sein kann.

Mittels =E kann das Identitätsaxiom bewiesen werden:

4.1.1   Identitätsaxiom (Ax.=)

Ax.=: $\vdash \forall v\, v = v$

Theorem: $\vdash \forall x\, x = x$

Ableitung:

Annahme	Nr.	Formel	Regel
	(1)	$a = a$	=E
	(2)	$\forall x\, x = x$	1 $\forall$E

4.2 Identitäts-Beseitigung (=B)

=B: Enthält eine Ableitung sowohl eine Formel $t = s$ als auch eine Formel $A(t)$, dann darf $A(s)$ in eine neue Zeile aufgenommen werden. Die Annahmenliste der neuen Zeile setzt sich zusammen aus den Annahmenlisten der beiden Oberformeln.

Annahme	Nr.	Formel	Regel
α	(k)	$t = s$	
	$\vdots$		
β	(l)	$A(t)$	
	$\vdots$		
α, β	(m)	$A(s)$	k, l =B

$A(t)$ ist eine *wff*, in der t einmal oder mehrmals vorkommt, $A(s)$ ist eine *wff*, die man erhält, indem man in $A(t)$ t mindestens an einer Stelle (nicht notwendigerweise an allen Stellen) durch s ersetzt.

Bei der Reihenfolge der Oberformelliste in m ist darauf zu achten, dass stets zuerst die Zeilennummer der Instanz von $t = s$ und dann die Zeilennummer der Instanz von $A(t)$ notiert wird.

Auch die Korrektheit dieser Regel ist in $\Im(=)$ begründet: Wenn $t = s$, dann folgt auf Grund von $\Im(=)$, dass t und s in $\Im$ demselben Element aus I zugeordnet werden. Wenn folglich eine Formel für $\Im(t)$ gilt, dann auch für $\Im(s)$. Dies beruht auf einem *extensionalen* Verständnis der Wahrheitsbedingungen von Aussagen, nach dem der Wahrheitswert einer Aussage nicht verändert wird, wenn man in den Formulierungen der Aussagen Ausdrücke austauscht, die dieselben Gegenstände bedeuten (bzw. auf dieselben Gegenstände referieren). Dies gilt nicht für intensionale Kontexte: „Ödipus weiss, dass er Iokaste liebt" und „Ödipus weiss, dass er seine Mutter liebt" haben nicht dieselben Wahrheitswerte, obwohl Iokaste identisch ist mit Ödipus' Mutter bzw. „Iokaste" und „Ödipus' Mutter" auf denselben Gegenstand referieren.

Mittels =B kann das Argumentschema aus Abschnitt 1 abgeleitet werden:

$$Fa, a = b \therefore Fb$$

Annahme	Nr.	Formel	Regel
1	(1)	Fa	AE
2	(2)	$a = b$	AE
1,2	(3)	Fb	2,1 =B

Im Folgenden seien als Beispiele für Ableitungen im GLK_{Q+I} einige fundamentale *logische Gesetze* und *Schlussregeln* der erweiterten Quantorenlogik bewiesen:

4.2.1 SYMMETRIE DER IDENTITÄT (SYMM.=)

Symm.=: $\vdash \forall v_1 \forall v_2 (v_1 = v_2 \rightarrow v_2 = v_1)$

Theorem: $\vdash \forall x \forall y\, (x = y \rightarrow y = x)$

Ableitung:

Annahme	Nr.	Formel	Regel
1*	(1)	$a = b$	AE
	(2)	$a = a$	=E
1*	(3)	$b = a$	1,2 =B
	(4)	$a = b \rightarrow b = a$	1,3 K
	(5)	$\forall y (a = y \rightarrow y = a)$	4 ∀E
	(6)	$\forall x \forall y (x = y \rightarrow y = x)$	5 ∀E

Die Anwendung von =B in Zeile 3 beruht auf der Instantiierung von '$a = b$' für $t = s$, '$a = a$' für $A(t)$ und '$b = a$' – gewonnen durch Ersetzung von 'a' durch 'b' auf der linken Seite des Gleichheitszeichens in '$a = a$' – für $A(s)$.

4.2.2 TRANSITIVITÄT DER IDENTITÄT (TRANS. =)

Trans.=: $\vdash \forall v_1 \forall v_2 \forall v_3 (v_1 = v_2 \,\&\, v_2 = v_3 \rightarrow v_1 = v_3)$

Theorem: $\vdash \forall x \forall y \forall z\, (x = y \,\&\, y = z \rightarrow x = z)$

Ableitung:

Annahme	Nr.	Formel	Regel
1*	(1)	$a = b \,\&\, b = c$	AE
1*	(2)	$a = b$	1 &B
1*	(3)	$b = c$	1 &B
1*	(4)	$a = c$	3,2 =B
	(5)	$a = b \,\&\, b = c \rightarrow a = c$	1,4 K
	(6)	$\forall z(a = b \,\&\, b = z \rightarrow a = z)$	5 ∀E
	(7)	$\forall y \forall z(a = y \,\&\, y = z \rightarrow a = z)$	6 ∀E
	(8)	$\forall x \forall y \forall z(x = y \,\&\, y = z \rightarrow x = z)$	7 ∀E

Die Anwendung von =B in Zeile 4 beruht auf der Instantiierung von '$a = b$' (Zeile 2) für $A(t)$ und '$b = c$' (Zeile 3) für $t = s$, so dass man '$a = c$' (Zeile 4) durch Substitution von 'b' durch 'c' in '$a = b$' (Zeile 2) erhält.[1]

4.2.3 ÄQUIVALENZ ATOMARER FORMELN MIT QUANTIFIZIERTEN SÄTZEN (AF/∃)

aF/∃: $\varphi t \dashv\vdash \exists v(v = t \,\&\, \varphi v)$

Argumentschema 1: $Fa \,\therefore\, \exists x(x = a \,\&\, Fx)$

Ableitung:

Annahme	Nr.	Formel	Regel
1	(1)	Fa	AE
	(2)	$a = a$	=E
1	(3)	$a = a \,\&\, Fa$	2,1 &E
1	(4)	$\exists x(x = a \,\&\, Fx)$	3 ∃E

Argumentschema 2: $\exists x(x = a \,\&\, Fx) \,\therefore\, Fa$

---

[1] Man kann hingegen nicht '$a = b$' als Instanz von $t = s$ und '$b = c$' als Instanz von $A(t)$ auffassen, denn fasst man '$a = b$' als Instanz von $t = s$ auf, dann ist 'a' Instanz von t. In '$b = c$' kommt aber 'a' nicht vor, so dass man diese Formel folglich nicht als Instanz von $A(t)$ auffassen kann. Die Oberformelliste in Zeile 4 ist demzufolge nicht umkehrbar.

Ableitung:

Annahme	Nr.	Formel	Regel
1	(1)	$\exists x(x = a \,\&\, Fx)$	AE
2*	(2)	$b = a \,\&\, Fb$	AE
2*	(3)	$b = a$	2 &B
2*	(4)	Fb	2 &B
2*	(5)	Fa	3,4 =B
1	(6)	Fa	1,2,5 $\exists$B

Auf Grund von $aF/\exists$ lassen sich atomare Formeln umformen in existenzquantifizierte Sätze, die Identitätsaussagen im Wirkungsbereich des Existenzquantors enthalten.

Die Übungsaufgaben enthalten Ableitungen von Instanzen weiterer Schlussregeln.

4.3 ABLEITUNGSSTRATEGIEN

Den Faustregeln für die Konstruktion von Ableitungen sind folgende Regeln hinzuzufügen:

> **Faustregeln für die Konstruktion von Ableitungen IV:**
> 1. Versuche zunächst, Q_I-Formeln unter Verwendung der Regeln des GLK$_Q$ abzuleiten! Geht dies nicht, dann gilt:
> 2. Ist die abzuleitende Formel von der Form $t = t$, dann wende =E an!
> 3. Sind Formeln der Form $t = s$ und $A(t)$ gegeben, kann man mittels =B zu Formeln der Form $A(s)$ gelangen. Hierbei können die Formeln $A(t)$ und $A(s)$ selbst Formeln sein, die das Identitätszeichen enthalten!
> 4. Sind die abzuleitenden Formeln quantifizierte Formeln, die das Identitätszeichen enthalten, dann bereite mittels =E und =B sowie der Regeln des GLK$_J$ Anwendungen von $\forall$E und $\exists$E vor!

ÜBUNG: ABLEITUNGEN MIT =E UND =B

4.4 Schlussregelliste

Die Theoremeinführungsregel TE und die Schlussregeleinführungsregel SE können auch im Rahmen der erweiterten Quantorenlogik zum Zwecke der Verkürzung von Ableitungen verwendet werden. Die *quantorenlogische Schlussregelliste* (siehe Anhang, S. 385ff.) enthält auch Identitätsgesetze und die den beiden Regeln =E und =B entsprechenden Schlussregeln.

4.5 Korrektheit und Vollständigkeit

> **Erläuterung 11.5**
> Der GLK_{Q+I} ist *korrekt* und *vollständig*:
> $$\models_{Q_I} A \text{ gdw. } \vdash_{Q+I} A$$
> $$A_1, \ldots, A_n \models_{Q_I} B \text{ gdw. } A_1, \ldots, A_n \vdash_{Q+I} B$$

Unter Voraussetzung der Definition der Allgemeingültigkeit (*Erläuterung 8.15*) besagt dies:

> **Erläuterung 11.6**
> Alle Q_I-Interpretationen einer Q_I-Formel sind Q_I-Modelle gdw. die Q_I-Formel ableitbar ist.

Führt man in die formale Sprache Q_I Funktionsausdrücke ein, deren Argumente und Werte Zahlen sind, und erweitert man die formale Sprache Q_I um zwei weitere Zeichen mit konstanter Bedeutung, nämlich '0' für die Zahl 0 und '*s*' für den Funktionsterm 'der unmittelbare Nachfolger von ...', dann erhält man ein formales System, das gemäss Gödels berühmten Unvollständigkeitsbeweises unter Voraussetzung der Widerspruchsfreiheit (und damit Korrektheit) unvollständig ist.[2] Gemäss Gödels Beweis bilden Kalküle der erweiterten Quantorenlogik, wie der GLK_{Q+I}, eine Grenze für korrekte und vollständige Kalküle.

5 Q_I-Formalisierung

5.1 Schematisierung

Die Möglichkeiten der quantorenlogischen Formalisierung werden durch die erweiterte Quantorenlogik nicht erweitert, denn es ist bereits in der Quantorenlogik

---
[2]Vgl. Gödel (1931).

ohne Identität möglich, Identitätsaussagen zu formalisieren. Die Identität ist nach dem Verständnis der klassischen Logik eine zweistellige Relation, und zweistellige Relationen werden in den SQ-Texten durch zweistellige Prädikate wiedergegeben. Was sich durch die erweiterte Quantorenlogik mit der Einführung eines Identitätszeichens ändert, ist die Einschränkung der Interpretationsmöglichkeit für das zweistellige Identitätsprädikat ($\Im(=)$) und die syntaktische (formale) Behandlung von Identitätsaussagen. Erst durch Einführung eines Identitätszeichens in die Formelsprache können Formeln mit diesem Zeichen syntaktisch anders behandelt werden als Formeln mit den Prädikatbuchstaben aus Q.

> **Erläuterung 11.7**
> Nicht die Möglichkeiten der Formalisierung, sondern die formale Behandlung von Identitätsaussagen unterscheidet die erweiterte Quantorenlogik von der Quantorenlogik ohne Identität.

Die SQ_I-Texte unterscheiden sich im Prinzip nicht von den SQ-Texten, da bereits in den SQ-Texten das zweistellige Prädikat „... ist identisch mit ..." verwendet werden kann. Der Einfachheit halber sei dies in den SQ_I-Texten mit Hilfe des Gleichheitszeichens abgekürzt und wie in den Q_I-Formeln zwischen seine Argumente geschrieben: „_=_" (und nicht: „=(_,_)"). Es wird hier wie in den Q_I-Formeln das Gleichheitszeichen gebraucht, da in diesen das Identitätszeichen als Prädikatbuchstabe mit einer festen inhaltlichen Bedeutung verwendet wird, die durch den standardisierten umgangssprachlichen Ausdruck „... ist identisch mit ..." zum Ausdruck kommt.[3] In der Schematisierung ist dementsprechend das Zeichen „=" in den SQ_I-Texten durch das Zeichen '=' in den Q_I-Formeln wiederzugeben. Ansonsten ändert sich an der Schematisierungsregel in der Quantorenlogik (vgl. S. 242) nichts.

BEISPIEL:

SQ_I-TEXT: Mindestens ein x erfüllt : x = m und f(x) : oder m = n
Q_I-FORMEL: $\exists x$ ($x = a$ & Fx) $\vee$ $a = b$

---

[3] Freilich sieht man von dieser Bedeutung des Identitätszeichens im Rahmen einer rein syntaktischen Behandlung der Identität ab.

5.2 Standardisierung

5.2.1 Identifikation von Identitätsaussagen

Auch bei der Verwendung von „_=_" (bzw. „... ist identisch mit ...") in den SQ_I-Texten handelt es sich um die Verwendung eines standardisierten (genormten) umgangssprachlichen Ausdruckes.

Es gibt Verwendungen des Ausdruckes „... ist identisch mit ...", die nicht als Identitätsaussagen zu formalisieren sind. Z.B. „Die Lebewesen mit Nieren sind identisch mit den Lebewesen mit Herzen". In diesem Fall steht „... ist identisch mit ..." zwischen Begriffsausdrücken. Gemeint ist, dass alle die Gegenstände, die unter den *Begriff* ‚Lebewesen mit Niere', auch unter den *Begriff* ‚Lebewesen mit Herz' fallen. Die ausgesagte Identität bezieht sich hier auf *Klassen* und nicht auf einen *Gegenstand*. Der adäquate formale Ausdruck für derartige Aussagen ist '$\forall x(Fx \leftrightarrow Gx)$'. Ähnlich verhält es sich mit missverständlich formulierten Aussagen wie „Meine Kopfschmerzen sind identisch mit deinen Kopfschmerzen" (unmissverständlich ausgedrückt: „Meine Kopfschmerzen sind *von derselben Art* wie deine"): Gemeint ist hier, dass auf zwei Personen dasselbe zutrifft. Der adäquate formale Ausdruck für diese Aussage ist '$Fa \& Fb \& \neg a = b$'. Die mittels des Identitätszeichens in der erweiterten Quantorenlogik ausgedrückte Identität bezieht sich nicht auf die Identität von Klassen oder Begriffen, sondern von Gegenständen.

Identitätsaussagen in diesem Sinne können in der Umgangssprache auf unterschiedliche Weise wiedergegeben werden. Oft wird die Identität mittels des Verbs „sein" ausgedrückt. Dieses Verb kann aber auch in anderen Bedeutungen verwendet werden:

Bedeutung	U-Text	Legende	Q_I-Formel
Prädikation	Sokrates *ist* ein Philosoph.	a: Sokrates, F: ... ist Philosoph	Fa
Inklusion	Alle Menschen *sind* sterblich.	F: ... ist ein Mensch, G: ... ist sterblich	$\forall x(Fx \rightarrow Gx)$
Existenz	Ich denke, also *bin* ich.	F: ... ist ich, G: ... denkt	$\exists x(Fx \& Gx)$ $\therefore \exists x Fx$
Identität	Berlin *ist* die Hauptstadt von Deutschland.	a: Berlin, b: die Hauptstadt von Deutschland	$a = b$

Die Verwendung des Wortes „ist" im Sinne der Identität kann von den anderen Verwendungen nach folgenden Kriterien unterschieden werden:

1. Wenn „ist" nicht durch „ist identisch mit" ersetzt werden kann, dann ist es nicht im Sinne der Identität gemeint.

2. Wenn die Relata von „ist" nicht ausgetauscht werden können, ohne dass sich der Wahrheitswert der Aussage ändert, dann ist es nicht im Sinne der Identität gemeint.

Dies sind notwendige, aber nicht hinreichende Kriterien für die Verwendung von „ist" im Sinne der Identität.

Des Weiteren ist zu beachten, welches die möglichen Ausdrücke sind, zwischen denen „ist" im Sinne von „ist identisch mit" stehen kann:

Relata	**U-Text**
Eigenname / Kennzeichnung	Moses ist der Mann, der Israel aus Ägypten führte.
abstrakter Name / Kennzeichnung	Uranium ist das letzte entdeckte Element.
Kennzeichnung / Kennzeichnung	Der Abendstern ist der Morgenstern.
Demonstrativum / Eigenname	Dies ist Bertrand.
Eigenname / Eigenname	Cicero ist Tully.
abstrakter Name / abstrakter Name	Schönheit ist Wahrheit.

Abstrakte Namen bezeichnen im Unterschied zu Eigennamen keine raumzeitlich individuierbaren Gegenstände. Man meint mit „Uranium" keinen Gegenstand, der sich an einem bestimmten Ort zu einer bestimmten Zeit befindet, sondern man meint einen chemischen Stoff, der durch ganz bestimmte Eigenschaften definiert ist. Dieser Stoff kann sich an vielen Orten zu derselben Zeit befinden. Ein notwendiges (aber nicht hinreichendes) Kriterium für die Identifikation abstrakter Namen ist, dass man aus ihnen keinen Plural bilden kann.

Kennzeichnungen sind Ausdrücke, durch die Gegenstände eindeutig beschrieben werden. Typischerweise kommt in ihnen der bestimmte Artikel vor.

Demonstrativa sind Ausdrücke, deren Bezugnahme auf einen bestimmten Gegenstand nur im Kontext ihres Gebrauches festgelegt ist (z.B. „ich", „er", „dieses Buch", „letzte Nacht").

Allen Ausdrücken ist gemeinsam, dass sie auf *Gegenstände* und nicht auf Klassen, Begriffe oder Aussagen Bezug nehmen.

Allgemein gilt als Regel zur Kennzeichnung von Identitätsaussagen:

Erläuterung 11.8
Kann ein umgangssprachlicher Satz umformuliert werden in einen Satz, in dem der Ausdruck „ist identisch mit" durch Eigennamen, abstrakte Namen, Kennzeichnungen oder Demonstrativa flankiert wird, dann handelt es sich um eine Identitätsaussage.

5.2.2 Definit-quantifizierte Aussagen

Unter „definit-quantifizierten Aussagen" seien Aussagen verstanden, in denen die Anzahl von Gegenständen, die unter einen Begriff fallen, spezifiziert wird: Es wird nicht einfachhin von *mindestens einem* oder *allen* Gegenständen etwas ausgesagt, sondern von *mindestens n, genau n, höchstens n* oder *mindestens m und höchstens n* Gegenständen. Die erweiterte Quantorenlogik ermöglicht es, derartig spezifizierte quantorenlogische Aussagen formal zu behandeln. In den jeweiligen Formalisierungen können mit Hilfe des Gleichheitszeichens die impliziten Annahmen über die Verschiedenheit und Identität von Gegenständen zum Ausdruck gebracht werden:[4]

U-Text	Q_I-Formel
Mindestens ein Gegenstand liegt im Korb./ *Ein oder mehr* Gegenstände liegen im Korb.	$\exists x Fx$
Mindestens zwei Gegenstände liegen im Korb./ *Zwei oder mehr* Gegenstände liegen im Korb./ *Mehr als ein* Gegenstand liegt im Korb.	$\exists x \exists y (Fx \,\&\, Fy \,\&\, \neg\, x = y)$

---

[4] In der Tabelle werden einige naheliegende, aber nicht alle möglichen äquivalenten Umformulierungen genannt. Es wird z.B. darauf verzichtet, äquivalente Formeln in die Tabelle aufzunehmen, die daraus entstehen, dass man Quantoren innerhalb des Klammerausdruckes, die eine andere Variable binden als der Quantor vor dem Klammerausdruck, nach vorne vor den Klammerausdruck zieht (vgl. hierzu *Erläuterung 9.11*).

U-Text	Q_I-Formel
Mindestens drei Gegenstände liegen im Korb./ *Drei oder mehr* Gegenstände liegen im Korb./ *Mehr als zwei* Gegenstände liegen im Korb.	$\exists x \exists y \exists z (Fx \& Fy \& Fz \& \neg x = y \& \neg x = z \& \neg y = z)$
Höchstens ein Gegenstand liegt im Korb./ *Weniger als zwei* Gegenstände liegen im Korb.	$\forall x \forall y (Fx \& Fy \rightarrow x = y)$ bzw. $\neg \exists x \exists y (Fx \& Fy \& \neg x = y)$
Höchstens zwei Gegenstände liegen im Korb./ *Weniger als drei* Gegenstände liegen im Korb.	$\forall x \forall y \forall z (Fx \& Fy \& Fz \rightarrow x = y \vee x = z \vee y = z)$ bzw. $\neg \exists x \exists y \exists z (Fx \& Fy \& Fz \& \neg x = y \& \neg x = z \& \neg y = z)$
Ein und nur ein Gegenstand liegt im Korb. / *Genau ein* Gegenstand liegt im Korb. / *Mindestens ein* Gegenstand und *höchstens ein* Gegenstand liegt im Korb.	$\exists x Fx \&$ $\forall x \forall y (Fx \& Fy \rightarrow y = x)$ bzw. $\exists x (Fx \& \forall y (Fy \rightarrow y = x))$ bzw. $\exists x (Fx \& \neg \exists y (Fy \& \neg y = x))$
Zwei und nur zwei Gegenstände liegen im Korb./ *Genau zwei* Gegenstände liegen im Korb./ *Mindestens zwei* und *höchstens zwei* Gegenstände liegen im Korb.	$\exists x \exists y (Fx \& Fy \& \neg x = y) \&$ $\forall x \forall y \forall z (Fx \& Fy \& Fz \rightarrow x = y \vee x = z \vee y = z)$ bzw. $\exists x \exists y (Fx \& Fy \& \neg x = y \& \forall z (Fz \rightarrow z = x \vee z = y))$ bzw. $\exists x \exists y (Fx \& Fy \& \neg x = y \& \neg \exists z (Fz \& \neg z = x \& \neg z = y))$
Ein bis zwei Gegenstände liegen im Korb./ *Ein oder zwei* Gegenstände liegen im Korb./ *Mindestens einer* und *höchstens zwei* Gegenstände liegen im Korb.	$\exists x Fx \& \forall x \forall y \forall z (Fx \& Fy \& Fz \rightarrow x = y \vee x = z \vee y = z)$ bzw. $\exists x \exists y (Fx \& Fy \& \forall z (Fz \rightarrow z = x \vee z = y))$ bzw. $\exists x \exists y (Fx \& Fy \& \neg \exists z (Fz \& \neg z = x \& \neg z = y))$

5.2.3 Kennzeichnungen

Kennzeichnungen sind Ausdrücke, durch die Gegenstände eindeutig beschrieben werden. Typischerweise kommt in ihnen der bestimmte Artikel vor, z.B. „*der* gegenwärtige König von Frankreich", „*der* Mann, der Israel aus Ägypten führte", „*das* zuletzt entdeckte Element des Periodensystems". Bislang wurden die in Sätzen vorkommenden Kennzeichnungen durch Namenbuchstaben formalisiert. Dies ist eine mögliche und oft hinreichende Formalisierung. Manchmal ist es aber auch erforderlich, Kennzeichnungen einer genaueren Analyse zu unterziehen, um formale Eigenschaften und Relationen zwischen Aussagen zu identifizieren (siehe hierzu das Argument auf S. 325).

Die Formalisierung von Kennzeichnungen mittels Namenbuchstaben bringt die Wahrheitsbedingungen der Sätze, in denen Kennzeichnungen vorkommen, nicht vollständig zum Ausdruck. Dies zeigt die Verwendung *leerer Kennzeichnungen*. Leere Kennzeichnungen sind Kennzeichnungen von Gegenständen, die nicht existieren. „Der gegenwärtige König von Frankreich" ist eine leere Kennzeichnung; der Satz „Der gegenwärtige König von Frankreich ist kahlköpfig" verwendet diese leere Kennzeichnung im Kontext eines Satzes. Die Formalisierung der Kennzeichnungen mittels eines Namenbuchstabens würde die mit diesem Satz getroffene Aussage durch „f(m)" standardisieren (mit „m" = „der gegenwärtige König von Frankreich" und „f(_)" = „… ist kahlköpfig") und entsprechend durch 'Fa' formalisieren. Ein Satz der Form 'Fa' ist falsch gdw. a nicht unter den Begriff ‚F' fällt. Der Satz „Der gegenwärtige König von Frankreich ist kahlköpfig" ist aber nicht deshalb falsch, weil der gegenwärtige König von Frankreich nicht kahlköpfig ist, sondern weil es gar keinen gegenwärtigen König von Frankreich gibt.

Russell hat eine Analyse von Kennzeichnungen vorgeschlagen, die diesem Punkt gerecht wird.[5] Er analysiert Sätze, die Kennzeichnungen enthalten, als Sätze, die zum einen aussagen, dass *genau ein* Gegenstand unter die Kennzeichnung fällt, und zum anderen eine Aussage über den gekennzeichneten Gegenstand treffen.

Beispiel:

U-Text:

Der gegenwärtige König von Frankreich ist kahlköpfig.

---

[5] Russell (1905).

INTERPRETATION:

> Es gibt *genau einen* gegenwärtigen König von Frankreich, und der ist kahlköpfig.
>
> Bzw. Es gibt mindestens einen gegenwärtigen König von Frankreich, der kahlköpfig ist, und es gibt höchstens einen gegenwärtigen König von Frankreich.

LEGENDE:

f(_) = ... ist gegenwärtiger König von Frankreich.
g(_) = ... ist kahlköpfig.

SQ_I-TEXT:

> Mindestens ein x erfüllt:$_1$ f(x) und g(x):$_1$ und Alle x erfüllen Alle y erfüllen:$_2$ wenn f(x) und f(y) dann x = y:$_2$
>
> Bzw. Mindestens ein x erfüllt:$_1$ f(x) und g(x) und Alle y erfüllen:$_2$ wenn f(y) dann x = y:$_2$:$_1$
>
> Bzw. Mindestens ein x erfüllt:$_1$ f(x) und g(x) und nicht Mindestens ein y erfüllt:$_2$ f(y) und nicht x = y:$_2$:$_1$

Q_I-FORMEL:

$$\exists x(Fx \,\&\, Gx) \,\&\, \forall x \forall y(Fx \,\&\, Fy \rightarrow x = y)$$
Bzw. $\exists x(Fx \,\&\, Gx \,\&\, \forall y(Fy \rightarrow x = y))$
Bzw. $\exists x(Fx \,\&\, Gx \,\&\, \neg \exists y(Fy \,\&\, \neg\, x = y))$

Diese Analyse lässt sich auch auf Identitätsaussagen anwenden, die Kennzeichnungen enthalten.

U-TEXT:

Der Autor von Waverly ist identisch mit Scott.

INTERPRETATION:

> Es gibt *genau einen* Autor von Waverly, und der ist identisch mit Scott.
>
> Bzw. Es gibt mindestens einen Autor von Waverly, der identisch ist mit Scott, und es gibt höchstens einen Autor von Waverly.

LEGENDE:

m = Scott
f(_) = ... ist Autor von Waverly.

SQ$_I$-TEXT:

>Mindestens ein x erfüllt:$_1$ f(x) und x = m:$_1$ und Alle x erfüllen Alle y erfüllen:$_2$ wenn f(x) und f(y) dann x = y:$_2$

Bzw. Mindestens ein x erfüllt:$_1$ f(x) und x = m und Alle y erfüllen:$_2$ wenn f(y) dann x = y:$_2$:$_1$

Bzw. Mindestens ein x erfüllt:$_1$ f(x) und x = m und nicht Mindestens ein y erfüllt:$_2$ f(y) und nicht x = y:$_2$:$_1$

Q_I-FORMEL:

$$\exists x(Fx \,\&\, x = a) \,\&\, \forall x \forall y(Fx \,\&\, Fy \rightarrow x = y)$$
Bzw. $\exists x(Fx \,\&\, x = a \,\&\, \forall y(Fy \rightarrow x = y))$
Bzw. $\exists x(Fx \,\&\, x = a \,\&\, \neg \exists y(Fy \,\&\, \neg\, x = y))$

Nach dieser Analyse wird in der Aussage, dass Scott identisch mit dem Autor von Waverly ist, ausgesagt, dass Scott der eine Gegenstand ist, der unter den Begriff ‚ist Autor von Waverly' fällt. Sätze mit Namen und Kennzeichnungen als Relata des Identitätszeichens sagen nach dieser Auffassung nicht das Bestehen einer Relation eines Gegenstandes zu sich selbst aus, sondern sie sagen aus, dass ein bestimmter (benannter) Gegenstand unter eine Kennzeichnung fällt.

ÜBUNG: FORMALISIERUNG

5.3   ARGUMENTREKONSTRUKTION

Nach *Erläuterung 9.16* sind umgangssprachliche Argumente so und nur so detailliert zu rekonstruieren wie nötig, um ihre Schlüssigkeit zu überprüfen.

Ein Beispiel für ein Argument, das die Verwendung des Identitätszeichens in der Formalisierung erfordert, ist das Folgende:

BEISPIEL 1:

U-TEXT:

Die Venus ist der Morgenstern. Die Venus ist der Abendstern. Der Morgenstern leuchtet morgens. Der Abendstern leuchtet abends. Also: Die Venus leuchtet morgens und abends.

INTERPRETATION:

Die Venus ist identisch mit dem Morgenstern. Die Venus ist identisch mit dem Abendstern. Der Morgenstern leuchtet morgens. Der Abendstern leuchtet abends. Also: Die Venus leuchtet morgens und die Venus leuchtet abends.

LEGENDE:

m = die Venus
n = der Morgenstern
o = der Abendstern
f(_) = ... leuchtet morgens
g(_) = ... leuchtet abends

SQ$_I$A-TEXT:

m = n. m = o. f(n). g(o) also f(m) und g(m)

Q_I-ARGUMENTSCHEMA:

$a = b, a = c, Fb, Gc \therefore Fa \& Ga$

ABLEITUNG:

Annahme	Nr.	Formel	Regel
1	(1)	$a = b$	AE
2	(2)	$a = c$	AE
3	(3)	Fb	AE
4	(4)	Gc	AE
1	(5)	$b = a$	SE: 1 Symm.$_{Q+I}$
1,3	(6)	Fa	5,3 =B
2	(7)	$c = a$	SE: 2 Symm.$_{Q+I}$
2,4	(8)	Ga	7,4 =B
1,2,3,4	(9)	$Fa \& Ga$	6,8 &E

Um die Schlüssigkeit des genannten Beispieles zu beweisen, ist es nicht nötig, die Kennzeichnungen „der Morgenstern" und „der Abendstern" einer näheren Analyse zu unterziehen. Ein Beispiel für ein Argument, das eine Analyse der in ihm vorkommenden Kennzeichnung erfordert, um seine Schlüssigkeit zu erweisen, ist das folgende:

BEISPIEL 2:

U-TEXT:

Das chemische Element mit der Ordnungszahl 92 wurde zuletzt entdeckt. Also gibt es mindestens ein zuletzt entdecktes chemisches Element, aber nicht zwei chemische Elemente mit der Ordnungszahl 92.

INTERPRETATION:

Es gibt *genau einen* Gegenstand, der ein chemisches Element ist *und* die Ordnungszahl 92 hat, *und* dieser Gegenstand wurde zuletzt entdeckt. Also: *Mindestens ein* Gegenstand ist ein chemisches Element *und* wurde zuletzt entdeckt und nicht zwei Gegenstände *x* und *y* sind chemische Elemente *und* haben die Ordnungszahl 92.

LEGENDE:

f(_) = ... ist ein chemisches Element.
g(_) = ... hat die Ordnungszahl 92.
h(_) = ... wurde zuletzt entdeckt.

SQ$_I$A-TEXT:[6]

Mindestens ein x erfüllt:$_1$ f(x) und g(x) und h(x) und Alle y erfüllen:$_2$ wenn f(y) und g(y) dann x = y:$_2$:$_1$ also Mindestens ein x erfüllt:$_1$ f(x) und h(x):$_1$ und nicht Mindestens ein x erfüllt Mindestens ein y erfüllt:$_2$ f(x) und g(x) und f(y) und g(y) und nicht x = y:$_2$

Q_I-ARGUMENTSCHEMA:

$$\exists x(Fx \,\&\, Gx \,\&\, Hx \,\&\, \forall y(Fy \,\&\, Gy \rightarrow x = y))$$
$$\therefore \exists x(Fx \,\&\, Hx) \,\&\, \neg \exists x \exists y(Fx \,\&\, Gx \,\&\, Fy \,\&\, Gy \,\&\, \neg x = y)$$

ABLEITUNG:

---

[6] Auf die Auflistung alternativer Standardisierungen sei hier verzichtet.

Ann.	Nr.	Formel	Regel
1	(1)	$\exists x(Fx \& Gx \& Hx \& \forall y(Fy \& Gy \to x=y))$	AE
2*	(2)	$Fa \& Ga \& Ha \& \forall y(Fy \& Gy \to a=y)$	AE
2*	(3)	$Fa \& Ga \& Ha$	2 &B
2*	(4)	$Fa \& Ga$	3 &B
2*	(5)	Fa	4 &B
2*	(6)	Ha	3 &B
2*	(7)	$Fa \& Ha$	5,6 &E
2*	(8)	$\exists x(Fx \& Hx)$	7 $\exists$E
9*	(9)	$Fc \& Gc \& Fb \& Gb \& \neg c=b$	AE
2*	(10)	$\forall y(Fy \& Gy \to a=y)$	2 &B
2*	(11)	$Fb \& Gb \to a=b$	10 $\forall$B
9*	(12)	$Fc \& Gc \& Fb \& Gb$	9 &B
9*	(13)	Gb	12 &B
9*	(14)	$Fc \& Gc \& Fb$	12 &B
9*	(15)	Fb	14 &B
9*	(16)	$Fb \& Gb$	15,13 &E
2*,9*	(17)	$a=b$	11,16 MPP
2*	(18)	$Fc \& Gc \to a=c$	10 $\forall$B
9*	(19)	$Fc \& Gc$	14 &B
2*,9*	(20)	$a=c$	18,19 MPP
2*,9*	(21)	$c=b$	20,17 =B
9*	(22)	$\neg c=b$	9 &B
2*,9*	(23)	$c=b \& \neg c=b$	21,22 &E
2*	(24)	$\neg(Fc \& Gc \& Fb \& Gb \& \neg c=b)$	9,23 RAA
2*	(25)	$\forall y \neg(Fc \& Gc \& Fy \& Gy \& \neg c=y)$	24 $\forall$E
2*	(26)	$\neg \exists y(Fc \& Gc \& Fy \& Gy \& \neg c=y)$	SE: 25 Def. „¬∃"
2*	(27)	$\forall x \neg \exists y(Fx \& Gx \& Fy \& Gy \& \neg x=y)$	26 $\forall$E
2*	(28)	$\neg \exists x \exists y(Fx \& Gx \& Fy \& Gy \& \neg x=y)$	SE: 27 Def. „¬∃"
2*	(29)	$\exists x(Fx \& Hx) \& \neg \exists x \exists y(Fx \& Gx \& Fy \& Gy \& \neg x=y)$	8,28 &E
1	(30)	$\exists x(Fx \& Hx) \& \neg \exists x \exists y(Fx \& Gx \& Fy \& Gy \& \neg x=y)$	1,2,29 $\exists$B

In Zeile 9 wird die Formel eingeführt, deren Negation in Zeile 24 abgeleitet wird. Hierbei ist es wichtig, in Zeile 9 andere Namenbuchstaben als in Zeile 2 zu verwenden, um in Zeile 25 bzw. 27 ∀E anwenden zu können. Man achte darauf, dass man zum Zwecke der Ableitung einer negierten existenzquantifizierten Formel (Zeilen 26 und 28) mittels ∀E eine allquantifizierte Formel ableiten kann, in der auf den Allquantor das Negationszeichen folgt (Zeilen 25 und 27). Mittels der Umformungsregel Def. „¬∃" ist dann die gewünschte existenzquantifizierte Formel ableitbar.

Das folgende Argument erfordert die adäquate Formalisierung einer definiten Quantifikation:

BEISPIEL 3:

U-TEXT:

Genau einer überlebte. Also: Nicht zwei überlebten.

INTERPRETATION:

Genau ein Mensch überlebte. Also: *Nicht mindestens zwei Menschen* überlebten.

LEGENDE:

f(_) = ... ist ein Mensch.
g(_) = ... überlebte.

SQ$_I$A-TEXT:[7]

Mindestens ein x erfüllt:$_1$ f(x) und g(x) und Alle y erfüllen:$_2$ wenn f(y) und g(y) dann x = y:$_2$:$_1$ also nicht Mindestens ein x erfüllt Mindestens ein y erfüllt:$_1$ f(x) und f(y) und g(x) und g(y) und nicht x = y:$_1$

Q_I-ARGUMENTSCHEMA:

$\exists x(Fx \,\&\, Gx \,\&\, \forall y(Fy \,\&\, Gy \rightarrow x = y))$
∴ $\neg\exists x\exists y(Fx \,\&\, Fy \,\&\, Gx \,\&\, Gy \,\&\, \neg\, x = y)$

ABLEITUNG:[8]

---

[7] Es wird wieder nur eine unter den möglichen äquivalenten Standardisierungen gewählt.
[8] Die Ableitungsstrategie gleicht im Wesentlichen der des vorangegangenen Beispiels.

Ann.	Nr.	Formel	Regel
1	(1)	$\exists x(Fx \& Gx \& \forall y(Fy \& Gy \to x = y))$	AE
2*	(2)	$Fa \& Ga \& \forall y(Fy \& Gy \to a = y)$	AE
3*	(3)	$Fc \& Fb \& Gc \& Gb \& \neg c = b$	AE
2*	(4)	$\forall y(Fy \& Gy \to a = y)$	2 &B
2*	(5)	$Fb \& Gb \to a = b$	4 $\forall$B
3*	(6)	$Fc \& Fb \& Gc \& Gb$	3 &B
3*	(7)	Gb	6 &B
3*	(8)	$Fc \& Fb \& Gc$	6 &B
3*	(9)	$Fc \& Fb$	8 &B
3*	(10)	Fb	9 &B
3*	(11)	$Fb \& Gb$	10,7 &E
2*,3*	(12)	$a = b$	5,11 MPP
2*	(13)	$Fc \& Gc \to a = c$	4 $\forall$B
3*	(14)	Gc	8 &B
3*	(15)	Fc	9 &B
3*	(16)	$Fc \& Gc$	15,14 &E
2*,3*	(17)	$a = c$	13,16 MPP
2*,3*	(18)	$c = b$	17,12 =B
3*	(19)	$\neg c = b$	3 &B
2*,3*	(20)	$c = b \& \neg c = b$	18,19 &E
2*	(21)	$\neg(Fc \& Fb \& Gc \& Gb \& \neg c = b)$	3,20 RAA
2*	(22)	$\forall y \neg(Fc \& Fy \& Gc \& Gy \& \neg c = y)$	21 $\forall$E
2*	(23)	$\neg \exists y(Fc \& Fy \& Gc \& Gy \& \neg c = y)$	SE: 22 Def. „$\neg\exists$"
2*	(24)	$\forall x \neg \exists y(Fx \& Fy \& Gx \& Gy \& \neg x = y)$	23 $\forall$E
2*	(25)	$\neg \exists x \exists y(Fx \& Fy \& Gx \& Gy \& \neg x = y)$	SE: 24 Def. „$\neg\exists$"
1	(26)	$\neg \exists x \exists y(Fx \& Fy \& Gx \& Gy \& \neg x = y)$	1,2,25 $\exists$B

Übung: Argumentrekonstruktion

6 Ausblick: Probleme der Identität

Obwohl es für die Zwecke der Argumentrekonstruktion nützlich ist, das Identitätszeichen einzuführen, handelt man sich mit der Erweiterung der Quantorenlogik zugleich logische und philosophische Probleme ein. Es seien hier vier Probleme genannt:

Problem der Formalisierung: Seitens einer philosophischen Analyse von Identitätsaussagen wird in Frage gestellt, dass die *Identität als eine Relation*, in der Gegenstände zu sich selbst stehen, zu deuten ist. Dementsprechend wird in Frage gestellt, dass der Begriff der Identität durch einen Prädikatbuchstaben zu formalisieren ist.

Probleme der Semantik:

$\Im(=)$: Die Festlegung, dass in $\Im(=)$ stets alle Elemente aus I und nur diese ein Paar bilden (vgl. *Erläuterung 11.3*), ist ein *Bedeutungspostulat*, das die kombinatorischen Interpretationsmöglichkeiten eines zweistelligen Prädikatbuchstabens einschränkt. Die Voraussetzung derartiger, formal nicht zu rechtfertigender Bedeutungspostulate, durch die die Interpretation eines Prädikatbuchstabens gesondert geregelt wird, kann man ablehnen. Man wäre dann auch nicht gezwungen, atomare Formeln der Form $t = t$ als Formeln zu interpretieren, die im Unterschied zu allen anderen atomaren Formeln nicht bivalent sind.

$\Im(t)$: Während mehrdeutige Interpretationen eines Namenbuchstabens in der klassischen Quantorenlogik ausgeschlossen sind, wird eine Interpretation, die unterschiedlichen Namenbuchstaben dieselben Elemente aus I zuordnet, zugelassen (vgl. *Erläuterung 11.4*). Ein konsequenter extensionaler Standpunkt in der Interpretation fordert demgegenüber eine *eineindeutige Interpretation* der Namenbuchstaben. Noch einen Schritt weitergehend kann in Frage gestellt werden, ob es sinnvoll ist, die Interpretationen der Namenbuchstaben wie die der Satzbuchstaben und Prädikatbuchstaben zu variieren.

Problem der Syntax ($= E$): Nach der Regel der *Identitäts-Einführung* ($= E$) sind Formeln der Form $t = t$ *Axiome*, d.i. Formeln, die in eine Zeile mit leerer Annahmeliste aufgenommen werden dürfen, ohne als Theoreme abgeleitet worden zu sein. Formeln der Form $t = t$ haben die Form $\varphi(v,v)$. Durch die Form der Formeln $t = t$ lässt sich nicht rechtfertigen, warum sie im Unterschied zu Formeln wie '$F(a,a)$' oder '$G(b,b)$' Axiome sind. Man kann derartige, in diesem Sinne formal nicht zu rechtfertigende Axiome ablehnen.

Das Problem der Interpretation des Gleichheitszeichens ($\Im(=)$) und das Problem Identitätseinführungsregel ($= E$) stellen sich insbesondere, wenn man fordert, dass formale Eigenschaften und Relationen nicht auf Grund von Bedeutungspostulaten oder willkürlicher Festlegung von Axiomen, sondern durch Eigenschaften der äusseren Form von Formeln zu identifizieren sind (vgl. hierzu LEKTION 6, Abschnitt 3). Diese Forderung ist unvereinbar mit der Verwendung eines Identitätszeichens, dessen Form sich nicht von der Form zweistelliger Prädikatbuchstaben unterscheidet. Geht man von einem Beweisverständnis im Sinne der Transformation von Formeln eines Formelsystems in ein anderes aus, dann dürfen die Formeln, durch deren äussere Merkmale formale Eigenschaften und Relationen identifiziert werden, nicht das Identitätszeichen enthalten – man muss eine Logik ohne Identität fordern.[9] Eine Möglichkeit, die Reichhaltigkeit der Quantorenlogik zu erhöhen, ohne das Identitätszeichen einzuführen, besteht darin, quantorenlogische Formeln *exklusiv* zu deuten (siehe hierzu S. 209). Mittels exklusiv gedeuteter Q-Formeln ist es z.B. möglich, definitquantifizierte Aussage zu formalisieren, ohne das Identitätszeichen einzuführen: Aussagen der Form „Es gibt genau ein x, das F ist", die nach inklusiver Deutung durch '$\exists x Fx \ \& \ \neg\exists x \exists y (Fx \ \& \ Fy \ \& \ \neg x = y)$' formalisiert werden können, sind nach exklusiver Formalisierung z.B. durch '$\exists x Fx \ \& \ \neg\exists x \exists y (Fx \ \& \ Fy)$' zu formalisieren.

Eine Lösung der genannten Probleme der Identität steht ebenso aus wie eine ausgearbeitete Theorie der exklusiv gedeuteten Quantorenlogik ohne Identitätszeichen.[10]

---

[9] Zur Frage, ob das Identitätszeichen noch zur Logik zu zählen sei, siehe auch Quine(1973), S. 72f.

[10] Eine einschlägige Arbeit zur Quantorenlogik mit exklusiver Deutung ist Hintikka (1956). Hintikka versteht die exklusive Deutung der Quantorenlogik allerdings nicht als Teil der programmatischen Forderung, auf das Identitätszeichen vollständig zu verzichten und geht dementsprechend von exklusiv gedeuteten Formeln mit Identitätszeichen aus. Hintikka beschränkt sich auch auf die exklusive Deutung von Variablen.

LEKTION 12

UNENTSCHEIDBARKEIT DER QUANTORENLOGIK

Die Unentscheidbarkeit der Quantorenlogik gilt als bewiesen. Dies ist ein grundlegendes Resultat der Metalogik, denn es wird mit mathematischen Beweismethoden gezeigt, dass es prinzipiell unmöglich sei, das *Kriterium der Entscheidbarkeit* im Rahmen der Quantorenlogik zu erfüllen. Damit ist der Entwicklung logischer Entscheidungsverfahren schon auf der Ebene der klassischen Logik eine Grenze aufgezeigt. Dieses Resultat ist fundamental für eine Beurteilung der klassischen Logik. Ziel dieser Lektion ist es, die grundlegenden Annahmen des Beweises und seine Form zu identifizieren, indem der *Beweis der Unentscheidbarkeit* der Quantorenlogik in seinen Grundzügen *rekonstruiert* wird. Die Lektion endet mit Bemerkungen zu einer philosophischen Analyse der in direkten Unentscheidbarkeitsbeweisen vorausgesetzten Unterscheidung der Meta- und Objektsprache.

Es gibt viele unterschiedliche Unentscheidbarkeitsbeweise der Quantorenlogik. Sie alle sind *indirekte Beweise* in dem Sinne, dass sie irgendein *anderes* Unentscheidbarkeitstheorem voraussetzen. Als erster hat *Alonzo Church* 1936 einen indirekten Unentscheidbarkeitsbeweis der Quantorenlogik gegeben. Die Kette indirekter Unentscheidbarkeitsbeweise muss schliesslich zu einem Unentscheidbarkeitsbeweis gelangen, der keinen weiteren Unentscheidbarkeitsbeweis voraussetzt. Der in dieser Lektion rekonstruierte Unentscheidbarkeitsbeweis ist ein von *Hilbert und Bernays* in ihrem klassischen Werk *Grundlagen der Mathematik* im Anschluss an Rosser[1] geführter Unentscheidbarkeitsbeweis für ein arithmetisches Systems Z_{00}, den sie ihrem Unentscheidbarkeitsbeweis der Quantorenlogik zugrunde legen.

1 Churchs indirekter Unentscheidbarkeitsbeweis

Ein Fundamentaltheorem der modernen Metalogik besagt in seiner knappsten Fassung, dass die Quantorenlogik 1. Stufe (mit oder ohne Identität) unentscheidbar ist. Ausführlicher formuliert besagt dies:

> **Erläuterung 12.1**
> Es ist *prinzipiell unmöglich*, für die formale Eigenschaft der Allgemeingültigkeit einer beliebigen Q-Formel ein Entscheidungsverfahren anzugeben.

---

[1] Vgl. Rosser (1936).

Als erster hat Alonzo Church 1936 hierfür einen Beweis angegeben.[2] Allerdings spricht er nicht von der *Allgemeingültigkeit* als der zu entscheidenden Eigenschaft, sondern von der *Ableitbarkeit* der Formeln innerhalb eines Kalküls der Quantorenlogik. Er weist aber daraufhin, dass dies auf Grund der Korrektheit und Vollständigkeit des Prädikatenkalküls äquivalent ist mit der Allgemeingültigkeit der quantorenlogischen Formeln.[3]

Es gibt viele unterschiedliche Beweise der Unentscheidbarkeit der Quantorenlogik. Sie alle aber sind *indirekte Beweise* der allgemeinen Form:

UNENTSCHEIDBARKEITSTHEOREM: Die Eigenschaft φ einer Formelmenge $\mathcal{M}$ ist nicht entscheidbar.

ANWENDUNGSTHEOREM: Wenn die Quantorenlogik entscheidbar ist, dann ist die Eigenschaft φ der Formelmenge $\mathcal{M}$ entscheidbar.

FOLGERUNG: Die Quantorenlogik ist nicht entscheidbar.

Der Hauptteil der Unentscheidbarkeitsbeweise besteht darin, das hier „Anwendungstheorem" genannte Theorem zu beweisen, d.h. das Theorem, durch welches das dem jeweiligen Beweis zugrunde gelegte Unentscheidbarkeitstheorem auf die Frage der Entscheidbarkeit der Quantorenlogik angewendet werden kann. Die jeweiligen Beweise unterscheiden sich durch die zugrunde gelegten Unentscheidbarkeitstheoreme. Entsprechend unterscheiden sich dann auch die Anwendungstheoreme und ihre Beweise.

Die grundlegende Beweisidee für das Anwendungstheorem besteht in dem Nachweis, dass die Allgemeingültigkeit bzw. Ableitbarkeit der Q-Formeln äquivalent ist mit der Aussage, dass die Eigenschaft φ für Formeln aus $\mathcal{M}$ zutrifft. Hieraus folgt dann, dass die Entscheidbarkeit der Allgemeingültigkeit der quantorenlogischen Formeln auch entscheiden könnte, ob die Eigenschaft φ für Formeln aus $\mathcal{M}$ zutrifft, was zu dem Widerspruch mit einem schon bewiesenen Unentscheidbarkeitstheorem führt.

Church rekurriert für seinen Beweis auf die Unentscheidbarkeit eines bestimmten logisch-arithmetischen Systems L:

---

[2] Vgl. Church (1936), S. 40f. und S. 101f.

[3] Church weist auch darauf hin, dass auf Grund des nichtkonstruktiven Vollständigkeitsbeweises Gödels die Übertragung seines Beweises auf die Frage der Entscheidbarkeit der Allgemeingültigkeit nicht „beyond question" ist (ebenda, S. 102). Hierauf wird im Folgenden nicht weiter eingegangen, da es Unentscheidbarkeitsbeweise der Quantorenlogik gibt, die nicht von Gödels Vollständigkeitstheorem Gebrauch machen.

UNENTSCHEIDBARKEITSTHEOREM: Es ist für das konsistente System L nicht entscheidbar, ob die Formeln dieses Systems in diesem System ableitbar sind.

ANWENDUNGSTHEOREM: Wenn die Ableitbarkeit von Q-Formeln entscheidbar ist, dann ist auch entscheidbar, ob die Formeln des konsistenten Systems L in diesem System ableitbar sind.

FOLGERUNG: Es ist nicht entscheidbar, ob beliebige Q-Formeln ableitbar sind.

Die Herleitung des Anwendungstheorems stellt den Hauptteil von Churchs Beweis dar. Church führt zunächst das *System* L ein. Dieses besteht aus dem engeren Funktionenkalkül (= dem Prädikatenkalkül von Hilbert und Bernays) sowie einigen Symbolen für die Zahl 1, für die Identität von Individuen ('=') und für arithmetische Funktionen sowie einigen weiteren zusätzlichen Axiomen, u.a. einigen Identitätsaxiomen. Wie Church später auf Grund einer Kritik von Paul Bernays korrigierend hinzufügt, dürfen in diesen zusätzlichen Axiomen keine freien Variablen enthalten sein. Von diesem System beweist er, dass es konsistent ist. Es handelt sich folglich um ein konsistentes System, von dem laut Prämisse 1 (Unentscheidbarkeitstheorem) angenommen werden kann, dass es nicht entscheidbar ist, ob die Formeln dieses Systems innerhalb des Systems ableitbar sind.

Daraufhin führt Church das System L' ein, das mit L äquivalent ist, aber keine Symbole für arithmetische Funktionen enthält. L' ist immer noch reichhaltiger als der Prädikatenkalkül. Church zeigt, dass eine Formel S in L', die nicht eine Formel des Prädikatenkalküls ist, ableitbar ist gdw. ihre Umformung in eine Formel R des Prädikatenkalküls ableitbar ist aus Axiomen U, die eine prädikatenlogische Umformulierung der Axiome T in L' sind. Wäre demnach $U \rightarrow R$ im Prädikatenkalkül entscheidbar, dann auch die entsprechende Formel S in L' und damit auch L. Da aber schon bewiesen ist, dass Letzteres nicht der Fall ist, kann auch Ersteres nicht der Fall sein.

Auf Grund der Vollständigkeit und Korrektheit der quantorenlogischen Kalküle folgt aus diesem Beweis der Unentscheidbarkeit der *Ableitbarkeit* die Unentscheidbarkeit der *Allgemeingültigkeit* der Quantorenlogik.

Andere Beweise argumentieren unmittelbar für die Unentscheidbarkeit der *Allgemeingültigkeit* quantorenlogischer Formeln. Unentscheidbarkeitstheoreme, auf die hierbei zurückgegriffen wird, sind die Unentscheidbarkeit des Halting-Problems für Turing-Maschinen, die Unentscheidbarkeit des Post'schen Korrespondenzproblems sowie die Unentscheidbarkeit des allgemeinen Wortproblems für Semi-Thue-Systeme.[4]

Hilbert und Bernays[5] argumentieren wie Church für die Unentscheidbarkeit der *Ableitbarkeit* quantorenlogischer Formeln. Im Unterschied zu Church gehen sie allerdings nicht von der Unentscheidbarkeit des konsistenten Systems L aus, sondern von einem konsistenten arithmetischen System Z_{00} und dessen Unentscheidbarkeit und zeigen dann analog zu Churchs Beweisgang, dass aus der Annahme der Entscheidbarkeit der Ableitbarkeit einer Formel im Prädikatenkalkül die Entscheidbarkeit der Ableitbarkeit einer beliebigen Formel des Systems Z_{00} folgt.

Ziel aller Unentscheidbarkeitsbeweise der Quantorenlogik ist jeweils, die Entscheidbarkeit der Quantorenlogik durch den Nachweis zu widerlegen, dass aus der Entscheidbarkeit der Allgemeingültigkeit oder Ableitbarkeit von Q-Formeln folgt, dass eine erwiesenermassen unentscheidbare Eigenschaft eines anderes Systems entscheidbar wäre.

Alle diese Beweise setzen Unentscheidbarkeitstheoreme voraus. Auch diese können wiederum indirekt bewiesen werden (wie z.B. Hermes' Beweis der Unentscheidbarkeit des allgemeinen Wortproblems für Semi-Thue-Systeme), aber irgendwann muss die Kette indirekter Unentscheidbarkeitsbeweise bei einem *direkten Unentscheidbarkeitsbeweis* enden. Ein Beispiel hierfür ist Hilberts Beweis der Unentscheidbarkeit der Ableitbarkeit einer Formel des arithmetischen Systems Z_{00}.

2 Hilberts direkter Unentscheidbarkeitsbeweis

2.1 Beweisidee

Direkte metamathematische Beweise der Entscheidbarkeit oder Unentscheidbarkeit einer formalen Eigenschaft φ (z.B. der Allgemeingültigkeit oder Ableitbarkeit) eines Formalismus $\mathcal{F}$ bemessen die Entscheidbarkeit daran, ob es eine rekursive zahlentheoretische Funktion gibt, die allen Gödelzahlen der Formeln aus $\mathcal{F}$ in Abhängigkeit zu dem Bestehen oder Nichtbestehen der formalen Eigenschaft φ den Wert 0 bzw. 1 zuordnet. Dies setzt zum einen die *Church-These* und zum anderen die *Gödelisierung* des Formalismus $\mathcal{F}$ voraus.[6]

---

[4]Vgl. z.B. Boolos (1996), Kapitel 10; Schmid (1996), Kapitel 10.3; Hermes, (1978), §24.
[5]Hilbert (1970), S. 433ff.
[6]Zur Gödelisierung siehe auch Lektion 2, Abschnitt 3, Zusatzbemerkung 2.3, S. 57.

> **Gödelisierung:** Unter einer *Gödelisierung* versteht man die injektive Abbildung von Formeln auf natürliche Zahlen.

Durch die Gödelisierung wird es möglich, formale Eigenschaften und Relationen der Formeln anhand von arithmetischen Eigenschaften und Beziehungen ihrer Gödelzahlen zu bemessen. Die *Church-These* formuliert ein Kriterium für die Eigenschaft der Entscheidbarkeit einer formalen Eigenschaft φ eines Formalismus $\mathcal{F}$ in Rückgriff auf die Auswertung der Gödelzahlen durch eine rekursive zahlentheoretische Funktion:

> **Church-These:** Die formale Eigenschaft φ der Formeln des Formalismus $\mathcal{F}$ ist entscheidbar gdw. es eine rekursive zahlentheoretische Funktion $t(n)$ gibt, die für alle Gödelzahlen n der Formeln von $\mathcal{F}$ diesen den Wert 0 zuordnet, wenn die Formeln die Eigenschaft φ besitzen, und den Wert 1, wenn die Formeln die Eigenschaft φ nicht besitzen.

Eine *zahlentheoretische* Funktion ist eine Funktion, deren Argumente und Werte Zahlen sind. Eine zahlentheoretische Funktion ist *rekursiv*, wenn alle ihre Werte für gegebene Argumente entweder direkt angegeben oder auch durch Rückgriff („Rekursion") auf die Werte für vorhergehende Argumente (in endlichen Schritten) berechnet werden können.[7]

Die Church-These ist kein bewiesenes Theorem, sondern ein anerkanntes Mittel, den Begriff der Entscheidbarkeit mittels mathematischer Termini exakt zu definieren und damit Fragen der Entscheidbarkeit einer metamathematischen Beweisführung zugänglich zu machen. Hierdurch hat man die Möglichkeit, ein *vorgeschlagenes Entscheidungsverfahren* (z.B. die Wahrheitwerttabellenmethode in der Aussagenlogik) daraufhin zu prüfen, ob es sich um ein Entscheidungsverfahren im Sinne der Church-These handelt. Hierdurch hat man aber auch die Möglichkeit, ganz *unabhängig von einem konkreten Vorschlag* eines Entscheidungsverfahrens, die Frage zu untersuchen, ob bestimmte formale Eigenschaften eines Formalismus überhaupt entscheidbar sind.

Der direkte Unentscheidbarkeitsbeweis von Hilbert und Bernays bezieht sich seinerseits auf einen arithmetischen Formalismus, der selbst Zahlen und rekursive

---

[7] Auf eine exakte Erläuterung rekursiver zahlentheoretischer Funktionen muss hier verzichtet werden, vgl. hierzu Hermes (1978).

zahlentheoretische Funktionen enthält: Das *System* Z_{00} ist ein arithmetisches System von endlich vielen Gleichungen, durch das sich rekursive zahlentheoretische Funktionen berechnen lassen. Die Ausdrücke auf beiden Seiten der Gleichungen sind aus freien Individuenvariablen, dem Symbol 0, dem Strichsymbol, das für den jeweiligen Nachfolger einer Zahl steht, und aus Funktionszeichen gebildet.[8] *Ziffern* (d.i. Zahlzeichen) in Z_{00} sind die Zeichen der Reihe '0, 0′, 0″, 0‴, …'; die Zeichen der Reihe '1, 2, 3, …' kommen in Z_{00} nicht vor. Die Ableitungsregeln innerhalb des Systems Z_{00} sind die Einsetzungsregel[9] und das Ersetzungsschema[10]. Von diesem System gilt, dass jede rekursive einstellige zahlentheoretische Funktion f in ihm *auswertbar* ist. Dies besagt, dass die die Gleichungen der Form $f(x) = y$ repräsentierenden Z_{00}-Formeln[11] in Z_{00} ableitbar sind, wenn diese Gleichungen gültig sind.

Den Formeln dieses Formalismus werden durch die Gödelisierung Zahlen zugeordnet, die ihrerseits in dem Formalismus selbst repräsentiert werden können; die Entscheidbarkeit der Z_{00}-Formeln wird an dem Bestehen einer rekursiven zahlentheoretischen Funktion t bemessen, die in dem Formalismus Z_{00} selbst repräsentiert wird. Unter Voraussetzung der Entscheidbarkeit im Sinne der *Church-These* würde in dem arithmetischen System Z_{00} die die Gleichung $t(n) = 0$ repräsentierende Gleichung ableitbar sein, wenn die Formel mit der Gödelzahl n die Eigenschaft φ besitzt; hat die Formel mit der Gödelzahl n nicht die Eigenschaft φ, wäre unter Voraussetzung der Entscheidbarkeit im Sinne der *Church-These* die die Gleichung $t(n) = 1$ repräsentierende Gleichung ableitbar.

Hilbert und Bernays beweisen, dass die formale Eigenschaft der *Ableitbarkeit* für Formeln von Z_{00} unentscheidbar ist. Sie leiten ab, dass es keine in Z_{00} auswertbare rekursive zahlentheoretische Funktion gibt, die *allen* Gödelzahlen der Formeln aus Z_{00} den Wert 0 oder 1 in Abhängigkeit zur *Ableitbarkeit* der Formeln

---

[8] Demnach sind z.B. '0 = 0', '$a = a$', '0′ + 0′ = 0″', '0′ + a = a + 0′' Z_{00}-Formeln, während '1 = 0′' (wg. '1'), '0′ + 1 → 1 + 0′' (wg. '→'), '∀x $x = x$' (wg. '∀') keine Z_{00}-Formeln sind.

[9] $\mathcal{A}(v) \vdash \mathcal{A}(\tau)$. Die Einsetzungsregel erlaubt die Einsetzung eines Termes τ für eine freie Variable v. Ein Term τ in Z_{00} ist ein Ausdruck, der sich aus dem Symbol 0, dem Strichsymbol und den Funktionszeichen sowie aus Variablen bilden lässt. Neben 'τ' wird 'σ' als Metavariable für Terme verwendet.

[10] $\tau = \sigma, \mathcal{A}(\tau) \vdash \mathcal{A}(\sigma)$ bzw. $\sigma = \tau, \mathcal{A}(\tau) \vdash \mathcal{A}(\sigma)$.

[11] Die Wendung „ein Z_{00}-Ausdruck *repräsentiert* …" sei wie folgt gebraucht: Ein Z_{00}-Ausdruck *repräsentiert* eine *Funktion*, eine *Zahl* oder eine *Gleichung*, wenn er interpretiert wird als Ausdruck dieser Funktion, Zahl oder Gleichung. Ein Z_{00}-Ausdruck repräsentiert einen anderen *Ausdruck*, wenn die Interpretation der Ausdrücke diesen dieselbe Bedeutung verleiht. Da Formeln Ausdrücke sind, gilt dies auch für Formeln. Anstelle der Wendung „Ein Ausdruck des Formalismus $\mathcal{F}$ *repräsentiert* …" kann man auch, wie z.B. Hilbert und Bernays, die Formulierung „Ein Ausdruck des Formalismus $\mathcal{F}$ stellt … dar" wählen.

aus Z_{00} zuordnet. Dies beweisen sie, indem sie *eine* Formel aus Z_{00} angeben, für deren Gödelzahl m es keine in Z_{00} auswertbare rekursive einstellige zahlentheoretische Entscheidungsfunktion t gibt, die der Gödelzahl m dieser Formel in Abhängigkeit zur Ableitbarkeit dieser Formel den Wert 0 oder 1 zuordnet. Diese von Hilbert und Bernays angegebene Formel mit der Gödelzahl m ist eine *selbstreferentielle* Formel, die gemäss ihrer Interpretation ihre eigene Unableitbarkeit behauptet. Die selbstreferentielle Formel wird durch eine *Diagonalisierung* gewonnen (zum Begriff der Diagonalisierung und der diagonalen Funktion siehe unten S. 351). Dass der Gödelzahl dieser Formel weder der Wert 0 noch der Wert 1 zugeordnet werden kann, beweisen sie indirekt in Form einer *reductio ad absurdum*, indem sie zeigen, dass die Annahme, der Wert von $t(m)$ sei 0 oder 1 jeweils zu einem Widerspruch führt. Unter Voraussetzung der *Church-These* besagt dies, dass die Eigenschaft der Ableitbarkeit für den Formalismus Z_{00} unentscheidbar ist.

Die Beweisfigur des direkten Unentscheidbarkeitsbeweises für Z_{00} lässt sich wie folgt zusammenfassen:

ENTSCHEIDBARKEITSANNAHME: Es wird angenommen, dass es eine rekursive, zahlentheoretische *Entscheidungsfunktion t* gibt, die in Abhängigkeit zur *Ableitbarkeit* der Formeln des Formalismus Z_{00} für alle Gödelzahlen der Z_{00}-Formeln die Werte 0 oder 1 ergibt.

AUSWERTBARKEITSANNAHME: Es wird angenommen, dass alle rekursiven, zahlentheoretischen Funktionen in Z_{00} *auswertbar* sind.

SELBSTREFERENTIELLE DEFINITION: Es wird unter Voraussetzung von *Diagonalisierungen*, der Definition der *diagonalen Funktion* $s(k)$ und Gödelisierungen eine *selbstreferentielle Formel* konstruiert, die gemäss den gemachten Voraussetzungen ihre eigene Unableitbarkeit behauptet.

HILFSANNAHMEN: Als Hilfsannahmen werden *nummerische Widerspruchsfreiheitsannahmen* verwendet.

REDUCTIO AD ABSURDUM: Es wird auf Basis der genannten Annahmen und Definitionen für die Gödelzahl m der genannten selbstreferentiellen Formel gezeigt, dass aus der Annahme, der entsprechende Wert der Entscheidungsfunktion $t(m)$ sei 0 oder 1, ein *Widerspruch* zu den nummerischen Widerspruchsfreiheitsannahmen ableitbar ist.

SCHLUSSFOLGERUNG 1: Hieraus wird auf die Negation der Entscheidbarkeitsannahme geschlossen.

CHURCH-THESE: Es wird angenommen, dass die *Entscheidbarkeit der Ableitbarkeit* der Z_{00}-Formeln an der Annahme zu messen ist, dass die Entscheidungsfunktion $t(n)$ den Gödelzahlen der Formeln von Z_{00} in Abhängigkeit zu ihrer Ableitbarkeit den Wert 0 oder 1 zuordnet.

SCHLUSSFOLGERUNG 2: Auf Grund der Schlussfolgerung 1 und der Church-These wird darauf geschlossen, dass es *nicht* für beliebige Formeln aus Z_{00} *entscheidbar* ist, ob sie in dem Formalismus Z_{00} ableitbar sind oder nicht.

Dieser Beweisgang soll im Einzelnen rekonstruiert werden.

2.2 REKONSTRUKTION

Der Unentscheidbarkeitsbeweis kann nicht innerhalb Z_{00}, sondern muss in einer Metasprache geführt werden; Hilbert und Bernays verwenden als Metasprache die Umgangssprache. Sie führen ihren Beweis nicht formal, sondern inhaltlich.

2.2.1 METAKALKÜL MK

Um die inhaltliche Argumentation Hilberts und Bernays' formal zu rekonstruieren, seien folgende Regeln eines *Metakalküls MK* mit der zugehörigen Interpretation der in ihm verwendeten *MK-Formeln* bzw. *MK-Zeichen* zugrunde gelegt:

- Die Formeln von MK sind „Metaformeln", d.h. Formeln, die gemäss ihrer Interpretation etwas über Z_{00} aussagen.

- Es werden folgende Variablen verwendet:
    - eine Variable für die Formeln von Z_{00} ($\mathcal{A}$),
    - Variablen für natürliche Zahlen (a, n, x, y),[12]
    - eine Variable für rekursive einstellige zahlentheoretische Funktionen (f),
    - eine freie Variable für eine rekursive einstellige zahlentheoretische Funktion (t).

- Es werden folgende Ausdrücke mit konstanter Bedeutung verwendet:
    - zwei Konstanten für Gödelzahlen (l, m),
    - eine Konstante für eine bestimmte berechenbare, diagonale Funktion (s),

---

[12] Die Einsetzungsinstanzen dieser Variablen sind neben Zahlkonstanten freie Zahlvariablen und Kennzeichnungen von Zahlen, die mittels Funktionsausdrücken gebildet sind.

- '0' und '1' werden als Konstanten verwendet. Die Verwendung von '1' zusätzlich zu '0′' (= „Nachfolger von 0", d.i. 1) aus dem Formalismus Z_{00} ist willkürlich und folgt hier dem Gebrauch von Hilbert und Bernays.
- $G(\mathcal{A})$ ('G' steht für Gödelisierung) ist eine injektive, berechenbare Funktion in MK, die jeder Z_{00}-Formel $\mathcal{A}$ ihre Gödelzahl n zuordnet.
- der Ausdruck '$\mathcal{E}(e, Z_{00})$' bedeutet „e ist Entscheidungsverfahren für Z_{00}", wobei e eine Variable ist. '$\exists e\, \mathcal{E}(e, Z_{00})$' bedeutet demnach, dass es ein Entscheidungsverfahren der Formeln von Z_{00} gibt.

- Variablen können frei oder gebunden vorkommen.

- Es wird zugelassen, dass an die Argumentstelle von Funktionsausdrücken wiederum Funktionsausdrücke gesetzt werden.

- Terme τ (bzw. σ) sind Namen, Variablen, Funktionsausdrücke.

- Alle Ausdrücke in Z_{00} sind Ausdrücke von MK (aber nicht umgekehrt) und haben als Z_{00}- und MK-Ausdrücke dieselbe Bedeutung.

- '$\vdash_{Z_{00}} \mathcal{A}$' ist ein einstelliges Prädikat von MK, das besagt, dass die Z_{00}-Formel $\mathcal{A}$ in Z_{00} ableitbar ist.

- Zeichen in MK, die Zeichen in Z_{00} bezeichnen, werden durch einen hochgestellten Strich gekennzeichnet.
    - Hierbei sei vorausgesetzt, dass alle Ziffern der Reihe '$0, 0', 0'', 0''', \ldots$' aus MK die Zeichen derselben Gestalt in Z_{00} bezeichnen, wenn sie unter dem hochgestellten Strich vorkommen. Demnach bezeichnet z.B. '$\bar{0}$' die Ziffer '0' aus Z_{00}, die die Zahl 0 repräsentiert.
    - '$\bar{l}$' bezeichnet die Ziffer in Z_{00}, die die Zahl l repräsentiert, '$\bar{m}$' bezeichnet die Ziffer in Z_{00}, die die Zahl m repräsentiert.
    - '$\bar{t}$' soll irgendein einstelliges zahlentheoretisches Funktionszeichen in Z_{00} bezeichnen, das die fragliche Entscheidungsfunktion t repräsentieren soll.
    - '$\bar{s}$' bezeichnet ein bestimmtes einstelliges zahlentheoretisches Funktionszeichen in Z_{00}, das die diagonale Funktion s repräsentiert.
    - Kommen Variablen unter dem hochgestellten Strich vor, muss unterschieden werden, ob die Variable derselben Gestalt in Z_{00} bezeichnet

wird oder ob die Einsetzungsinstanzen der Variablen bezeichnet werden, die zugleich Z_{00}-Zeichen sind und in Z_{00} die Werte der Variablen repräsentieren. Dieser Unterschied sei zum Ausdruck gebracht, indem im ersten Fall zusätzlich zum hochgestellten Strich ein Punkt direkt über die Variable geschrieben wird: '$\overline{\dot{a}}$' bezeichnet demnach die Variable 'a' in Z_{00}; während '$\overline{a}$' die Einsetzungsinstanzen der Zahlvariable a bezeichnet, die zugleich Z_{00}-Zeichen sind, also z.B. '0', '0'', '0+0'', '0+a', 'a+b', aber z.B. nicht '1', 'l', '$s(0)$'. Schliesslich wird es auch von Bedeutung sein, die Menge der bezeichneten Einsetzungsinstanzen von Zahlvariablen in Z_{00} gegebenenfalls auf Z_{00}-*Ziffern* einzuschränken. Dies wird durch den Index 'z' einer Zahlvariablen unter dem hochgestellten Strich zum Ausdruck gebracht. '$\overline{k}_z$' bezeichnet demnach nur die Zahlen repräsentierenden Z_{00}-Ziffern '0, 0', 0'', ...'. '$\overline{k}_z$' bezeichnet z.B. nicht – wie $\overline{k}$ – '0' + 0'' oder '$a \cdot a$', denn es bezeichnet nicht die Repräsentanten *sämtlicher* möglicher Einsetzungsinstanzen der Zahlvariablen k, sondern nur die einer Teilmenge von diesen. '$\overline{k}_z$' bezeichnet auch nicht – wie $\overline{\dot{k}}$ – den Buchstaben 'k' in einer Z_{00}-Formel.

- Variablen unter dem hochgestellten Strich (und ohne hochgestellten Punkt) werden nicht eigens gebunden. Sie kommen in der Rekonstruktion des Unentscheidbarkeitsbeweises nur in MK-Formeln der Form $\forall v A(v, \overline{v})$ vor, wobei $A(v, \overline{v})$ ein offenes Schema ist, in dem die Variable v sowohl ohne als auch mit hochgestelltem Strich vorkommt. Formeln dieser Form sind wie Formeln der Form $\forall v A(v)$ als Aussagen über die Werte der Variablen v zu interpretieren, wobei als Einsetzungsinstanzen für $\overline{v}$ nur Terme in Frage kommen, die Z_{00}-Zeichen – im Falle von $\overline{v}_z$ nur Z_{00}-Ziffern – bezeichnen. Gemäss dieser Interpretation trifft die Formel $\forall v A(v, \overline{v})$ über die Werte der Variablen v die Aussage, dass sie das offene Schema A dort, wo die Variable nicht unter dem Strich vorkommt, erfüllen, und es trifft über die Werte die Aussage, dass die Repräsentanten der Werte in Z_{00} das Schema A dort, wo die Variable unter dem Strich vorkommt, erfüllen.

- Der Ausdruck '$\mathcal{A}(\overline{\dot{a}}/\overline{k}_z)$' bezeichnet das Resultat der Ersetzung aller Vorkommnisse der Variable 'a' in der Z_{00}-Formel $\mathcal{A}$ durch eine *Ziffer* aus Z_{00}. '$\overline{\dot{a}}$' bezeichnet hier das Zeichen 'a' in Z_{00}, '$\overline{k}_z$' Elemente der Reihe '0, 0', 0'', ..

- Die logischen Zeichen von MK sind die der erweiterten Prädikatenlogik: '¬', '&', '∨', '→', '↔', '∀', '∃', '='.

- Auf die *MK-Formeln* A, B, C werden folgende Schlussregeln der erweiterten Prädikatenlogik 2. Stufe mit frei vorkommenden Variablen angewendet:

  AE: $A \vdash A$.

  MPP: $A \rightarrow B, A \vdash B$.

  sMPP: $A \leftrightarrow B, A \vdash B$ bzw. $A \leftrightarrow B, B \vdash A$.

  MTT: $A \rightarrow B, \neg B \vdash \neg A$.

  &E: $A, B \vdash A \,\&\, B$.

  &B: $A \,\&\, B \vdash A$ bzw. $A \,\&\, B \vdash B$.

  RAA: $\Gamma, (A, \Gamma \vdash B \,\&\, \neg B) \vdash \neg A$.

  DMG∨: $\neg(A \vee B) \dashv\vdash \neg A \,\&\, \neg B$.

  ∀B: $\forall v A(v) \vdash A(\tau)$.[13]

  =B: $\tau = \sigma, A(\tau) \vdash A(\sigma)$ bzw. $\sigma = \tau, A(\tau) \vdash A(\sigma)$.

- Die letzte Regel ist zugleich eine Schlussregel von Z_{00}. Hilbert nennt sie die „Ersetzungsregel". Wenn sie auf ableitbare Z_{00}-Formeln angewendet wird, sei dies durch „=B$_{Z_{00}}$" gekennzeichnet.

- ∀B sei in MK auch auf Formeln der Form $\forall A v(v, \overline{v})$ angewendet. Da die Einsetzungsinstanzen der Variablen unter dem hochgestellten Strich Z_{00}-Zeichen bezeichnen, ist folgende Restriktion zu beachten:

  RESTRIKTION ∀B IN MK: Kommt die durch den Allquantor gebundene Variable unter dem hochgestellten Strich vor, dann darf sie bei der Anwendung von ∀B nur durch solche Terme ersetzt werden, die unter dem hochgestellten Strich die Z_{00}-Zeichen bezeichnen, die in Z_{00} den Wert des Terms repräsentieren.

  Ersetzt man z.B. die durch den Allquantor gebundene Zahlvariable 'y' durch den Term '0', ist in der entsprechenden MK-Formel '$\overline{y}$' durch '$\overline{0}$' zu ersetzen, d.i. das Zeichen des Zeichens '0' in Z_{00}, das die Zahl 0 bedeutet; ersetzt man die Variable 'x' durch 'm', dann ist '$\overline{x}$' in der entsprechenden MK-Formel durch '$\overline{m}$' zu ersetzen, d.i. das Zeichen des Zeichens der Zahl m in Z_{00}; ersetzt man die Variable 'k' durch 'l', dann ist '$\overline{k}_z$' in der entsprechenden MK-Formel durch '$\overline{l}$' zu ersetzen, d.i. das Zeichen der Ziffer in Z_{00}, die die Zahl l repräsentiert.

---

[13] Restriktion: In $A(v)$ werden alle Vorkommnisse von v durch τ ersetzt. In MK kommt noch eine weitere Restriktion hinzu: Siehe hierzu die Ausführungen unten im Text auf S. 343.

- Als Klammerregeln gelten: Aussenklammern werden eliminiert; '∨' und '&' binden stärker als '→' und '↔'; bei gleich starker Bindung sind die Formeln von links nach rechts zu verklammern. Klammern zur Kennzeichnung von Wirkungsbereichen der Quantoren werden nur verwendet, wenn in diesen logische Junktoren vorkommen.

Die Interpretation der einzelnen Zeichen sowie die Ableitungsregeln von MK haben den Zweck, die Argumentation von Hilbert und Bernays im Folgenden Satz für Satz zu rekonstruieren und in einem Ableitungsschema zusammenzufassen. Dieses Ableitungsschema steckt den Rahmen einer möglichen Kritik ab, indem es nicht nur die *Annahmen* und die aus diesen gezogenen *Schlussfolgerungen* des Beweises, sondern auch die dem Beweis zu Grunde liegende *Syntax* der Annahmen und der Schlussfolgerungen identifiziert. Es wird hierbei nicht vorausgesetzt, dass die Anwendung der Regeln der erweiterten Prädikatenlogik 2. Stufe auf die Formeln von MK korrekt oder vollständig ist; es wird nur vorausgesetzt, dass die Argumentation von Hilbert und Bernays sich mit diesen Mitteln adäquat rekonstruieren lässt. *Ihre* Argumentation setzt die Korrektheit der Schlüsse und damit der Anwendungen der ihnen zugrunde liegenden Schlussregeln voraus. Die hier gegebene Rekonstruktion ist Ausdruck einer Interpretation, die den Anspruch erhebt, exakt und adäquat zu sein, indem sie implizite Voraussetzungen explizit macht.

2.2.2 Rekonstruktion der Annahmen

Alle Zitate der folgenden Rekonstruktion des Unentscheidbarkeitsbeweises von Z_{00} entsprechen in ihrer Reihenfolge den Ausführungen auf S. 443f. der *Grundlagen der Mathematik II* (siehe Abbildung 12.1 aus S. 345).

Hilbert und Bernays unterscheiden in ihrem umgangssprachlichen Beweisgang nicht explizit zwischen der Verwendung von Ausdrücken in ihrer eigentlichen Bedeutung und ihrer Verwendung zum Zweck der Bezeichnung von Z_{00}-Formeln, und sie legen nicht fest, wie auf Z_{00}-Formeln Bezug genommen wird. In den *Formalisierungen* soll in der folgenden Rekonstruktion unter Voraussetzung der gegebenen Interpretation der MK-Zeichen der Unterschied zwischen der Bezeichnung von Z_{00}-Formeln und dem Treffen von Aussagen über diese explizit und damit der für die Beweisführung relevante Gehalt unmissverständlich zum Ausdruck gebracht werden. In den *umgangssprachlichen Erläuterungen* der Formalisierung wird wie bei Hilbert und Bernays auf die Verwendung einfacher Anführungszeichen bei der Anführung von Formeln und Formelbestandteilen sowie auf die explizite Kennzeichnung, ob auf Z_{00}-Formeln oder auf MK-Formeln, die keine Z_{00}-Formeln sind, Bezug genommen wird, verzichtet. Die Formeln sind

Dazu verwenden wir den folgenden *Hilfssatz:* Es gibt für den Formalismus (Z_{00}) und unsere für ihn festgesetzte Nummernzuordnung keine regelrecht auswertbare Entscheidungsfunktion.

Dieses läßt sich mittels einer Argumentation von ROSSER[2], welche der GÖDELschen Verschärfung der Antinomie des Lügners nachgebildet ist, folgendermaßen zeigen: Eine regelrecht auswertbare Entscheidungsfunktion für (Z_{00}) müßte sich in (Z_{00}) durch einen Term $\mathfrak{t}(n)$ darstellen.

Die rekursive Funktion $st(k, \mathfrak{p}, 8 \cdot 3^k)$, worin $\mathfrak{p}$ die Nummer der Variablen a sei, stellt sich in (Z_{00}) durch einen Term $\mathfrak{s}(k)$ dar[3]. Wenn $\mathfrak{k}$ die Nummer eines Ausdrucks $\mathfrak{A}$ aus (Z_{00}) ist, so ist der Wert von $\mathfrak{s}(\mathfrak{k})$ die Nummer desjenigen Ausdrucks, der aus $\mathfrak{A}$ entsteht, indem die Variable a, wo sie in $\mathfrak{A}$ vorkommt, durch die Ziffer $\mathfrak{k}$ ersetzt wird. $\mathfrak{l}$ sei die Nummer der Formel

$$\mathfrak{t}(\mathfrak{s}(a)) = 0'$$

und $\mathfrak{m}$ die Nummer der Formel

$$\mathfrak{t}(\mathfrak{s}(\mathfrak{l})) = 0';$$

dann hat $\mathfrak{s}(\mathfrak{l})$ den Wert $\mathfrak{m}$, und die Gleichung $\mathfrak{s}(\mathfrak{l}) = \mathfrak{m}$ ist in (Z_{00}) ableitbar.

Betrachten wir nun den Wert von $\mathfrak{t}(\mathfrak{m})$. Nach unserer Annahme, daß $\mathfrak{t}(n)$ eine Entscheidungsfunktion für (Z_{00}) ist, müßte dieser Wert gleich 0 oder 1 sein, je nachdem die Formel mit der Nummer $\mathfrak{m}$, d. h. die Formel

$$\mathfrak{t}(\mathfrak{s}(\mathfrak{l})) = 0'$$

in (Z_{00}) ableitbar ist oder nicht. Es kann jedoch keiner der beiden Fälle vorliegen. Nämlich, wenn $\mathfrak{t}(\mathfrak{m})$ den Wert 0 hätte, so müßte einerseits, weil ja die Funktion $\mathfrak{t}(n)$ in (Z_{00}) auswertbar ist, die Gleichung

$$\mathfrak{t}(\mathfrak{m}) = 0$$

in (Z_{00}) ableitbar sein, andererseits, da $\mathfrak{t}(n)$ eine Entscheidungsfunktion für (Z_{00}) ist, die Formel

$$\mathfrak{t}(\mathfrak{s}(\mathfrak{l})) = 0'$$

und daher auch die Formel

$$\mathfrak{t}(\mathfrak{m}) = 0'$$

in (Z_{00}) ableitbar sein. Dann aber wäre die Gleichung $0 = 0'$ in (Z_{00}) ableitbar, während doch dieser Formalismus numerisch widerspruchsfrei ist.

Wenn aber $\mathfrak{t}(\mathfrak{m})$ den Wert 1 hätte, so müßte wegen der Auswertbarkeit von $\mathfrak{t}(n)$ in (Z_{00}) die Gleichung

$$\mathfrak{t}(\mathfrak{m}) = 0'$$

in (Z_{00}) ableitbar sein, und mit Hilfe von dieser auch die Formel

$$\mathfrak{t}(\mathfrak{s}(\mathfrak{l})) = 0';$$

dann aber müßte, gemäß der Eigenschaft der Funktion $\mathfrak{t}(n)$ als Entscheidungsfunktion für (Z_{00}), $\mathfrak{t}(\mathfrak{m})$ den Wert 0 haben, was der gemachten Annahme widerstreitet.

Abbildung 12.1: Unentscheidbarkeitsbeweis von Z_{00}, aus Hilbert (1970), S. 443f.

durch Kursivdruck als Formeln gekennzeichnet. Werden in den umgangssprachlichen Erläuterungen MK-Formeln verwendet, machen die angeführten Formeln sowie der Kontext ihrer Verwendung jeweils deutlich, ob es sich um die Anführung von Z_{00}-Formeln oder von MK-Formeln, die keine Z_{00}-Formeln sind, oder um die Verwendung von MK-Formeln zum Zweck der Bezugnahme auf Z_{00}-Formeln, welche die entsprechenden MK-Formeln repräsentieren, handelt. Es werden demnach im Text, anders als innerhalb der MK-Formeln, Z_{00}-Formeln nicht mittels des hochgestellten Striches bezeichnet.

Hilbert und Bernays beginnen ihren Beweis der Unentscheidbarkeit des Formalismus Z_{00} mit der Angabe der *Entscheidungsfunktion* $t(n)$ für Z_{00}:

> Eine regelrecht auswertbare Entscheidungsfunktion für (Z_{00}) müsste sich in (Z_{00}) durch einen Term $t(n)$ darstellen.

Dieser Satz beruht auf der Definition der Entscheidungsfunktion $t(n)$ für einen Formalismus $\mathcal{F}$ als eine „einstellige zahlentheoretische Funktion, die mit Bezug auf einen deduktiven Formalismus $\mathcal{F}$ und eine Gödelisierung für die Ausdrücke von $\mathcal{F}$ die Eigenschaft besitzt, dass ihr Wert für eine Zahl, welche die Gödelzahl einer ableitbaren Formel aus $\mathcal{F}$ ist, gleich 0 und für jede andere Zahl gleich 1 ist".[14] $t(n)$ ist eine rekursive einstellige zahlentheoretische Funktion, die in Z_{00} auswertbar ist. n ist eine Variable für Zahlen. Gemäss der Interpretation der Funktion $t(n)$ als Entscheidungsfunktion ordnet diese allen Zahlen den Wert 0 oder 1 zu und sie ordnet den Wert 0 den und nur den Zahlen zu, die Gödelzahlen ableitbarer Z_{00}-Formeln sind. Diese Interpretation beruht auf der Anwendung der Church-These auf die Entscheidbarkeit der Ableitbarkeit von Z_{00}-Formeln (Zeile 1)[15]:

---

[14] Hilbert (1970), S. 432.
[15] Es wird hiermit auf die Zeilen des Ableitungsschemas auf S. 357 Bezug genommen.

> **Church-These:** Es gibt ein Entscheidungsverfahren für die Ableitbarkeit der Z_{00}-Formeln gdw. für alle Zahlen und für alle Z_{00}-Formeln $\mathcal{A}$ gilt: Der Wert von $t(n)$ ist 0 oder 1 und der WErte von $t(n)$ ist 0 gdw. n die Gödelzahl einer Formel $\mathcal{A}$ und $\mathcal{A}$ ableitbar ist:
>
> $$\exists e\, \mathcal{E}(e, Z_{00}) \leftrightarrow$$
> $$\forall n \forall \mathcal{A}\, ((t(n) = 0 \lor t(n) = 1)\, \&\, (t(n) = 0 \leftrightarrow n = G(\mathcal{A})\, \&\, \vdash_{Z_{00}} \mathcal{A}))$$
>
> De facto muss für den Unentscheidbarkeitsbeweis nicht die Äquivalenz, sondern nur die Implikation vorausgesetzt werden:
>
> $$\exists e\, \mathcal{E}(e, Z_{00}) \rightarrow$$
> $$\forall n \forall \mathcal{A}\, ((t(n) = 0 \lor t(n) = 1)\, \&\, (t(n) = 0 \leftrightarrow n = G(\mathcal{A})\, \&\, \vdash_{Z_{00}} \mathcal{A}))$$

Die Church-These nennt ein *Kriterium*, anhand dessen bemessen wird, ob es ein Entscheidungsverfahren gibt.

Dass die von Hilbert und Bernays angenommene Entscheidungsfunktion $t(n)$ in Z_{00} auswertbar ist, beruht auf der allgemeinen *Annahme der Auswertbarkeit* rekursiver zahlentheoretischer Funktionen in Z_{00} (Zeile 2):

> **Auswertbarkeitsannahme:** Für alle rekursiven zahlentheoretischen Funktionen f, für alle natürlichen Zahlen x, für alle natürlichen Zahlen y gilt: $f(x) = y$ gdw. $\vdash_{Z_{00}} \overline{f(x) = y}$:
>
> $$\forall f \forall x \forall y (f(x) = y \leftrightarrow\, \vdash_{Z_{00}} \overline{f(x) = y}\,)$$
>
> De facto wird für den Beweis nur die folgende Implikation vorausgesetzt:
>
> $$\forall f \forall x \forall y (f(x) = y \rightarrow\, \vdash_{Z_{00}} \overline{f(x) = y}\,)$$

Die Auswertbarkeitsannahme ist eine von Hilbert und Bernays *bewiesene Annahme*.[16]

---

[16] Vgl. Hilbert (1970), S. 428, Punkt 3.

Aus dieser Annahme folgen die dem Beweis zugrunde liegenden Annahmen, dass die beiden Formeln $t(m) = 0$ und $t(m) = 1$ in Z_{00} auswertbar sind. Hierfür müssen die Allquantoren in der Auswertbarkeitsannahme mittels $\forall B$ beseitigt werden: Die gebundenen Variablen f und x sind in all ihren Vorkommnissen – sei es unter dem horizontalen Strich oder nicht – durch t und m zu ersetzen (Zeilen 22 und 23). Da diese unter dem horizontalen Strich die Z_{00}-Zeichen bezeichnen, die die Entscheidungsfunktion t bzw. die Zahl m repräsentieren, ist die Restriktion von $\forall B$ erfüllt. Die gebundene Variable y ist – ebenfalls durch Anwendung von $\forall B$ – durch 0 bzw. 0' in all ihren Vorkommnissen zu ersetzen (Zeilen 24 und 25). Um zur Formel $t(m) = 1 \;\rightarrow \vdash_{Z_{00}} \overline{t(m) = 0'}$ zu gelangen, ist die Definition $0' = 1$ (Zeile 3) einzuführen, so dass man mittels $=B$ zu der gewünschten Schlussfolgerung gelangt (Zeile 26).

Für den Beweis sind zusätzlich die Annahme der *nummerischen Widerspruchsfreiheit* von MK sowie die Annahme der nummerischen Widerspruchsfreiheit von Z_{00} vorausgesetzt (Zeilen 4 und 5):

Numerische Widerspruchsfreiheit (MK): 0 ist nicht identisch mit 1:

$$\neg\, 0 = 1$$

Numerische Widerspruchsfreiheit (Z_{00}): In Z_{00} ist nicht ableitbar, dass 0 identisch mit seinem Nachfolger ist:

$$\neg \vdash_{Z_{00}} \overline{0 = 0'}$$

Die nummerische Widerspruchsfreiheit von Z_{00} ist eine von Hilbert und Bernays *bewiesene Annahme*.[17]

Auch wenn an Stelle des Terms 1 durchgehend der Term 0' verwendet werden würde, wären die beiden Widerspruchfreiheitsannahmen zu unterscheiden, denn die eine besagt, dass 0 nicht identisch mit 1 ist, die andere, dass Z_{00} nummerisch widerspruchsfrei ist. Es könnte durchaus sein, dass zwar Z_{00} nummerisch widerspruchsfrei ist, nicht aber MK. Beide Annahmen sind Annahmen in MK und nicht in Z_{00}.

Hilbert und Bernays fahren fort:

---

[17] Vgl. ebenda, S. 428, Punkt 1.

Die rekursive Funktion $st(k,p,8 \cdot 3^k)$, worin p die Gödelzahl der Variablen a sei, stellt sich in (Z_{00}) durch einen Term $s(k)$ dar.

Mittels der rekursiven Funktion $st(k,p,8 \cdot 3^k)$ arithmetisieren Hilbert und Bernays die Anwendung der Einsetzungsregel in Z_{00}.[18] Der Wert von st ist die Gödelzahl der Formel, die man erhält, wenn man in einer Formel mit der Gödelzahl k, eine in ihr vorkommende Variable, deren Gödelzahl die Primzahl p ist, an all ihren Vorkommnissen durch den Ausdruck mit der Gödelzahl $8 \cdot 3^k$ ersetzt. In $8 \cdot 3^k$ steht die 8 gemäss der Gödelisierung des Formalismus Z_{00}[19] für die 0, die Multiplikation mit 3 für den ersten Nachfolger von 0 und die Multiplikation mit 3^k für den k-ten Nachfolger von 0. $8 \cdot 3^k$ ist demnach nichts anderes als die Gödelzahl der Ziffer, die in Z_{00} die Zahl k repräsentiert. Die Funktion $st(k,p,8 \cdot 3^k)$ ordnet der Gödelzahl k die Gödelzahl der Z_{00}-Formel zu, die entsteht, wenn man eine Individuenvariable der Z_{00}-Formel mit der Gödelzahl p an all ihren Vorkommnissen durch die Z_{00}-Ziffer von k ersetzt. Es sei z.B. k die Gödelzahl der Formel $0 + a = 0'$ und die Primzahl p die Gödelzahl der in dieser Formel einmal vorkommenden Variablen a. Dann ist der Wert von $st(k,p,8 \cdot 3^k)$ die Gödelzahl der Formel, die entsteht, wenn man die Variable a in $0 + a = 0'$ durch den Z_{00}-Ausdruck mit der Gödelzahl $8 \cdot 3^k$, d.i. die Z_{00}-Ziffer der Zahl k ersetzt. In diesem Beispiel ist die Ersetzung nicht ableitbar, denn die Gödelzahl k der Formel $0 + a = 0'$ ist gemäss der Gödelisierung des Formalismus Z_{00} $10 \cdot 7^{5 \cdot 11^8} \cdot 11^{3 \cdot 8}$. Diese Zahl ergibt zu 0 addiert nicht den Nachfolger von 0 (d.i. 1): Setzt man die sie repräsentierende Z_{00}-Ziffer an die Stelle von a, erhält man links des Gleichheitszeichens einen Ausdruck, der den $10 \cdot 7^{5 \cdot 11^8} \cdot 11^{3 \cdot 8}$ten Nachfolger von 0 repräsentiert, während rechts des Gleichheitszeichens der erste Nachfolger von 0 dargestellt wird. Da Z_{00} nummerisch widerspruchsfrei ist, ist eine derartige Gleichung nicht ableitbar. Eine entsprechende Entscheidungsfunktion t müsste also dem Wert der Funktion $st(k,p,8 \cdot 3^k)$ für $k = 10 \cdot 7^{5 \cdot 11^8} \cdot 11^{3 \cdot 8}$ den Wert 1 zuordnen.

Da es sich bei der Funktion st um die Zuordnung von Gödelzahlen handelt, kann man die Funktion $st(k,p,8 \cdot 3^k)$ in Z_{00} unter der Voraussetzung, dass p die Gödelzahl der Variablen a sei, auch kurz durch den einstelligen zahlentheoretischen Funktionsausdruck $s(k)$ darstellen. Hilbert und Bernays erläutern in ihrem folgenden Satz die Funktion $s(k)$ unter Voraussetzung der Definition der Funktion st:

---

[18]Vgl. ebenda, S. 235ff. und S. 423.
[19]Vgl. ebenda, S. 421.

Wenn k die Nummer eines Ausdrucks $\mathcal{A}$ aus (Z_{00}) ist, so ist der Wert von $s(k)$ die Nummer desjenigen Ausdrucks, der aus $\mathcal{A}$ entsteht, indem die Variable a, wo sie in $\mathcal{A}$ vorkommt, durch die Ziffer k ersetzt wird.

Es ist hierbei zu berücksichtigen, dass mit „die Ziffer k" eine Z_{00}-Ziffer gemeint ist, denn nur diese (und nicht die Ziffern der Reihe '1,2,3,...') können in Z_{00}-Formeln verwendet werden. Der Wert von $s(k)$ ist die Gödelzahl der Z_{00}-Formel, die man erhält, wenn man in der Z_{00}-Formel mit der Gödelzahl k die Individuenvariable a an all ihren Vorkommnissen durch die Z_{00}-Ziffer ersetzt, die die Gödelzahl k in Z_{00} repräsentiert.

Die Ersetzung der Individuenvariablen a in Z_{00}-Formeln muss auf *Ziffern* eingeschränkt werden, da ansonsten s keine Funktion – keine *eindeutige* Zuordnung von Argumenten zu Werten – wäre. Die Zuordnung von Gödelzahlen hängt allein ab von der Gestalt der Formeln und nicht von ihrer etwaigen Bedeutung, die eine Interpretation ihnen verleiht: Bedeutungsgleiche Formeln unterschiedlicher Gestalt haben unterschiedliche Gödelzahlen. Würde man auch andere Repräsentanten von Gödelzahlen zulassen – z.B. Kennzeichnungen mittels Funktionsausdrücken – dann erhielte man in Abhängigkeit davon, durch welchen Repräsentanten einer Gödelzahl man den Buchstaben a ersetzt, Formeln unterschiedlicher Gestalt, wenn auch gleicher Bedeutung. Da nur die Gestalt für die Gödelisierung der resultierenden Formel bedeutsam ist, erhielte man für unterschiedliche Substituierungen der Variable a unterschiedliche Werte der Funktion s. Z_{00}-*Ziffern* (d.i. '$0, 0', 0'', \ldots$') sind demgegenüber eineindeutig Zahlen zugeordnet, so dass die Ersetzung des Buchstabens a durch eine Z_{00}-Ziffer, die eine Gödelzahl repräsentiert, eindeutig ist.

Als *Definition der Werte* der Funktion $s(k)$ lässt sich festhalten (Zeile 6):

Definition s(k): Für alle Zahlen k und alle Formeln $\mathcal{A}$ gilt: Wenn k die Gödelzahl einer Formel $\mathcal{A}$ ist, dann ist der Wert der Funktion $s(k)$ gleich der Gödelzahl der Formel, die man erhält, wenn man in $\mathcal{A}(a)$ alle Vorkommnisse der Variablen a durch die Z_{00}-Ziffer, die die Zahl k repräsentiert, ersetzt:

$$\forall k \forall \mathcal{A}\, (k = G(\mathcal{A}) \;\rightarrow\; s(k) = G(\mathcal{A}(\overline{a}/\overline{k}_z\,)))$$

Die Definition von $s(k)$ setzt *Diagonalisierungen* voraus[20]: Unter einer Diagonalisierung versteht man die Ausdrücke, die man erhält, wenn man an die Stelle einer freien Variablen eines Ausdruckes die Ziffer seiner Gödelzahl setzt. Wenn z.B. die Zahl 1 die Gödelzahl der Z_{00}-Formel $0+a = 0'$ wäre, dann wäre $0+0' = 0'$ die Diagonalisierung dieser Formel. Die Funktion $s(k)$ ist eine sogenannte *diagonale Funktion*. Eine diagonale Funktion ist eine Funktion, die Gödelzahlen von Ausdrücken die Gödelzahlen der Diagonalisierungen der Ausdrücke zuordnet. Die diagonale Funktion s ist wie die vorausgesetzte Gödelisierung der Z_{00}-Formeln eine rekursive Funktion und lässt sich in Z_{00} darstellen.

Die Voraussetzung von Diagonalisierungen und die Verwendung diagonaler Funktionen ist ein typisches Merkmal von Unentscheidbarkeits- und Unvollständigkeitsbeweisen. Sie werden verwendet, um *selbstreferentielle* Formeln zu konstruieren. Selbstreferentielle Formeln seien Formeln genannt, die gemäss ihren Interpretationen etwas über sich selbst aussagen. Unter Voraussetzung von Gödelisierungen und der Interpretation der Funktion t als Entscheidungsfunktion ist eine Formel $\mathcal{A}$, die t enthält, selbstreferentiell, wenn die Argumentstelle der Funktion t die Gödelzahl der Formel $\mathcal{A}$ bezeichnet.

Hilbert und Bernays rekurrieren im Folgenden auf die diagonale Funktion $s(k)$, um eine derartige selbstreferentielle Formel zu konstruieren. Hierfür führen sie zwei Definitionen von Gödelzahlen ein: Die erste ordnet einer Formel $\mathcal{A}(a)$ (nämlich der die Formel $t(s(a)) = 0'$ repräsentierenden Z_{00}-Formel) die Gödelzahl l zu, die zweite ordnet der Diagonalisierung dieser Formel (d.i. der die Formel $t(s(l)) = 0'$ repräsentierenden Z_{00}-Formel) die Gödelzahl m zu. Unter Voraussetzung der Definition von $s(k)$ gilt dann, dass $s(l) = m$. Unter dieser Voraussetzung ist die diagonalisierte Formel (d.i. die die Formel $t(s(l)) = 0'$ repräsentierende Z_{00}-Formel) eine selbstreferentielle Formel:[21]

l sei die Nummer der Formel

$$t(s(a)) = 0'$$

---

[20] Zu den hier verwendeten Termini *diagonale Funktion* und *Diagonalisierung* vgl. Smullyan (1994), S. 50.

[21] Für das adäquate Verständnis des Zitates muss man beachten, dass in den von Hilbert und Bernays genannten Formeln $t(s(a)) = 0'$ und $t(s(l)) = 0'$ sowie der in Z_{00} ableitbaren Formel $s(l) = m$ t und s nicht die Buchstaben 't' und 's' bezeichnen, sondern die die Entscheidungsfunktion t und die diagonale Funktion s in Z_{00} repräsentierenden zahlentheoretischen Funktionsausdrücke, und l nicht den Buchstaben 'l', sondern die Z_{00}-Ziffer, die die Zahl l repräsentiert, und entsprechend m nicht den Buchstaben 'm', sondern die Z_{00}-Ziffer, die die Zahl m repräsentiert. a und $0'$ bezeichnen demgegenüber die gleichgestaltigen Z_{00}-Zeichen. Dies wird durch die hier gegebenen Formalisierungen unter Voraussetzung der Erläuterung der MK-Zeichen zum Ausdruck gebracht.

und m die Nummer der Formel

$$t(s(l)) = 0';$$

dann hat $s(l)$ den Wert m, und die Gleichung $s(l) = m$ ist in (Z_{00}) ableitbar.

Zunächst werden zwei *Definitionen für die Gödelzahlen l und m* eingeführt (Zeilen 7 und 8):

Definition l: l = Gödelzahl der die Formel $t(s(a)) = 0'$ in Z_{00} repräsentierenden Formel:

$$l = G(\overline{t(s(\dot a)) = 0'})$$

Definition m: m = Gödelzahl der die Formel $t(s(l)) = 0'$ in Z_{00} repräsentierenden Formel:

$$m = G(\overline{t(s(l)) = 0'})$$

Die Definitionen sind nicht Formeln des Formalismus Z_{00}, da die Gödelisierungsfunktion G keine zahlentheoretische Funktion ist, sondern eine Funktion, die Formeln Zahlen zuordnet.

Um die Gleichung $s(l) = m$ aus den genannten Definitionen abzuleiten, ist die Definition von $s(k)$ anzuwenden, indem die Definition von l bei der Substitution für k und $\mathcal{A}$ verwendet wird. l bezeichnet eine bestimmte Gödelzahl, $\overline{l}$ bezeichnet dementsprechend die Ziffer in Z_{00}, die die Gödelzahl l in Z_{00} repräsentiert. Man erhält durch zweimalige Anwendung von $\forall$B auf die Definition von $s(k)$ (Zeilen 9 und 10):[22]

$$l = G(\overline{t(s(\dot a)) = 0'}) \;\rightarrow\; s(l) = G(\overline{t(s(l)) = 0'})$$

Hieraus und aus der Definition von l kann man mittels MPP auf das Konsequenz schliessen (Zeile 11):

---

[22] Da $\mathcal{A}(\overline{\dot a}/\overline{k}_z)$ das Resultat der Ersetzung aller Vorkommnisse der Variablen a in $\mathcal{A}$ durch die k in Z_{00} repräsentierende Ziffer bezeichnet, und k durch l substituiert wird, ist $\overline{l}$, d.i. die in Z_{00} die Zahl l repräsentierende Ziffer, für $\overline{\dot a}$ in $\overline{t(s(\dot a)) = 0'}$ einzusetzen.

$$s(l) = G(\overline{t(s(l)) = 0'})$$

Aus dieser Formel sowie der Definition von m lässt sich mittels der Ersetzungsregel die Formel $s(l) = m$ ableiten (Zeile 12). Der Wert von $s(l)$ ist m, denn m wurde der Formel als Gödelzahl zugeordnet, der auch $s(l)$ gemäss der Definition von $s(k)$ und l zugeordnet ist. Die Formel $s(l) = m$ setzt den Wert einer rekursiven einstelligen zahlentheoretischen Funktion mit einer Gödelzahl einer Z_{00}-Formel gleich. Um darauf zu schliessen, dass die entsprechende Formel auch in Z_{00} ableitbar ist, wie Hilbert und Bernays sagen, muss auf die Auswertbarkeitsannahme zurückgegriffen werden, nach der alle rekursiven einstelligen zahlentheoretischen Funktionen in Z_{00} auswertbar sind. Durch Anwendungen von $\forall$B (Zeilen 13-15) und MPP (Zeile 16) erhält man das gewünschte Resultat:

$$\vdash_{Z_{00}}: \overline{s(l) = m}$$

Demnach sind die die Formeln $t(s(l)) = 0'$ und $t(m) = 0'$ repräsentierenden Z_{00}-Formeln äquivalent und mittels $= B_{Z_{00}}$ in Z_{00} auseinander ableitbar. Da das Zeichen 'm' gemäss der Definition von m die Gödelzahl der die Formel $t(s(l)) = 0'$ repräsentierenden Z_{00}-Formel ist, ist die die Formel $t(s(l)) = 0'$ repräsentierende Z_{00}-Formel gemäss ihrer Interpretation in MK selbstreferentiell: Sie sagt gemäss ihrer Interpretation über sich selbst aus, dass sie nicht ableitbar ist. Der Rest des Beweises zeigt, dass eben dies unentscheidbar ist, indem gezeigt wird, dass sowohl die Annahme $t(m) = 0$ als auch $t(m) = 1$ unter den genannten Annahmen zu einem nummerischen Widerspruch führt.

2.2.3 REDUCTIO AD ABSURDUM

Mit den genannten Annahmen sowie der Ableitung der Gleichung $\vdash_{Z_{00}}: \overline{s(l) = m}$ sind alle Vorbereitungen getroffen, um die hypothetische Annahme, t sei eine Entscheidungsfunktion, ad absurdum zu führen. Der Rest der Ausführungen Hilberts und Bernays' zum Unentscheidbarkeitsbeweis stellt die Durchführung der *reductio ad absurdum* unter Voraussetzung der eingeführten Annahmen dar. Die *reductio* zeigt, dass für den Fall $t(m)$ die hypothetische Annahme, t sei eine Entscheidungsfunktion, einen Widerspruch impliziert:

> Betrachten wir nun den Wert von $t(m)$. Nach unserer Annahme, dass $t(n)$ eine Entscheidungsfunktion für (Z_{00}) ist, müsste dieser Wert gleich 0 oder 1 sein, je nachdem die Formel mit der Nummer m, d.h. die Formel
> $$t(s(l)) = 0'$$

in (Z_{00}) ableitbar ist oder nicht. Es kann jedoch keiner der beiden Fälle vorliegen.

Hilbert und Bernays rekurrieren hier auf die Interpretation von $t(n)$ als Entscheidungsfunktion, wie es die Church-These voraussetzt (vgl. S. 347). Die reductio führt die Annahme des Konsequenz der Church-These ad absurdum: Demnach geht sie aus von der Hilfsannahme (Zeile 17):

$$\forall n \forall \mathcal{A} ((t(n) = 0 \lor t(n) = 1) \mathbin{\&} (t(n) = 0 \leftrightarrow n = G(\mathcal{A}) \mathbin{\&} \vdash_{Z_{00}} \mathcal{A}))$$

Aus dieser folgt nach zweimaliger Anwendung der Allquantorbeseitigungsregel und der Konjunktorbeseitigung einerseits $t(m) = 0 \lor t(m) = 1$ (Zeilen 18 bis 20) und andererseits $t(m) = 0 \leftrightarrow G(\overline{t(s(l)) = 0'}) \mathbin{\&} \vdash_{Z_{00}} \overline{t(s(l)) = 0'}$ (Zeile 21). Unter dieser Voraussetzung sowie der aus der Auswertbarkeitsannahme folgenden Formeln $t(m) = 0 \to \vdash_{Z_{00}} \overline{t(m) = 0}$ (Zeile 25) und $t(m) = 1 \to \vdash_{Z_{00}} \overline{t(m) = 0'}$ (Zeile 26, vgl. die Ausführungen auf S. 347) kann schliesslich bewiesen werden, dass $t(m)$ weder den Wert 0 noch den Wert 1 haben kann.

Hilbert und Bernays beginnen mit dem Aufweis eines Widerspruches unter der Annahme $t(m) = 0$:

Nämlich, wenn $t(m)$ den Wert 0 hätte, so müsste einerseits, weil ja die Funktion $t(n)$ in (Z_{00}) auswertbar ist, die Gleichung

$$t(m) = 0$$

in (Z_{00}) ableitbar sein, andererseits, da $t(n)$ eine Entscheidungsfunktion für (Z_{00}) ist, die Formel

$$t(s(l)) = 0'$$

und daher auch die Formel

$$t(m) = 0'$$

in (Z_{00}) ableitbar sein. Dann aber wäre die Gleichung $0 = 0'$ ableitbar, während doch dieser Formalismus nummerisch widerspruchsfrei ist.

Aus der hypothetischen Annahme $t(m) = 0$ (Zeile 27) folgt auf Grund der *Auswertbarkeitsannahme* unter Anwendung von MPP, dass $t(m) = 0$ in Z_{00} ableitbar ist (d.i. $\vdash_{Z_{00}} \overline{t(m) = 0}$, Zeile 28). Andererseits folgt aus der hypothetischen Annahme $t(m) = 0$ auf Grund der hypothetischen Annahme, dass t eine Entscheidungsfunktion ist, dass $t(s(l)) = 0'$ in Z_{00} ableitbar ist (d.i.

$\vdash_{Z_{00}} \overline{t(s(l)) = 0'}$, Zeilen 29 und 30). Hieraus lässt sich mittels $=B_{Z_{00}}$ als einer Ableitungsregel in Z_{00} unter Bezugnahme auf die schon abgeleitete Formel $\vdash_{Z_{00}} s(l) = m$ auf $\vdash_{Z_{00}} \overline{t(m) = 0'}$ schliessen (Zeile 31). Damit ist unter den gemachten Voraussetzungen aus der hypothetischen MK-Annahme $t(m) = 0$ sowohl $\vdash_{Z_{00}} \overline{t(m) = 0}$ als auch $\vdash_{Z_{00}} \overline{t(m) = 0'}$ ableitbar. Dies führt unter Anwendung von $=B_{Z_{00}}$ zu $\vdash_{Z_{00}} \overline{0 = 0'}$ (Zeile 32), was der nummerischen Widerspruchfreiheitsannahme von Z_{00} widerspricht (Zeile 33), so dass man mittels RAA auf die Negation der hypothetischen Annahme $t(m) = 0$ schliessen kann (Zeile 34):

$$\neg t(m) = 0$$

Anschliessend führen Hilbert und Bernays die alternative Annahme, dass die Entscheidungsfunktion t der Gödelzahl m den Wert 1 zuordnet, hypothetisch ein, und leiten hieraus ebenfalls einen Widerspruch ab:

> Wenn aber $t(m)$ den Wert 1 hätte, so müsste wegen der Auswertbarkeit von $t(n)$ in (Z_{00}) die Gleichung
>
> $$t(m) = 0'$$
>
> in (Z_{00}) ableitbar sein, und mit Hilfe von dieser auch die Formel
>
> $$t(s(l)) = 0';$$
>
> dann aber müsste, gemäss der Eigenschaft der Funktion $t(n)$ als Entscheidungsfunktion für (Z_{00}), $t(m)$ den Wert 0 haben, was der gemachten Annahme widerstreitet.

Führt man $t(m) = 1$ als hypothetische Annahme ein (Zeile 35), folgt hieraus auf Grund der *Auswertbarkeitsannahme* mittels MPP die Formel $\vdash_{Z_{00}} \overline{t(m) = 0'}$ (Zeile 36). Die Anwendung von $=B_{Z_{00}}$ führt unter erneuter Voraussetzung der abgeleiteten Formel $\vdash_{Z_{00}} m = s(l)$ zur Ableitung von $\vdash_{Z_{00}} \overline{t(s(l)) = 0'}$ (Zeile 37). Hieraus und aus der hpothetischen Annahme, dass t eine Entscheidungsfunktion ist, folgt, dass $t(m) = 0$ (Zeilen 38 und 39). Demnach ist aus $t(m) = 1$ unter den vorausgesetzten Annahmen $t(m) = 0$ ableitbar, was zu einem nummerischen Widerspruch führt (Zeile 40) und der nummerischen Widerspruchfreiheitsannahme von MK widerspricht (Zeile 41), so dass schliesslich mittels RAA auch auf die Negation der hypothetischen Annahme $t(m) = 1$ geschlossen werden kann (Zeile 42):

$$\neg t(m) = 1$$

Hilbert und Bernays beenden hiermit ihre Argumentation. Um das Beweisziel zu erreichen, d.i. den Schluss darauf, dass es für den Formalismus Z_{00} kein Entscheidungsverfahren gibt, ist zunächst unter erneuter Anwendung der *reductio ad absurdum*-Regel (RAA) darauf zu schliessen, dass die Interpretation der Funktion t als Entscheidungsfunktion zu einem Widerspruch führt, da dies voraussetzt, dass die Funktion allen Argumenten entweder den Wert 0 oder den Wert 1 zuordnet, dies aber, wie gezeigt, für die Gödelzahl m nicht möglich ist (Zeile 43 bis 45). Die Annahme, t sei eine Entscheidungsfunktion ist also zu negieren (Zeile 46):

$$\neg \forall n \forall \mathcal{A} \left((t(n) = 0 \vee t(n) = 1) \,\&\, (n = G(\mathcal{A}) \rightarrow t(n) = 0 \leftrightarrow \vdash_{Z_{00}} \mathcal{A}) \right)$$

Hieraus gelangt man unter Voraussetzung der Church-These unter Anwendung von MTT schliesslich zum Beweisziel (Zeile 47):

$$\neg \exists e \; \mathcal{E}(e, Z_{00})$$

2.2.4 ABLEITUNGSSCHEMA

Formalisiert lautet der vollständige Beweis:

Annahme	Zeile	Formel	Regel
1	(1)	$\exists e\, \mathcal{E}(e, Z_{00}) \to \forall n \forall \mathcal{A}\,((t(n) = 0 \vee t(n) = 1)\,\&$ $(t(n) = 0 \leftrightarrow n = G(\mathcal{A})\,\&\,\vdash_{Z_{00}} \mathcal{A}))$	AE
2	(2)	$\forall f \forall x \forall y\,(f(x) = y \to \vdash_{Z_{00}} \overline{f(x) = y}\,)$	AE
3	(3)	$0' = 1$	AE
4	(4)	$\neg\, 1 = 0$	AE
5	(5)	$\neg \vdash_{Z_{00}} \overline{0 = 0'}$	AE
6	(6)	$\forall k \forall \mathcal{A}\,(k = G(\mathcal{A}) \to s(k) = G(\mathcal{A}(\overline{\bar{a}/\bar{k}_z})))$	AE
7	(7)	$l = G(\overline{t(s(\dot{a})) = 0'}\,)$	AE
8	(8)	$m = G(\overline{t(s(l)) = 0'}\,)$	AE
6	(9)	$\forall \mathcal{A}\,(l = G(\mathcal{A}) \to s(l) = G(\mathcal{A}(\overline{\bar{a}/\bar{l}})))$	6 $\forall$B
6	(10)	$l = G(\overline{t(s(\dot{a})) = 0'}\,) \to s(l) = G(\overline{t(s(l)) = 0'}\,)$	9 $\forall$B
6,7	(11)	$s(l) = G(\overline{t(s(l)) = 0'}\,)$	10,7 MPP
6,7,8	(12)	$s(l) = m$	8,11 =B
2	(13)	$\forall x \forall y\,(s(x) = y \to \vdash_{Z_{00}} \overline{s(x) = y}\,)$	2 $\forall$B
2	(14)	$\forall y\,(s(l) = y \to \vdash_{Z_{00}} \overline{s(l) = y}\,)$	13 $\forall$B
2	(15)	$s(l) = m \to \vdash_{Z_{00}} \overline{s(l) = m}$	14 $\forall$B
2,6,7,8	(16)	$\vdash_{Z_{00}} \overline{s(l) = m}$	15,12 MPP
17*	(17)	$\forall n \forall \mathcal{A}\,((t(n) = 0 \vee t(n) = 1)\,\&\,(t(n) = 0 \leftrightarrow$ $n = G(\mathcal{A})\,\&\,\vdash_{Z_{00}} \mathcal{A}))$	AE
17*	(18)	$\forall \mathcal{A}\,((t(m) = 0 \vee t(m) = 1)\,\&\,(t(m) = 0 \leftrightarrow$ $m = G(\mathcal{A})\,\&\,\vdash_{Z_{00}} \mathcal{A}))$	17 $\forall$B
17*	(19)	$t(m) = 0 \vee t(m) = 1)\,\&\,(t(m) = 0 \leftrightarrow$ $m = G(\overline{t(s(l)) = 0'}\,)\,\&\,\vdash_{Z_{00}} \overline{t(s(l)) = 0'}\,)$	18 $\forall$B
17*	(20)	$t(m) = 0 \vee t(m) = 1$	19 &B
17*	(21)	$t(m) = 0 \leftrightarrow m = G(\overline{t(s(l)) = 0'}\,)\,\&\,\vdash_{Z_{00}} \overline{t(s(l)) = 0'}$	19 &B
2	(22)	$\forall x \forall y\,(t(x) = y \to \vdash_{Z_{00}} \overline{t(x) = y}\,)$	2 $\forall$B
2	(23)	$\forall y\,(t(m) = y \to \vdash_{Z_{00}} \overline{t(m) = y}\,)$	22 $\forall$B
2	(24)	$t(m) = 0 \to \vdash_{Z_{00}} \overline{t(m) = 0}$	23 $\forall$B
2	(25)	$t(m) = 0' \to \vdash_{Z_{00}} \overline{t(m) = 0'}$	23 $\forall$B
2,3	(26)	$t(m) = 1 \to \vdash_{Z_{00}} \overline{t(m) = 0'}$	3,25 =B

Annahme	Zeile	Formel	Regel
27*	(27)	$t(m) = 0$	AE
2,27*	(28)	$\vdash_{Z_{00}} \overline{t(m) = 0}$	24,27 MPP
8,17*,27*	(29)	$m = G(\overline{t(s(l)) = 0'}) \& \vdash_{Z_{00}} \overline{t(s(l)) = 0'}$	21,27 sMPP
8,17*,27*	(30)	$\vdash_{Z_{00}} \overline{t(s(l)) = 0'}$	29 &B
2,6,7,8,17*,27*	(31)	$\vdash_{Z_{00}} \overline{t(m) = 0'}$	16,30 =B$_{Z_{00}}$
2,6,7,8,17*,27*	(32)	$\vdash_{Z_{00}} \overline{0 = 0'}$	28,31 =B$_{Z_{00}}$
2,5,6,7,8,17*,27*	(33)	$\vdash_{Z_{00}} \overline{0 = 0'} \& \neg \vdash_{Z_{00}} \overline{0 = 0'}$	32,5 &E
2,5,6,7,8,17*	(34)	$\neg t(m) = 0$	27,33 RAA
35*	(35)	$t(m) = 1$	AE
2,3,35*	(36)	$\vdash_{Z_{00}} \overline{t(m) = 0'}$	26,35 MPP
2,3,6,7,8,35*	(37)	$\vdash_{Z_{00}} \overline{t(s(l)) = 0'}$	16,36 =B$_{Z_{00}}$
2,3,6,7,8,35*	(38)	$m = G(\overline{t(s(l)) = 0'}) \& \vdash_{Z_{00}} \overline{t(s(l)) = 0'}$	8,37 &E
2,3,6,7,8,17*,35*	(39)	$t(m) = 0$	21,38 sMPP
2,3,6,7,8,17*,35*	(40)	$1 = 0$	35,39=B
2,3,4,6,7,8,17*,35*	(41)	$1 = 0 \& \neg 1 = 0$	40,4 &E
2,3,4,6,7,8,17*	(42)	$\neg t(m) = 1$	35,41 RAA
2,3,4,5,6,7,8,17*	(43)	$\neg t(m) = 0 \& \neg t(m) = 1$	34,42 &E
2,3,4,5,6,7,8,17*	(44)	$\neg(t(m) = 0 \vee t(m) = 1)$	43 DMGV
2,3,4,5,6,7,8,17*	(45)	$(t(m) = 0 \vee t(m) = 1) \& \neg(t(m) = 0 \vee t(m) = 1)$	20,44 &E
2,3,4,5,6,7,8	(46)	$\neg \forall n \forall \mathcal{A} ((t(n) = 0 \vee t(n) = 1) \& (t(n) = 0 \leftrightarrow n = G(\mathcal{A}) \& \vdash_{Z_{00}} \mathcal{A}))$	17,45 RAA
1,2,3,4,5,6,7,8	(47)	$\neg \exists e\, \mathcal{E}(e, Z_{00})$	1,46 MTT

3   Wittgensteins Kritik der Metasprache

Wer den Unentscheidbarkeitsbeweis akzeptiert, wird die Aufgabe, Entscheidungsverfahren für die Arithmetik oder Prädikatenlogik auszuarbeiten, für müssig halten. In diesem Abschnitt soll dafür argumentiert werden, dass diese Konsequenz nicht zwingend ist. Eine naheliegende Möglichkeit der Kritik des Unentscheidbarkeitsbeweises besteht darin, die Annahmen des Beweises in Frage zu stellen. Es sind insbesondere die Church-These und die Definition von Diagonalfunktionen, die in Frage gestellt wurden.[23] Diese Einwände sind jedoch nicht hinreichend,

---

[23]Die Church-These hat z.B. Kalmár (1959) kritisiert, die Definition von Diagonalfunktionen z.B. Gumański (1985).

um den Unentscheidbarkeitsbeweis in Frage zu stellen. Churchs These wird nur für den letzten Ableitungsschritt in Zeile 47 benötigt. Verzichtet man auf diesen Ableitungsschritt, dann erhält man als Konklusion, dass es keine Funktion t in Z_{00} gibt, die der Gödelzahl eines Ausdruckes $\mathcal{A}$ den Wert 0 zuordnet gdw. $\mathcal{A}$ ableitbar ist (Zeile 46). Diese Konklusion – und nicht die Frage, ob man hieraus folgern soll, dass die Ableitbarkeit von Z_{00}-Formeln „unentscheidbar" ist – ist der entscheidende Punkt, denn diese Konklusion schliesst die Möglichkeit aus, ein Computerprogramm zu schreiben, dass die Frage beantwortet, ob eine beliebige Z_{00}-Formel ableitbar ist oder nicht. Auch Gumańskis Kritik der Diagonalfunktionen ist nicht hinreichend, um den Beweis von Bernays und Hilbert in Frage zu stellen, denn die Diagonalfunktion $s(k)$ erfüllt das Kriterium, dass ihr Wert für jedes beliebige Argument berechnet werden kann. Damit ist eine strenge Forderung an eine Definition von Funktionen erfüllt, und es ist nicht einzusehen, was an einer Definition fehlerhaft ist, die diese Forderung erfüllt.

Die in diesem Abschnitt dargestellte Kritik unterscheidet sich von diesen Kritikmöglichkeiten: Nicht die Annahmen des Beweises, sondern die in dem Unentscheidbarkeitsbeweis vorausgesetzte logische Analyse der Metasprache wird in Frage gestellt. Es wird nicht beansprucht, zu zeigen, dass das dem Unentscheidbarkeitsbeweis zugrundeliegende Verständnis der Metasprache und damit die Beweisführung tatsächlich fehlerhaft ist. Es wird nur behauptet, dass die Unentscheidbarkeitsbeweise nicht zwingend sind, da die unterschiedlichen Auffassungen der Metasprache daran zu messen sind, ob die Unentscheidbarkeitstheoreme korrekt sind.

Die in diesem Abschnitt präsentierte Kritik der Unentscheidbarkeitsbeweise basiert auf Wittgensteins Kritik des Gebrauches der Metasprache im Sinne einer Sprache, die wahrheitsfähige Aussagen über die Objektsprache macht. Diese Kritik wird zunächst skizziert und anschliessend auf den rekonstruierten Unentscheidbarkeitsbeweis angewendet.

3.1 FUNKTION UND OPERATION

Wittgensteins Kritik der Metasprache basiert auf seiner Unterscheidung von *Aussagefunktionen* und *Operationen*.[24] *Aussagefunktionen* sind Funktionen, deren Argumente Gegenstände und deren Werte Wahrheitswerte sind. Als Aussagefunktionen versteht Wittgenstein nur solche Funktionen, für die es logisch möglich ist, den Argumenten beide Wahrheitswerte zuzuordnen: Sie sind die Konstituenten bivalenter Sätze, die in der Quantorenlogik ohne Identität durch logische Prädikate formalisiert werden. Operationen besitzen gemäss Wittgensteins Terminologie

---

[24]Vgl. hierzu insbesondere Wittgenstein (1984a), Bemerkungen 4.122 – 4.128, 5.2 – 5.5151, Wittgenstein (1984b), S. 213ff.

Basen, auf die sie angewendet werden. Die Anwendung der Operation auf ihre Basis führt zu einem Resultat, das erneut Basis der Anwendung von Operationen sein kann. Operationen können hintereinandergeschaltet sein, es kann auch das Resultat der Operation wiederum Basis derselben Operation sein. In beiden Fällen sei von der iterativen Anwendung von Operationen gesprochen. Wittgenstein grenzt Funktionen von Operationen u.a. dadurch ab, dass die Werte einer Funktion nicht wiederum ihre Argumente sein können, während die Resultate einer Operation wiederum die Basis der erneuten Anwendung derselben Operation sein können.[25] Die iterative Anwendungsmöglichkeit einer einzelnen Operation ist eine hinreichende, aber kein notwendige Bedingung für die Identifikation von Operationen.

Der massgebliche Unterschied zwischen Aussagefunktionen und Operationen besteht darin, dass der Ausdruck, der die Argumentstelle eines Ausdruckes einer Aussagefunktion sättigt, keine hinreichende Bedingung für die Zuordnung der Wahrheitswerte zu den Argumenten ist, während der Anfangswert der Basis einer Operation ein Ausdruck ist, der hinreichendes Kriterium für die Berechnung des Resultates der Operation ist. Die Resultate der Operationen sind syntaktisch determiniert, die Werte von Aussagefunktionen nicht. Es ist dieses Kriterium der syntaktischen Bestimmtheit, das notwendige und hinreichende Bedingung für die Identifikation von Operationen ist.

Aussagefunktionen werden verwendet, um etwas zu behaupten – die Wahrheit oder Falschheit der Aussage ist durch die Behauptung selbst nicht verbürgt; iterative Anwendungen von Operationen sind dagegen Berechnungen mit einem Input als Anfangswert und einem Output als Endwert. Während in einem Satz wie „Abbigale ist ein Pferd" der Ausdruck „Abbigale" kein hinreichendes Kriterium ist, um zu entscheiden, ob der Gegenstand Abbigale unter das Prädikat „x ist ein Pferd" fällt, ist im Satz „$P \vee \neg P$ ist allgemeingültig" der Ausdruck $P \vee \neg P$ hinreichendes Kriterium, um – z.B. mittels der Konstruktion einer Wahrheitswerttabelle – zu berechnen, dass die Anwendung der Wahrheitsoperationen auf die Wahrheitswerte der Satzbuchstaben der Formel in keinem Fall zum Resultat F gelangt. Man kann diesen Unterschied auch so formulieren: Um „Abbigale ist ein Pferd" einen Wahrheitswert zuzuordnen, ist man auf die Interpretation von „Abbigale" und „x ist ein Pferd" angewiesen, während man im Falle von „$P \vee \neg P$ ist allgemeingültig" nur auf die Interpretation der logischen Konstanten ¬ und $\vee$ als Wahrheitsoperationen, die Wahrheitswerte als Basen und Resultate besitzen, und ihre Anwendung bei der Konstruktion einer Wahrheitstabelle angewiesen ist, durch deren resultierende Werte unter dem Hauptjunktor die allgemeingültigen

---
[25]Wittgenstein (1984a), Bemerkung 5.251.

Formeln identifiziert werden können. Eine Interpretation, durch die eigens festgelegt wird, dass $P \vee \neg P$ unter das logische Prädikat „x ist allgemeingültig" fällt, bedarf es nicht. Der Begriff der Allgemeingültigkeit aussagenlogischer Formeln kann durch ein bestimmtes Resultat der sukzessiven Anwendung von Wahrheitsoperationen definiert werden, Prädikate im logischen Sinne nicht. Es ist allein die Anwendung von Operationen, durch die allgemeingültige Formeln von anderen unterschieden werden.

Nur Aussagen wie „Abbigale ist ein Pferd", die Prädikate im logischen Sinne enthalten, sind nach Wittgenstein als bivalente Aussagen zu verstehen, die sich prädikatenlogisch formalisieren lassen. Sätze wie „$P \vee \neg P$ ist allgemeingültig" sind hingegen Scheinsätze, d.i. Sätze, die zwar die grammatikalische Form von Aussagesätzen haben[26], tatsächlich aber keine gehaltvolle Aussage treffen, da die Syntax der Inputformel Gegenstand der Manipulation von Operationen ist, die einen Ausdruck als Output erzeugen, dem allein entnommen werden kann, ob die Inputformel eine fragliche formale Eigenschaft hat. Es ist zwar kein Verstoss gegen die Grammatik der Umgangssprache, diese Scheinsätze als wahr oder falsch zu bezeichnen, aber gemäss Wittgensteins logischer Analyse dieser Sätze ist dies ein Verstoss gegen die logische Grammatik der Scheinsätze.

Unter Voraussetzung der Unterscheidung von Funktion und Operation kann das Verdikt imprädikativer Begriffsbildung auf Funktionen im engen Sinne Wittgensteins eingeschränkt werden, während es ein Charakteristikum von Operationen ist, dass ihr Resultat erneut Basis ihrer Anwendung sein kann. Nach diesem Verständnis ist gegen „diagonale Funktionen" im traditionellen Sinne nichts einzuwenden, solange sie – wie die Diagonalfunktion $s(k)$ im Unentscheidbarkeitsbeweis von Bernays und Hilbert – als Operationen, deren Resultate sich widerspruchsfrei berechnen lassen, interpretiert werden können.

Wittgensteins Begriff der Funktionen ist ein engerer Begriff als der übliche, unter den gleichermassen das fällt, was Wittgenstein „Funktion" und „Operati-

---

[26] Dass die grammatikalische Form von Sätzen oft eine irreführende Richtschnur für ihre logische Analyse ist, ist ein Topos der logisch-philosophischen Analyse der Umgangssprache. Obwohl der Ausdruck „existieren" grammatikalisch als Prädikat verwendet wird, wird er in der Quantorenlogik als Existenzquantor und nicht als logisches Prädikat interpretiert. In der intensionalen Logik ist es ein Standardargument, dass eine quantorenlogische Formalisierung von Prädikaten wie z.B. „x sucht y" zu inkorrekten Schlussfolgerungen führt: Z.B. folgte aus „Hans sucht ein Einhorn", wenn man den Satz analog zur Formalisierung von „Hans liebt einen Menschen" durch $\exists x(Fax \& Gx)$ formalisiert, „Es existiert ein Einhorn", d.i. formalisiert $\exists x Gx$. Dies sind nur zwei einfache Beispiele für inkorrekte Formalisierungen grammatikalischer Prädikate als logische Prädikate. Vgl. zur Theorie der logischen Formalisierung Brun (2003). Sein Kapitel 7.1 bespricht die „misleading form thesis" als eine massgebliche Motivation der logischen Analyse, S. 222f. bespricht das zweite der genannten Beispiele.

on" nennt: Das, was gewöhnlich als „zahlentheoretische Funktion" verstanden wird, d.i. eine Funktion, deren Argumente und Werte Zahlen sind, ist nach Wittgensteins Terminologie eine Operation, deren Basen und Resultate Zahlen sind, und keine Funktion; was gemeinhin „Wahrheitsfunktion" genannt wird, d.i. eine Funktion, deren Argumente und Werte Wahrheitswerte sind, nennt Wittgenstein „Wahrheitsoperation", deren Basen und Resultate Wahrheitswerte sind.

3.2 LÜGNERPARADOX

Bernays und Hilbert weisen unmittelbar vor ihrem Unentscheidbarkeitsbeweis auf die Analogie ihrer Beweisführung mit dem Lügnerparadox hin.[27] Das Argument dafür, dass im Unterschied zum Lügnerparadox nichts Fehlerhaftes in den metamathematischen Beweisgängen liegt, besteht darin, dass in den metamathematischen Beweisen anders als im Lügnerparadox sehr genau zwischen Objekt- und Metasprache unterschieden wird.[28] Dieses Argument setzt Tarskis Unterscheidung von Objekt- und Metasprache und die auf ihr beruhende Lösung des Lügnerparadoxes voraus. Wittgensteins Unterscheidung von Aussagefunktionen und Operationen bedingt eine andere Analyse des Fehlers im Lügnerparadox und folglich eine andere Lösung des Paradoxes. Unter Voraussetzung seiner Analyse ist die Tarskische Unterscheidung von Objekt- und Metasprache keine adäquate Lösung des Lügnerparadoxes.

Wittgenstein interpretiert die grammatikalischen Prädikate „x ist wahr" bzw. „x ist falsch" nicht im Sinne logischer Prädikate, sondern im Sinne von Operationen. Dies bedingt eine Auflösung des Lügnerparadoxes, die sich von der Tarskis unterscheidet. Während Tarski „x ist *wahr*" bzw. „x ist *falsch*" als semantische Prädikate der Metasprache interpretiert, deutet Wittgenstein diese grammatikalischen Prädikate als Wahrheitsoperationen[29]: Die Variable in „x ist wahr" wird nach diesem Verständnis nicht gesättigt durch Namen von Ausdrücken, sondern sie steht für die Basis einer redundanten Wahrheitsoperation. Sei „S_1" der Name des Satzes „Hans schläft", dann führt „S_1" als Input der Operation „x ist wahr" in einem ersten Schritt, in dem Namen durch Sätze ersetzt werden, zu „‚Hans schläft' ist wahr" und in einem zweiten Schritt, in dem der Redundanz der Wahrheitsoperation Rechnung getragen wird, zu „Hans schläft". „x ist falsch" ist gemäss dieser Interpretation identisch mit der Wahrheitsoperation der Negation. „S_1 ist falsch" bedeutet demnach unter Voraussetzung der genannten Defintion von S_1

---

[27]Vgl. Hilbert (1970), S. 433, auch Gödel weist auf die Analogie seiner Beweisführung im Unvollständigkeitsbeweis mit dem Lügnerparadox hin Gödel (1931), S. 175.

[28]Vgl. Nagel (2001), S. 89 und Stegmüller (1959), S. 3 und S. 6.

[29]Vgl. Wittgenstein (1984a), Tagebucheintrag vom 6.10.1914[3,4]. vgl. Bemerkung 4.063 der *Abhandlung*.

„Hans schläft nicht". Eine korrekte Formalisierung des Subjekt/Prädikatsatz „S_1 ist falsch" mit den Mitteln der Prädikatenlogik lautete demnach $\neg Fa$, wobei $F(x)$ für „x schläft" und a für „Hans" steht.

Definiert man – wie im Lügnerparadox – „S_1" durch „S_1 ist falsch", verstösst man gemäss Wittgensteins Deutung gegen die Syntax von „x ist falsch" als Wahrheitsoperation, denn eine Wahrheitsoperation setzt bivalente Aussagefunktionen voraus, auf deren Wahrheitswerte allein Wahrheitsoperationen angewendet werden können – S_1 bezeichnet aber laut Voraussetzung keinen Satz, der eine Aussagefunktion enthält, da „x ist falsch" keine Aussagefunktion, sondern eine Wahrheitsoperation ist. Wie Tarski ist nach dieser Auffassung aus dem Lügnerparadox die Konsequenz zu ziehen, dass es nicht möglich ist, Wahrheit und Falschheit durch eine Aussagefunktion der Objektsprache auszudrücken. Aber im Unterschied zu Tarski und der traditionellen Unterscheidung der Objekt- und Metasprache ist nach dieses Auffassung nicht die Konsequenz zu ziehen, dass „x ist wahr" bzw. „x ist falsch" Prädikate einer höheren Ordnung sind. Vielmehr ist die Konsequenz zu ziehen, dass die grammatikalischen Prädikate „x ist wahr" bzw. „x ist falsch" nicht als Prädikate in einem logischen Sinn zu interpretieren sind, sondern als Wahrheitsoperationen, die Aussagefunktionen und damit die Bildung bivalenter Sätze voraussetzen.

3.3 Unentscheidbarkeitsbeweis

Wie die formale Rekonstruktion des direkten Unentscheidbarkeitsbeweis von Hilbert und Bernays mit den Mittels des Metakalküls MK zeigt, setzt der Unentscheidbarkeitsbeweis eine Metasprache voraus, die interpretiert wird als Sprache, die Aussagen über die Objektsprache macht. Insbesondere werden in der Metasprache, in der der Beweis geführt wird, sowohl das Ableitbarkeitsprädikat ($\vdash \mathcal{A}$) als auch die Gleichungen, die die Entscheidungsfunktion enthalten ($t(n) = 0$ bzw. $t(n) = 1$) als Aussagefunktionen verwendet: Die Variablen $\mathcal{A}$ und n werden durch Quantoren gebunden und die Ausdrücke wahrheitsfunktional verknüpft. Beides ist unvereinbar mit Wittgensteins Analyse, denn er definiert sowohl Ableitbarkeit als auch arithmetische Gleichungen über Operationen.

Ableitungen sind Resultate der Anwendung von Operationen, deren Basen und Resultate Formeln eines bestimmten Formalismus sind. Eine Formel ist ableitbar gdw. sie der Output der Anwendung von Ableitungsregeln ist. Der grammatikalische Satz „$a = a$ ist ableitbar" ist gemäss Wittgensteins Philosophie nicht adäquat als Aussagesatz in einem logischen Sinne zu interpretieren, sondern nur als Ausdruck des Resultates der Anwendung von Kalkülregeln. Ob eine Formel ableitbar ist oder nicht, ist syntaktisch determiniert und aus diesem Grunde eine Frage der Anwendung von Operationen. Gemäss Wittgensteins Position ist die Interpretation von „x ist ableitbar" als eine Aussagefunktion, die den Wahrheitswert W den ableitbaren und F den nicht-ableitbaren Formeln zuordnet, ein Missverständnis der Logik der Operationen.

Die arithmetische Gleichheit ist nach Wittgensteins Verständnis keine Aussagefunktion, die je nach Einsetzung von Zahlen an die Argumentstellen arithmetischer Funktionen den Wahrheitswert W oder F zuordnet. Vielmehr sind die arithmetischen „Funktionen" arithmetische Operationen und die „Argumente" der arithmetischen Funktionen Basen, an denen Ausdrücke als Input der Operationen gesetzt werden. Die Gleichheit arithmetischer Ausdrücke ist dadurch definiert, dass die Anwendung der arithmetischen Operation für den jeweiligen Input an den Basen links und rechts des Gleichheitszeichens zu demselben Resultat gelangt. Es ist nichts anderes als die Anwendung der Operationen auf einen gegebenen Input nötig, um dies zu berechnen. Da arithmetische Gleichungen keine Aussagefunktionen sind und die Variablen in diesen keine Argumentstellen von Aussagefunktionen kennzeichnen, und da Quantoren und Junktoren nur im Rahmen eines Formalismus, der mit Aussagefunktionen operiert, definiert sind, ist es inadäquat, die Variablen in arithmetischen Gleichungen durch Quantoren zu binden und Junktoren in den arithmetischen Formalismus einzuführen. Im Gegensatz zum Formalismus der mathematischen Logik will Wittgenstein den Formalismus der Quantorenlogik ohne Identität, der logische Prädikate (d.i. Ausdrücke von Aussagefunktionen), Junktoren und Quantoren enthält, grundsätzlich von einem arithmetischen Formalismus unterschieden wissen, der aus Gleichungen, arithmetischen Operationszeichen und Zahlen besteht.

Gemäss der Auffassung Wittgensteins ist der Fehler im Lügner-Paradox – das Missverstehen der grammatikalischen Prädikate „x ist wahr" bzw. „x ist falsch" im Sinne logischer Prädikate – Teil der Analogie zum Unentscheidbarkeitsbeweis. Der Vergleichspunkt besteht in dem vorausgesetzten Verständnis grammatikalischer Prädikate der Metasprache im Sinne von Aussagefunktionen und nicht im Sinne von Ausdrücken, die auf Operationen bzw. deren Resultate Bezug nehmen.

Wittgensteins Unterscheidung von Aussagefunktionen und Operationen führt nicht zu einer Kritik der Annahmen des Unentscheidbarkeitsbeweises, sondern zu einer Kritik der logischen Syntax, die in der Beweisführung vorausgesetzt wird. Gemäss der Position Wittgensteins ist aus der reductio ad absurdum (Zeilen 17 bis 45 des Ableitungsschemas auf S. 357) analog zum Lügnerparadox nur die Konsequenz zu ziehen, dass es unmöglich ist, Ableitbarkeit im Sinne einer Aussagefunktion, die durch eine Aussagefunktion in der Objektsprache abgebildet werden soll, zu interpretieren. Hieraus ist nicht auf die Negation der hypothetischen Annahme, dass die Ableitbarkeit der Z_{00}-Formeln durch eine arithmetische, rekursive Entscheidungsfunktion von Z_{00} zu interpretieren ist, zu schliessen, sondern vielmehr auf die Ablehnung der Syntax, in der diese hypothetische Annahme formuliert ist (Zeile 17). Konsequenterweise führt diese Position auch nicht zu einer Ablehnung der Church-These (vgl. Zeile 1), die die Annahme aus Zeile 17 im Konsequenz enthält, sondern nur zur Ablehnung ihrer Interpretation im Sinne eines falsifizierbaren Allsatzes, der eine allgemeine Hypothese über das Verhältnis von Entscheidungsverfahren und rekursiven Funktionen formuliert. Die Church-These ist vielmehr zu interpretieren als Ausdruck der Möglichkeit, die Definition von Operationen, die für einen beliebigen Input einer Formelsprache nach einer endlichen Anzahl von Schritten einen Output liefern, stets in die Sprache zahlentheoretischer Funktionen zu übersetzen. Inwieweit dies möglich ist, ist selbst wieder eine Frage der Definition von Operationen, die eine derartige Übersetzung leisten.

Die skizzierte Kritik des Unentscheidbarkeitsbeweises von Bernays und Hilbert unter Voraussetzung von Wittgensteins Unterscheidung von Aussagefunktionen und Operationen kann nicht beanspruchen, den Unentscheidbarkeitsbeweis zu widerlegen. Sie zeigt nur eine Alternative auf, unter der die Unentscheidbarkeitsbeweise ihren Zwang verlieren. Man ist nur dann gezwungen, die Konsequenzen der Unentscheidbarkeitsbeweise zu ziehen, wenn man den Gebrauch der Metasprache in dem Beweis akzeptiert. Was in Frage steht, ist die Analyse der Metasprache. Fragen der adäquaten logischen Analyse und Verwendung der Metasprache können nicht zwingend begründet, sondern nur anhand ihrer Folgerungen bewertet werden. Wer die Syntax der Metasprache anders interpretiert, lässt andere Schlussfolgerungen zu. Demnach hängt die Korrektheit der unterschiedlichen Positionen von der Möglichkeit ab, Entscheidungsverfahren für „unentscheidbare" Prädikate zu definieren.

Von diesem Blickwinkel aus betrachtet, ist es bemerkenswert, dass der polnische Philosoph und Logiker Leon Gumański ein Entscheidungsverfahren für die Quantorenlogik definiert und einen Beweis für die Korrektheit dieses Verfahrens geführt hat.[30] Bis jetzt ist es Niemandem gelungen, einen Fehler in Gumańskis Verfahren zu finden. Sein Anspruch, ein Entscheidungsverfahren definiert zu haben, ist hingegen weitgehend ignoriert oder mit dem Hinweis auf Chruchs Theorem abgelehnt worden. Gemäss der hier vorgetragenen Argumentation sollten ernsthafte und seriöse Versuche, Entscheidungsverfahren für die Quantorenlogik zu definieren, nicht ignoriert werden. Anstatt über Churchs Theorem zu debattieren, sollten die Definitionen und Beweise vorgeschlagener Entschei-

---

[30] Gumański (1983), Gumański (1986) und insbesondere Gumański (2000).

dungsverfahren ernst genommen werden. Man muss diese widerlegen, wenn man die Kritik an Unentscheidbarkeitstheoremen der traditionellen Metamathematik zurückweisen will.

NACHWORT

In diesem Buch finden sich einige Abschnitte, die über den gewöhnlichen Inhalt einer Einführung in die Logik hinausgehen. Es ist darauf geachtet worden, dass diese Abschnitte stets gesondert sind und keinen klausurrelevanten Stoff enthalten. Es handelt sich um folgende Abschnitte:

Lektion 2:   *Exkurs*: Wahrheitswerttabellen und logischer Beweis.

Lektion 6:   Korrektheit und Vollständigkeit.

Lektion 8:   *Abchnitt 3*: Unentscheidbarkeit.

Lektion 11:   *Ausblick*: Probleme der Identität.

Lektion 12:   Unentscheidbarkeit der Quantorenlogik.

Des Weiteren akzentuieren einige *Zusatzbemerkungen* sowie *Lektion 1* die Aufgabe der Logik, Entscheidungsverfahren für formale Eigenschaften und Relationen zu definieren, und grenzen diese Aufgabe scharf von der Formalisierung umgangssprachlicher Texte ab.

Diese Zusätze sind in der Überzeugung des Autors begründet, dass auf der Grundlage des in diesen Abschnitten skizzierten Verständnisses logischer Beweise im Sinne der Transformation eines Zeichensystems in ein anderes, durch dessen äusseren Merkmale formale Eigenschaften und Relationen identifiziert werden können, mächtigere Entscheidungsverfahren als dies bislang im Rahmen der klassischen Logik möglich war, definiert werden können, und alternative metalogische Beweise, die weder zirkulär noch inhaltlich sind, geführt werden können.

Freilich müssen zusätzlich zu diesem Beweisverständnis weitere Überlegungen hinzukommen, um mächtigere Entscheidungsverfahren als die der klassischen Logik definieren zu können. Ziel dieses Buches ist es nicht, dies zu konkretisieren, sondern interessierten Studierenden mit der Einführung in die klassische Logik auch ein tieferes Verständnis zu vermitteln, das Voraussetzung für eine weitere Auseinandersetzung mit Fragen der Entscheidbarkeit der Quantorenlogik sowie der Metalogik ist. Die nicht-klausurrelevanten Abschnitte können übergangen werden, wenn man eine Einführung in die klassische Logik geben will, ohne auf die Metalogik einzugehen.

VERZEICHNIS DER ZITIERTEN SCHRIFTEN

Angegeben sind nur Titel, auf die im Text verwiesen wird. Für Literaturempfehlungen siehe das VORWORT, S. 6.

Aristoteles: 1988, *Physik*, Band 2, Hamburg.

Bacon, F.: 1990, *Novum Organum*, Band 2, Hamburg.

Behboud, A.: 1994, *Einführung in die Logik*, Studien aus dem Philosophischen Seminar 28, Hamburg.

Boolos, G. S. und Jeffrey, R. C.: 1996, *Computability and Logic*, 3. Auflage, Cambridge.

Brun, G.: 2003, *Die richtige Formel. Philosophische Probleme der logischen Formalisierung*, Frankfurt.

Church, A.: 1936, „A note on the Entscheidungsproblem", *The Journal of Symbolic Logic* **1**, S. 40f. und S. 101f.

Church, A.: 1956, *Introduction to Mathematical Logic*, Princeton.

Darwin, C.: 1866, *Die Abstammung des Menschen und die Zuchtwahl in geschlechtlicher Beziehung*, Leipzig.

Darwin, C.: 1996, *Die Entstehung der Arten*, Reprint der 5. Auflage, Stuttgart.

Ebbinghaus, H. D. und Flum, J. und Thomas, W.: 1992, *Einführung in die mathematische Logik*, 3. Auflage, Mannheim.

Essler, W. K.: 1968, *Einführung in die Logik*, 2. Auflage, Stuttgart.

Frege, G.: 1962, *Grundgesetze der Arithmetik*, Band 1, Darmstadt.

Frege, G.: 1994, „Funktion und Begriff", in Ders.: *Funktion, Begriff, Bedeutung*, 7. Auflage, Göttingen, S. 18-39.

Gödel, K.: 1930, „Die Vollständigkeit der Axiome des logischen Funktionenkalküls", *Monatshefte für Mathematik und Physik* **37**, S. 349-360.

Gödel, K.: 1931, „Über formal unentscheidbare Sätze der *Principia Mathematica* und verwandter Systeme I", *Monatshefte für Mathematik und Physik* **38**, S. 173-198.

Gumański, L.: 1983, „On Decidability of the First-Order-Functional Calculus", in: Czermak, J. und Führinger, C. (Hrsg.): *7th International Congress of Logic, Methodology and Philosophy of Science, Vol.1*, Salzburg, S. 18-22.

Gumański, L.: 1985, „Remarks on Cantor's Diagonal Method and Some Related Topics", in: *Types of Logical Systems and the Problem of Truth*, Bulgarian Academy of Science, S. 45-56.

Gumański. L.: 1986, „Entscheidbarkeit des engeren Prädikatenkalküls", in: *Untersuchungen zur Logik und Methodologie, Vol. 3*, Karl-Marx-Universität, S. 9-12.

Gumański, L.: 2000, „The Decidability of the First-Order Functional Calculus", *Ruch Filosoficzny*, **57**, Nr. 3/4, S. 411-438.

Hermes, H.: 1978, *Aufzählbarkeit, Entscheidbarkeit, Berechenbarkeit*, 3. Auflage, Berlin.

Hertz, H.: 1894, *Prinzipien der Mechanik*, Leipzig.

Hilbert, D. und Ackermann, W.: 1938, *Grundzüge der Theoretischen Logik*, 2. Auflage, Berlin.

Hilbert, D. und Bernays, P.: 1968, *Grundlagen der Mathematik*, Band 1, Berlin.

Hilbert, D. und Bernays, P.: 1970, *Grundlagen der Mathematik*, Band 2, Berlin.

Hintikka, K. J.: 1956, „Identity, Variables, and impredicative Definitions", *The Journal of Symbolic Logic* **21.3**, S. 225-245.

Hull, D. L.: 1995, „Die Rezeption von Darwins Evolutionstheorie bei britischen Wissenschaftsphilosophen des 19. Jahrhunderts", in: E.-M. Engels (Hrsg.), *Die Rezeption von Evolutionstheorien im 19. Jahrhundert*, Frankfurt, S. 67 - 104.

Kalmár, L.: 1959, „An Argument Against the Plausibility of Church's Thesis", in: Heyting, A. (Hrsg.): *Constructivity in Mathematics*, Amsterdam, S.72-80.

Kitcher, P.: 1993, *The Advancement of Science*, Oxford.

Künne, W.: 1983, *Abstrakte Gegenstände*, Frankfurt.

Lemmon, E. J.: 1998, *Beginning Logic*, 9. Auflage, Indianapolis.

Mill, J. St.: 1872, *System of Logic*, London.

Nagel, E. und Newman, J.R.: 2001, *Der Gödelsche Beweis*, Scientia Nova, Oldenbourg, 6. Auflage.

Newton, I.: 1672, „A New Theory of Colour and Light", *Philosophical Transactions* **80**, S. 3075-3087.

Newton, I.: 1999, *Die mathematischen Prinzipien der Physik*, Berlin.

Newton, I.: 1952, *Opticks*, New York.

Quine, W. V. O.: 1973, *Philosophie der Logik*, Stuttgart.

Quine, W. V. O.: 1993, *Grundzüge der Logik*, 8. Auflage, Frankfurt.

Rosser, J. B.: 1936, „Extensions of some theorems of Gödel and Church", *Journal of Symbolic Logic*, Band 1, Nr.3, S. 87-91.

Russell, B.: 1905, „On Denoting", *Mind* **14**, S. 479-493.

Schmid, J.: 1996, *Einführungsvorlesung in die Mathematische Logik*, 7. Auflage, Bern.

Smullyan, R. M.: 1994, *Diagonalization and Self-Reference*, Oxford.

Stegmüller, W.: 1959, *Unvollständigkeit und Unentscheidbarkeit*, Wien.

Tarski, A.: 1996, „Die semantische Konzeption der Wahrheit und die Grundlagen der Semantik", in: G. Skirbekk (Hrsg.), *Wahrheitstheorien*, Frankfurt, 7.Auflage, S. 140-188.

Thiel, C.: 1995, *Philosophie und Mathematik*, Darmstadt.

Wittgenstein, L.: 1984a, *Tractatus logico-philosophicus, Werkausgabe Band 1*, Frankfurt.

Wittgenstein, L.: 1984b, *Philosophische Bemerkungen, Werkausgabe Band 2*, Frankfurt.

Teil D

Anhang

LISTE DER WICHTIGSTEN AUSSAGENLOGISCHEN SCHLUSSREGELN

Regeln des GLK$_J$

Annahmeneinführung (AE)

$A \vdash A$

Konditionalisierung (K) bzw. Annahmebeseitigung (AB)

$\Gamma, (A, \Gamma \vdash B) \vdash A \rightarrow B$

Modus Ponendo Ponens (MPP) bzw. Abtrennungsregel (ATR)

$A, A \rightarrow B \vdash B$

Modus Tollendo Tollens (MTT) bzw. Widerlegungsregel (WLR)

$\neg B, A \rightarrow B \vdash \neg A$

Reductio ad absurdum (RAA)

$\Gamma, (A, \Gamma \vdash B \& \neg B) \vdash \neg A$ [31]

Doppelte Negatoreinführung (DNE) bzw. Stabilitätsprinzip (SP)

$A \vdash \neg\neg A$

Doppelte Negatorbeseitigung (DNB)

$\neg\neg A \vdash A$

Konjunktoreinführung (&E)

$A, B \vdash A \& B$

Konjunktorbeseitigung (&B)

$A \& B \vdash A$
$A \& B \vdash B$

Disjunktoreinführung (∨E)

$A \vdash A \vee B$

Disjunktorbeseitigung (∨B)

$A \vee B, \Gamma, \Delta, (A, \Gamma \vdash C), (B, \Delta \vdash C) \vdash C$

---

[31] Folgende direkte Schlussregeln werden auch als "Reductio ad absurdum" bezeichnet:
$A \rightarrow B, A \rightarrow \neg B \vdash \neg A$
$A \rightarrow B \& \neg B \vdash \neg A$

Umformungsregeln für die Einführung und Beseitigung weiterer Junktoren

Bikonditional: (↔E) und (↔B)

A ↔ B ⊣⊢ (A → B) & (B → A)

Shefferstrich: (|E, |B)

A | B ⊣⊢ ¬ A ∨ ¬ B
A | B ⊣⊢ ¬ (A & B)

Strenger Disjunktor (⊃–⊂E, ⊃–⊂B)

A ⊃–⊂ B ⊣⊢ (A ∨ B) & ¬ (A & B)
A ⊃–⊂ B ⊣⊢ (A ∨ B) & ¬ (B & A)

Weitere Umformungsregeln

Pfeil-Elimination (PE)

PE∨:   A → B ⊣⊢ ¬ A ∨ B
PE&:   A → B ⊣⊢ ¬ (A & ¬ B)

&-Definition (&Def)

&Def: A & B ⊣⊢ ¬ (¬ A ∨ ¬ B)

∨-Definition (∨Def)

∨Def: A ∨ B ⊣⊢ ¬ (¬ A & ¬ B)

De Morgans Gesetze (DMG)

DMG&:   ¬ (A & B) ⊣⊢ ¬ A ∨ ¬ B
DMG∨:   ¬ (A ∨ B) ⊣⊢ ¬ A & ¬ B

Idempotenz (IP)

IP&:   A & A ⊣⊢ A
IP∨:   A ∨ A ⊣⊢ A

Kommutativität (KOM)

KOM&:   A & B ⊣⊢ B & A
KOM∨:   A ∨ B ⊣⊢ B ∨ A
KOM↔:   A ↔ B ⊣⊢ B ↔ A

ASSOZIATIVITÄT (ASS)

ASS&:   ((A & B) & C) ⊣⊢ (A & (B & C))
ASS∨:   ((A ∨ B) ∨ C) ⊣⊢ (A ∨ (B ∨ C))
ASS↔:   ((A ↔ B) ↔ C) ⊣⊢ (A ↔ (B ↔ C))

DISTRIBUTIVITÄT (DIS)

DIS 1:   A & (B ∨ C) ⊣⊢ (A & B) ∨ (A & C)
DIS 2:   A ∨ (B & C) ⊣⊢ (A ∨ B) & (A ∨ C)
DIS 3:   (A → C) & (B → C) ⊣⊢ A ∨ B → C
DIS 4:   (A → B) & (A → C) ⊣⊢ A → B & C
DIS 5:   (A → C) ∨ (B → C) ⊣⊢ A & B → C
DIS 6:   (A → B) ∨ (A → C) ⊣⊢ A → B ∨ C

GESETZ DER VERTAUSCHUNG DER VORAUSSETZUNGEN (VV)

A → (B → C) ⊣⊢ B → (A → C)

AUS DEM GLK ABLEITBARE DIREKTE SCHLUSSREGELN

MODUS TOLLENDO PONENS (MTP) BZW. ADJUNKTIVER SYLLOGISMUS (AS)

¬A, A ∨ B ⊢ B
¬A, B ∨ A ⊢ B

MODUS PONENDO TOLLENS (MPT) BZW. KONJUNTIVER SYLLOGISMUS (KS)

A, ¬(A & B) ⊢ ¬B
A, ¬(B & A) ⊢ ¬B

KLASSISCHES DILEMMA (KD)

A → B, ¬A → B ⊢ B

WIDERSPRUCHSREGEL (WID) BZW. UNABLEITBARKEITSPRINZIP (UP)

$A \& \neg A \vdash B$

MONOTONIEREGEL (MON)

$A \to B \vdash A \& C \to B$

ABSCHWÄCHUNGSREGEL (AR)

A ⊢ B → A

VERSTÄRKUNGSREGEL (VR)

A → (A → B) ⊢ A → B

Kontraposition (KP) bzw. Gesetz der Wendung (W)

A → B ⊢ ¬B → ¬A

Inverse Kontraposition (IKP) bzw. inverses Gesetz der Wendung (IW)

¬A → ¬B ⊢ B → A

Kettenschlussregel (KR)

A → B, B → C ⊢ A → C

Junktorimplikation &/∨ (JI&/∨)

A & B ⊢ A ∨ B
B & A ⊢ A ∨ B

Junktorimplikation &/→ (JI&/→)

A & B ⊢ A → B
B & A ⊢ A → B

Aus GLK und ↔ E bzw. ↔ B ableitbare spezielle Schlussregeln

Spezieller Modus Ponendo Ponens (sMPP) bzw. spezielle Abtrennungsregel (sAR)

A, A ↔ B ⊢ B
A, B ↔ A ⊢ B

Spezieller Modus Tollendo Tollens (sMTT) bzw. spezielle Widerlegungsregel (sWR)

¬B, A ↔ B ⊢ ¬A
¬B, B ↔ A ⊢ ¬A

Spezielle Reductio ad absurdum (sRAA)

A → (B ↔ ¬B) ⊢ ¬A

Spezielle Kontraposition (sKP) bzw. spezielles Gesetz der Wendung (sWG)

A ↔ B ⊢ ¬B ↔ ¬A
A ↔ B ⊢ ¬A ↔ ¬B

Spezielle inverse Kontraposition (sIKP) bzw. spezielles inverses Gesetz der Wendung (sIW)

¬A ↔ ¬B ⊢ B ↔ A
¬A ↔ ¬B ⊢ A ↔ B

Spezielle Kettenschlussregel (sKR)

A ↔ B, B ↔ C ⊢ A ↔ C
A ↔ B, B ↔ C ⊢ C ↔ A
A ↔ B, C ↔ B ⊢ A ↔ C
A ↔ B, C ↔ B ⊢ C ↔ A
B ↔ A, B ↔ C ⊢ A ↔ C
B ↔ A, B ↔ C ⊢ C ↔ A

Vertauschungsregeln (VTR)

VTR&:   A ↔ B ⊢ A & C ↔ B & C
VTR∨:   A ↔ B ⊢ A ∨ C ↔ B ∨ C
VTR→:   A ↔ B ⊢ (A → C) ↔ (B → C)
VTR→:   A ↔ B ⊢ (C → A) ↔ (C → B)
VTR↔:   A ↔ B ⊢ (A ↔ C) ↔ (B ↔ C)

Junktorimplikation &/↔ (JI&/↔)

A & B ⊢ A ↔ B
B & A ⊢ A ↔ B

Fundamentale logische Gesetze

Gesetz der Identität (GI)

⊢ A → A

Gesetz vom ausgeschlossenen Widerspruch (GAW)

⊢ ¬ (A & ¬ A)

Gesetz vom ausgeschlossenen Dritten (GTD)

⊢ A ∨ ¬ A

Gesetze der doppelten Negation (GDN)

GDN1: ⊢ A → ¬¬ A
GDN2: ⊢ ¬¬ A → A

LISTE DER GÜLTIGEN SYLLOGISMEN

Ist für die Schlüssigkeit des Syllogismus über die PRAEMISSE MAIOR und die PRAEMISSE MINOR hinaus noch vorausgesetzt, dass ein bestimmter Begriff nicht leer ist, wird dies in Form einer "Es gibt ..." Aussage explizit zum Ausdruck gebracht.

SYLLOGISMEN DER 1. FIGUR

STARKE MODI

Barbara	Celarent	Darii	Ferio
Alle M sind P.	Keine M sind P.	Alle M sind P.	Keine M sind P.
Alle S sind M.	Alle S sind M.	Einige S sind M.	Einige S sind M.
Alle S sind P.	Keine S sind P.	Einige S sind P.	Nicht alle S sind P.

SCHWACHE MODI

Barbari	Celaront
Alle M sind P.	Keine M sind P.
Alle S sind M.	Alle S sind M.
(Es gibt S.)	(Es gibt S.)
Einige S sind P.	Nicht alle S sind P.

Syllogismen der 2. Figur

Starke Modi

Cesare	Camestres	Festino	Baroco
Keine P sind M.	Alle P sind M.	Keine P sind M.	Alle P sind M.
Alle S sind M.	Keine S sind M.	Einige S sind M.	Nicht alle S sind M.
Keine S sind P.	Keine S sind P.	Nicht alle S sind P.	Nicht alle S sind P.

Schwache Modi

Cesaro	Camestros
Keine P sind M.	Alle P sind M.
Alle S sind M.	Keine S sind M.
(Es gibt S.)	(Es gibt S.)
Nicht alle S sind P.	Nicht alle S sind P.

Syllogismen der 3. Figur

Starke Modi

Darapti	Felapton	Disamis	Datisi
Alle M sind P.	Keine M sind P.	Einige M sind P.	Alle M sind P.
Alle M sind S.	Alle M sind S.	Alle M sind S.	Einige M sind S.
(Es gibt M.)	(Es gibt M.)		
Einige S sind P	Nicht alle S sind P.	Einige S sind P.	Einige S sind P.

Bocardo	Ferison
Nicht alle M sind P.	Keine M sind P.
Alle M sind S.	Einige M sind S.
Nicht alle S sind P.	Nicht alle S sind P.

Syllogismen der 4. Figur

Starke Modi

Bamalip	Calemes	Dimatis	Fesapo
Alle P sind M.	Alle P sind M.	Einige P sind M.	Keine P sind M.
Alle M sind S.	Keine M sind S.	Alle M sind S.	Alle M sind S.
(Es gibt P.)			(Es gibt M.)
Einige S sind P.	Keine S sind P.	Einige S sind P.	Nicht alle S sind P.

Fresison

Keine P sind M.
Einige M sind S.
―――――――
Nicht alle S sind P.

Schwache Modi

Calemos

Alle P sind M.
Keine M sind S.
(Es gibt S.)
―――――――
Nicht alle S sind P.

LISTE DER WICHTIGSTEN QUANTORENLOGISCHEN SCHLUSSREGELN

$A(v)$ und $B(v)$ sind offene Schemata, in denen die Variable v vorkommt; $A(t)$, $B(t)$ bzw. $A(s)$, $B(s)$ sind Q-Formeln, in denen der Namenbuchstabe t bzw. s vorkommt.

Regeln des GLK_Q

Zu den Regeln des GLK_J kommen hinzu:

Allquantorbeseitigung ($\forall$B)

$\forall v A(v) \vdash A(t)$

    Restriktion:

    1. v wird an allen Stellen in $A(v)$ durch t ersetzt.

Allquantoreinführung ($\forall$E)

$A(t) \vdash \forall v A(v)$

    Restriktionen:

    1. v kommt in $A(t)$ nicht vor.

    2.   2.1 t wird an allen Stellen in $A(t)$ durch v ersetzt.

           2.2 t kommt in keiner Formel vor, aus der $A(t)$ abgeleitet wird.

Existenzquantoreinführung ($\exists$E)

$A(t) \vdash \exists v A(v)$

    Restriktionen:

    1. v kommt in $A(t)$ nicht vor.

    2. t wird an mindestens einer Stelle in $A(t)$ durch v ersetzt.

EXISTENZQUANTORBESEITIGUNG (∃B)

$\exists v A(v), \Gamma, (A(t), \Gamma \vdash C) \vdash C$

Restriktionen:

1. In $A(v)$ werden alle Vorkommnisse von v durch t ersetzt.

2. t kommt

    2.1 in $\exists v A(v)$ nicht vor.

    2.2 in C nicht vor.

    2.3 in den Formeln Γ nicht vor.

REGELN DES GLK_{Q+I}

Zu den Regeln des GLK_Q kommen hinzu:

IDENTITÄTSEINFÜHRUNG (=E)

$\vdash t = t$

IDENTITÄTSBESEITIGUNG (=B)

$t = s, A(t) \vdash A(s)$

$A(s)$ ist eine *wff*, in der t in $A(t)$ mindestens an einer Stelle durch s ersetzt wird.

DEFINITIONEN DER QUANTOREN

DEF. "∀"

$\forall v A(v) \dashv\vdash \neg \exists v \neg A(v)$

DEF. "∃"

$\exists v A(v) \dashv\vdash \neg \forall v \neg A(v)$

DEF. "¬∀"

$\neg \forall v A(v) \dashv\vdash \exists v \neg A(v)$

DEF. "¬∃"

$\neg \exists v A(v) \dashv\vdash \forall v \neg A(v)$

Dualitätsgesetze

DG1: $\forall v(A(v) \to B(v)) \dashv\vdash \neg\exists v(A(v) \& \neg B(v))$

DG2: $\neg\forall v(A(v) \to B(v)) \dashv\vdash \exists v(A(v) \& \neg B(v))$

DG3: $\forall v(A(v) \to \neg B(v)) \dashv\vdash \neg\exists v(A(v) \& B(v))$

DG4: $\neg\forall v(A(v) \to \neg B(v)) \dashv\vdash \exists v(A(v) \& B(v))$

DG5: $\forall v(\neg A(v) \to B(v)) \dashv\vdash \neg\exists v(\neg A(v) \& \neg B(v))$

DG6: $\neg\forall v(\neg A(v) \to B(v)) \dashv\vdash \exists v(\neg A(v) \& \neg B(v))$

Klammergesetze

Aus/Einklammerung $\forall/\&$

$\forall v(A(v) \& B(v)) \dashv\vdash \forall v A(v) \& \forall v B(v)$

Aus/Einklammerung $\exists/\vee$

$\exists v(A(v) \vee B(v)) \dashv\vdash \exists v A(v) \vee \exists v B(v)$

Einklammerung $\forall/\vee$

$\forall v A(v) \vee \forall v B(v) \vdash \forall v(A(v) \vee B(v))$

Ausklammerung $\forall/\vee$

$\forall v(A(v) \vee B(v)) \vdash \forall v A(v) \vee \exists v B(v)$

Ausklammerung $\exists/\&$

$\exists v(A(v) \& B(v)) \vdash \exists v A(v) \& \exists v B(v)$

Ausklammerung $\forall/\to$

$\forall v(A(v) \to B(v)) \vdash \forall v A(v) \to \forall v B(v)$

Ausklammerung $\forall/\leftrightarrow$

$\forall v(A(v) \leftrightarrow B(v)) \vdash \forall v A(v) \leftrightarrow \forall v B(v)$

Ausklammerung $\exists/\to$ bzw. Einklammerung $\forall/\exists/\to$

$\exists v(A(v) \to B(v)) \dashv\vdash \forall v A(v) \to \exists v B(v)$

Aus/Einklammerung $\exists/\rightarrow$

$\exists v(A(v) \rightarrow B(v)) \vdash \exists v A(v) \rightarrow \exists v B(v)$

Aus dem GLK_Q ableitbare Schlussregeln

Modus Ponendo Ponens (MPP_Q)

$A(t_1...t_x), \forall v_1...v_x(A(v_1...v_x) \rightarrow B(v_1...v_x)) \vdash B(t_1...t_x)$

$\exists v_1...v_x A(v_1...v_x), \forall v_1...v_x(A(v_1...v_x) \rightarrow B(v_1...v_x)) \vdash \exists v_1...v_x B(v_1...v_x)$

$\forall v_1...v_x A(v_1...v_x), \forall v_1...v_x(A(v_1...v_x) \rightarrow B(v_1...v_x)) \vdash \forall v_1...v_x B(v_1...v_x)$

Modus Tollendo Tollens (MTT_Q)

$\neg A(t_1...t_x), \forall v_1...v_x(B(v_1...v_x) \rightarrow A(v_1...v_x)) \vdash \neg B(t_1...t_x)$

$\neg \exists v_1...v_x A(v_1...v_x), \forall v_1...v_x(B(v_1...v_x) \rightarrow A(v_1...v_x)) \vdash \neg \exists v_1...v_x B(v_1...v_x)$

$\neg \forall v_1...v_x A(v_1...v_x), \forall v_1...v_x(B(v_1...v_x) \rightarrow A(v_1...v_x)) \vdash \neg \forall v_1...v_x B(v_1...v_x)$

Aus dem GLK_{Q+I} ableitbare Schlussregeln

Symmetrieregel ($SYMM._{Q+I}$)

$a = b \dashv\vdash b = a$

Transitivitätsregel ($TRANS._{Q+I}$)

$a = b, b = c \vdash a = c$

Äquivalenz atomarer Formeln mit quantifizierten Sätzen (AF/$\exists$)

$\varphi t \dashv\vdash \exists v(v = t \,\&\, \varphi v)$

Syllogismen

S, M, P stehen für den Subjekt-, Mittel- und Prädikatbegriff.

Syllogismus Barbara

$\forall x(Mx \rightarrow Px), \forall x(Sx \rightarrow Mx) \vdash \forall x(Sx \rightarrow Px)$

SYLLOGISMUS BARBARI

$\forall x(Mx \to Px), \forall x(Sx \to Mx), \exists x Sx \vdash \exists x(Sx \& Px)$

SYLLOGISMUS CELARENT

$\neg \exists x(Mx \& Px), \forall x(Sx \to Mx) \vdash \neg \exists x(Sx \& Px)$

SYLLOGISMUS CELARONT

$\neg \exists x(Mx \& Px), \forall x(Sx \to Mx), \exists x Sx \vdash \neg \forall x(Sx \to Px)$

SYLLOGISMUS DARII

$\forall x(Mx \to Px), \exists x(Sx \& Mx) \vdash \exists x(Sx \& Px)$

SYLLOGISMUS FERIO

$\neg \exists x(Mx \& Px), \exists x(Sx \& Mx) \vdash \neg \forall x(Sx \to Px)$

SYLLOGISMUS CESARE

$\neg \exists x(Px \& Mx), \forall x(Sx \to Mx) \vdash \neg \exists x(Sx \& Px)$

SYLLOGISMUS CESARO

$\neg \exists x(Px \& Mx), \forall x(Sx \to Mx), \exists x Sx \vdash \neg \forall x(Sx \to Px)$

SYLLOGISMUS CAMESTRES

$\forall x(Px \to Mx), \neg \exists x(Sx \& Mx) \vdash \neg \exists x(Sx \& Px)$

SYLLOGISMUS CAMESTROS

$\forall x(Px \to Mx), \neg \exists x(Sx \& Mx), \exists x Sx \vdash \neg \forall x(Sx \to Px)$

SYLLOGISMUS FESTINO

$\neg \exists x(Px \& Mx), \exists x(Sx \& Mx) \vdash \neg \forall x(Sx \to Px)$

SYLLOGISMUS BAROCO

$\forall x(Px \to Mx), \neg \forall x(Sx \to Mx) \vdash \neg \forall x(Sx \to Px)$

SYLLOGISMUS DARAPTI

$\forall x(Mx \to Px), \forall x(Mx \to Sx), \exists x Mx \vdash \exists x(Sx \& Px)$

SYLLOGISMUS FELAPTON

$\neg \exists x(Mx \& Px), \forall x(Mx \to Sx), \exists x Mx \vdash \neg \forall x(Sx \to Px)$

SYLLOGISMUS DISAMIS

$\exists x(Mx \& Px), \forall x(Mx \to Sx) \vdash \exists x(Sx \& Px)$

SYLLOGISMUS DATISI

$\forall x(Mx \to Px), \exists x(Mx \& Sx) \vdash \exists x(Sx \& Px)$

Syllogismus Bocardo

$\neg\forall x(Mx \to Px), \forall x(Mx \to Sx) \vdash \neg\forall x(Sx \to Px)$

Syllogismus Ferison

$\neg\exists x(Mx \,\&\, Px), \exists x(Mx \,\&\, Sx) \vdash \neg\forall x(Sx \to Px)$

Syllogismus Bamalip

$\forall x(Px \to Mx), \forall x(Mx \to Sx), \exists x Px \vdash \exists x(Sx \,\&\, Px)$

Syllogismus Calemes

$\forall x(Px \to Mx), \neg\exists x(Mx \,\&\, Sx) \vdash \neg\exists x(Sx \,\&\, Px)$

Syllogismus Calemos

$\forall x(Px \to Mx), \neg\exists x(Mx \,\&\, Sx), \exists x Sx \vdash \neg\forall x(Sx \to Px)$

Syllogismus Dimatis

$\exists x(Px \,\&\, Mx), \forall x(Mx \to Sx) \vdash \exists x(Sx \,\&\, Px)$

Syllogismus Fesapo

$\neg\exists x(Px \,\&\, Mx), \forall x(Mx \to Sx), \exists x Mx \vdash \neg\forall x(Sx \to Px)$

Syllogismus Fresison

$\neg\exists x(Px \,\&\, Mx), \exists x(Mx \,\&\, Sx) \vdash \neg\forall x(Sx \to Px)$

Fundamentaltheoreme der Quantorenlogik

Gesetz von der Identität (GVI$_Q$)

$\vdash \forall v(A(v) \to A(v))$
Bzw.: $\vdash \forall v(A(v) \leftrightarrow A(v))$

Gesetz vom ausgeschlossenen Widerspruch (GVW$_Q$)

$\vdash \forall v \neg(A(v) \,\&\, \neg A(v))$

Gesetz vom ausgeschlossenen Dritten (GVD$_Q$)

$\vdash \forall v(A(v) \vee \neg A(v))$

Gesetz vom nichtleeren Universum (GVU$_Q$)

$\vdash \exists v(A(v) \vee \neg A(v))$

Fundamentaltheoreme der Identität

Identitätsaxiom (Ax.=)

$\vdash \forall v\, v = v$

Symmetrie der Identität (Symm.=)

$\vdash \forall v_1 \forall v_2 (v_1 = v_2 \rightarrow v_2 = v_1)$ bzw.
$\vdash \forall v_1 \forall v_2 (v_1 = v_2 \leftrightarrow v_2 = v_1)$

Transitivität der Identität (Trans.=)

$\vdash \forall v_1 \forall v_2 \forall v_3 (v_1 = v_2 \,\&\, v_2 = v_3 \rightarrow v_1 = v_3)$

VERZEICHNIS DER ABKÜRZUNGEN UND SYMBOLE

Abkürzungen

J	Sprache der Junktoren- bzw. Aussagenlogik
Q	Sprache der Quantorenlogik
Q_I	Sprache der erweiterten Quantorenlogik
U-Text	umgangssprachlicher Text
S-Text	standardisierter Text
SJ-Text	standardisierter, junktorenlogischer Text
SJA-Text	standardisierter, junktorenlogischer, argumentativer Text
SQ-Text	standardisierter, quantorenlogischer Text
SQA-Text	standardisierter, quantorenlogischer, argumentativer Text
SQ_I-Text	standardisierter, erweitert-quantorenlogischer Text
SQ_IA-Text	standardisierter, erweitert-quantorenlogischer, argumentativer Text
J-Argumentschema	junktorenlogisches Argumentschema
Q-Argumentschema	quantorenlogisches Argumentschema
Q_I-Argumentschema	erweitert-quantorenlogisches Argumentschema
a,b,c,d,e,f,a_i	elementare Aussagesätze
f,g,h,i,j,f_i	Prädikate
m,n,o,m_i	Namen
A,E,I,O	Aussageformen der Syllogismen
GLK_J	Gentzen-Lemmon-Kalkül für J
GLK_Q	Gentzen-Lemmon-Kalkül für Q
GLK_{Q+I}	Gentzen-Lemmon-Kalkül für Q_I
W,F	Wahrheitswerte W und F
wff	wohlgeformte Formel
gdw	genau dann, wenn
I	Wertebereich
$\mathfrak{I}$	Interpretation

Q_I-Symbole

$\neg$	Negator, lies: "nicht"
&	Konjunktor, lies: "und"
$\vee$	Disjunktor, lies: "oder"
$\rightarrow$	Subjunktor, lies: "wenn ... dann"
$\leftrightarrow$	Äquivalentor, lies: "genau dann, wenn"
$\mid$	Shefferstrich, lies: "weder ... noch"
$\rightarrowtail$	strenger Disjunktor, lies: "entweder ... oder"
P,Q,R,S,T,U,P_i	Satzbuchstaben
$\forall$	Allquantor, lies: "alle"
$\exists$	Existenzquantor, lies: "mindestens ein"
x,y,z,x_i	Variablen
F,G,H,I,J,F_i	Prädikatbuchstaben
a,b,c,a_i	Namenbuchstaben
$=$	Gleichheitszeichen, lies: "ist identisch mit"

Metasymbole

A,B,C	Metavariable für wohlgeformte Formeln
Γ, Δ	Metavariable für Mengen wohlgeformter Formeln
v	Metavariable für Variablen aus Q
φ	Metavariable für Prädikatbuchstaben aus Q
s,t	Metavariable für Namenbuchstaben aus Q
$A(v)$	v in A
$A(t)$	t in A
$A(t/v)$	Ersetzung von v durch t in A
S	Metavariable für offene Schemata
$\therefore$	ergo, lies: "also"
$\models$	Folgerungsbeziehung, '$A \models B$' lies: "B folgt (semantisch) aus A"
$\vdash$	Ableitbarkeit, '$A \vdash B$' lies: "B ist aus A ableitbar"
$\dashv\vdash$	Bi-Ableitbarkeit, '$A \dashv\vdash B$' lies: "A und B sind auseinander ableitbar"
α, β, γ	Annahmen-Listen
k,l,m,n,o	Zeilennummern

REGELBEZEICHNUNGEN

AE	Annahmen-Einführung
MPP	Modus ponendo ponens
MTT	Modus tollendo tollens
K	Konditionalisierung
&E	Konjunktor-Einführung
&B	Konjunktor-Beseitigung
∨E	Disjunktor-Einführung
∨B	Disjunktor-Beseitigung
DNE	Doppelte Negator-Einführung
DNB	Doppelte Negator-Beseitigung
RAA	Reductio ad absurdum
↔E	Äquivalentor-Einführung
↔B	Äquivalentor-Beseitigung
∀E	Allquantor-Einführung
∀B	Allquantor-Beseitigung
∃E	Existenzquantor-Einführung
∃B	Existenzquantor-Beseitigung
=E	Identitäts-Einführung
=B	Identitäts-Beseitigung
TE	Theoremeinführung
SE	Schlussregeleinführung

Für die Abkürzungen ableitbarer Schlussregeln vgl. die Schlussregellisten (S. 375ff., S. 385ff.).

Index

Abbildung
 – injektive, 57

Ableitbarkeit, **100**
 – Entscheidbarkeit der, 183, 291

Ableitung, 27, **98**
 – Faustregel I, **125**
 – Faustregel II, **126**
 – Faustregel III, **292**
 – Faustregel IV, **315**
 – Hauptjunktor, 105
 – Klammern, 105
 – Strategie, 124

Adjunktion, 68

Allgemeingültigkeit, 55
 – Entscheidbarkeit der, 236
 – von J-Formeln, **55**
 – von Q-Formeln, **228**

Alphabet
 – von J, **39**
 – von Q, **215**

Analyse
 – quantorenlogische, 198
 – und Zahlangaben, 266
 – von Aussagen, 200

Annahme
 – Einführung, **102**
 – Hilfsannahme, 99
 – Liste, 98

Antinomie, 20

Argument, **85**

Argumentrekonstruktion, **31**

 – aussagenlogische, 85
 – Detailliertheit, 267
 – erweiterte quantorenlogische, 324
 – quantorenlogische, 303
 – syllogistische, 197
 – vollständige, 92

Argumentschema
 – Korrektheit der, 90
 – und Interpretation, 88, **89**
 – von J, **88**
 – von Q, **218**
 – von Q_I, 307
 – zugehöriges Konditional, **89**

Ausdruck
 – gesättigter, 199

Aussage, 19
 – A,I,E,O, 192
 – A,I,E,O (Formalisierung), 245
 – Analyse, 203
 – bivalente, 25
 – definit-quantifizierte, 320
 – elementare, 22, 80
 – graduelle, 266
 – und Satz, 45
 – und Umgangssprache, 75

Aussagefunktion
 – komplexe, 206

Aussageinhalt, 77

Aussagesatz
 – elementarer, **67**
 – Form des, 239
 – quantifizierter, 203
 – singulärer, 203

Auswertbarkeitsannahme, 347

Bedingung
— hinreichende, 54
— notwendige, 54

Begriff, **200**
— 1.und 2.Stufe, **200**
— Deutungen, 201
— Extension, **193**
— Inhalt, **193**
— Intension, **193**
— Mittel-, 195
— Prädikat-, 195
— Subjekt-, 195
— Umfang, **193**

Belegung
— von Namenbuchstaben, 219
— von Prädikatbuchstaben, 219
— von Satzbuchstaben, **51**
— von Variablen, 219
— widerlegende, **91**
— widerlegende Q-, **232**

Belegung*
— von Satzbuchstaben, **60**

Beweis
— aussagenlogischer, 185
— formaler, 58
— indirekter, 119
— induktiver, 150, 155
— inhaltlicher, 57
— Korrektheits-, 150, 157
— Kriterien, 183
— logischer, 59
— metalogischer, 155
— semantischer, 58
— syntaktischer, 58
— und Überzeugung, 151

— und Gültigkeit, 152
— und Wahrheitswerttabelle, 57
— Vollständigkeits-, 164

Beweisbauer, 130

Beweisprüfer, 130

Bikonditional, 68

Bivalenzprinzip, 19, **25**, 47

Church-These, **337**

Definition, 54
— induktive, 42
— rekursive, 42

Demonstrativum, 319

Diagonalisierung, 351

Disjunkt
— typisches, 288

Disjunktion, 68

Eigenschaft
— formale, 12, 14, 26, 186
— formale und Beweis, 63
— inhaltliche, 12
— wahrheitsfunktionale, 25

Elementarsatz, 46
— und Standardisierung, 82

Entscheidbarkeit, **29**
— der Aussagenlogik, 57
— im Endlichen, 230

Entscheidungsverfahren, 28

Erweiterung
— der Aussagenlogik, 191
— der Quantorenlogik, 305

Extensionalitätsprinzip, 23, **25**, 51

Folgerung
- intuitiver Begriff, 88
- logische, 25

formale Sprache
- von J, 39

Formalisierung, **15**
- aussagenlogische, 65
- erweiterte quantorenlogische, 316
- quantorenlogische, 237
- Zweck der, 16

Formel
- und Kontradiktion, 56
- allgemeingültige, 55
- allgemeingültige*, **62**
- atomare, **216**
- atomare von Q_I, **307**
- FK-Formel, 118
- K-Formel, 87
- Metaformel, 132
- Pr-Formel, 87
- selbstreferentielle, 351
- und Tautologie, 55
- unerfüllbare, 55
- unerfüllbare*, **62**
- von J, 44
- wohlgeformte von J, **42**, 44
- wohlgeformte von Q, **216**
- wohlgeformte von Q_I, 307

Funktion
- diagonale, 351
- einstellige, 201
- Entscheidungs-, 346
- mehrstellige, 201
- rekursive, 337
- und Argument, 199
- ungesättigte, 199
- Werte der, 199

- Werteverlauf der, 199
- zahlentheoretische, 337

Gödelisierung, **337**

Gegensatz
- konträr, 194
- kontradiktorisch, 194
- subkonträr, 194

Gegenstand, **203**

GLK$_J$, 97
- Korrektheit des, 183
- Korrektheitsbeweis des, 157
- Vollständigkeit des, 183
- Vollständigkeitsbeweis des, 164

GLK$_{Q+I}$, 311
- Korrektheit des, 316
- Vollständigkeit des, 316

GLK$_Q$, 275
- Korrektheit des, 290
- Korrektheitsbeweis des, 291
- Vollständigkeit des, 290

Goldbachsche Vermutung, 19

Hauptjunktor, 50

Hauptoperator, 275

Identitätsaussage
- Identifikation, 320

Implikation, 68
- formale, 90
- materiale, 90

Inklusion, 318

Instanz
- einer Q-Formel, 277

Interpretation

– von J, 45
– von Q, 218
– von Q_I, 308

Junktor, 41
– Definitionen, **48**
– dyadischer, 44
– extensionaler, 51
– intensionaler, 51
– Interpretation, 49
– wahrheitsfunktionaler, 51

Kalkül
– des natürlichen Schliessens, 97, 101
– GLK$_J$, 97
– GLK$_{Q+I}$, 311
– GLK$_Q$, 275

Kalkülregel
– =B, **312**
– =E, **311**
– &B, **111**
– &E, **110**
– ∃B, **286**
– ∃E, **284**
– ∀B, **276**
– ∀E, **280**
– ↔B, **123**
– ↔E, **123**
– ∨B, **113**
– ∨E, **112**
– AE, **102**
– DNB, **120**
– DNE, **120**
– K, **107**
– MPP, **104**
– MTT, **106**
– RAA, **118**

Kennzeichnung, 322
– Formalisierung des, 322
– leere, 322

Klammergesetze
– der Quantorenlogik, 298

Klammern
– Interpretation, **50**
– Regeln, **44**

Konjunktion, 68

Kontradiktion, 55

Korrektheit
– des Kalküls, **149**
– Beweis der, 150, 157
– von Argumentschemata, 90

Logik, **16**
– Aufgabe der, 29
– deontische, 24
– der strikten Implikation, 24, 33
– des Entailment, 24, 33
– dialogische, 19
– epistemische, 23
– formale, 24
– free logic, 21
– fuzzy logic, 21
– induktive, 34
– intensionale, 23
– intuitionistische, 20
– Klassenlogik, 27
– konstruktive, 20
– mehrstufige Quantorenlogik, 27
– mehrwertige, 19
– Modallogik, 24
– nicht-monotone, 32
– philosophische, 24
– Quantenlogik, 21
– Relevanzlogik, 24, 32

– temporale, 24
– Wahrscheinlichkeitslogik, 21
– Zweck der, 17

Logische Beweisführung, **16**
– Zweck der, 17

Logische Falschheit, 14, 25, 26
– und Kontradiktion, 55

Logische Folgerung, 26

Logische Konstante, 19

Logische Notation, 14
– und Wahrheitswertabelle, 63

Logische Unabhängigkeit, 22, 46
– Prinzip, 22, **25**, 47, 52

Logische Wahrheit, 14, 25, 26
– und Tautologie, 55

Logisches Gesetz, **132**
– Ax.=, 311
– GAW, 133
– GDN, 134
– GTD, 133
– GVU$_Q$, 296
– Symm.=, 313
– Trans.=, 313

Mehrdeutigkeit
– Ellipsen, 78
– indexikalische, 79
– lexikalische, 78
– strukturelle, 79

Menge
– abzählbare, 40
– unendliche, 42

Metakalkül MK, 340

Metalogik, 28
– der Aussagenlogik, 149

Metasprache, 40

Metavariable, 102

Modell, **224**

Name
– abstrakter, 319
– exklusive Deutung, 210
– inklusive Deutung, 210

Negation, 68

Normalform
– pränexe, 300

Oberformelliste, 99

Objektsprache, 40

Operator, 275

Paradox
– der formalen Implikation, 32
– der materialen Implikation, 32

Prädikat, **203**
– implizites, 248

Prädikatenlogik, 192

Prädikation, 318

Prämisse
– Maior, 195
– Minor, 195

Q-Interpretation, 219, **220**
– formale Deutung, 222
– und Entscheidungsverfahren, 236

Q-Modell, **224**

Quadrat
– logisches, 194, 247

Quantifikation

– Grenzen der, 264
– ontische, 211
– substitutionelle, 211

Quantoren, 192
– Definitionen der, 297
– Reihenfolge der, 253, 255
– und Umgangssprache, 239
– Vorziehen der, 258

Quantorenlogik, 192
– extensionaler Standpunkt, 220
– Reichhaltigkeit der, 266

Reichhaltigkeit, 24, **29**, 191
– der Quantorenlogik, 266

Relation
– formale, 13, 14, 26
– inhaltliche, 12

S-Text, 65

Satz
– und Unerfüllbarkeit, 56
– bivalenter, 46
– kontradiktorischer, **55**
– offener, 207
– tautologischer, **54**
– und Allgemeingültigkeit, 55
– und Aussage, 45
– von Löwenheim/Skolem, 222

Satzbuchstabe, 39
– Interpretation, **47**

Schematisierung, **31**
– aussagenlogische, 65
– erweiterte quantorenlogische, 316
– quantorenlogische, 237
– Regel (Aussagenlogik), **72**
– Regel (Quantorenlogik), **242**

Schlüssigkeit
– deduktive, **34**
– formale, **90**, **147**

Schlussregel, **136**
– Ausklammerung ∃/&, 300
– direkte, **136**
– Einführung, **145**
– entsprechende, **138**
– indirekte, **136**
– KD, 141
– KR, 141
– MPT, 140
– MTP, 140
– WID, 141

Schlussregelliste
– aussagenlogische, 145, 375
– quantorenlogische, 302, 385
– syllogistische, 381

Semantik, **26**
– der Aussagenlogik, 45
– der Quantorenlogik, 218

Semantische Prinzipien, 24, **25**

SJ-Struktur, **74**

SJ-Text, **65**

SJA-Texte, 86

SQ-Struktur, 243

SQ-Text, **237**

Standardisierung, **31**
– aussagenlogische, 74
– erweiterte quantorenlogische, 318
– quantorenlogische, 244
– und Interpretation, 77

Subjunktion, 68

Syllogismenlehre, 192
– und Quantorenlogik, 197, 204

Syllogismus, **195**
 – Ableitung, 301
 – Figuren, 195
 – Liste, 196
 – Merknamen, 196
 – Modi, 196

Synonyme, 79

Syntax, **26**
 – der Aussagenlogik, 45, 97

Tautologie, 55

Theorem, **109**
 – Einführung, **134**

U-Text, 74

Umformungsregel, **137**
 – ∨Def, 143
 – aF/∃, 314
 – Aus/Einklammerung ∃/∨, 299
 – Def. „∀", 297
 – PE&, 142

Unabhängigkeit
 – Prinzip und Zahlen, 266

Unendlichkeit
 – aktuale Auffassung, 20
 – extensionale Auffassung, 20
 – intensionale Auffassung, 20
 – potentielle Auffassung, 20

Unentscheidbarkeit
 – der Quantorenlogik, 333
 – im Unendlichen, 233

Unentscheidbarkeitsbeweis
 – Ableitungsschema, 356
 – von Church, 333
 – von Hilbert, 336

Unerfüllbarkeit, 55

 – von J-Formeln, **55**
 – von Q-Formeln, **229**

Unvollständigkeit
 – der Arithmetik, 316

Variable
 – exklusive Deutung, 209
 – freie, 204
 – gebundene, 204
 – inklusive Deutung, 210
 – Wirkungsbereich, 209

Venn-Diagramm, 196

Vollständigkeit
 – Beweis der, 164
 – des Kalküls, 164

Wahrheitsfunktion, 47
 – und Umgangssprache, 69

Wahrheitswert, 46

Wahrheitswertanalyse, 53

Wahrheitswerttabelle, 51
 – Interpretation, 53, 62

Werte aus I, **223**

Wertebereich, **206**
 – nicht leer, 207

Wertebereich I, **223**

Widerspruchsfreiheit, **163**
 – nummerische, 348

Wirkungsbereich, 206
 – Bedeutung, 257, 262
 – und atomare Formel, 264

Zerlegungsbaum, 73, 243

Zweiwertigkeitsprinzip
 – siehe Bivalenzprinzip, 19

www.ingramcontent.com/pod-product-compliance
Lightning Source LLC
Chambersburg PA
CBHW050853300426
44111CB00010B/1234